골프 입문서

오성출판사

탄탄한 기초를 위한 **골프 입문서**

탄탄한 기초를 위한 **골프 입문서**

탄탄한 기초를 위한 **골프 입문서**

탄탄한 기초를 위한 **골프 입문서**

탄탄한 기초를 위한 **골프 입문서**

탄탄한 기초를 위한 **골프 입문서**

탄탄한 기초를 위한 **골프 입문서**

탄탄한 기초를 위한 **골프 입문서**

탄탄한 기초를 위한
골프 입문서

엮은이 : 서울스포츠대학원대학교 스포츠레저연구소

오성출판사

탄탄한 기본, 끊임없는 연습, 골프에 대한 열정....

최선은 최고를 쟁취한다고 했던가!
탄탄한 기본기, 끊임없는 연습 그리고 식을 줄 모르는 열정의 3박자가 조화를 이룬다면 최고가 되리라. 내 삶의 중반 이후는 골프와의 인연에서 벗어나지 못하고 있다. 필드에서 들어와 따뜻한 차 한잔을 놓고 오늘 골프는 어떠했는가를 회상하노라면 일상에서 그렇게 나를 괴롭히던 잡념, 스트레스를 잊고 기분 좋은 아주 나른한 피로와 함께 숙면을 약속받는다.

골프 천재 타이거 우즈가 '신동'이 아니라 99%의 노력으로 만들어진 천재라는 사실에 이의를 제기할 사람은 없을 것이다. 그는 시합을 위해 이동을 해야 하는 상황에서도 훈련과 연습을 절대로 빠트리지 않는다. 메이저대회가 열리기 전에는 스승인 부치 하먼을 찾아 강도 높은 훈련과 코치를 받는다. 1일 풀스윙 1,000번 이상을 하고, 퍼팅횟수는 셀 수가 없을 정도로 한다. 타이거 우즈에게 더 이상 무슨 코치가 필요할까?라고 생각되어지는데도 그는 마치 기계처럼 코치를 받고 기계처럼 훈련한다. 이것이 바로 타이거 우즈의 성공비결인 셈이다.
골프에 관심이 없는 사람들에게는 사치스럽게 들릴 수도 있지만, 모든 성공인의 키워드는 바로 타이거 우즈가 하고 있는 것처럼 해야 한다는 것이다. 엄밀히 말하자면 성공의 비결이란 없다. 타이거 우즈가 해온 것이 결코 비결이라고 말할 수는 없는 것과 같다. 기계처럼 코치 받고, 기계처럼 훈련을 해서 얻어낸 결과를 두고 비결이라고 말할 수는 없질 않은가? 누구든지 그렇게만 한다면 타이거 우즈와 같은 실력을 보일 수가 있다. 물론 타이거 우즈는 아주 어렸을 때부터 골프를 시작했고, 그 때부터 엄격한 코치를 받으며 그야말로 골프인생을 살아온 셈이다.
어느 분야에서건 체계적이고 과학적인 준비와 빈틈없는 노력을 가미한다면, 최고의 자리에 오르리라는 것은 명백하다.

이 책은 골프를 막 시작한 초보 골퍼에겐 탄탄한 골프의 기본적인 이론과 테크닉을 가르쳐 줄 수 있도록 골프에 관한 다양한 지식과 정보를 담고 있으며 골프의 재미에 푹 빠져있는 골퍼에겐 스코어를 늘리기 위한 기본기를 소개하고 있어 여러모로 도움이 될 것이라고 기대하고 있다. 앞에서도 언급했듯이 골프에 대한 열정과 연습만이 골프 스코어를 늘리고 안정된 스코어를 유지할 수 있는 지름길이라 생각한다. 거기에 탄탄한 기본기가 있다면 금상첨화가 아닐까.
아무쪼록 이 책이 많은 골퍼들에게 도움이 되기를 바란다.

서울스포츠대학원대학교 총장 김 중 영

P·a·r·t·1
골프의 기초 테크닉

제_1장 초보자를 위한 골프의 기초 지식 강의
1. 골프란 무엇인가? · 010
2. 골프의 용품과 용구 · 014
3. 볼을 치는 기초 기술 · 027
※ 쉬어가는 골프 이야기 · 045

제_2장 스윙의 기본과 실제
1. 스윙이란 무엇인가? · 047
2. 백 스윙(Back swing) · 062
3. 톱 오브 스윙(Top of swing) · 067
4. 다운스윙(Down swing) · 073
5. 임팩트(Impact) · 078
6. 폴로 스루(Follow through) · 082
7. 피니시(Finish) · 085
8. 스윙의 리듬과 타이밍 · 087
※ 쉬어가는 골프 이야기 · 090

제_3장 클럽마다 다른 타구 방법
1. 아이언(Iron)과 우드(Wood)의 차이 · 092
2. 드라이버(Driver) · 096
3. 페어웨이 우드(Fairway wood) · 098
4. 롱 아이언(Long iron) · 100
5. 미들 아이언(Middle iron) · 102
6. 쇼트 아이언(Short iron) · 106
7. 퍼터(Putter) · 108
※ 쉬어가는 골프 이야기 · 111

제_4장 티 샷(Tee shot)에서 홀 아웃(Hole out)까지의 전술
1. 공략의 기본 · 113
2. 티 그라운드에서 · 121
3. 스루 더 그린(Through the green), 해저드(Hazard) · 125
4. 퍼팅의 전술 · 128
※ 쉬어가는 골프 이야기 · 131

Content

제_5장 쇼트 게임에 강해진다
1. 어프로치(Approach) · 133
2. 벙커 샷(Bunker shot) · 139
3. 퍼팅 · 144
4. 경기에 대해 · 147
※ 쉬어가는 골프 이야기 · 150

part·2
골프의 기초 규칙
실제 플레이에서 생기는 문제점을 예로

제_1장 기본 규칙에 대하여
1) 어드바이스란? · 154
2) 국외자란? · 156
3) 클럽의 보충과 교체 · 156
4) 계측에 사용하는 클럽은 정해져 있는가? · 158
5) 라운드 도중 15개의 클럽을 갖고 있음을 알았을 때 · 159
6) 두 번 쳤다 · 161
7) 홀과 홀 사이에서 연습했다 · 162
8) 핸디캡의 기입을 빠뜨렸을 때 · 164
9) 1홀의 스코어를 낮게 기입하여 제출했을 때 · 165
10) 스타트 시간에 지각했을 때 · 167
※ 쉬어가는 골프 이야기 · 169

제_2장 티 그라운드에 대하여
1) 실수로 타순을 바꾸어 쳤을 때 · 171
2) 구역 밖에서의 티 업(Tee up) · 172
3) 스타트에 앞선 1번 티 부분에서의 연습 · 174
4) 와글(Waggle) 도중에 티 페그((Tee peg)에서 볼이 떨어졌다 · 175
5) 티 페그에서 떨어지려는 볼을 쳤다 · 177
6) 티 업하고 나서 볼 뒤쪽의 지면을 고르게 했다 · 178
7) 헛치는 바람에 볼이 티 마크에 붙고 말았다 · 179
8) 잠정구(暫定球)를 치는 시기 · 180
※ 쉬어가는 골프 이야기 · 183

제_3장 스루 더 그린(Through the green)에 대하여

1) 드롭(Drop)의 방법 · 185
2) 드롭한 공이 몸에 닿았다 · 187
3) 재드롭하는 경우 · 188
4) OB 볼과 분실 볼의 조치 · 190
5) OB의 경계선은 어디인가? · 192
6) OB선 위의 나뭇가지에 걸린 볼 · 193
7) 볼이 물결에 휩쓸려 OB 구역으로 들어갔다 · 194
8) 노 터치인데 6인치 플레이스를 했다 · 195
9) 어드레스 후에 볼이 움직였다 · 196
10) 자신의 볼인가를 확인하기 위해 볼을 집어올리려면 · 198
11) 볼이 흙탕 속으로 들어갔다 · 199
12) 볼의 흙을 닦아내려면 · 201
13) 언플레이어블(Unplayable : 플레이 불가능)의 결정권은 누구에게 · 202
14) 타구한 볼을 까마귀가 물고 갔다 · 203
15) 러프에서 다른 사람의 볼을 잘못 플레이했다 · 205
16) 홀인된 것을 모르고 오구(誤球) 플레이를 계속했다 · 206
17) 백 스윙 도중에 볼이 움직였으나 그대로 스윙을 계속하여 쳤다 · 207
18) 볼을 쳤다가 자신의 볼을 신으로 움직이게 했다 · 209
19) 자신의 볼을 식별할 수 없다 · 209
20) 처음 친 볼과 잠정구의 식별이 불가능하다 · 210
21) 클럽을 목표 방향에 놓고 친다 · 212
22) 떨어져 있는 나뭇가지를 제거하자 볼이 움직였다 · 214
23) 백 스윙에 방해가 되는 나뭇가지를 꺾었다 · 215
24) 페어웨이에서 볼 바로 앞에 있는 모래를 손으로 밀어냈다 · 217
25) 볼과 클럽 헤드 사이에 낀 풀잎을 손으로 잘랐다 · 218
26) 움직일 수 없는 장애물에 대한 구제 조치1 · 218
27) 움직일 수 없는 장애물에 대한 구제 조치2 · 220
28) 움직일 수 있는 장애물 · 220
29) 플레이의 중단이 인정되는 경우 · 223
30) 매치 플레이에 있어서의 경기 중단 · 225
※ 쉬어가는 골프 이야기 · 227

제_4장 벙커에 대하여

1) 벙커 안에서 한 번 놓았던 클럽을 다시 집어들었다 · 229
2) 타구가 몸에 닿았다 · 230
3) 벙커 안에서 가볍게 스윙했을 때 클럽 헤드가 모래를 약간 스쳤다 · 231

Content

    4) 드롭한 볼이 벙커로 굴러들어갔다 · 232
    5) 벙커에서 잘못하여 다른 사람의 볼을 쳤다 · 233
    6) 벙커에서 두 볼이 가까이 접근해 있다 · 234
    7) 벙커 안에 둔 벙커 고르기에 벙커 샷 한 볼이 맞았다 · 235
    8) 벙커에 들어간 볼을 언플레이어블로 하는 경우 · 237
    9) 물이 고인 벙커에 들어간 볼 · 238
    ※ 쉬어가는 골프 이야기 · 241

제_5장   워터 해저드에 대하여

    1) 워터 해저드로 들어간 볼 · 243
    2) 래터럴(Lateral) 워터 해저드에 들어간 볼 · 245
    ※ 쉬어가는 골프 이야기 · 248

제_6장   퍼팅 그린에 대하여

    1) 볼을 집어 올리는 순서 · 250
    2) 볼을 집어 올릴 때 주머니에서 코인이 떨어져 볼을 움직였다 · 252
    3) 볼이 핀과 컵 가장자리에 끼었다 · 253
    4) 깃발에 말려 내려오지 않는 볼 · 255
    5) OK 퍼트가 빗나갔다 · 256
    6) 볼의 흙을 잔디에 닦았다 · 256
    7) 움직일 수 없는 장애물로부터의 구제 · 258
    8) 스파이크 자국을 고치고 싶다 · 259
    9) 동시에 친 볼이 충돌했다 · 260
    10) 상대방의 볼을 맞고 홀에 들어갔다 · 262
    11) 퍼팅 라인 위에 물이 괴어 있다 · 263
    12) 빗물에 움직인 볼 · 264
    ※ 쉬어가는 골프 이야기 · 267

P·a·r·t·3
부록 1. 골프규칙 · 271

P·a·r·t·4
부록 2. 골프 용어 사전 · 379
    (알파벳 순)

골프의 기초 테크닉

P·a·r·t·1

제_1장
초보자를 위한 골프의 기초 지식 강의

1. 골프란 무엇인가?

　드넓은 부지 위에 만들어진 코스를 따라 클럽으로 볼을 쳐서 목표로 하는 홀(Hole)에 들어가도록 하는 게임이 곧 골프이다. 따라서 승부는 그 볼을 친 횟수로 결정되며 당연히 일정구간에서의 타수(打數)가 적을수록 골프를 잘 하는 것이 된다. 결국 골프란 걸을 수 있고 또 팔을 쓸 수만 있으면 누구나 즐길 수 있는 스포츠인데 골프 코스는 통상 70~100만㎡의 부지에 1번부터 18번까지의 18개 홀이 배치되어 있다. 그 홀의 거리는 100~600m 미만까지 있다.

1) 플레이(Play)
　플레이는 결정된 규칙에 따라 1번부터 18번까지의 홀(Hole)을 차례대로 볼을 치게 되며 18홀을 완전히 도는 것을 원 라운드(One round)라 한다. 다시 원 라운드를 아웃 코스(Out course)와 인 코스(In course)(각 9홀)로 나누며 각기 하프(Half)라고 부른다. 하프는 일반적으로 롱 홀 2개,

 옛날의 골퍼는 정신(spirit)으로 골프를 했지만 지금의 골퍼는 규칙서(letter)로 골프를 한다.　_[찰스 맥도널드]

| 골프의 기초 테크닉 **011**

코스(단위 홀)의 명칭

워터 해저드
코스와 평행하게 있는
강이나 못 등

벙커

크로스 벙커

페어웨이

서브 그린

본 그린

러프

OB 말뚝(통상적으로 흰 말뚝)
'아웃 오브 바운드'와의
경계를 나타내는 말뚝

워터 해저드(못, 호수 등)

• **스루 더 그린**
현재 플레이하는 홀의 티와
그린과 해저드를 제외한 지역.
즉 페어웨이와 러프를 가리킨다.

레이디스 티
레귤러 티 ┐ **티 그라운드**
챔피온스 티 ┘

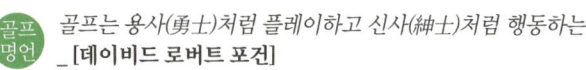

골프 명언 골프는 용사(勇士)처럼 플레이하고 신사(紳士)처럼 행동하는 게임이다.
_ [데이비드 로버트 포건]

18홀의 코스 구성

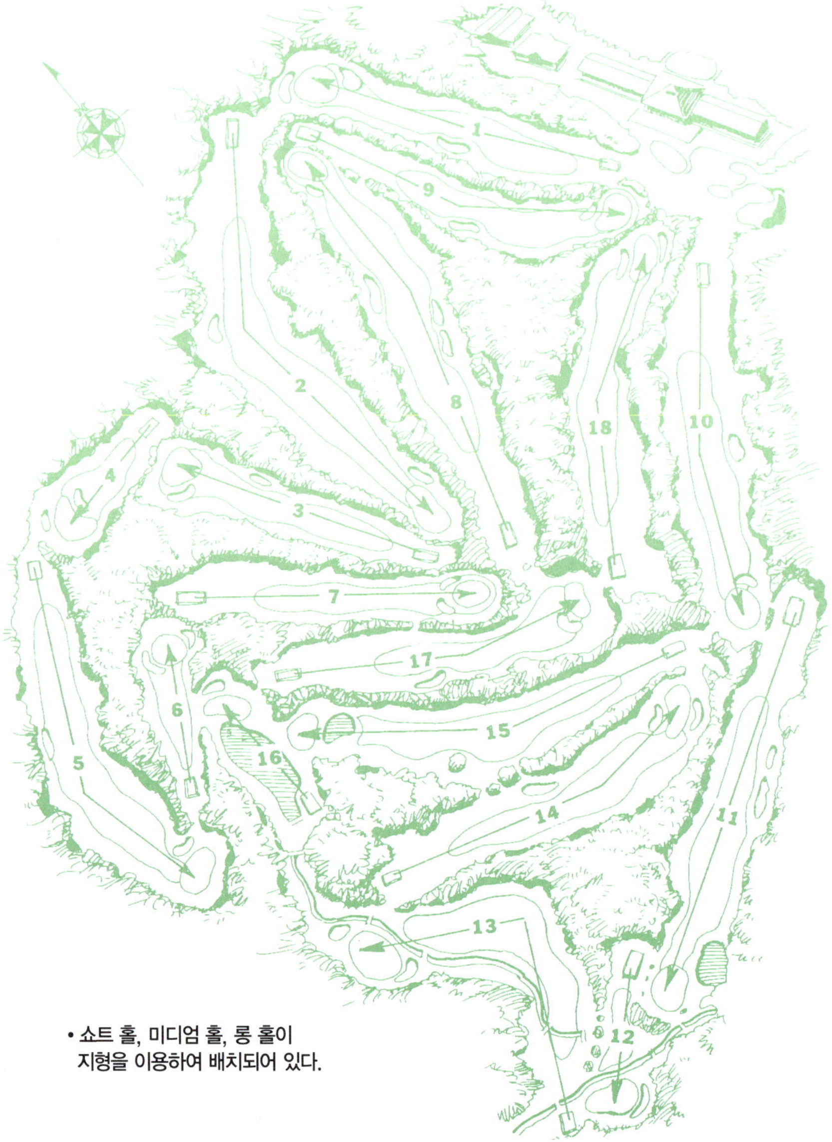

• 쇼트 홀, 미디엄 홀, 롱 홀이 지형을 이용하여 배치되어 있다.

골프 명언 *골프는 배우면 배울수록 배울 것이 많아진다.* _**[앨즈워드 바인즈]**
골프는 인스피레이션과 퍼스피레이션의 게임이다. _**[렉스 비치]**

미들 홀 5개, 쇼트 홀 2개로 구성되며 롱 홀은 431m(여자는 367m) 이상, 미들 홀은 230m(여자는 193m) 이상, 쇼트 홀은 229m(여자는 192m) 이하가 된다.

플레이 방법은 티 그라운드(Tee ground : 각 홀의 제1타를 치는 장소)에서 퍼팅 그린(Putting green : 컵이 있는 곳, 잔디를 짧게 깎아둔다)까지 공을 치고 나아가며 홀 아웃(Hole out : 컵에 공이 들어가 1홀의 플레이를 끝내는 것) 되면 다음 홀로 간다. 승부는 제1타를 친 직후부터 각 홀에 있는 구멍으로 볼을 쳐서 넣기까지의 횟수를 세어 각 홀마다 스코어 카드(Score card)에 기재하며 그 합계 타수의 많고 적음에 따라 승부가 가려지게 된다. 이때 그 기준이 되는 타수를 파(Par)라 한다.

롱 홀은 파5(5타로 홀 아웃하는 것이 기준), 미들 홀은 파4, 쇼트 홀은 파3이다. 그리고 하프에서 36타, 1라운드에서 72타가 파 플레이(Par play)의 표준적인 타수이다. 그 이하의 스코어가 언더 파(Under par), 이상이 오버 파(Over par)가 된다. 각 홀 모두 파보다 1타가 적은 타수로 홀 아웃하면 버디(Birdie), 2타가 적으면 이글(Eagle), 3타가 적으면 앨버트로스(Albatross)라 부른다. 반대로 파보다 1타가 많으면 보기(Bogey), 2타가 많으면 더블 보기(Double bogey), 3타가 많으면 트리플 보기(Triple bogey)라고 한다.

스트로크 플레이(Stroke play)는 1라운드의 합계 타수로 승부를 겨루며 매치 플레이(Match play)는 각 홀마다에서 승부를 겨루고 몇 개의 홀에서 이겼는가에 따라 승부가 결정된다. 오늘날에는 프로 토너먼트에서도 스트로크 플레이가 주류를 이루며 대개의 경우 매치 플레이는 연간 1시합 정도밖에 실시되지 않는다.

골프 명언 바람은 훌륭한 교사이다. 바람은 그 골퍼의 장점과 단점을 극명하게 가르쳐 준다.
_ [해리 바든]

2. 골프의 용품과 용구

1) 골프채의 종류와 각 부 명칭

골프채는 우드(Wood), 롱 아이언(Long iron), 미디엄 아이언(Medium iron), 쇼트 아이언(Short iron)으로 구성되어 있다. 우드의 1번은 드라이버, 2~5번을 페어웨이 우드(Fairway wood)라 총칭하며 그 중 2번이 브래시(Brassie), 3번이 스푼(Spoon), 4번이 버피(Buffy), 5번이 크리크(Cleek)이다. 아이언은 2번과 3번이 롱 아이언 그리고 4번에서 6번까지가 미디엄 아이언, 7번, 8번, 9번, 피칭 웨지(Pitching wedge), 샌드 웨지(Sand wedge)가 쇼트 아이언이 되며 그 밖에 퍼터(Putter)가 부가된다.

골프채 각 부의 명칭은 다음 그림을 참조하기 바란다.

2) 처음에 무엇을 갖추어야 하는가?

골프채의 세트에는 하프 세트와 풀 세트의 2종류가 있다.

하프 세트는 우드의 1번과 3번, 아이언의 3, 5, 7, 9번과 샌드 웨지, 퍼터의 8개로 구성된다. 풀 세트는 모두 14개이다. 규정상 정규 라운드에서 백에 담을 수 있는 골프채는 14가지 이내로 되어 있다. 그 14가지의 내용은 자유로우며 드라이버 2개, 샌드 웨지 3개 등 같은 골프채를 여러 개 가져도 상관은 없다. 다만 시판되는 풀 세트는 우드 1번에서 5번까지 중 4개 그리고 아이언 3번에서 9번, 피칭웨지, 샌드 웨지, 퍼터로 편성되는 것이 일반적이다.

골프채를 처음 갖출 때 하프 세트로 하는 것이 좋은가, 풀 세트로 하는 것이 좋은가에 대해서는 여러 가지 의견이 있지만 될 수 있으면 풀 세트를 갖추는 것이 바람직하다. 그것도 되도록 좋은 것을 선택하도록 한다. 초보자는 어떤 골프채를 쓰든 그다지 차이가 없으며, 풀 세트를 능숙하게 쓸 수 없다는 의견도 있기는 하지만 골프채를 모두 갖춤으로써 빠른 시기에 능숙하게 쓸 수 있게 된다고도 할 수 있다. 부득이 하게 하프 세트를 구입

> **골프 명언** 골프 스윙이란 글자 그대로 스윙을 하는 일이며 히트하는 일이 아니다.
> _ [골프 속언]

| 골프의 기초 테크닉 015

클럽의 명칭

- 네크
- 힐
- 토우
- 아이언
- 우드
- 그립
- 그립 엔드
- 로프트
- 샤프트
- 클럽 페이스
- 소켓
- 라이
- 토우
- 솔
- 힐

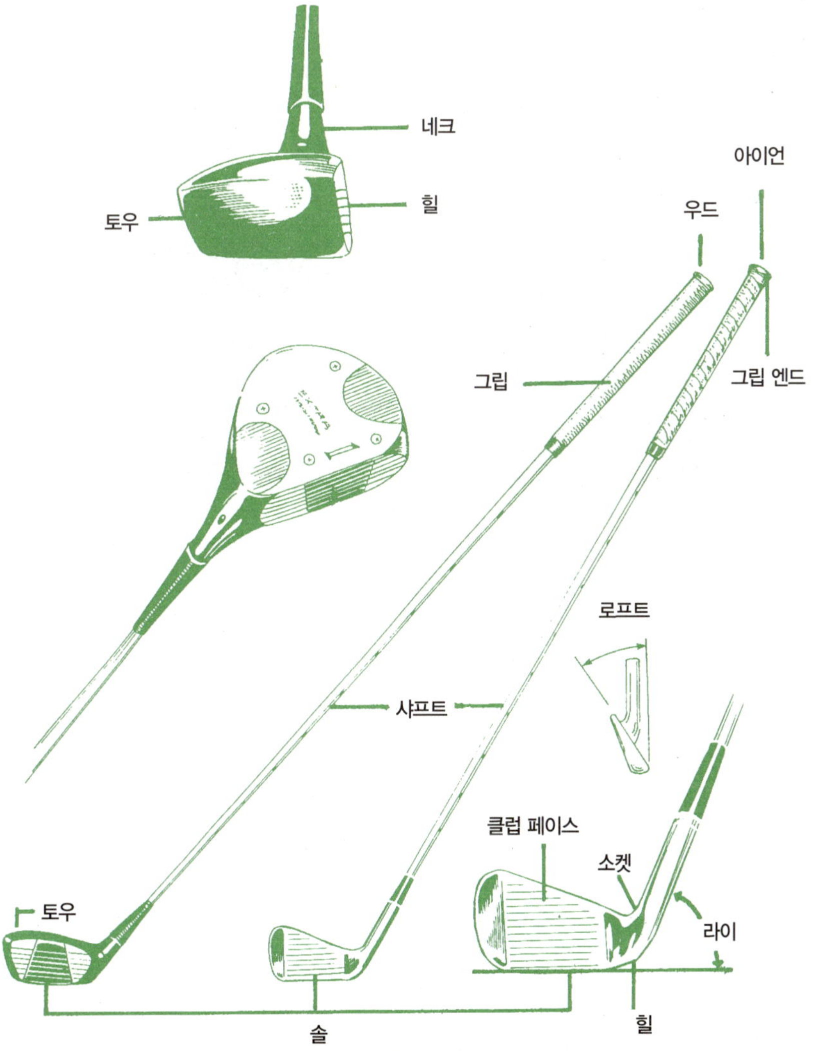

골프 명언 골프 코스는 여자와 닮는다. 다루는 솜씨 여하에 따라 즐겁게 하기도 하고 때로는 손 댈 수없이 거칠어지기도 한다. _ [토미 아머]

탄탄한 기초를 위한 골프 입문서

여러 가지 퍼터

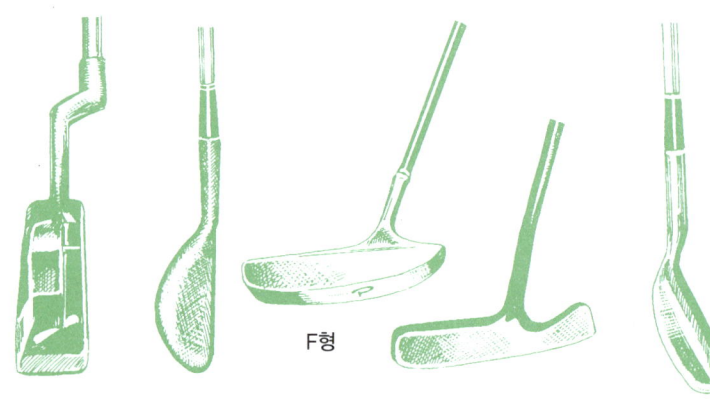

핀 퍼터라 불리는
변형 퍼터

생선묵처럼
생긴 D형

F형

캐슈인 T형

샤프트의 부착이
아이언과 같은 L형

 골프는 단순한 오락으로 하는 사람에게는 풀리지 않는 수수께끼로 남는다.
_ [G.H. 테일러]

하는 경우에는 나중에라도 풀 세트로 만들 수 있도록 같은 제품을 선택하는 것이 좋다. 모델이 다른 것을 낱개로 보충하면 성능 면에서 균형을 잃게 되어 스윙을 제대로 할 수 없게 되는 원인이 될 수도 있다. 다만 퍼터는 각자의 필링에 맞느냐 안 맞느냐가 매우 중요하므로 같은 회사 제품이어야 한다는 점에 구애받지 말고 자신에게 적합한 모델을 선택하도록 한다.

퍼터에는 종류가 많으며 샤프트의 부착 위치와 헤드의 형상으로 분류할 때 L형, T형, F형, D형, 변형의 다섯 가지로 나눌 수 있다.

3) 골프채를 고르는 기준
(1) 라이(Lie) 각도와 길이

골프채는 원칙적으로 자신의 신장과 서는 자세에 따라 선택한다. 다만 그 선택에서 가장 중요한 포인트는 클럽, 즉 골프채의 라이 각도이다. 라이 각도란 클럽 헤드의 솔(Sole : 밑)이 지면에 반듯하게 닿도록 클럽을 잡았을 때 샤프트와 그 수평면(지면) 사이에 생기는 각도를 말한다. 그 각도가 큰 것을 업 라이트(수직형), 각도가 작은 것을 플랫(평평하게 옆으로 치는 형)한 클럽이라고 한다. 일반적으로는 스윙을 해보고 클럽 헤드의 토우 부분이 약간 올라가는 정도의 라이 각도가 자신에게 적합한 클럽이라 할 수 있다. 이때 라이 각도에 맞추어 서는 것이 아니라 자신이 서는 자세에 맞는 라이 각도의 골프채를 찾는 것이 중요하다.

라이 각도는 클럽의 길이라든가 자신의 키와 관계가 있다. 같은 길이의 클럽이라도 키가 작은 사람인 경우에는 플랫한 각도가 되고 키가 큰 사람은 업라이트(Upright)한 라이 각도가 되는 것이다. 신장, 즉 키와 클럽의 길이는 일반적으로 신장 155cm 전후인 사람은 41인치(104cm), 160cm 전후인 사람은 42인치(106.7cm), 175cm 전후인 사람이라면 42.5인치(108cm)가 기준이다.

그러나 이것은 어디까지나 기준에 불과하다. 키가 큰 사람은 눈과 공의 거리가 멀기 때문에 약간 짧은 듯한 클럽으로 플랫하게 휘두르는 편이

> **골프명언** 골프는 아침에 자신(自信)을 얻었다고 생각하면 저녁에는 자신을 잃게 하는 게임이다. _[해리 바든]

좋은 경우도 있고 또한 팔 길이에 개인차가 있어 신장과 그립의 위치가 일치되지 않는 경우도 있기 때문이다. 어쨌든 처음에는 표준적인 클럽을 골라 스윙을 익히고 나서 자신의 스윙 타입에 적합한 클럽으로 바꾸는 것이 무난한 방법이다.

클럽의 로프트와 비행 거리

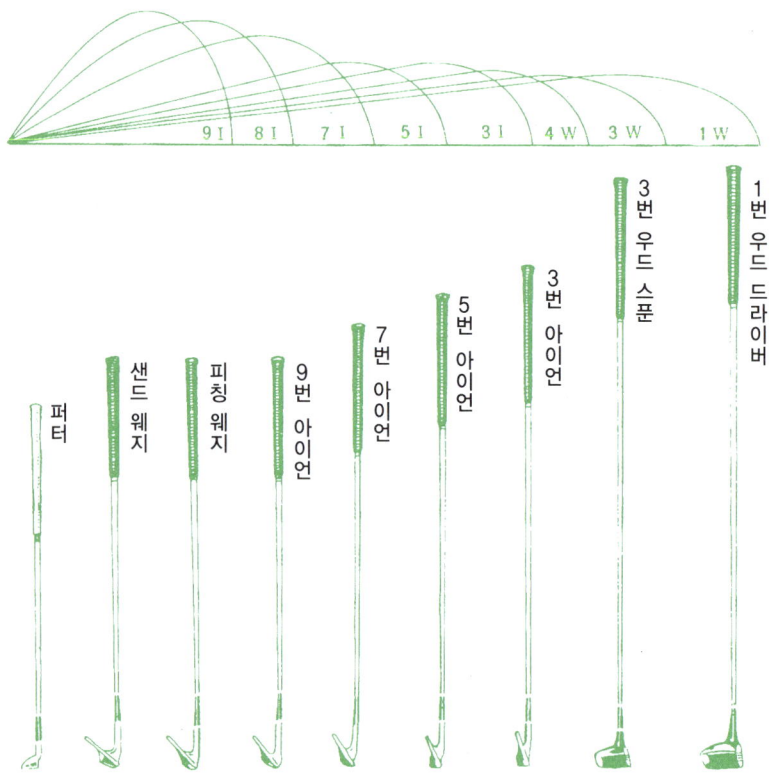

골프 명언 골프만큼 플레이어의 성질을 드러내는 것이 없다. 그것도 최선과 최악의 형태로 나타나게 한다. _[버너드 다윈]

| 골프의 기초 테크닉

클럽별 표준 비행거리

아이언	로프트(도)	표준비행거리
3번	23	162m
4번	26	153m
5번	30	144m
6번	34	135m
7번	38	126m
8번	42	117m
9번	46	108m
피칭웨지	52	
샌드웨지	58	

우드	로프트(도)	표준비행거리
1번(드라이버)	8	198m
2번(브러시)	13	189m
3번(스푼)	14	184.5m
4번(버피)	17	175.5m
5번(크리크)	20	171m

(2) 샤프트(Shaft)의 경도

클럽의 필링을 결정해 주는 힘을 샤프트의 경도라고 하며 샤프트의 경도는 클럽의 필링과 관계가 있다. 스윙하는 동안에 샤프트는 휘게 되며 이 타이밍과 스윙의 타이밍이 들어맞지 않으면 방향성이나 거리에 모두 문제가 생긴다. 길이가 같은 클럽이라도 경도차에 따라 휨의 타이밍이 달라진다. 경도는 강한 쪽부터 X, S, R, A, L로 표시된다.

● X(Extra stiff, 특히 강하다) : 남성 중에서도 프로에 버금가는 파워를 가진 사람에게 적합하다.

● S(Stiff, 강하다) : 악력(쥐는 힘)과 완력(팔 힘)이 모두 강한 남성에게 적합하다.

● R(Regular, 보통) : 보통 남성이거나 여성 중에서도 특별히 힘이 있는 로우 핸디(Low handy)에 적합하다.

● L(Ladies, 부드럽다) : 잘 휘기 때문에 여성이라든가 노년층 등 힘이 부족한 사람에게 적합하다. 보편적으로 위피(Whippy)라고도 한다.

일반적으로 체력이 있으며 완력이 강한 사람에게는 강한 샤프트 그리고 힘이 없는 여성이나 나이든 사람에게는 부드러운 샤프트가 적합하다고 할 수 있다. 임팩트(Impact) 시 클럽이 막대기처럼 느껴진다면 당신에게

리드미컬하게, 마치 댄스의 스텝을 밟는 것처럼 어드레스하라.
_ [줄리어스 보로스]

는 지나치게 강하고, 헤드가 너무 늦어 공이 높이 날아오르게 되면 지나치게 부드럽다고 생각하면 된다.

(3) 킥 포인트(Kick point)

비행 거리를 증가시키는 클럽 선택의 요령이 킥 포인트이다. 즉 같은 경도의 클럽이라도 킥 포인트(샤프트가 가장 큰 부분)의 위치에 따라 필링이 달라진다. 보편적으로 킥 포인트가 그립(Grip) 쪽에 있을수록 탄도(彈道)가 낮으므로 파워가 있는 사람에게 적합하다. 반대로 힘이 없는 사람은 공을 높이 올려 체공 시간이 길어지게 하는 편이 비행 거리가 늘어나므로 킥 포인트가 헤드 쪽에 있는 클럽이 적합하다.

(4) 스윙 웨이트(Swing weight)

클럽 헤드와 그립 쪽의 중량비(重量比)를 스윙 웨이트(Swing weight)라고 한다. 이는 밸런스 미터로 그립 엔드(Grip end)로부터 30cm 되는 부분을 받침점으로 하여 측정한다. 이 스윙 웨이트가 무겁고 샤프트가 부드러우면 클럽이 잘 휘게(헤드가 잘 먹게) 된다. 스윙 웨이트는 가벼운 쪽에서부터 A, B, C, D, E의 5단계로 나뉘며 그것을 다시 각각 0~9까지로 구분한다. 보편적인 남성의 경우 C8에서 D2 정도를 표준으로 하면 될 것이다.

(5) 완력과 클럽 무게와의 관계

힘이 없다고 가벼운 클럽을 쓰는 것은 아니다. 즉 팔 힘이나 쥐는 힘이 세고 체력도 있는 사람은 무거운 클럽 그리고 힘이 없는 사람은 가벼운 클럽을 선택하는 것이 일단 상식적인 방법이지만 이는 그 스윙의 질에 따라서도 달라질 수 있다. 파워가 있는 사람이라도 클럽을 휘두르는 경우라든가 또한 손목을 효과적으로 쓸 줄 아는 사람은 가벼운 쪽이 유리하다. 반대로 힘이 없지만 클럽에 의한 스윙을 할 줄 아는 사람이나 손목을 일찍

골프 명언
매너가 골프를 만든다(Manners make Golfers). _[스코틀랜드 속담]
게임 정신이 왕성한 사람에게 골프 규칙은 필요 없다. _[찰스 맥도널드]

| 골프의 기초 테크닉 021

킥 포인트

▲ 킥 포인트가 그립 쪽에 있는 클럽   ▲ 킥 포인트가 헤드 쪽에 있는 클럽

클럽의 길이(cm)

우드	남자	여자
1번	107.95~108.22	105.41~106.68
2번	106.64~106.95	104.75~105.05
3번	106.41~106.68	104.14~105.41
4번	104.14~106.41	102.87~104.14
5번	104.14~106.41	102.24~103.51
6번	104.14~106.41	101.60~102.87

아이언	남 자	여 자
3번	96.52~97.79	92.08~94.62
4번	93.23~96.52	91.44~93.36
5번	93.98~96.25	90.17~92.71
6번	92.71~93.98	88.90~91.44
7번	91.44~92.71	87.63~90.13
9번	88.90~90.17	85.09~87.63
퍼터	87.63~88.90	83.82~85.09
웨지	87.63~88.90	83.03~84.36

골프 명언: 백 스윙을 오른쪽 귀에 앉아 있는 파리라도 잡을 것처럼 성급하게 휘둘러 올리지 마라. _[월터 심프슨]

스위트 스폿을 찾는 방법

그립에서 추를 단 실을 늘어뜨리면 실은 스위트 스폿을 지나치게 된다.

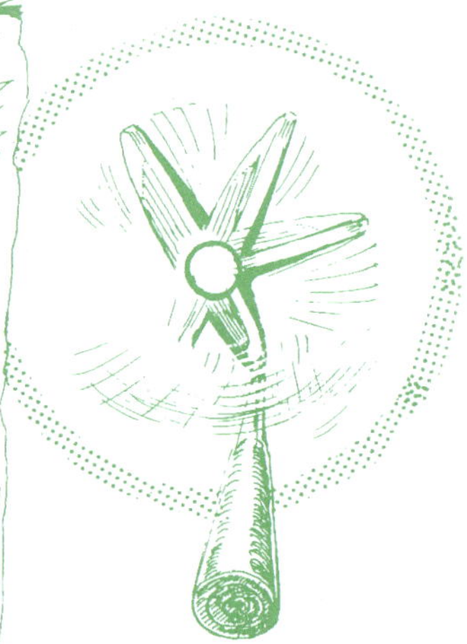

클럽을 손바닥 사이에 끼우고 빙글빙글 돌리면 페이스면에 움직이지 않는 원이 만들어진다. 그 부분이 스위트 스폿이다.

골프 명언 — 장타의 비결은 클럽 헤드에 있는 것이 아니라 그립을 휘두르는 데 있다.
_[점보 오자키]

릴리스 시키는 사람은 무거운 쪽이 바람직하다.

(6) 스위트 스폿

클럽 페이스(Club face)에 있는 중심점에서 거의 공의 저항을 느낄 수 없는 부분이 스위트 스폿이다. 스위트 스폿의 위치는 클럽이 어떻게 설계되었느냐에 따라 달라진다. 스위트 스폿이 높은 위치에 있는 클럽은 털어내듯 치는 사람에게 적합하다고 한다. 어쨌든 스위트 스폿이 스윙의 질에 적합하지 않으면 공이 기운차게 날아가지 않기 때문에 자신의 스윙하는 버릇과 스위트 스폿 위치가 잘 맞는 클럽을 선택할 필요가 있다.

4) 그 밖의 용품

(1) 공

공에는 두 가지 사이즈가 있다. 무게는 45.93kg으로 마찬가지이지만 큰 것은 지름이 4.27cm 이고 작은 것은 지름이 4.11cm이다. 또한 일반적으로 쓰이는 실을 감아 만든 공에는 그 경도에 따라 '경도 100' 등

으로 급수가 매겨져 있으며 공의 비행 거리가 짧은 경도가 부드러운 것을 사용하고 장거리 히터는 딱딱한 공을 사용하는 것이 효과적이다. 또한 요즘에는 표피는 발라타(Balata) 커버이고 안에는 합성수지가 들어있는 투피스 볼이 흔히 사용된다.

(2) 클럽 케이스

연습장으로 필요한 클럽을 3~4개 가지고 가는 데 사용한다.

골프 명언 | 긴 눈으로 보면 결국 운(運)이란 평등하고 공평한 것이다.   _[보비 존스]
볼에 너무 가까이 서도 너무 멀리 서도 몸의 동작은 나빠진다.   _[벤 호건]

(3) 캐디 백

클럽 케이스가 아니라 처음부터 캐디 백을 준비해 두면 편리하다. 어차피 언젠가는 필요해질 것이므로 튼튼한 것을 골라야 하겠지만 그다지 무겁지 않은 쪽이 실용적이다.

(4) 골프화

위창은 공기가 통하도록 가죽으로 되어 있고 밑창은 고무바닥과 스파이크 또는 고무 스파이크로 되어 있는 골프화가 좋다. 특히 신경 써야 할 부분은 바닥으로 바닥이 잘 구부러져 발의 동작이 편해야 한다. 뻣뻣한 바닥은 불편할 뿐만 아니라 스윙에도 방해가 된다.

(5) 장갑

보통 왼손에만 사용하지만 양손용 글러브도 시판되고 있다. 세무나 양가죽 등 부드럽고 손에 딱 들어맞는 것이 그립도 잘 되고 손에 달라붙어 사용하기 편하다.

(6) 복장

연습 단계라면 평소에 입는 바지와 스포츠 셔츠면 된다. 다만 습기를 잘 흡수하고 몸을 움직이기에 편한 것으로 선택한다. 하지만 연습장에서도 역시 깃이 있는 셔츠를 입는 것이 에티켓에 어긋나지 않는다.

골프 명언 골프를 보면 볼수록 인생을 생각하고 인생을 보면 볼수록 골프를 생각케 한다.
_[헨리 롱허스트]

(7) 헤드커버

클럽 헤드가 캐디 백 안에서 서로 부딪쳐 손상되는 것을 방지하기 위한 커버이다. 우드 클럽에 사용한다.

(8) 기타

슈즈 케이스, 수건(타월) 등도 필요하다.

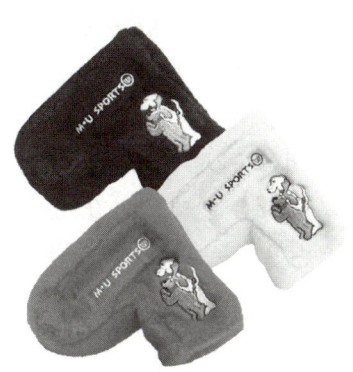

5) 연습장 고르기와 이용법

네트까지 5m도 채 되지 않는 실내 연습장에서부터 250m 거리에서 마음대로 칠 수 있는 넓은 옥외 장소까지 연습장에도 여러 가지가 있다. 실내 연습장은 볼의 행방에 신경 쓸 필요도 없고, 타석도 적기 때문에 비교적 볼을 치는 데만 집중할 수 있다. 또한 차분히 연습도 할 수 있으므로 폼을 고정시키는 데에는 가장 적합할 것이다. 또한 거리가 멀어 마음대로 칠 수 있는 옥외 장소라면 자신의 치는 버릇이라든가 공의 비행 거리 등을 알 수 있고 힘껏 날려 보내는 즐거움도 맛볼 수 있다. 각각 일장일단이 있겠지만 자세의 고정은 실내에서 하고 어느 정도 형성되면 옥외로 나간다. 거기에서 힘껏 날려 보내는 데에만 열중하다가 자세가 무너지면 다시 실내로 돌아와 연습하는 것이 효과적인 연습장의 이용법이라고 할 수 있다.

연습은 생각날 때마다 드문드문 해서는 효과가 없다. 스윙의 기초가 제대로 잡게 되기까지는 1주에 2~3회의 연습이 필요하다. 그러기 위해서라도 자택이나 근무처에서 가까운 연습장을 고르는 것이 좋으며 그 점에 있어서 실내 연습장이 편리할 것이다. 또한 초보자인 경우, 공이 곧바로 위로 날아가기도 하고 심지어는 뒤로 날아가기도 한다. 경우에 따라서는 공이 아닌 클럽을 날려 보내기도 하는 등 여러 가지 희극적인 사건들이 일어난다. 따라서 주위의 시선에 신경을 쓰지 않고 하기 위해서는 또는 사고

> **골프명언** 백 스윙은 등에 업은 어린아이를 떨어뜨리지 않도록 상체를 회전시키는 일.
> _[작자 미상]

방지를 위해서라도 비어있는 시간대 그리고 혼잡하지 않은 연습장을 고를 필요가 있다. 마음껏 칠 수 있는 연습장인 경우 드라이버는 물론 벙커 샷(Bunker shot), 어프로치(Approach), 퍼트(Putt)까지 고루 연습할 수 있는 설비가 갖추어져 있는 곳이 바람직하다.

실력을 갖춘 강사가 있는 연습장이어야 함은 물론 중요한 요소이다. 무슨 일이든 시작이 중요하다. 첫걸음부터 실력 있는 프로로부터 배우는

실내 및 실외 연습장

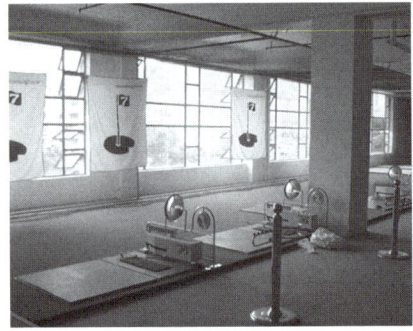

> **골프 명언** 언듀레이션을 생명으로 하는 볼게임은 골프 말고는 없으며 이것은 가장 자랑할만한 특징이다. _[H. 뉴턴 위저레드]

것이 숙달의 지름길이다. 자기 식으로 몇 해 동안이나 전전긍긍한 뒤에야 별로 진보가 없다 하여 비로소 프로로부터 레슨을 받으려 하는 경우, 일단 몸에 익은 버릇이 쉽게 고쳐지지 않아 애를 먹는다. 처음부터 되도록 레슨을 받는 것이 현명하다.

3. 볼을 치는 기초 기술

1) 그립의 기본
(1) 왼손의 그립

그립은 스윙의 포인트이다. 그립, 즉 클럽을 어떻게 쥐느냐 하는 문제는 골프의 기량에 큰 영향을 미친다. 어떻게 잡든 공을 칠 수만 있으면 크게 차이가 없다고 생각할지 모르지만 그립이 나쁠 경우, 모처럼 좋은 스윙을 해도 공은 바르게 날아가지 않는다. 어쨌든 몸과 클럽 사이의 유일한 접점(接點)은 그립이니까.

그립의 중요성은 골프를 쳐 볼수록 뼈저리게 느끼게 된다. 하지만 그렇게 깨달았을 때는 이미 늦다. 일단 습관이 된 버릇은 좀처럼 고쳐지지 않기 때문이다. 억지로 수정을 해보지만 다시 원점으로 돌아가고 만다. 따라서 처음부터 바른 그립의 방법을 익혀두어야 한다. 이 점은 모든 프로 선수들이 강조하는 사항이다.

우선 왼손부터 시작하자.

① 왼손바닥을 펴고 오른손의 엄지손가락으로 손바닥의 딱딱한 부분을 찾아본다.

② 그 부분에 클럽의 그립 부분을 댄다. 이때 그립 엔드가 주먹 하나 길이만큼 남아 있게 한다. 그리고는 집게손가락의 제2관절 근처를 클럽이 통과하도록 세트한다.

③ 다음에 가운데손가락, 약지손가락, 새끼손가락의 세 개로 그립을

어떻게 볼을 칠 것인가가 아니라 어떻게 홀을 공격할 것인가가 이기는 조건이 된다.
_[잭 니클로스]

왼손 그립

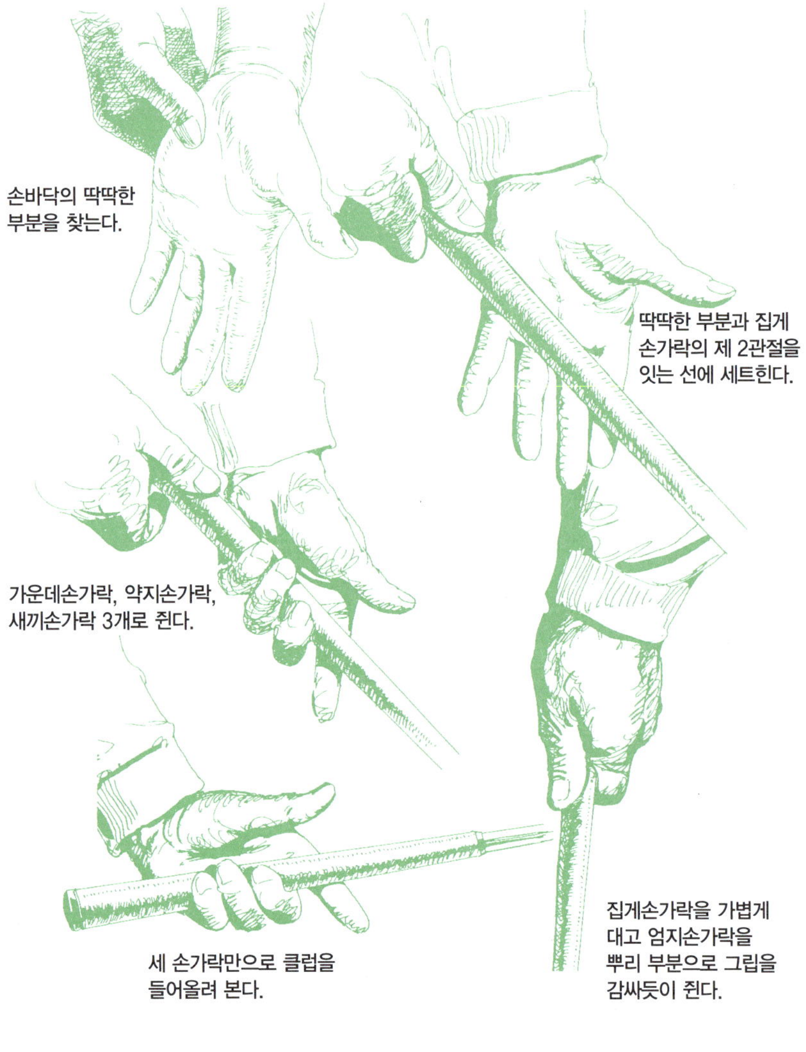

손바닥의 딱딱한 부분을 찾는다.

딱딱한 부분과 집게 손가락의 제 2관절을 잇는 선에 세트힌다.

가운데손가락, 약지손가락, 새끼손가락 3개로 쥔다.

세 손가락만으로 클럽을 들어올려 본다.

집게손가락을 가볍게 대고 엄지손가락을 뿌리 부분으로 그립을 감싸듯이 쥔다.

골프 명언 해저드는 골프를 극적으로 한다. 해저드 없는 골프는 생명도 혼도 없는 지루한 게임에 불과할 것이다. _ [로버트 헌터]

잡는다.

④ 왼손에서는 손바닥과 세 개의 손가락에 힘이 들어가게 된다. 그 상태로 클럽을 들어올릴 수 있어야 한다. 시험해 보도록 하자.

⑤ 클럽을 내리고 집게손가락을 가볍게 댄다.

⑥ 엄지손가락은 그립의 약간 오른쪽으로 치우치는 듯한 부분에 둔다. 이때 손바닥과 그립의 틈새를 메우는 듯한 느낌으로 엄지손가락의 뿌리 부분으로 그립을 감싸듯이 쥐어야 한다.

⑦ 끝으로 엄지손가락을 약간 몸쪽으로 당긴다. 스윙은 클럽 헤드의 원심력을 이용해서 한다. 클럽이 밖을 향해 당겨질 때 엄지손가락이 그립 오른쪽 옆에서 길게 뻗쳐 있으면 힘이 들어가지 않는다.

⑧ 왼손 그립이 되었으면 오른손으로 클럽을 당겨본다. 새끼손가락, 약지손가락, 가운데손가락의 차례로 힘이 들어가 있는지 살펴보자.
이것으로 왼손은 완성되었다.

(2) 오른손 그립

처음에는 거북할 것이다. 그렇다고 해서 자기 식으로 했다가는 두고두고 후회하게 된다. 왼손의 그립을 정확하게 한 상태에서 오른손을 덧댄다.

① 새끼손가락을 왼손의 집게손가락과 가운데손가락 사이의 오목한 부분에 건다.

② 손가락 뿌리 부분에 클럽을 놓는다. 손바닥으로 쥐는 편이 단단하게 느껴질는지 모르지만 그렇게 하면 자유롭지가 못하다.

③ 다음에는 약지손가락과 가운데손가락으로 그립을 쥔다. 왼손은 3개의 손가락이었지만 오른손은 그 두 손가락만으로 샤프트를 지탱한다.

④ 왼손을 놓고 그 두 손가락이 제대로 자리를 잡았는지 클럽을 들어올려 시험해 본다.

⑤ 이제 오른손 엄지손가락의 뿌리 가까이를 보자. 거기에는 이른바 생명선이라는 손금이 지나간다. 그 생명선을 왼손의 엄지손가락 옆에

골프 명언 자신이 있으면 긴장된 상태에서도 릴랙스할 수 있다. _[보비 클럼페트]
두뇌로 이기지 못하는 상대에게 골프 게임으로 이길 턱이 없다. _[로손 리틀]

오른손의 그립

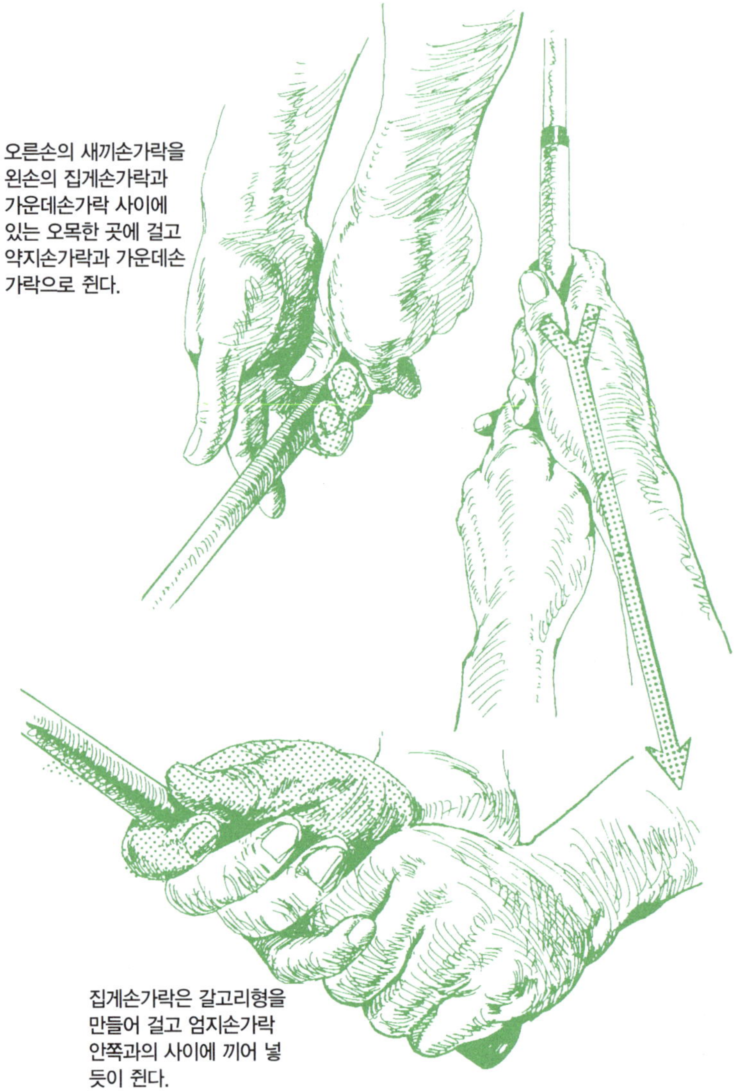

오른손의 새끼손가락을 왼손의 집게손가락과 가운데손가락 사이에 있는 오목한 곳에 걸고 약지손가락과 가운데손가락으로 쥔다.

집게손가락은 갈고리형을 만들어 걸고 엄지손가락 안쪽과의 사이에 끼어 넣듯이 쥔다.

골프명언

사람의 기지가 발명한 놀이치고 골프만큼 건강한 요양과 상쾌한 흥분, 그치지 않는 즐거움의 원천을 주는 것은 없다. _ [아서 밸푸어]

댄다. 그리고 왼손과의 틈새를 메우는 느낌으로 왼손 엄지손가락을 오른손으로 감싸 쥔다.
⑥ 집게손가락을 고리형으로 만들어 건다.
⑦ 엄지손가락은 왼손과는 달리 그립 바로 위에 두지 않고 손가락의 안쪽 바닥으로 집게손가락과 함께 끼워 잡듯이 쥔다.
손가락을 걸치는 차례가 틀리지 않도록 주의하자.

(3) 체크법 ①

처음에는 상당히 부자연스러우며 거북하게 느껴질 것이다. 그러나 그 상태에 익숙해져야 한다. 자기 식의 편한 그립은 나쁜 습관의 원인이 된다. 좌우 그립이 만들어지면 프로 선수 특유의 체크법으로 다시 한 번 시험해 보자.

① 왼손 엄지손가락과 집게손가락이 만드는 V자는 오른쪽 볼과 오른쪽 어깨 중앙에서 바깥쪽으로 치우치는 방향을 가리키고 있는가?
② 오른손의 V자는 오른쪽 볼과 오른쪽 어깨의 중간 언저리를 가리키고 있는가?
③ 양손 V자의 꼭지점은 완전히 밀착되어 있는가?
④ 왼손 그립은 손바닥 전체가 둥그스름한가?
⑤ 손가락과 손가락 사이에 틈새가 없도록 쥐고 있는가?
⑥ 오른손바닥으로 왼손의 엄지손가락을 잘 감싸 쥐어 그립에 일체감이 형성되어 있는가?
⑦ 오른손 등 쪽 집게손가락 뿌리 부분에 주름이 만들어져 있는가(집게손가락의 바닥 부분으로 샤프트를 단단히 받아 쥐는 것이 중요하다)?

(4) 힘을 주는 정도

클럽의 무게를 이용하여 쥐되 지나치게 헐거워도 또한 지나치게 단단해도 안 된다. 바든 그립 상태에서는 스윙을 했을 때 클럽이 빠져나갈 것

골프 명언 베스트를 다하여 샷하라. 그 결과가 좋으면 그만이고 나쁘면 잊으라.
_[월터 헤건]

처럼 느껴진다. 초보자라면 누구나 느끼는 불안이다. 그 불안 때문에 세게 쥐거나 좌우 손을 힘껏 겹쳐 쥐게 되는데 그렇게 하면 팔이나 어깨에 힘이 들어가게 된다. 힘이 들어가면 몸의 움직임이 자유롭지 못하게 되며 단지 그립이 나빠질 뿐 아니라 스윙에까지 영향을 미친다. 반대로 양손 쥐기에 힘이 없고 흐느적거리는 그립이라면 어떻게 될까? 당연히 그립에 힘이 들어가지 않고 힘껏 클럽을 휘두를 수가 없다.

힘을 주는 정도를 설명할 때 프로들은 흔히 젓가락이나 포크를 쥘 때의 예를 든다. 젓가락이나 포크를 사용할 때 억지로 힘을 들이는 사람은 없을 것이다. 어느 정도 느슨하게 쥐어야만 자유롭게 사용할 수 있는 법이다. 클럽을 눈높이로 올려서 헤드를 흔들어본다. 이때 헤드의 무게를 느낄 정도로 부드럽고 또한 스윙 중에 클럽을 확실하게 콘트롤할 수 있는 강도가 곧 힘주기의 기준이다.

(5) 체크법②

이상하게도 그립은 모르는 사이에 달라진다. 그리고 틀림없이 나쁜 쪽으로 변한다. 바르게 익혔다고 익혔는데도 어느 사이엔가 나쁜 버릇이 들고 마는 것이다. 이를 방지하기 위해서는 항상 자신의 그립을 점검하는 습관을 가져야 한다. 우선 클럽을 쥐고 검도에서 상대방의 정면을 향해 치듯이 크게 위에서 아래로 휘둘러본다. 그리고는 클럽 페이스의 방향을 체크한다.

만일 그립이 바르다면 페이스는 곧바로 공이 날아가는 방향을 향하고 있을 것이다. 클럽 헤드는 눈에서 멀리 떨어져 있기 때문에 페이스의 방향이 잘못 되어도 여간해서는 깨닫지 못한다. 연습할 때뿐만 아니라 실제로 공을 치게 되고 나서도 가끔 그 점검법에 의해 그립이 바른가를 판단해야 한다. 만일 페이스가 스퀘어가 아니라면 오른쪽 손바닥이 어느 방향을 향하고 있는가 확인하는 것이다. 바르게 공이 날아갈 방향을 향하고 있는가?

다음에는 그립의 강도를 점검해 보자. 그립을 하여 클럽을 땅과 수평

 핀치를 맞이했을 때 골프를 잘하는 사람과 못하는 사람의 차가 크게 드러난다.
_ [아오키 이사오]

| 골프의 기초 테크닉 **033**

그립의 체크법

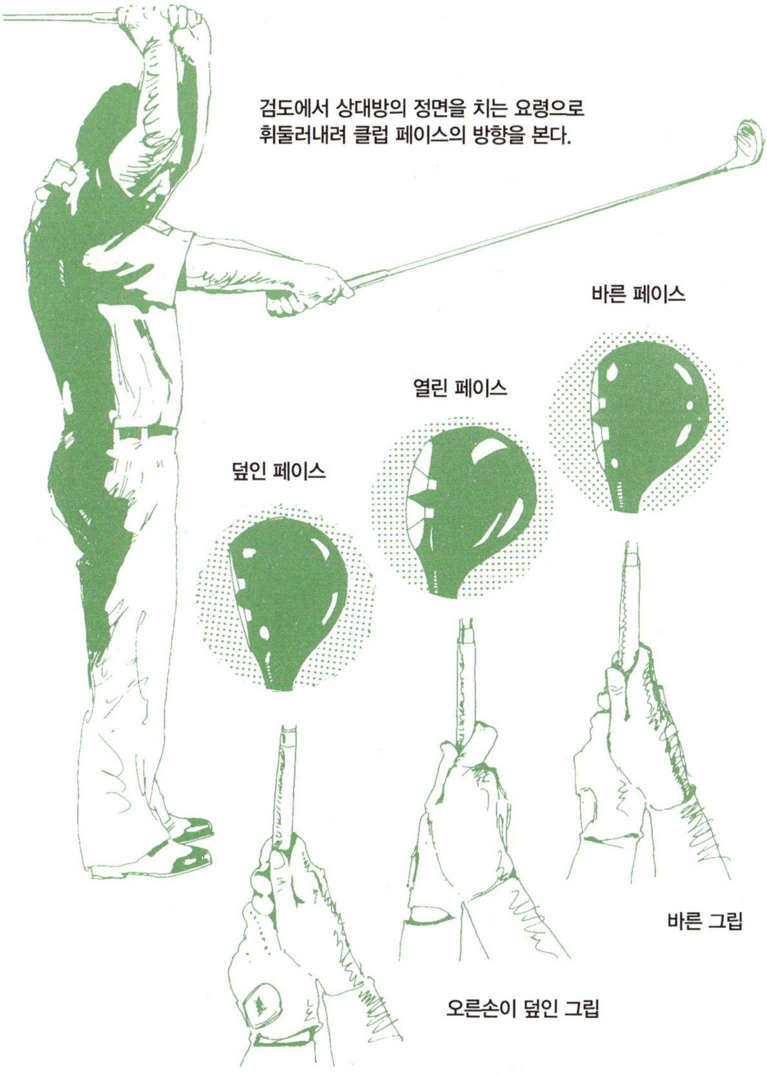

검도에서 상대방의 정면을 치는 요령으로 휘둘러내려 클럽 페이스의 방향을 본다.

바른 페이스

열린 페이스

덮인 페이스

바른 그립

오른손이 덮인 그립

오른손이 너무 얕은 그립

여성이라 하여 여성답게 샷을 해서는 안 된다. _ [낸시 로페즈]
골프를 즐기는 것이 바로 이기는 조건이 된다. _ [헤일 어윈]

이 될 정도로 들어올린 다음 누군가에게 클럽을 당겨보라고 한다. 쉽게 빠져 버리거나 그립의 형태가 달라진다면 적정한 힘으로 쥐고 있지 않다는 증거이다. 이 역시 가끔 점검해야 하는 포인트이다.

2) 그립의 패턴
(1) 오버래핑 그립(Overlaping grip)

그립의 패턴은 오버래핑이 가장 바람직한데 앞서 설명한 그립이 이 방법이며 가장 일반적으로 사용된다. 오른손 새끼손가락을 왼손 집게손가락과 가운데 손가락 사이의 오목한 곳에 두고 글자 그대로 왼손으로 오른손을 감싸 쥐는 형태이다. 오른손잡이는 아무래도 오른팔의 힘이 왼팔보

그립의 형태

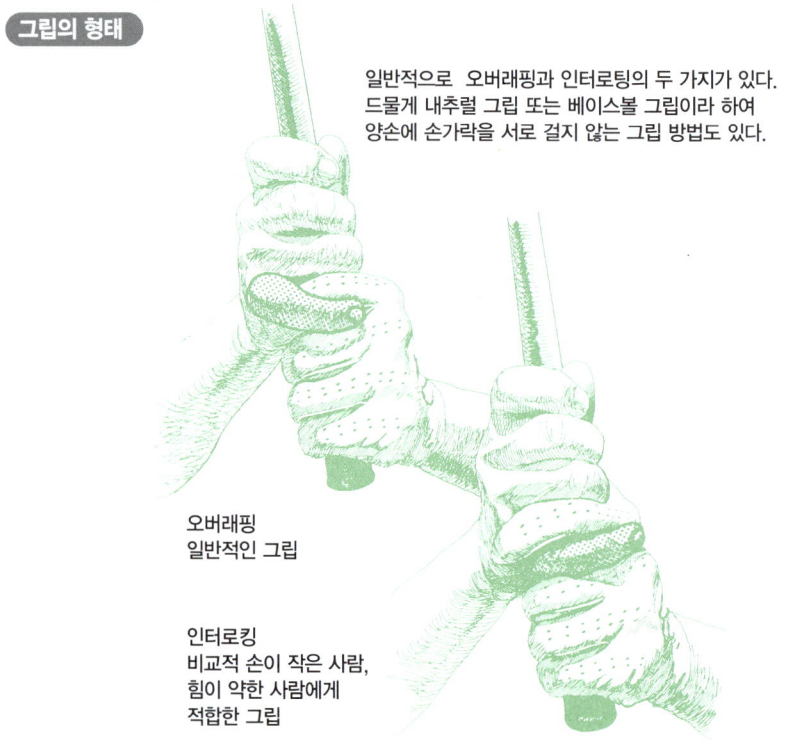

일반적으로 오버래핑과 인터로팅의 두 가지가 있다. 드물게 내추럴 그립 또는 베이스볼 그립이라 하여 양손에 손가락을 서로 걸지 않는 그립 방법도 있다.

오버래핑
일반적인 그립

인터로킹
비교적 손이 작은 사람,
힘이 약한 사람에게
적합한 그립

 골프란 자기의 최악의 적인 자기 자신과 함께 플레이하는 게임이다.
_[핀리 피터딘]

그립의 패턴

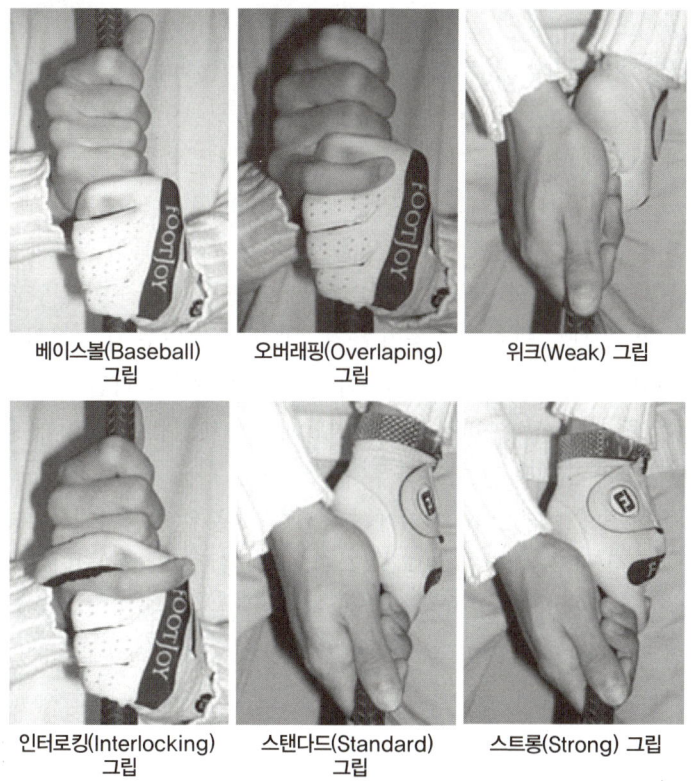

베이스볼(Baseball) 그립   오버래핑(Overlaping) 그립   위크(Weak) 그립

인터로킹(Interlocking) 그립   스탠다드(Standard) 그립   스트롱(Strong) 그립

다 세고 양팔이 한 몸처럼 움직이기가 쉽지 않다. 그것을 방지하려면 오른손의 힘을 세이브해 주는 이 그립이 적합하다.

(2) 인터로킹 그립(Interlocking grip)

오른손 새끼손가락과 왼손의 집게손가락이 얽히게 하는 그립이다. 손이 작은 사람이나 힘이 약한 사람에게는 안정감이 있으므로 적합하지만 그립이 단단하게 조여지는 경향이 있다.

 두 손은 클럽을 쥘 뿐, 클럽을 휘두르는 것은 팔이다. 그리고 그 팔은 몸통에 의하여 휘둘러진다. _[벤 호건]

3) 어드레스(Address)
(1) 기본

자연스럽게 발을 벌리고 선 자세가 이상적인 자세이다. "우선 2~3구 정도 쳐 보십시오."라고 하면서 레슨 초기에 프로들이 자신이 가르치려는 사람의 어드레스에 주목한다. 왜냐하면 그립을 포함한 어드레스가 스윙의 90%를 결정한다고 해도 될 만큼 중요하다는 것이 프로들의 생각이기 때문이다. 스포츠라면 모두 같은 말을 할 수 있겠지만 특히 골프에서는 자세(어드레스)가 큰 의미를 지닌다. 바르게 그립을 했으면 이제 양발을 붙이고 서자. 그대로 클럽을 휘둘러 올려 상대방의 정면을 치는 것처럼 휘둘러 내린다. 그대로 가볍게 인사를 하는 것처럼 상체를 약간 기울여 솔한다. 등은 곧게 편 상태이다. 이상이 어드레스의 첫걸음이다. 이때 공과 몸의 간격, 상체의 형을 잘 기억해 두자.

다음에 발을 벌려보자. 여기에서 중요한 것은 왼 발꿈치에서부터 공이 날아가는 선(비구선 : 飛球線)과 직각인 선 위에 공이 오게 된다는 사실이다. 다음에 오른발을 벌린다. 양발의 폭은 자연스럽게 벌린 정도가 가장 안정된 상태이다. 그러면 무의식적으로 벌려도 극단적으로 넓어지거나 좁아지는 일은 없다.

(2) 어깨와 허리

다음의 어드레스 자세를 잘 살펴보자. 오른쪽 어깨가 약간 내려가고 상체가 오른쪽으로 기울어져 있다. 이것이 어드레스의 중요한 포인트이다. 어째서 그렇게 되는가? 우선 클럽을 놓고 양손바닥을 맞대어 보자. 이때에는 아직 양어깨가 같은 높이이다.

그러나 실제로 클럽을 쥐게 되면 오른손은 그립의 아래쪽을 쥔다. 그러면 그렇게 되도록 오른손을 아래로 내려보자. 여기가 포인트이다. 이때 오른쪽 어깨를 앞으로 내밀어서는 안 된다. 허리와 어깨의 선은 볼이 날아갈 방향과 평행이 되어야 한다. 허리, 어깨의 선을 공이 날아갈 선(飛球線)

골프 명언 골프는 기묘한 게임으로 건강에는 좋으나 사람에게서 평상심을 빼앗아 파멸시킬 수도 있다. 나는 세계 제일가는 건강한 바보이다. _ [보브 호프]

| 골프의 기초 테크닉 **037**

어드레스의 기본

양팔을 가지런히 하고 클럽을 휘둘러 올린다.

정면으로 휘둘러 내려 가볍게 인사를 하는 것처럼 상체를 기울인다.

공이 왼쪽 발뒤꿈치에 오도록 왼발의 위치를 정하고 대략 어깨폭 정도로 오른발을 벌린다.

 골프 명언 드라이버 솔(sole)을 뜬 채 어드레스하는 편이 좋다.   _[딕 올트만]
스트로크 플레이어에서는 용기 있는 겁약이 필요하다.   _[골프 속언]

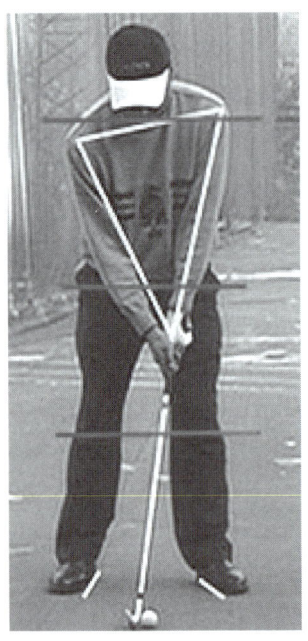

오른쪽 어깨가 약간 내려오는 바른 어드레스. 어깨와 허리는 공이 그리는 선과 평행이 된다. 양팔이 만드는 삼각형은 경직 되어서는 안된다.

과 평행이 되게 한 채 오른손을 아래로 보내려면 오른쪽 어깨를 약간 내리는 수밖에 없다. 그렇게 하면 상체도 오른쪽으로 기울기 때문에 공도 자연히 오른쪽 후방에서 보게 된다. 처음에는 아무래도 오른쪽 어깨를 앞으로 내밀기 쉽지만 나쁜 버릇이 들지 않도록 이 손바닥을 내려 보내는 운동을 반복하기 바란다.

(3) 양팔

골프에 관한 테크닉의 설명을 보면 '양팔이 만드는 삼각형'이라는 말이 자주 나온다. 몸과 클럽의 일체감은 이 양팔의 삼각형에 의해 만들어지는 셈이지만 막대기처럼 경직된 양팔과 딱딱하게 뻗은 삼각형으로는 순조로운 스윙을 할 수가 없다.

그렇다면 어떤 삼각형이 바람직한가? 우선 양 팔꿈치는 좌우 허리뼈의 윗부분을 가리키고 있어야 한다. 팔꿈치가 바깥쪽을 향하고 있으면 팔이 멋대로 움직여 바른 동작을 할 수 없다. 겨드랑이를 '앞으로 나란히' 한 자세에서 손을 내린 정도로 조이고 왼팔은 자연스럽게 뻗친다. 오른팔은 어떤 물건을 '주십시오.' 하는 느낌으로 손바닥을 위로 향하게 하며 팔꿈치를 구부려 손을 앞으로 내민 듯하게 한다. 유연하게, 가볍게 구부린 팔꿈치는 옆구리에 가볍게 닿을 정도의 위치에 둔다. 옆(비구선 뒤쪽)에서 볼 때 오른 팔꿈치가 왼 팔꿈치보다 더 앞으로 나가면 안 된다. 상체가 벌어지기 때문이다.

골프 명언 골프란 신을 모독하는 어구(욕설)들과 뗄레야 뗄 수 없는 게임이다.
_ [어빙 글랫스톤]

(4) 하반신

어드레스의 마무리는 하반신을 안정시키는 데 있다. 골프의 스윙은 상반신의 회전운동이다. 이를 지탱하기 위해서는 단단한 하반신이 필요하다. 만일 어디든 자유롭게 움직일 수 있다면 몸을 비틀어도 전혀 고통스럽지 않을 것이다. 하반신을 안정시키고 상반신을 비틀 때 강력한 스윙이 탄생된다. 물론 멈추려 해도 역시 하반신은 움직이겠지만 되도록 고정시켜 두어야 한다.

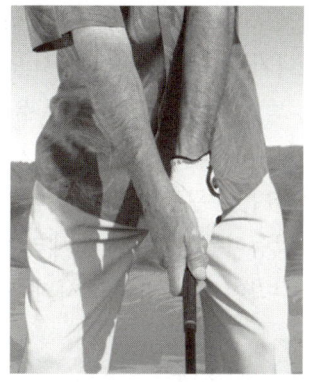

바지 사타구니 부분에 주름이 지면 균형이 잡힌 증거

여기까지의 포인트에 따라 충실하게 어드레스를 해 보자. 그리고 그대로 엉덩이만 약간 뒤로 빼보자. 그러면 무릎도 자연스럽게 구부려진다. 몸무게는 발의 한가운데, 발바닥의 오목한 언저리로 집중될 것이다. 이것이 바로 안정된 하반신의 형태이다.

흔히 어드레스에서는 무릎을 구부리라고 한다. 그러나 그러면 그만 무릎이 앞으로 나가고 만다. 이때 체중은 어디로 몰릴까? 아마도 발끝에 집중될 것이다. 또한 무릎이 경직된 상태라면 엉덩이를 빼지 못하고 앞으로 지나치게 기울어지게 된다. 이러한 어드레스로는 하반신이 안정되지 않는다. 이 하반신의 안정된 느낌을 알기 위해서는 점프가 가

엉덩이를 약간 뒤로 빼고 하반신을 안정시킨다. 점프한 뒤 착지했을 때의 느낌이며 체중은 발바닥의 오목한 부분에 집중된다.

장 효과적이다. 점프를 했다가 착지했을 때를 보자. 양 무릎은 약간 구부러지고 엉덩이는 뒤로 약간 나가게 된다. 이 형이 가장 안정되고 강력한 힘을 낼 수 있는 형이다. 또한 무거운 것을 양손으로 바닥에서 들어올릴 때의 자

골프명언
경직되면 우선 그립과 걸음걸이에 나타난다.   _ [보비 로크]
할미꽃을 쳐내는 것처럼 쳐내라.   _ [제임스 위더래드]

세도 어드레스의 이미지 형성에 도움이 된다. 무릎이 극단적으로 앞으로 나가 있거나 뻣뻣하게 서 있다면 물건을 들어올릴 수 없을 것이다.

즉 어느 쪽이나 모두 유연하게 움직일 수 있다는 데 포인트가 있다. 이 하반신 체크법은 바지의 사타구니 부분에 주름이 생기는가 아닌가로 확인한다. 주름이 지지 않았다면 무릎만 구부리고 상반신은 서 있기 때문이다. 엉덩이를 뒤로 뺀 자세라면 자연스럽게 무릎이 구부려지고 무릎 아래는 수직이 되며 바지의 사타구니 부분에 주름이 질 것이다.

(5) 무릎

'무릎을 구부려라!' 는 말이 '무릎을 앞으로 내밀어라!' 는 말로 오해받기 쉽다는 점에 대해서는 이미 설명했다. 무릎에 대해 또 한 가지 오해받기 쉬운 말이 있다. '어드레스에서는 양 무릎을 안쪽으로 올리게 하라.' 는 말이다. 그런 말을 하면 거의 모두 양 무릎을 안쪽으로 구부려 X형 다리를

무릎과 허리에 대한 체크

오른쪽 무릎을 왼쪽으로 미는 느낌으로 →

유연하게 움직일 수 있도록 무릎의 안정도를 증가시킨다.

골프 명언 골프 게임의 90%는 멘탈이어서 제대로 플레이하지 못하는 골퍼들에게 필요한 것은 레슨프로가 아니고 바로 정신과의 싸움이다. _[톰 머피]

만든다. 그러나 그런 자세로 클럽을 힘껏 휘두른다면 아마도 몸이 무척이나 흔들릴 것이다.

'무릎을 조여라.'는 말의 본래의 의미는 양다리를 같은 정도로 안쪽을 향해 조이라는 것이 아니다. 오른 무릎을 왼쪽으로 약간 미는 느낌이 들게 하고 왼발은 그 힘을 받아 멈추는 형이 되게 하라는 뜻이다.

4) 바른 셋 업(Set up)

(1) 스탠스(Stance)

달라지는 것은 발의 위치뿐이며 어깨와 허리의 라인은 항상 일정하다. 스탠스에는 오픈 스탠스(Open stance), 클로즈 스탠스(Close stance), 스퀘어 스탠스(Square stance)의 3종류가 있다. 스퀘어 스탠스는 공이 날아가는 선과 양발이 평행한 위치에 있는 자세이다. 오픈 스탠스는 스퀘어 스탠스로부터 왼발을 약간 뒤로 뺀 형태이다. 클럽 페이스가 열려, 들어가기 쉽고 슬라이스 계통의 공을 치게 된다. 클로즈 스탠스는 스퀘어 스탠스로부터 오른발을 약간 뺀 자세이다. 페이스가 덮이듯 들어가며 훅(Hook) 볼을 치게 된다.

여기에서 주의해야 하는 것은 오픈 스탠스이든 클로즈 스탠스든 달라지는 것은 양발뒤꿈치를 연결하는 라인뿐이며 어깨와 허리의 라인은 스퀘어 스탠스와 마찬가지로 공이 날아가는 선과 평행이어야 한다는 점이다. 상황에 따라 이들 스탠스를 구분하여 사용할 필요가 있게 되겠지만 어드레스의 기본을 익히는 현 시점에서는 스퀘어 스탠스에 익숙해지는 것이 좋다.

(2) 바른 셋 업의 순서

연습장에서도 막연하게 공을 칠 것이 아니라, 목표를 정하고 치는 습관을 들여야 한다. 목표를 정하고 나면 클럽의 페이스, 어깨, 허리, 양 발꿈치를 잇는 라인을 각기 목표에 대해 바르게 둔다. 셋 업할 때에는 반드시 공의 뒤쪽, 즉 공이 날아갈 선의 후방 연장선상에 서서 목표와 공을 연

> 골프 명언 *비기너가 몸을 충분히 꼬지 않는 것은 몸을 꼴수록 볼에서 멀어진다는 공포심 때문이다.* _[찰스 무에]

목표를 정하면 클럽 페이스, 어깨, 허리, 양발의 뒤꿈치를 잇는 선을 목표를 향해 바르게 둔다.

페이스를 목표에 맞추고 나서 공이 왼발의 뒤꿈치 선상에 오도록 왼발 위치를 정한다.

오른발을 벌리고 어깨, 허리의 라인을 공이 날아가는 선과 평행이 되게 맞춘다.

골프 명언 _ 골프로 성공한 사람 중에는 특수한 성격의 사람들이 많다.
_ [프랭크 터팀 주니어]

결한 라인을 설정한다. 그리고 공을 앞에 놓고는 클럽 페이스를 먼저 라인에 맞추고 나서 어드레스를 취하도록 한다.

  초보자가 저지르기 쉬운 실수는 눈만은 방향을 잡고 있지만 클럽 페이스가 엉뚱한 곳을 향하고 있는 경우이다. 이것은 대부분이 발부터 어드레스를 취했기 때문이다. 완전히 순서가 뒤바뀐 것이다. 스탠스를 먼저 정하면 방향 확인을 위해 목표 방향을 보고 다시 공을 향했을 때 아무래도 오른쪽(또는 왼쪽)으로 지나치게 치우친 것 같다는 의문이나 불안이 생기게 된다. 그래서 이리저리 발의 위치를 고치는 동안에 사실은 클럽 페이스가 엉뚱한 방향을 향하게도 되는 것이다. 또한 공의 위치가 왼쪽이나 오른쪽으로 치우쳐 버리는 경우도 있게 된다.

  더욱 곤란한 것은 발부터 어드레스를 취하는 경우, 몸이 딱딱하게 굳어지기 쉬우며 따라서 다음 동작으로 원활하게 옮기기가 힘들어진다. 즉 어드레스는 먼저 공 뒤에 서서 목표와 공을 잇는 라인을 가정하는 데에서부터 시작해야 한다. 공이 날아가는 선과 평행으로 자신의 스탠스 라인을 이미지로 그리며 자세를 취하고 다음에 클럽 페이스를 공이 날아갈 선과 직각이 되도록 하여 공의 뒤쪽에 둔다. 이때 공과 몸 사이의 바른 간격을 정한다. 그리고 나서 이미지로 정했던 스탠스 라인을 따라 왼 발꿈치 연장 선상에 공이 오도록 왼발의 위치를 정하고 다음에 오른발의 위치를 정한다. 그리고 최후에 어깨, 허리의 라인이 공이 날아갈 선과 평행이 되도록 맞춘다.

> **골프 명언** _게리 플레이어는 1년에 단 한번의 스트로크도 헛되이 치지 않았다._
> _ [바이런 넬슨]

셋 업의 순서

목표를 정한다.

공의 후방에서 목표와 공을 잇는 라인을 설정한다.

골프명언 아무리 친한 동료들과의 플레이일지라도 티에서 그린까지는 타(他)의 3명이 전혀 모르는 타인처럼 보일 때가 있다. 특히 3명이 페어웨이에 있고 자기만 숲 속에 있을 경우 더욱 그렇다. _ [밀튼 그로스]

올바른 클럽선택(상)

남보다 골프를 잘 치기 위해서는 두 가지 조건이 동시에 충족돼야 한다.
첫째는 좋은 스윙, 둘째는 그 좋은 스윙이 결과로 빛을 발할 수 있도록 자신에게 맞는 장비를 선택해야 하는 부분이다.
전자는, 레슨과 부단한 연습을 통해 올바른 자세를 습득하고 항상 일정한 스윙 메커니즘이 필드에서 나올 수 있도록 하는 인적인 부분이다. 후자는 좋은 스윙을 구사하였을 때에 정확한 결과가 나올 수 있도록 하는 클럽과 관계된 것이다. 물론, 두 부분의 비중을 들자면 스윙 쪽이 훨씬 더 중요하겠지만 자신의 경기력을 최대한 발휘하고 정확한 결과가 나올 수 있는 클럽에 대한 중요도가 점점 강조되고 있다.
골프 클럽이란 반드시 고가라고 좋은 것은 아니다. 시중에는 아이언 한 세트에 천만 원을 호가하는 것들도 있지만 우리가 TV를 통해 확인하는 유명 프로들의 장비는 우리가 흔히 접하는 모델들과 다를 바가 없다. 클럽의 가격보다 훨씬 더 중요한 것은 클럽과 골퍼와의 궁합이다.
골퍼들의 체형은 같을 수가 없다. 신장이나 팔·다리 길이, 근력, 유연성, 손의 크기도 제각각 다르거니와 클럽을 휘두르는 스윙 스피드도 제각각이다.
또한 비슷한 체형이나 근력을 지니고 있다고 하더라도 스윙 스타일에서도 차이를 갖게 된다. 골프 클럽과 골퍼와의 궁합이라는 것은 이러한 개인의 차이에 근거를 둔다. 즉, 자신의 체형, 근력, 손 크기, 스윙 스피드, 스윙 스타일, 연습량, 핸디캡 등 저마다의 개인적인 특징에 클럽의 특성이나 사양이 얼마나 잘 조화를 이루느냐가 중요한 것이다.
일반적으로 판매되고 있는 기성제품은 골퍼 개개인의 구체적인 욕구나 요구를 해결하는 데는 한계가 있을 수 있다. 대량으로 생산되는 클럽들은 통계를 통한 평균 골퍼들의 체형과 근력, 스피드에 맞추어 제품을 출시할 수밖에 없기 때문이다.

결국 체형이나 근력, 스윙이 평균적인 사람들에게는 잘 맞을 수 있지만 그렇지 못한 골퍼들에게는 많은 불만을 불러올 수도 있다.

사정이 이런데도 귀가 얇은 우리나라 골퍼들은 자신의 눈높이에 맞게 클럽을 선택하거나 피팅을 통해 리모델링하기 보다는 새로 나온 고가 장비에만 눈독을 들이는 경향이 강하다.

물론 클럽과 궁합을 맞춘다고 해서 보기 플레이어가 갑자기 싱글이 되는 것은 아니다. 하지만 그냥 마구잡이식으로 사서 사양도 모르고 사용하는 경우와는 확연히 다른 면이 있다. 골프백에 2~4타 정도의 핸디캡은 숨어있다는 것이 전문가들의 평가이다.

혹시 잘못된 클럽으로 고생을 사서 하고 있지는 않은지 돌이켜 볼 일이다.

[한국일보] 2003-03-20 정재욱(B&J 대표, 피팅 전문가)

제_2장
스윙의 기본과 실제

1. 스윙이란 무엇인가?

1) 규칙적인 원형 운동

원을 그리는 운동이라 해도 단순히 볼에 클럽을 맞추는 것이 스윙은 아니다. 어쨌든 골퍼라면 누구나 스윙에 대해 나름대로의 일가견이 있다. 그러나 대개 스윙이란 클럽을 테이크 백(Take back)했다가 휘둘러 내리는 것이라 생각하는 경우가 많으며, 그 의미를 깊이 생각하지는 않는다. 더욱이 초보자는 스윙 그 자체보다 볼에 클럽을 대는 데 급급하다. 그러나 우선 스윙에 의해 날아간다는 점을 명심하기 바란다.

그렇다면 스윙이란 무엇인가? 이것은 원심력을 응용한 말하자면 시계 추처럼 좌우로 흔들리는 규칙적인 원형 운동이다. 둥글게 원을 그리며 클럽을 휘둘러 올렸다가 같은 궤도로 휘둘러 내리면 클럽은 자연히 볼이 있는 곳으로 되돌아온다. 이것이 스윙의 기본적인 사고 방식이다. 그런데 이 원심력을 살리는 원 운동에는 중심이 되는 축이 있어야 한다. 축이 움직이는 상태에서는 바른 원을 그릴 수가 없다. 또한 축이 움직이지 않는 것만

골프 명언 로스트 볼을 했다 하여 불평이나 잔소리를 해서는 아니 된다. 로스트 볼은 골프 게임의 한 요소이다. _[찰스 맥도널드]

스윙의 분해

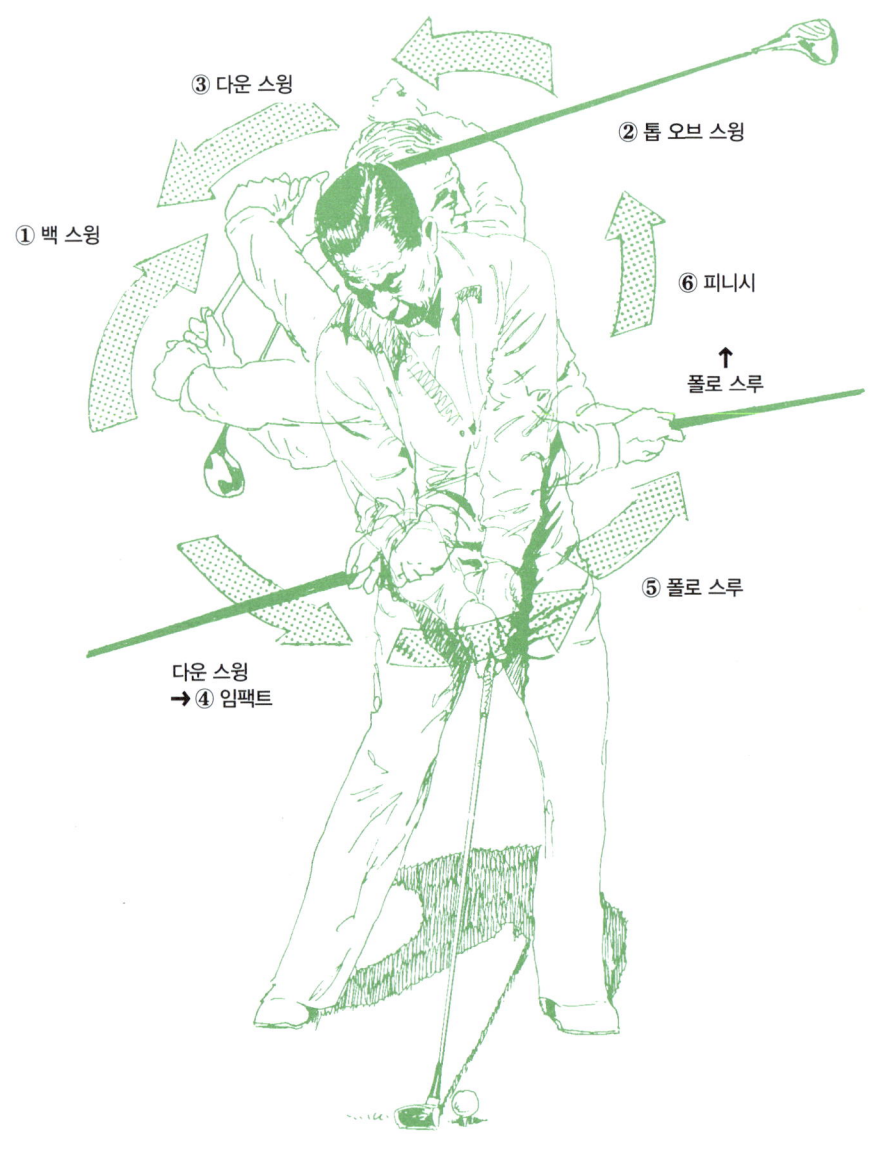

① 백 스윙
② 톱 오브 스윙
③ 다운 스윙
다운 스윙 → ④ 임팩트
⑤ 폴로 스루
⑥ 피니시
↑ 폴로 스루

골프 명언 1번 티에서 처음 만나 결코 내기를 해서는 안 되는 타입은 새까맣게 피부가 탄 사람, 1~2번 아이언을 갖고 있는 사람 그리고 집념의 눈빛을 한 사람이다.
_ [데이브 마]

으로는 좋은 스윙을 하기에 불충분하다. 몸을 충분히 사용하지 않고는 볼을 멀리 날릴 수가 없다. 똑바로 그리고 멀리 볼을 날리는 것이 좋은 스윙이라 할 때, 그런 스윙을 하기 위해서는 몸을 마음껏 비틀 필요가 있다. 그 결과 운동의 원주도 커지고 스피드도 생기게 되며 멀리 날려 보내는 파워가 탄생된다.

문제는 이 양자의 관계가 서로 상반되기 쉬운 점에 있다. 몸을 충분히 움직이면 축이 움직이기 쉽고, 축을 움직이지 않으려 하면 몸을 충분히 움직이지 못한다. 바로 이 두 가지를 잘 소화시키는 것이 훌륭한 스윙의 필요조건이다.

2) 스윙의 축

등뼈를 축으로 하여 몸을 돌리면 머리는 다소 움직이게 마련이다. 흔히 '축을 움직이지 않으려면 머리를 움직이지 말아야 한다.'고들 한다. 과연 이 얘기를 그대로 받아들여도 될까?

간단히 말해서 축을 어디에 두는가에 따라 머리의 문제도 해결된다. 축이

클럽 헤드는 규칙적인 원형의 궤도를 그린다. 축이 움직이면 바른 궤도를 그리지 못한다.

골프 명언 골프는 멋진 교훈을 주는 게임이다. 그 첫째는 자제, 즉 여하한 불운도 감수하는 미덕이다.   _[프란시스 위멧]

> **회전 운동 A**

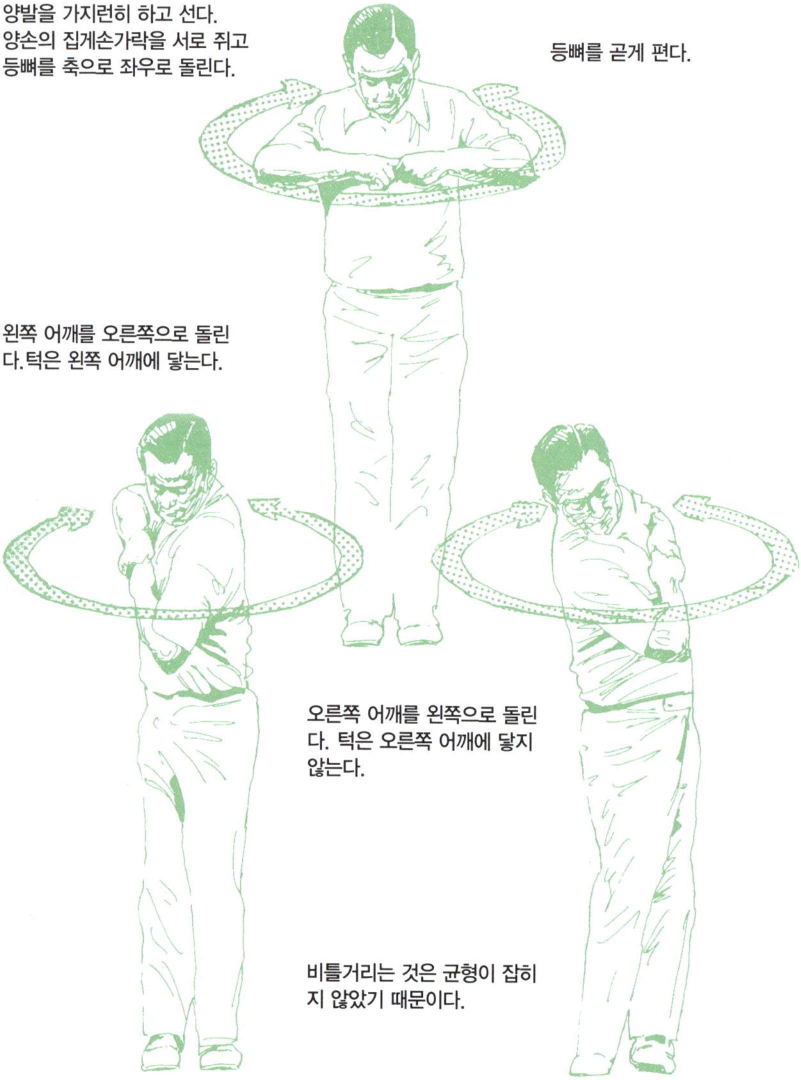

양발을 가지런히 하고 선다.
양손의 집게손가락을 서로 쥐고
등뼈를 축으로 좌우로 돌린다.

등뼈를 곧게 편다.

왼쪽 어깨를 오른쪽으로 돌린다. 턱은 왼쪽 어깨에 닿는다.

오른쪽 어깨를 왼쪽으로 돌린다. 턱은 오른쪽 어깨에 닿지 않는다.

비틀거리는 것은 균형이 잡히지 않았기 때문이다.

골프 명언 내 승용차는 뒤 트렁크에 골프 클럽을 넣지 않으면 결코 달리려고 하지 않는다.
_ [브루스 바래트]

머리라고 생각하면 몸을 돌리는 것이 매우 힘들게 되고, 아무래도 부자연스러운 스윙이 되고 만다. 등뼈를 축으로 하여 몸을 회전시키는 경우 머리는 다소 움직여도 축은 움직이지 않는다. 따라서 스윙에도 영향이 없다. 그렇다면 이제 몸의 회전 운동을 해 보자.

(1) 회전 운동 A

① 양발을 가지런히 하고 선다. 가슴 앞에서 양손의 집게손가락을 서로 엮는다. 이때 양발을 벌리고 서면 상반신의 움직임이 자유롭다. 따라서 연습이 되지 않는다. 반대로 발을 붙이고 서면 균형이 잡히지 않아 비틀거리게 된다. 바른 균형을 유지하는 몸의 움직임을 터득할 수 있게 되는 것이다.
② 등줄기를 곧게 펴는 것도 중요하다. 축이 휘면 바른 궤도를 그릴 수 없다.
③ 그 자세에서 우선 왼쪽 어깨를 오른쪽으로 돌린다. 다음에 반대로 오른쪽 어깨를 왼쪽으로 돌린다.
여기에서 주의해야 하는 것은 왼쪽 어깨와 오른쪽 어깨의 회전이다. 왼쪽 어깨를 오른쪽으로 돌렸을 때 그 왼쪽 어깨가 턱에 닿고 반대로 오른쪽 어깨를 왼쪽으로 돌렸을 때는 왼쪽 어깨가 턱 밑으로 들어간다. 이것은 어드레스에서 오른쪽 어깨가 밑으로 내려간 만큼 몸을 돌렸을 때에도 오른쪽 어깨가 밑으로 가기 때문이다. 실제로 클럽을 휘두르지 않더라도 어깨와 턱의 위치 등은 습관적으로 익혀두면 편리하다. 스윙할 때의 어깨, 등, 머리의 움직임, 어깨와 턱의 관계 등을 잘 알아두도록 하자.

(2) 회전 운동 B

양발을 가지런히 하고 클럽을 등 쪽으로 돌린 자세에서 회전 운동 A와 마찬가지로 어깨를 회전시킨다. 이 운동을 반복함으로써 등뼈를 심(芯)으

골프 명언 백 스윙에서 체중이 오른쪽으로 옮아가는 것은 어깨와 허리가 오른쪽으로 회전하기 때문이며 어깨와 허리가 오른쪽으로 이동하기 때문은 아니다. _ **[딕메어]**

회전 운동 B

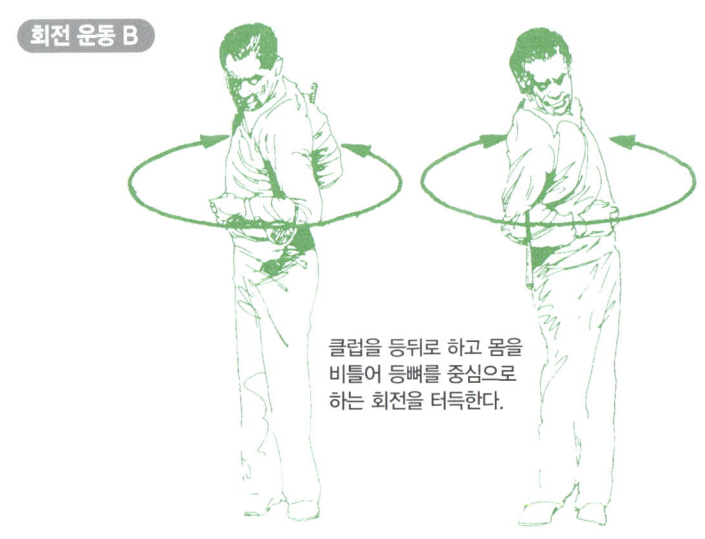

클럽을 등뒤로 하고 몸을 비틀어 등뼈를 중심으로 하는 회전을 터득한다.

로 하는 회전 운동을 익히게 된다. 이제 몸의 축을 만든다는 점을 이해할 수 있게 되었을 것이다. 초보자의 경우 이 축이 움직이는 상태를 흔히 볼 수 있다. 이른바 '스웨이(Sway)'이다. 스웨이에 의해 바른 원을 그리지 못하는 것이 곧 볼을 바르게 치지 못하는 원인이 된다.

톱 오브 스윙

폴로 스루-피니시

골프 명언
대개의 골퍼들은 '나는 늘 불운하다.'고 생각한다. _ [호레스 해친슨]
장타 치기를 단념했다면 그것으로 인생도 끝장이다. _ [나카무라 도라키치]

3) 몸의 바른 회전

조금 더 어깨를 돌리면 손치기를 방지할 수 있다. 또 한 가지 초보자에게 많은 결점이 '손치기'이다. 손치기란 말 그대로 손만으로 볼을 치는 것이다. 볼을 칠 때에는 물론 손의 힘도 필요하지만 그것만으로는 볼이 날아가지는 못한다. 역시 온몸의 힘을 집중시켜야 한다.

그러나 실제로 볼을 쳐보면 의외로 몸을 사용하지 않고 손치기를 하는 사람이 많다. 어째서일까? 몸이 제대로 회전하지 않는 데에 그 원인이 있다. 시험 삼아 클럽을 휘둘러 올린 자세를 취해 보자. 왼쪽 어깨가 턱에 닿기까지 돌아가는가? 충분히 돌렸다고 돌렸는데도 의외로 거기까지는 가지 않는다. 힘들여 돌려 봐야 턱에 닿을 정도의 위치에서 멈추게 되기 일쑤이다.

이 왼쪽 어깨가 턱에 닿기까지 몸을 돌린 자세는 결코 편하지가 않다. 그만 본래의 자세로 되돌아가고 싶어질 것이다. '가만히 있을 수 없는 감각', '본래의 자세로 되돌아가려는' 그 점이 몸에 의한 타구로 이어지게 된다. '조금 더' 어깨를 돌린 자세에서는 몸이 자연스럽게 리드하게 된다.

백 스윙

그러나 어깨가 충분히 돌아가지 않은 상태에서 클럽을 휘둘러 내리려 하면 팔부터 먼저 내려오게 된다. 그 때의 팔, 어깨, 허리의 움직임은 서로 연결되지 않고 흩어진 상태이다. 그렇게 되면 볼이 멀리 나가지 않을 뿐 아니라 방향성도 나빠진다. 축을 돌리지 않고 몸을 충분히 회전시키기 위한 연습법을 소개해 본다.

> **골프 명언** 머리는 스윙 균형의 중심이다. 머리가 움직이면 균형도, 스윙의 아크도 몸의 동작도 그리고 타이밍까지 바뀐다. _[백그라우트]

어깨를 돌리는 연습법

오른팔을 수평으로 들어 손가락 끝을 벽에 댄다.

오른손가락을 댔던 부분에 왼손을 댄다. 이때 머리는 약간 움직이지만 몸의 축은 움직이지 않는다.

4) 축을 움직이지 않는 연습법

① 우선 오른쪽에 벽이나 기둥이 있는 장소를 골라 양발을 벌리고 선다.
② 등줄기를 곧게 편 채 오른팔을 수평으로 올려 손가락 끝이 벽에 닿을 때까지 접근한다.
③ 오른팔을 내리고 왼팔을 수평으로 올리며 몸을 비틀어 왼손가락 끝으로 오른손이 닿았던 부분에 댄다.

이로써 알 수 있듯이 왼손으로 벽에 닿으려 하면 어느 정도 머리가 움직인다. 그러나 너무 지나치게 움직이지 않도록 한다. 똑바로 옆으로 향해 버려서는 곤란하다. 다만 몸의 축인 등줄기의 위치를 바꾸어서는 안 된다.

골프 명언 골프를 너무 하면 지성이 마멸한다. 머리 속을 비우면 비울수록 골프 솜씨는 향상된다.   _ [월터 심프슨]

| 골프의 기초 테크닉 **055**

스윙의 면(스윙 프레임)

목이 나올만한 구멍을 뚫은 판자에서 목을 내밀고 어드레
스했을 때의 클럽 헤드를 어깨에 비스듬히 걸친 느낌

임팩트존(zone)은 임팩트에서 폴로 스루까지의 30㎝ 가량이라고 생각하라.
_ [작자 미상]

이 체조에서 왼손이 벽에 닿은 자세가 테이크 백에서의 어깨, 허리의 바른 위치가 된다. 이 연습으로 바른 테이크 백의 이미지를 파악하기 바란다.

5) 스윙의 면

언제나 같은 샷을 할 수 있어야 한다. 어드레스 때의 클럽 헤드와 양어깨의 라인이 만드는 면이 스윙의 면이다. 규칙적으로 추가 흔들리는 운동을 하면 언제나 같은 스윙면을 만들 수가 있다.

그러나 몸의 축이 흔들리거나 손끝으로 클럽을 올리거나 인사이드로 너무 당긴다든가 아웃사이드로 올린다든다 하면 스윙면이 잘못되고 만다. 정확한 샷을 하기 위해서는 이 스윙면의 이미지를 머리에 그리고 바르게 스윙할 필요가 있다. 스윙의 축과 스윙의 면은 실제로 클럽을 휘두르기 전에 알아두어야 할 지식이다.

6) 스윙의 감각

스윙의 비결은 몸의 축을 만들어 회전을 바르게 하는 데에 있음은 이미 설명했다. 그렇다면 스윙이란 구체적으로 어떤 움직임을 하는 것인가, 볼을 치기 전에 그 감각을 익혀두도록 하자. 그러기 위해서는 양발을 가지런히 하고 클럽을 휘두르는 것이 가장 효과적이다.

양발을 가지런히 하고 클럽을 휘둘렀을 때 그 움직임이 올바르지 않으면 이내 균형이 무너진다. 힘껏 휘두르는 것이 아니라 중심을 지키면서 바르게 어깨를 돌린다는 점에 주의하며, 그 회전으로 클럽을 휘두르는 느낌으로 가볍게 흔들어 보자.

① 양발을 가지런히 한 상태에서 클럽을 휘둘러 올린다. 이때 가슴과 배를 볼이 날아가는 방향과는 반대쪽으로 완전히 돌린다. 왼쪽 어깨는 당연히 턱에 닿는다. 이것이 백 스윙(Back swing)이다.

② 다음에는 비틀었던 몸을 되돌리면서 헤드의 무게를 이용하여 클럽

골프명언 골프에서의 테크닉은 겨우 2할에 불과하다. 나머지 8할은 철학, 유머, 비극, 로맨스, 멜로 드라마, 우정, 동지애, 고집 그리고 회화이다. _ **[그랜트랜드 라이스]**

| 골프의 기초 테크닉 **057**

스윙의 감각

양발을 가지런히 하고 스윙을 해본다. 균형을 유지하며 스윙할 수 있도록 하자!

골프 명언 골프가 어려운 것은 정지한 볼을 앞에 두고 어떻게 칠 것인가 하고 생각하는 시간이 너무 많다는 데 있다. _[아치 호바네시안]

을 휘둘러 내린다. 절대로 팔만을 휘둘러 내리려 하거나 무릎을 구부린다든가 가슴을 젖혀서는 안 된다. 이것이 다운 스윙(Down swing)이다.

③ 헤드로 볼을 털어내는 느낌을 포착하면서 오른쪽 어깨를 턱 밑까지 돌리고 양손을 높이 올려 완전히 '좌향 좌'의 자세를 취한다. 이것이 피니시이다.

어떤가? 균형을 유지하면서 휘두를 수 있었는가? 이것이 바로 스윙의 움직임이다. 그리고 이 연습은 그립이나 어드레스와 마찬가지로 완전히 내 것이 되기까지 몇 번이고 반복해야 한다. 이 양발을 가지런히 하고 휘두르는 일련의 동작에 익숙해지면 톱과 피니시에서 약간 변화를 주어본다. 백 스윙에서 톱에 이르렀을 때 왼쪽 발을 어깨 폭만큼 옆으로 보낸다. 이것이 스탠스를 취했을 때의 톱의 바른 형이 된다. 피니시에서는 오른발 끝을 옆으로 대고 오른 발등은 볼이 날아가는 방향을 향하도록 한다. 이것으로 완전한 피니시의 형이 이루어진다.

이 톱과 피니시의 형을 머리 속에 잘 담아두고 연습하자.

7) 팔의 휘두르기

릴랙스한 상태에서 휘두르면 날카로운 소리가 난다는 점을 염두에 두고 다음의 사항을 체크해 보자. 우선 몸의 회전에 따라 팔은 어떻게 휘두르는가. 다음 연습에서부터 그 느낌을 포착하자.

① 우선 오른손으로 클럽 헤드의 뿌리 부분을 쥔다.
② 양발을 가지런히 하고 서서 주머니에 왼손을 넣고 몸이 잘 움직이지 못하게 한다.
③ 클럽을 쥔 오른팔을 몸의 축이 움직이지 않도록 하면서 가볍게 휘둘러본다. 커다란 낫으로 풀을 베듯이 연속하여 몇 번이고 휘두른다.

어떤가? 팔꿈치와 손목을 릴랙스한 상태로 두고 휘두르면 날카로운 소리가 나면서 손과 클럽이 몸에 감기는 듯이 휘둘러질 것이다. 이것이 스

골프만큼 몸과 마음을 빼앗는 것도 없다. 자기에게 화낸 나머지 적을 미워하는 것조차 잊는 골퍼가 많다.   _ **[윌 로저스]**

| 골프의 기초 테크닉 **059**

팔 휘두르기

클럽 헤드의 뿌리쪽을 쥐고 양발을 가지런히 한 다음 주머니에 왼손을 넣는다. 풀을 베듯 클럽을 휘둘러본다.

 골프 명언 골프에 있어서 용기와 만용은 크게 다르다. 용기 있는 샷은 결과가 어찌되는 그것 자체로 보수가 따른다. _[아놀드 파머]

윙에서의 바른 팔의 휘두르기이다. 클럽이 땅을 치거나 균형이 깨지는 것은 몸을 지나치게 사용하여 중심이 무너졌기 때문이다. 팔꿈치는 고통스러워지는 대목에서 자연스럽게 구부리는 것이 중요하다. 부드럽게 휘두르는 요령을 익히도록 하자.

그 운동에 익숙해지면 양발을 어깨 폭 정도로 벌리고 마찬가지로 휘둘러본다. 다음에는 클럽을 평소와 같은 방법으로 바꾸어 쥐고 풀을 베는 양 클럽을 휘두르며 걸어본다. 마치 아이들이 들판에서 막대를 휘두르며 놀듯이 손목을 움직이며 휘두른다. 클럽 헤드를 휘두르는 요령이나 손목 또는 팔꿈치의 사용법을 잘 알 수 있을 것이다. 초보자 중에 특히 몸을 무의미하게 크게 움직이려 하거나 손만으로 치려는 사람이 많다. 양쪽 모두 클럽을 휘두르는 움직임에 방해가 된다. 몸의 심(芯)을 중심으로 회전과 팔의 휘두르기가 일체가 됨으로써 비로소 바른 스윙이 탄생된다는 점을 잊지 말자.

8) 양팔의 삼각형

손끝이 아니라 몸으로 치는 느낌을 익혀야 한다. 어드레스 때에 만들어지는 양팔의 삼각형이 유지되도록 스윙을 하라고 하면 몸이 딱딱하게 굳어지는 사람이 있다. 팔만으로 휘두르려 하기 때문이다. 팔만으로 휘두르려 하면 양팔의 삼각형은 아무래도 무너지게 마련이다. 양팔의 삼각형을 그대로 유지하면서 스윙하기 위해서는 어깨를 충분히 돌려야 한다.

이하에 삼각형을 유지하면서 휘두르는 유니크한 연습법을 소개해 본다.
① 왼손을 위로 하여 양손 등을 마주 댄다.
② 양발을 약간 벌리고 선다. 우선 겹친 양손으로 오른쪽 허리 높이까지 휘두른다.
③ 다음에는 왼쪽 허리까지 휘두른다.

팔의 휘두르기는 어린아이를 그네에 태우는 느낌으로 여유 있게 한다. 휘두르기가 작더라도 상관없다. 리듬을 무너뜨리지 않도록 유의하자. 팔

골프는 사람을 변하게 한다. 정직한 사람을 거짓말쟁이로, 박애주의자를 사기꾼으로 용감한 사람을 겁쟁이로 각각 바꾸고 모든 사람을 바보로 만든다.
_[밀튼 그로스]

양팔의 삼각형

양손등을 마주대고 팔의 삼각형이 유지되게 하면서 허리 높이에서 좌우로 흔든다.

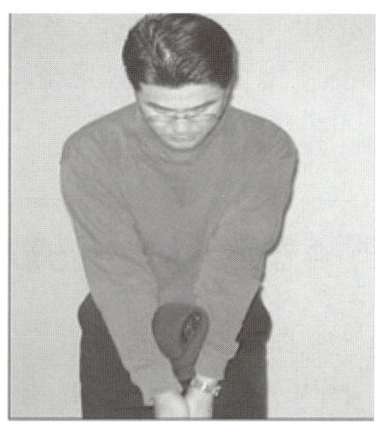

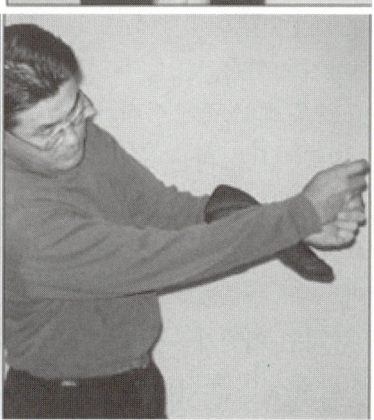

의 삼각형을 유지하는 데 지나치게 연연하면 하반신의 움직임마저 딱딱해진다. 무릎을 부드럽게 하고 자연스럽게 움직여야 한다. 이 연습은 어프로치의 연습으로도 매우 효과적이다. 또한 테이크 백(Take back)에서 폴로 스루(Follow through)까지 팔의 삼각형을 고정시키는 감각을 파악하는 데도 도움이 된다.

비단 초보자뿐 아니라 숙달된 사람이라도 몸이나 팔을 이러이러하게 움직이라고 하면 좀처럼 해내지 못한다. 그러나 체조를 하는 셈으로 해 보라고 하면 별로 저항 없이 몸을 움직일 수 있다. 그것이 이 연습법의 장점

> **골프명언**
> 골프에 어느 정도의 기품이 없으면 게임이 되지 않는다. _ **[윌리 파크]**
> 클럽 헤드를 가속시킨다는 기분으로 높은 피니시를 취하라. _ **[잭 니클로스]**

이다. 어쨌든 지금까지 설명한 각종 연습법은 모두 스윙의 원점에 이어지는 것들이다. 현 시점에서는 물론 앞으로도 기회가 있을 때마다 반복하여 연습하기 바란다.

2. 백 스윙(Back swing)

1) 그립은 몸의 중심에

지금까지 스윙이란 백 스윙(Back swing)에서 피니시(Finish)까지의 일련의 동작임을 설명했다. 이제부터는 조금씩 분해하여 부분별 동작을 마스터하기로 하자.

순조로운 백 스윙에 들어가기 위해서는 우선 바른 어드레스의 형이 되어 있어야만 한다. 바든 그립, 약간 오른쪽 어깨가 내려가고 어깨와 허리가 볼의 비행선과 평행하며 그리고 묵직하게 지면에 뿌리를 내린 하반신이 중요하다. 또 한 가지 중요한 포인트는 등을 곧게 편다는 점이다. 시험 삼아 어드레스를 해 보자. 일단 등을 편 뒤 천천히 웅크려 보자.

등을 피면 어떤가? 겨드랑이가 붙고 팔만으로는 움직이기가 힘들다. 따라서 팔과 몸이 저절로 함께 움직이게 된다. 이제 등을 완전히 폈다. 그립은 몸의 중심에 있게 된다. 이 역시 중요한 포인트이다. 몸과 팔이 같은 템포로 움직이는 것이 바른 스윙이므로 백 스윙에서도 역시 그립 엔드는 몸의 중심선을 가리켜야 한다는 점에 주의하기 바란다.

2) 테이크 백(Take back)

테이크 백에서 가장 중요한 포인트는 어느 한 점이 움직일 때 클럽 헤드, 손, 어깨, 허리, 무릎이 모두 함께 움직인다는 점이다. 어디든 한 군데가 멈춰진 상태이거나 또는 어느 한 점밖에 움직이지 않고 있다면 잘못된 것이다. 초보자들은 자칫 손끝만으로 가볍게 쳐 버리기 쉽다. 그러

> **골프 명언** 신사들이 골프를 한다. 시작했을 때 신사가 아닐지라도 이 엄격한 게임을 하게 되면 신사가 되고 만다. _[빙 크로스비]

| 골프의 기초 테크닉 **063**

> **백 스윙**

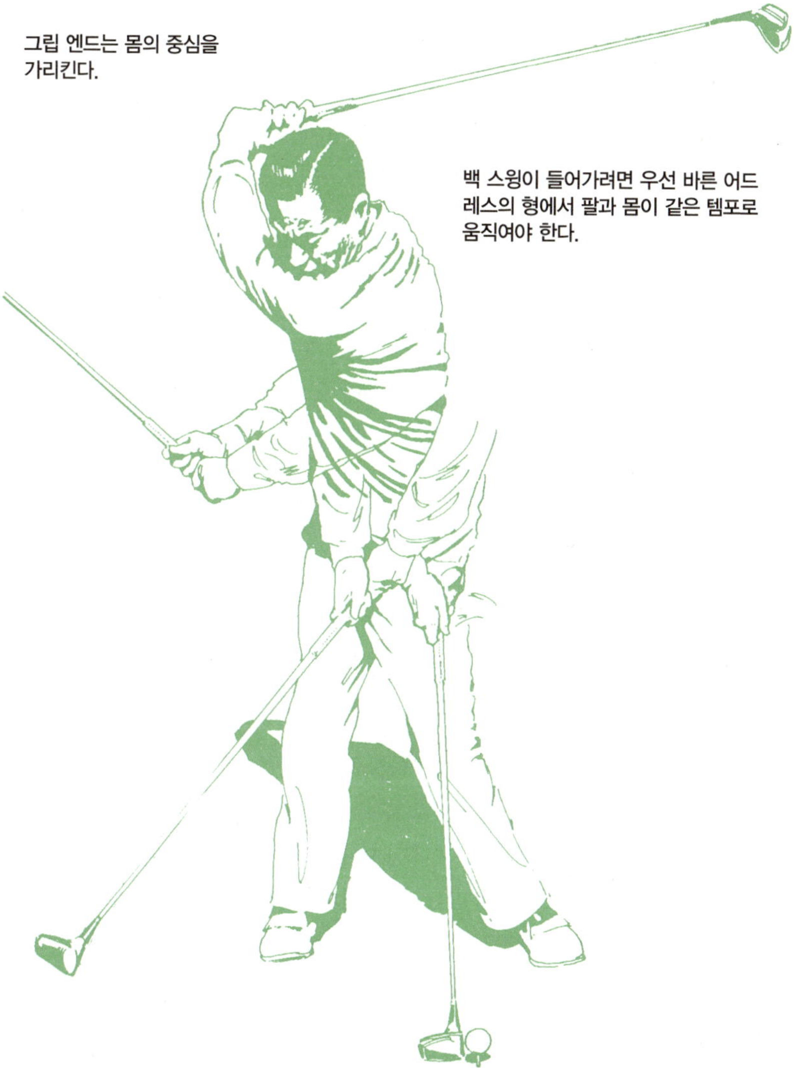

그립 엔드는 몸의 중심을 가리킨다.

백 스윙이 들어가려면 우선 바른 어드레스의 형에서 팔과 몸이 같은 템포로 움직여야 한다.

 골퍼의 스타일은 좋든 나쁘든 골프를 시작한 최초의 1주일 안에 만들어진다.
_[해리 버든]

므로 등뼈를 중심으로 허리부터 비틀어야 한다. 허리의 회전이 시작되면서 동시에 무릎, 어깨, 팔, 클럽 헤드가 움직이기 시작한다-이렇게 생각해야 한다.

이 백 스윙의 바른 스타트에 의해 스윙 전체가 결정되어 버린다고도 할 수 있다. 여기에서 많이 저지르는 잘못은 허리를 돌린다 하여 오른쪽으로 내보내 버리는 스웨이(Sway)이다. 그렇게 하면 백 스윙이 진행됨에 따라 어깨와 허리의 회전이 방해를 받아 충분하게 비틀어질 수가 없다. 게다가 톱에서 왼쪽 어깨가 내려가며 클럽 헤드가 지나치게 업라이트(Upright)를 그리게 되고 만다.

스웨이를 방지하려면 오른 무릎을 정면을 향하게 한 채 테이크 백과 스타트에서 왼 허리를 오른쪽으로 밀지 않으면서 벨트가 지면과 수평이 되도록 그저 단순히 허리만 돌려야 한다. 그렇게 하면 오른 허리도 옆으로 밀려나가지 않고 자연스럽게 뒤로 당겨지며 어깨도 허리도 충분히 회전된다. 이 바른 허리 회전을 어깨와 허리를 돌리며 왼손을 오른쪽 벽에 대는 체조를 통해 다시 한 번 복습해 보자.

3) 오른팔은 어디에서 구부리는가?

몸의 회전과 함께 오른팔을 구부리지만 기준은 허리에 있다. 어드레스 때의 양팔과 어깨를 잇는 삼각형을 기억하는가? 테이크 백에서 이 삼각형이 유지되면 몸과 팔이 함께 움직이는 것이 된다.

그러나 실제로 스윙해 보면 알 수 있듯이 어느 정도까지 올리면 오른 팔꿈치가 구부러지고 손목도 구부러지게 된다. 풀을 벨 때와 같은 팔꿈치와 손목의 움직임이 스윙에 필요한 것이다. 삼각형에 지나치게 구애받다 가는 언제까지나 오른 팔꿈치를 구부리지 않게 되어 오른팔이 왼팔 위로 오게 된다. 그렇게 되면 오른쪽 겨드랑이가 벌어지기 때문에 문제가 생긴다. 단, 초보자에게서 많이 볼 수 있는 갑자기 손목을 올려 버리는 방법은 절대로 피해야 한다. 누차 얘기했듯이 클럽은 팔로 들어올리는 것이 아니

골프 명언 젊었을 때 골프는 간단했다. 그 후 오랜 세월 플레이한 끝에 그것이 어렵다는 것을 겨우 배웠다. _[레이 플로이드]

| 골프의 기초 테크닉 **065**

허리의 회전이 시작됨과 동시에 무릎, 어깨, 팔, 클럽 헤드가 움직이기 시작한다. 스웨이를 방지하려면 벨트가 지면과 수평이 되도록 허리를 돌린다.

 골프 명언 정확한 결단, 나이스 샷 그리고 냉정의 3요소가 갖추어질 때 좋은 스코어가 나온다.
_ [작자 미상]

오른팔은 어디에서 구부리는가

갑자기 휘둘러 올리지 말고 어드레스형에서 20~30cm까지는 양팔의 삼각형을 유지하면서 볼의 비행선을 따라 테이크 백한다.

손목이 허리 높이가 된 언저리에서 오른팔을 구부린다고 생각한다.

골프명언 골퍼만큼 많은 적을 갖는 선수도 없다. 14개의 클럽, 18홀, 모두가 각각 다르다. 모래, 나무, 풀, 물, 바람, 그밖에 1백여 명의 선수가 있다. 거기에 골프의 5할은 멘탈 게임. 따라서 최대의 적은 자기 자신이다. _ [던 쟁킨스]

라 몸으로 비틀어 올리는 것이다.

그러면 오른팔은 어느 시점에서 구부리면 되는가? 우선 어드레스의 형에서부터 20~30cm까지 양팔의 삼각형을 유지하며 클럽을 볼의 비행선을 따라 곧게 올린다. 비스듬히 손만을 당기거나 팔꿈치가 구부러진 상태에서 당기면 안 된다. 그러려면 왼손 등의 방향이 어드레스 때와 달라지지 않도록 해야 한다.

그 다음에는 몸의 회전과 함께 오른쪽 사이드로 천천히 당기며 손목이 허리 높이에 이르면 오른팔을 구부린다고 생각하면 된다. 다만 이것은 어디까지나 기준일 뿐이다. 허리 높이까지는 전혀 움직이지 않고 거기에서 갑자기 구부린다는 이야기가 아니라 실제로는 거기에 이르기까지 점차적으로 약간씩 구부러질 것이다. 눈으로 보아 분명히 구분할 수 있는 점이 허리 언저리라고 생각하면 된다.

3. 톱 오브 스윙(Top of swing)

1) 콕(Cock)

바른 톱의 위치를 만들 수 있으면 이제 95%는 바르게 볼을 칠 수 있게 된 것이다. 다운 스윙은 시계추의 왕복 운동에서 그 돌아오는 부분이기 때문에 톱까지의 움직임이 다운 스윙을 결정한다고 해도 지나친 말이 아니다. 게다가 일단 다운 스윙으로 들어가 버리면 이미 잔재주를 피우거나 머리로 생각할 여유는 없다. 톱이 최종 체크 포인트인 것이다. 그 점에 있어서 손목 구부리기, 즉 콕을 특히 잘못 알기 쉽다. 손목이 구부러지는 데에는 두 가지가 있다. 하나는 손등과 손바닥 방향으로의 구부러짐이고 또 하나는 엄지손가락 방향으로 구부러지는 경우이다.

여기서의 바른 콕이란 엄지손가락 방향의 구부러짐을 말한다. 손등이나 손바닥 방향으로의 구부러짐은 잘못인데도 이것을 바른 콕으로 잘못

골프에서 볼을 쳐올리는 동작은 하나도 없다.   _[보비 존스]
볼을 맞히느냐와 맞게 하느냐와는 스윙의 개념상 크게 다르다.   _[작자 미상]

콕

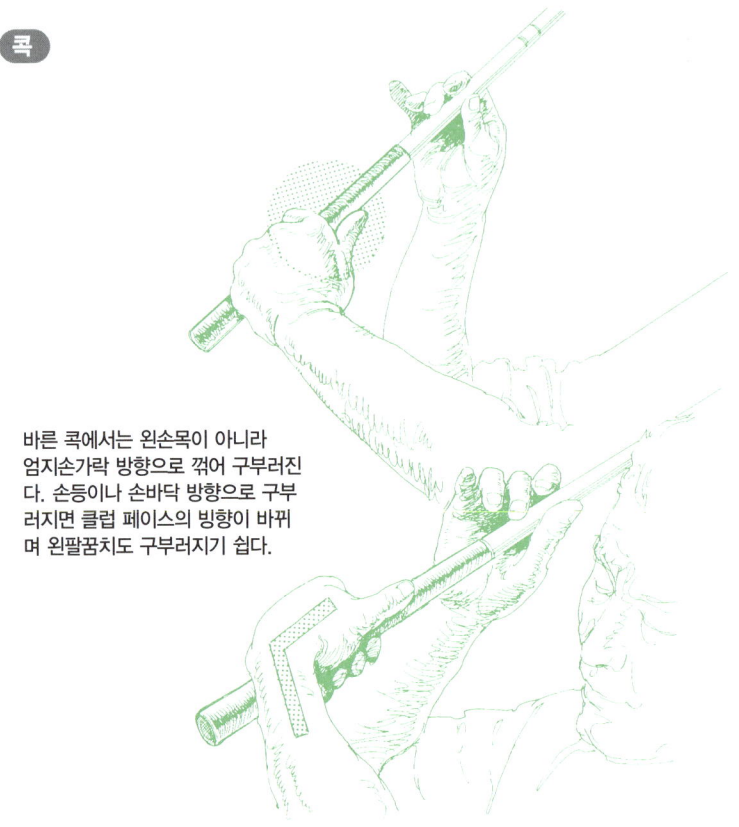

바른 콕에서는 왼손목이 아니라 엄지손가락 방향으로 꺾어 구부러진다. 손등이나 손바닥 방향으로 구부러지면 클럽 페이스의 방향이 바뀌며 왼팔꿈치도 구부러지기 쉽다.

아는 사람이 의외로 많다. 시험 삼아 어드레스 상태에서 손목을 손바닥 방향으로 구부려 보자. 클럽 페이스가 아래를 보게 된다. 엄지손가락 방향의 콕이라면 페이스의 방향이 달라지지 않는다. 골프에서 사용할 수 있는 것은 이 방향으로의 콕뿐이다. 특히 중요한 것은 톱 오브 스윙에서의 콕이다. 바른 콕이라면 클럽 페이스가 바르게 45° 상공을 보게 되고 볼 또한 스트레이트로 날아간다. 만일 손바닥 쪽으로 손목이 구부러져 있다면 클럽 페이스가 하늘을 향한 상태에서 임팩트를 하게 된다. 반대로 손등 쪽으로 손목이 구부러지면 톱에서의 페이스는 똑바로 옆을 보게 되고 임팩트

> **골프 명언** 골프는 이 세상 가장 잔혹한 스포츠이며 인생처럼 불평등하다. 절대 약속대로 안 된다. 스포츠가 아니고 고역이다. 처음은 신사 동지로 시작하지만 최후는 살인 동료의 싸움으로 끝난다. _[짐 마래]

톱 스윙의 콕

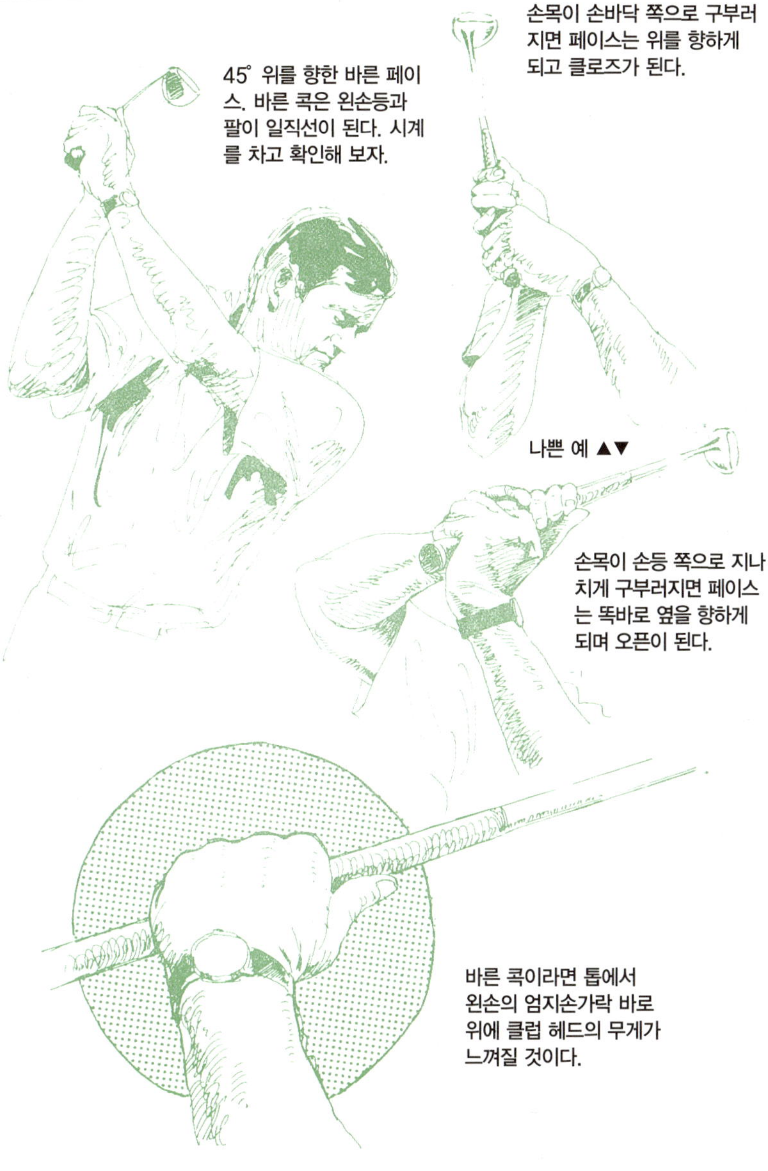

45° 위를 향한 바른 페이스. 바른 콕은 왼손등과 팔이 일직선이 된다. 시계를 차고 확인해 보자.

손목이 손바닥 쪽으로 구부러지면 페이스는 위를 향하게 되고 클로즈가 된다.

나쁜 예 ▲▼

손목이 손등 쪽으로 지나치게 구부러지면 페이스는 똑바로 옆을 향하게 되며 오픈이 된다.

바른 콕이라면 톱에서 왼손의 엄지손가락 바로 위에 클럽 헤드의 무게가 느껴질 것이다.

골프 명언 | 골프에 심판은 없다. 플레이어 스스로 심판으로서 재결하고 처리해야 한다.
_[호레이스 해친슨]

순간에 페이스가 벌어져 볼은 슬라이스(Slice)가 된다.

　콕이 바르게 되어 있는가 아닌가는 손목시계를 차고 톱 오브 스윙까지 연습해 보면 자기 진단을 할 수가 있다. 손등에 시계가 닿는다면 손목이 손등 쪽으로 구부러진 것이며 반대로 시계와의 사이에 틈이 벌어진다면 손목이 손바닥 쪽으로 구부러진 것이다. 바른 콕인 경우 톱에서 왼쪽 엄지 손가락 한가운데에 클럽 헤드의 무게가 느껴질 것이다. 또한 왼손 등은 톱에서 왼팔 바깥쪽과 곧은 면을 이룬다. 콕이 바르게 이루어지기 위해서는 왼손의 세 손가락으로 단단히 그립을 해야 한다. 그립이 헐거우면 톱에서 손목이 구부러지게 된다.

　이 왼손의 콕은 바른 톱 오브 스윙의 여부, 나가서는 스윙 전체의 성공 여부를 결정하는 중요한 열쇠이다. 왼 손목의 방향이 이제부터 설명하는 클럽 페이스의 방향, 팔꿈치, 겨드랑이 등을 좌우하게 된다. 모처럼의 백 스윙을 쓸모없게 만들지 않기 위해서라도 가끔 톱 위치에서 스윙을 멈추고 손목을 체크하는 것이 좋다.

2) 오른손

　오른손에서 체크해야 하는 것은 팔꿈치와 겨드랑이 그리고 손의 형이다. 우선 팔꿈치가 땅을 가리키고 있는가? 야구의 배팅 자세에서처럼 팔꿈치가 밖으로 나와 있으면 팔과 몸이 따로따로 움직이기 쉽다. 주의해야 한다. 다운 스윙에서 오른 팔꿈치가 땅을 향하고 있으면 이내 휘둘러 내릴 수가 있지만 그렇지 않으면 일단 그 위치까지 팔꿈치를 보내야 한다. 그 여분의 움직임이 스윙의 형이나 타이밍을 무너뜨린다. 오른 팔꿈치가 땅을 향하고 있으면 오른쪽 겨드랑이도 붙어 있을 것이다. 스윙의 기본에서 등을 펴라고 했다. 등을 폄과 동시에 오른팔의 방향에 주의할 필요가 있다.

　톱에서는 오른손의 손바닥이 위를 보고 있어야 한다. 오른손의 형을 잡기 위해서는 물건을 던질 때의 모습을 취해 본다. 무엇인가 던지려고 귀

> **골프 명언** 다른 스포츠는 두 번의 찬스. 즉 야구에서는 3진. 테니스에서는 1포인트의 찬스가 있지만 골프에서는 1회의 미스로 모두가 끝난다.　_**[토미 아머]**

| 골프의 기초 테크닉 071

체크 포인트

왼팔은 구부리지 않는다.
샤프트는 지면과 수평.
페이스는 45° 위를 향한다.

왼팔꿈치가 너무 올라갔다.

 벙커 샷에서 중요한 것은 작은 기술을 외우는 것보다 그것을 실행하는 용기이다.
_[진 사라젠]

언저리까지 팔을 올린 시점에서 멈추고 그대로 어깨를 돌려보라. 그 형이 톱 오브 스윙에서의 오른손의 형이다.

3) 클럽의 샤프트(Shaft)와 페이스(Face)

왼팔은 구부러지지 않았는가? 콕은 바르게 되어 있는가? 클럽의 샤프트는 지면과 대체적으로 평행이 되어 있는가? 왼팔이 구부러졌거나 그립이 헐거우면 샤프트는 지면과 평행한 라인보다 내려가고 만다. 왼팔이 톱 오브 스윙에서 구부러져 있으면 우선 지면과 평행이 되는 위치까지 클럽을 가져와야 하는 여분의 동작이 더해지기 때문에 스윙이 복잡해지고 타이밍을 놓치게 된다.

다음에는 중요한 클럽 페이스의 방향이다. 비스듬히 위쪽으로 45°를 정확하게 유지하고 있는가? 지면에 대해 수직이거나 수평으로 위를 향하고 있거나 하면 다시 한 번 왼손의 콕을 체크해 본다. 바르게 엄지손가락 방향으로 콕이 되어 있으면 페이스는 45° 위를 향하고 있을 것이다.

4) 팔과 클럽의 위치

어깨와 클럽 사이에 샤프트가 온다. 그립은 오른쪽 귀 높이에 가 있는가? 어깨와 목 사이에 샤프트를 넣는 느낌으로 백 스윙을 하면 톱에서 바른 위치에 클럽이 놓일 것이다. 그립도 샤프트도 어깨보다는 내려가지 않고 오른쪽 귀보다는 올라가지 않는 것이 중요하다. 앞에서 설명한 스윙면을 바르게 이미지해야 한다. 클럽을 거꾸로 쥐고 흔드는 연습을 통해 손과 클럽이 자연스럽게 바른 위치에 놓이도록 노력하자. 또한 바른 톱 오브 스윙에서의 양팔꿈치의 간격은 어드레스 때에 비해 오른쪽 팔꿈치가 아래쪽으로 접혀 있을 뿐 차이가 없다는 점에도 주의하자.

5) 몸의 회전

턱에 닿기까지 충분히 돌려야 한다. 우선 왼쪽 어깨는 오른발 안쪽까

골프 명언
골프는 복싱에 좋으나 그 반대로 복싱에 골프는 그렇지 못하다. _ [멕스 베이어]
당신 자신 이상으로 당신의 스윙을 알고 있는 사람은 없다. _ [더그 포드]

지 제대로 돌아가 있는가? 왼쪽 어깨를 앞으로 내리거나 등을 젖히고는 몸을 돌린 양 치는 사람이 의외로 많다. 왼쪽 어깨가 내려가고 왼쪽 무릎이 구부러지는 나쁜 습관은 지금 단계에서 고치지 않으면 시간이 흐를수록 훅이나 슬라이스 등 불안정한 볼이 나와 고민하게 된다. 어깨는 충분히 돌렸다고 돌려도 의외로 제대로 돌아가지 않

클럽의 샤프트는 어깨와 목 사이에 위치한다.

는다는 점을 항상 염두에 두고 왼쪽 어깨가 턱에 닿기까지 완전히 돌리도록 하자.

어깨가 수평으로 돌아갔는가를 진단하는 좋은 방법이 있다. 클럽을 수평으로 어깨 높이 정도에서 양손으로 쥔다. 그대로 어깨를 회전시켜 보자. 왼쪽 어깨가 내려가거나 등이 젖혀졌으면 클럽의 수평은 유지되지 않을 것이다.

4. 다운 스윙(Down swing)

1) 다운 스윙의 순서

팔을 휘둘러 내리는 것은 맨 마지막이다. 다운 스윙은 시계추의 운동과 같은 왕복 운동의 되돌아오는 움직임이다. 이것은 앞에서도 설명했다. 어드레스로부터 톱 오브 스윙까지 잔뜩 비튼 몸을 풀어주는 동작이 바로 다운 스윙이다. 따라서 톱 오브 스윙까지의 움직임이 제대로 되어 있었다

> **골프 명언** 골프는 볼을 구멍에 넣는 게임이다. 골프백 속에서 볼을 구멍에 넣는 도구는 퍼터뿐이다. 그 퍼터의 연습을 왜 처음부터 하지 않는가. _[잭 버크]

면 다운 스윙도 바른 궤도를 그리게 마련이다. 그런데 좀처럼 그렇게 되지 않는다. 그 원인은 볼을 치려는 마음이 앞서 본래의 되돌아가는 움직임에 쓸데없는 여분의 움직임을 하게 만드는 데 있다.

다운 스윙에서 가장 중요한 점은 볼을 치러 나가지 말아야 한다는 점이다. 눈앞에 볼을 두고도 서두르지 않는다는 것이 말뿐이지 매우 힘들기는 하지만 몸의 회전에 손과 클럽이 따라가는 느낌으로 하면 저절로 볼은 정확하게 날아간다. 그러면 바른 다운 스윙이란 어떤 순서로 이루어지는가 알아보자.

볼과 가까운 데서부터 동작을 시작한다.
① 왼발뒤꿈치를 땅에 댄다.
② 왼 무릎이 정면을 향하게 되기까지 되돌려 보내고 단단히 굳힌다.
③ 허리를 수평으로 유지하며 되돌린다.
④ 양어깨를 어드레스 때의 볼의 비행선과 평행이 되는 상태로 가져간다.
⑤ 끝으로 양손의 하강을 시작한다.
물론 이 순서가 따로따로 독립되어 이루어지는 것은 아니다. 하나의 흐름 속에서 위와 같은 차례대로 몸이 움직여야 하는 것이다.

2) 왼쪽 사이드의 팽팽함이 포인트

다운 스윙 초기에서 가장 중요한 포인트는 빨리 치고 싶어 하는 마음을 누르고 톱 오브 스윙 시의 상체를 되도록 유지하면서 몸의 왼쪽으로 움직임을 리드하는 일이다. 다음의 사진을 보자. 왼쪽 무릎, 허리, 왼쪽 어깨가 아름다운 아치 모양을 이룬다. 그러나 머리의 위치, 콕, 오른 팔꿈치의 구부림, 양어깨의 각도는 어떤가?

왼쪽 무릎이나 허리가 대략 어드레스의 위치까지 돌아가 있는데 비해 거의 톱의 위치나 각도에 가까운 상태를 유지하고 있다. 이와 같이 몸의 왼쪽이 리드를 함으로써 왼쪽 사이드의 아치가 탄생되고 강한 임팩트를 맞이할 수가 있게 된다.

 야구에서 안타 3천개를 치는데 17년이 걸렸지만 골프에서는 그것을 하루에 해치웠다. _[행크 아론]

다운 스윙의 몸동작을 익히기 위해서는 다음과 같은 체조가 효과적이다.

① 어깨 폭 정도로 발을 벌리고 어드레스 때의 자세를 만든 다음 양손을 몸의 앞쪽 비스듬히 아래로 늘어뜨린다.

② 왼쪽 어깨를 충분히 돌리고 오른손을 톱 오브 스윙의 위치까지 가져간다.

③ 몸을 본래의 자세로 환원시키면서 오른손을 왼손에 힘껏 부딪친다.

이 체조에서 왼쪽 사이드의 아치, 허리의 회전, 체중의 이동 등을 파악했으리라 생각한다.

왼쪽 무릎, 왼쪽 허리, 왼쪽 어깨가 아치형이다. 왼쪽 무릎이나 허리가 거의 어드레스형으로 되돌아간데 대해 오른 팔꿈치의 구부러짐, 양어깨의 각도는 톱에 가까운 상태를 유지하고 있다.

3) 샤프트를 채찍처럼 사용

샤프트를 채찍처럼 사용해야만 파워가 있는 타구가 나온다. 우선 주의해야 하는 것은 얼굴의 방향이다. 치기 전부터 얼굴이 볼의 비행 방향을 보게 되면 몸이 벌어지며, 그 결과 볼은 슬라이스되고 만다. 다음에 허리는 물러난 상태가 아닌가 본다. 허리가 어드레스 상태보다 오른발 쪽으로 치우쳐 있는 상태를 허리가 물러나 있다고 본다. 이 역시 실패의 원인이 된다. 허리가 물러나면 자동적으로 상체나 팔, 손, 오른쪽 어깨가 선행하고 만다. 또한 왼발뒤꿈치에도 주의한다. 다운 스윙에서 왼발뒤꿈

골프 명언 볼을 끝까지 보려고 하지 말고 허리를 끝까지 남기려고 하라.
_ [호세 마리아 올라사발]

몸의 움직임을 익히는 체조

▶ 오른손을 톱 오브 스윙의 위치에 올린다.

◀ 몸을 본래의 상태로 환원하면서 오른손으로 왼손을 강하게 친다.

치가 뜨는 것은 역시 허리가 물러났기 때문이며 왼발로 체중이 옮겨지지 않았다는 증거이다.

양쪽 겨드랑이는 벌어지지 않았는가? 겨드랑이가 벌어지면 양팔과 몸이 분리된 따로따로 움직이는 스윙이 되어 버린다. 다만 겨드랑이를 지나치게 강하게 붙이는 것도 좋지 않다. 왼팔도 구부리지 말고 어디까지나 양팔의 삼각형을 유지하도록 주의한다. 자연스러운 움직임을 유지하기 위해서는 왼쪽 사이드가 리드하는 형을 충실하게 지키는 것이 중요하다.

4) 언콕(Uncock)은 의식하지 않는다

클럽을 휘둘러 내릴 때 당연히 손목의 구부러짐도 본래 상태로 돌아간다. 이것이 언콕이다. 이 언콕이 늦어지게 하라고들 흔히 말한다. 임팩트 직전까지 콕해 두고 거기에서 콕을 단숨에 풀면 스윙의 속도가 빨라지고 강한 임팩트가 된다는 것이다.

> **골프 명언** 골프를 할 때면 주특기가 테니스라고 말하고 테니스를 할 때면 잘하는 스포츠가 골프라고 말한다. _[다이애나 쇼어]

언콕

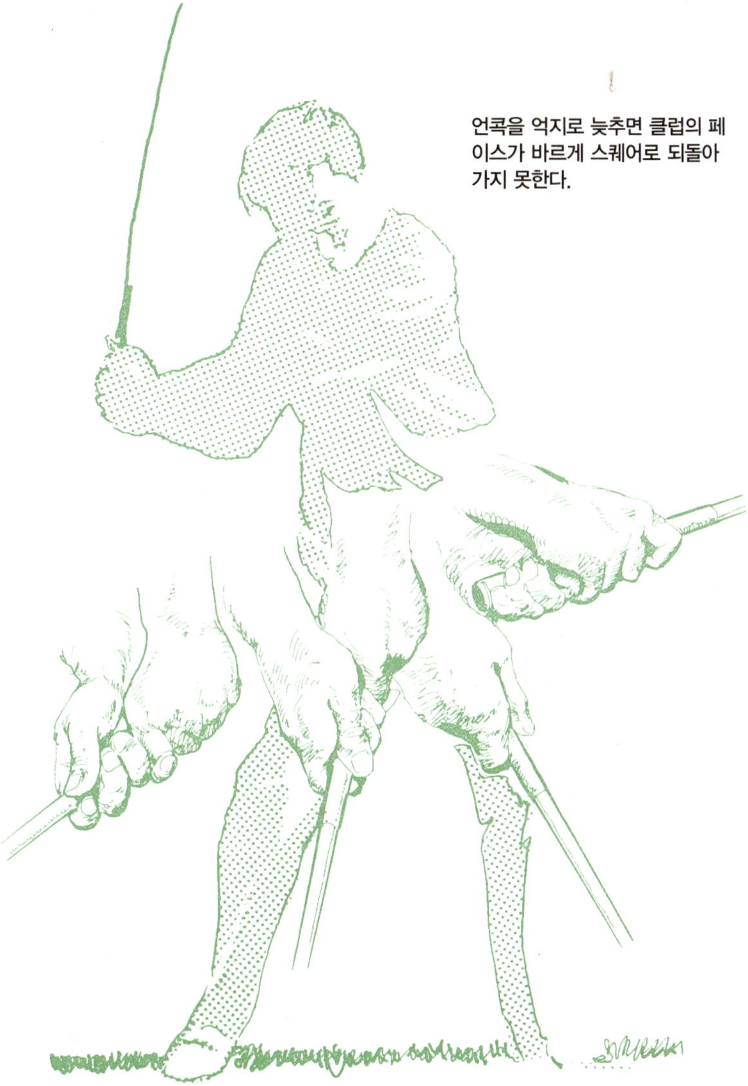

언콕을 억지로 늦추면 클럽의 페이스가 바르게 스퀘어로 되돌아가지 못한다.

골프 명언 *골프 향상에 머리의 좋고 나쁨은 관계없다. 솔직하고 열심인 것이 첫째이다.*
_ [진 청파]

그러나 이 언콕을 늦어지게 하는 일은 의외로 어렵다. 시험 삼아 어드레스의 형태를 취하고 오른팔을 구부리며 손목도 콕해 보라. 클럽 페이스는 볼의 비행선보다 오른쪽을 향하게 될 것이다. 언콕의 타이밍이 늦어지면 그런 상태가 되며 볼은 오른쪽으로 날아간다. 실제 스윙의 스피드는 매우 빠르며, 의식적으로 언콕을 늦어지게 한다는 것은 보통 어려운 일이 아니다. 임팩트 직전에서 언콕했다고 했는데 실제로는 그보다 훨씬 뒤였다는 경우가 많다. 언콕의 시기는 의식할 필요가 없다. 순서대로 클럽 헤드로부터 먼 차례(지면과 가까운 순서)로 다운 스윙으로 들어가면 자연히 언콕은 늦어진다고 생각하면 된다. 왼쪽이 리드하고 있다면 왼팔도 잘 펴질 것이며 좋은 타이밍에 언콕되는 법이다.

5) 어깨, 허리, 무릎의 회전

어드레스에서 양 무릎의 상태는 지면에 대해 같은 높이였다. 그 관계를 톱 오브 스윙에서도 또한 다운 스윙에서도 바꾸지 말아야 한다. 어깨, 허리, 무릎은 언제나 수평으로 돌아야 하며 전봇대처럼 몸이 돌고 있어야 한다.

5. 임팩트(Impact)

1) 임팩트의 포즈

임팩트에서는 어드레스의 위치로 돌아가는 것이 가장 중요한 포인트이다. 임팩트의 순간 허리는 어드레스 때보다 약간 목표 방향을 보게 된다. 다운 스윙에서 허리가 선행하기 때문이다. 하반신은 어드레스 위치에서 멈추고 양팔의 삼각형도 어드레스 때의 형태를 유지하며 상체도 약간 오른쪽으로 기울인 어드레스 자세로 돌아가 있어야 한다. 특히 중요한 포인트는 어깨이다. 양어깨는 볼의 비행선과 평행한 위치에서 멈추어져 있

> **골프 명언** 나이스 샷은 우연이고 나쁜 샷 쪽이 도움이 된다는 것을 모르는 한 골프를 마스터할 수 없다. _ [유진 블랙]

는가? 왼쪽 어깨가 당겨지면 클럽도 몸쪽으로 당겨져 슬라이스의 원인이 된다.

임팩트에서의 포인트를 다시 한 번 확인해 보자.
① 왼쪽 사이드의 아크(Arc)가 있는가?
② 머리는 어드레스 때의 위치(볼의 후방)에 고정되어 있는가?
③ 양팔의 삼각형은 유지되고 있는가?
④ 왼쪽 어깨는 볼의 비행 방향을 향해 고정되어 있는가?
⑤ 허리가 지나치게 벌어져 걷어올리는 타구 자세가 되지 않았는가?
⑥ 클럽 페이스는 바르게 볼의 비행 방향을 보고 있는가?

임팩트의 느낌을 포착하는 데는 다음의 방법이 효과적이다. 볼의 위치에 상자 등 움직이지 않는 물체를 놓고 거기에 클럽 페이스를 바르게 대본다. 물론 클럽이 상하지 않도록 임팩트의 형을 만들어 보기만 하면 된다. 어드레스 때보다 약간 허리가 벌어지고 손과 어깨는 어드레스 상태로 돌아가는 느낌이 포착될 것이다.

2) 몸의 정면에서 볼을 포착

임팩트 직전이나 직후에 양손을 볼의 비행 방향으로 내밀거나 밀어내지 말아야 한다. 클럽 헤드의 스피드를 높이려면 몸의 정면에서 볼을 치는 것이 중요하다. 그립 엔드는 언제나 몸의 중심을 가리키고 있다는 사실을 상기하기 바란다. 양손이 몸의 정면에서 볼의 비행 방향으로 나간 시점에서 볼을 치면 친다기 보다 볼을

임팩트 시 머리는 어드레스 때의 위치에 있다.

그린에 가까이 갈수록 로프트가 적은 클럽으로 공격하라. _ [연덕춘]
골프 코스의 성격은 퍼팅 그린의 구조로 거의 좌우된다. _ [찰스 맥도널드]

임팩트

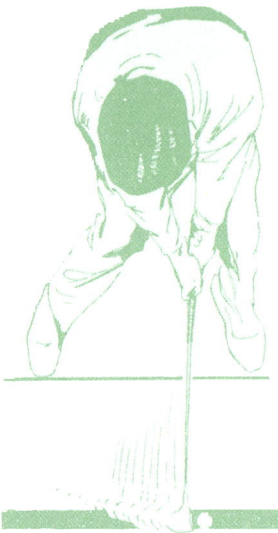

볼을 포착하는 임팩트 직전까지를 히팅 에어리어라 한다. 히팅 에어리어를 몸으로 알 수 있게 되면 스윙은 어느 정도 완성되었다 할 수 있다.

그립 엔드는 몸의 중심을 가리키며 볼은 몸의 정면에서 포착한다.

골프명언 골프는 하나의 정신적 질환, 예를 들어 도박, 여자 또는 정치가 아닌가 생각한다.
_[댄 쟁킨스]

밀어내는 느낌이 되고 만다. 강한 임팩트를 낳으려면 클럽을 채찍처럼 사용해야 한다. 결코 손으로 타수해서는 안 된다.

3) 오른손의 움직임

임팩트에서의 오른손의 움직임은 낫을 쥐고 풀을 베는 움직임과 유사하다. 클럽 헤드 쪽을 쥐고 휘둘러보면 알 수 있다. 즉 임팩트에서 볼을 친다고 하지만 오히려 털어 버리는 느낌이다. 클럽 헤드로 땅을 털어 버리는 듯한 느낌으로 원을 그리고 그 선상에서 볼을 포착하는 것이다. 임팩트 순간에 볼을 치려 하면 오히려 스윙은 추의 원 운동을 상실하게 되고 볼을 정점으로 하는 'V자' 운동이 되고 만다.

4) 팔의 탄력으로 날린다

우선 오른손을 허리에 대고 왼손 하나로 클럽을 휘둘러 보자. 다운 스윙을 할 때 왼쪽 어깨를 볼의 비행선과 평행이 되는 시점에서 멈추면 원심력으로 인해 헤드가 날카로운 소리와 함께 볼을 향해 가속되어 나아간다. 이때 왼쪽 겨드랑이는 붙여지며 왼팔은 자연히 돌아가고 손목도 되돌아간다. 임팩트하는 순간에는 어드레스에서의 손의 형태가 되지만 거기에서 멈추어지는 것은 아니다. 임팩트한 뒤 이와 같이 왼팔이 회전하고 오른팔도 거기에 따라 환원되므로 볼이 잘 날아가는 것이다.

다운 스윙 항목에서 오른손으로 왼손을 때리는 체조를 했다. 소리 내어 맞는 시점에서 손을 멈춘다면 그다지 큰 충격은 없을 것이다. 반면 왼손을 충격에 의해 되돌아가듯 부딪혀 보라. 상당한 스피드와 힘

왼팔의 롤 : 왼손만으로 클럽을 휘둘러 본다.

골프
명언
1m의 퍼트는 미스하기에 충분한 거리이고 미스하면 불명예스러운 짧은 거리이기도 하다. _[필립 몽크리프]

을 느낄 수 있을 것이다. 이런 움직임이 클럽 헤드에 채찍과 같은 힘 그리고 스피드를 주게 된다. 이때 팔이 구부러져 있거나 막대처럼 뻣뻣하면 그런 효과를 기대할 수 없다. 또한 몸의 축을 움직이지 않도록 주의한다. 축이 움직이면 자연스러운 손(팔)의 환원이 불가능해지기 때문이다.

6. 폴로 스루(Follow through)

1) 폴로 스루의 중요성

임팩트에서 최대의 스피드와 힘을 내기 위한 동작이 폴로 스루이다. 톱 오브 스윙까지에 의해 스윙이 결정된다는 것은 이미 설명한 바와 같다. 일단 다운 스윙으로 들어서면 스윙을 바꾸려 해도 바꿀 수 없다. 눈 깜짝할 사이에 피니시까지 가고 만다. 따라서 친 뒤의 자세 같은 것은 좋든 나쁘든 상관없을 것처럼 생각된다.

그러나 타구한 뒤의 모습도 중요하다. 스윙의 스피드는 생각 이상으로 빠르기 때문에 원하는 대로 스윙을 하기 위해서는 그 훨씬 전부터 그럴 작정으로 해야 한다. 예컨대 폴로 스루가 필요 없다 하여 임팩트에서 멈추는 스윙을 하면 어떻게 되겠는가? 임팩트 훨씬 전부터 스윙의 스피드는 떨어질 것이다. 스윙에서 중요한 것은 임팩트 시 최대의 스피드와 최대의 강도를 발휘하는 데 있다. 휘둘러 친다는 마음가짐이 임팩트에 그 힘과 스피드를 주게 된다는 것을 알아야 한다. 바른 스윙을 한다면 반드시 폴로 스루가 만들어진다. 억지로 하려 해서 되는 것이 아니다. 따라서 스윙이 바르게 되고 있는가 아닌가는 폴로 스루와 피니시에 의해 체크할 수도 있다.

2) 손목 돌리기

손목의 돌리기와 비틀기는 다르다. 임팩트 부분에서도 설명했듯이 임팩트를 지난 시점에서 자연히 손목은 원위치로 되돌아오기 시작한다. 여

> **골프 명언** 골프는 왕이나 대통령의 게임이다. 그들이 나라를 움직이는 데 필요했을 때에.
> _[찰스 프라이스]

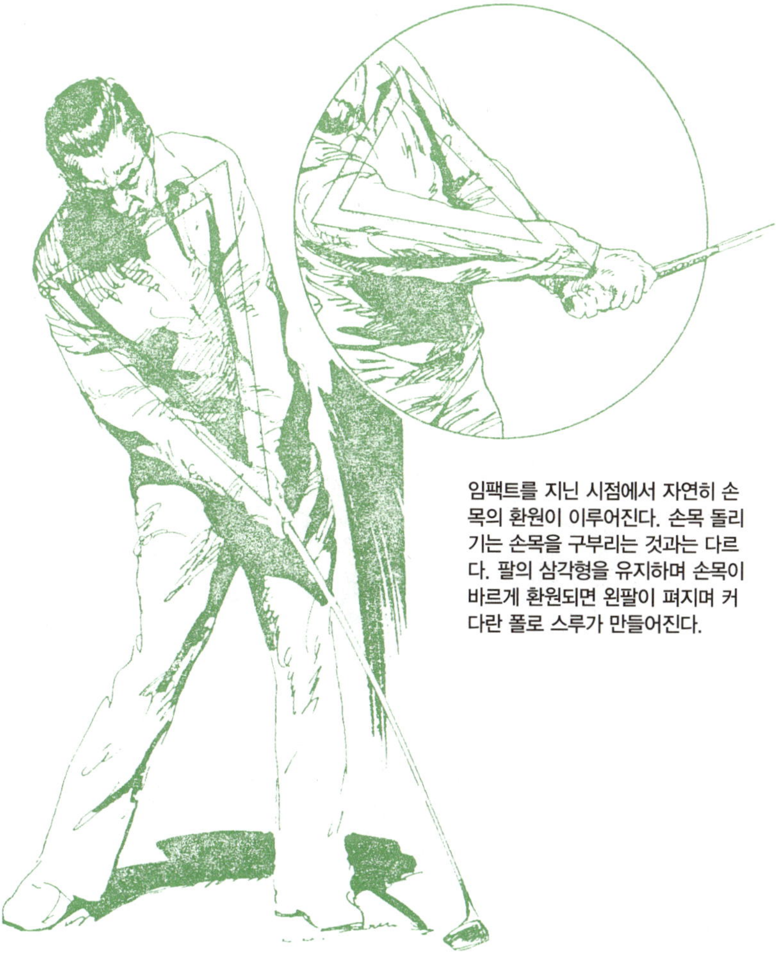

| 골프의 기초 테크닉 **083**

임팩트를 지닌 시점에서 자연히 손목의 환원이 이루어진다. 손목 돌리기는 손목을 구부리는 것과는 다르다. 팔의 삼각형을 유지하며 손목이 바르게 환원되면 왼팔이 펴지며 커다란 폴로 스루가 만들어진다.

하반신을 안정시키고 허리를 지나치게 오픈하지 않는다. 이 단계에서는 양 어깨가 볼의 비행선과 평행한 느낌이다.

 골프 명언 어떠한 명골퍼도 10cm의 퍼트를 반드시 넣을 수 있는 방법은 알지 못한다.
_[버너드 다윈]

기서 착각하지 말아야 할 것이 손목의 되돌아오기와 비트는 것과는 다르다는 점이다.

임팩트 이후 바른 스윙을 하고 있다면 왼손등이 볼이 날아가는 방향으로 돌린 상태에 있게 되고, 따라서 팔이 불편해져 손목이 되돌아오면서 오른손이 왼손 위에 덮게 된다. 이것이 손목의 되돌아오기이다. 이 손목 되돌아오기를 억지로 만들려 하면 손목이 비틀리고 왼팔이 구부러진다. 손목이 바르게 되돌아가게 되면 왼팔이 펴지고 커다란 폴로 스루가 만들어지는 것이다.

3) 체크 포인트

다시 얘기하지만 균형 잡힌 폴로 스루는 바른 백 스윙으로부터 탄생된

드라이버에 의한 스윙

 진짜 골퍼란 정신적으로 진지한 골프를 하는 사람을 말하며 볼을 치는 기술이 뛰어난 사람을 지칭하지는 않는다. _ [P.G. 우드하우스]

다. 폴로 스루에서의 체크 포인트를 몇 가지 들어보자.
① 하반신이 묵직하게 안정되어 있는가? 무릎이 구부러지지 않아야 한다.
② 몸무게는 왼발로 옮겨졌는가? 오른발에 남아 있어서는 안 된다.
다운 스윙의 시작과 함께 몸무게는 조금씩 왼쪽으로 옮겨져야 한다.
③ 스윙의 축의 최상부, 목덜미가 움직이지는 않았는가? 마치 클럽 헤드와 머리의 방향이 서로 반대 방향으로 끌어당겨지는 것과 같은 형태가 이상적이다.
④ 허리를 너무 벌리지 않았는가?
⑤ 양어깨는 볼의 비행선과 대략 평행인가?
⑥ 왼 팔꿈치는 구부러지지 않았는가? 오른손으로 '치자' 하는 생각이 강해지면 왼 팔꿈치가 옆으로 뻗쳐지면서 구부러진다.

임팩트에서 설명한 좌반신의 아크(Arc)가 여기에서도 중요하다. 왼쪽이 리드하는 다운 스윙을 바르게 하고 있는가를 체크하며 손목의 되돌아오기와 함께 균형 잡힌 폴로 스루를 만들어야 한다.

7. 피니시(Finish)

1) 올바른 피니시의 형

피니시는 기분 좋게 그리고 편하게 서 있을 수 있는 상태로 이루어져야 한다. '끝이 좋으면 모두가 좋다.' 라는 말처럼 좋은 피니시를 할 수 있다면 그것은 기본대로 스윙이 순조롭게 이루어졌음을 의미한다. 피니시를 제대로 취하지 못하거나 흔들거리는 것은 그때까지의 스윙 어딘가에 결함이 있었기 때문이다.

피니시는 힘을 모두 낸 상태이며 스윙의 원을 그리는 종점이다. 원심력의 정지점이므로 몸의 힘이 빠져나간 상태일 것이다. 아직 힘이 남아 있

> 골프 명언
> '슬로우, 슬로우 퀵'의 템포로 클럽을 휘둘러보라. 미스 샷은 줄고 비거리는 늘 것이다. _[알 게이버거]

피니시

체중은 왼발로 옮겨갔다. 오른쪽 어깨, 허리, 왼발 꿈치는 일직선이다.

오른 팔꿈치가 밖으로 나가서는 안된다.

다면 그것은 손치기 같은 것을 했기 때문이다. 또한 피니시에서는 클럽의 샤프트(Shaft)가 등에 감긴 것 같은 상태가 되며, 그립도 잡고 있다는 느낌이 들지 않을 정도로 헐거워진다. 피니시는 여유 있고, 아름답게 보이게 하자. 연습장에서도 볼 하나하나를 칠 때마다 피니시까지 착실하게 취하는 습관을 들여야 한다. 멋진 피니시가 잡혔을 때에는 그 자세로 잠시 멈추어 그 필링을 잘 파악해 두는 것도 좋은 방법이다.

2) 체크 포인트

체중의 이동과 왼 팔꿈치가 열쇠이다. 임팩트에서 원심력에 의해 최대의 스피드를 낸 뒤 폴로 스루에서 그 여세를 흡수하며, 피니시에서는 몸의 힘이 빠지면서 마무리된다고 설명했다. 이때 몸의 정면은 목표 방향을 바르게 향하고 있어야 한다. 왼쪽 사이드로 리드하고 허리는 볼이 있던 위치보다 앞으로 나오고 체중은 완전히 왼쪽 사이드로 옮겨진 상태이다. 그리고 오른쪽 어깨와 허리, 왼 발꿈치를 잇는 선은 일직선이 되며 오른 발등은 볼의 비행 방향을 보고 있다. 즉 오른쪽 어깨가 턱 밑으로 들어가며 허

> **골프 명언** 진짜 골퍼는 2개의 핸디캡을 갖는다. 자랑하기 위한 것과 내기골프 때 쓰는 핸디캡이다.   _[보브 아이론스]

리도 충분히 회전하여 왼발로의 체중 이동이 완전히 이루어진 형태이다. 흔히 피니시에서 오른발 쪽으로 몸을 기울이는 사람이 있다. 이른바 젖혀진 피니시이다. 이것은 다운 스윙에서 상체가 오른쪽으로 기울어지며 임팩트에서 볼을 낚아채려 했다는 증거이다.

헤드 업(Head up)하여 몸이 앞으로 헤엄치듯 허우적거리는 것도 좋지 않지만 몸이 뒤로 젖혀지는 것도 잘못이다. 피니시에서 자연스럽게 오른발이 한 걸음 볼의 비행 방향으로 내딛어질 정도가 되어야 한다. 다음으로 중요한 것은 왼 팔꿈치의 방향이다. 피니시에서는 왼 팔꿈치가 몸의 안쪽에 있어야 한다. 바깥으로 도망가지 않도록 주의하자. 또한 임팩트에서 페이스가 볼을 똑바로 향하고 있었는가도 피니시에 의해 판단할 수가 있다. 피니시한 뒤 그대로 클럽을 밑으로 내려보자. 페이스가 닫혀 있다면 훅(Hook)이고 열려 있다면 슬라이스(Slice) 볼이다. 페이스의 체크도 잊지 말도록 하자.

8. 스윙의 리듬과 타이밍

1) 스윙은 하나의 흐름

"스윙은 천천히 하라!"고 흔히 말한다. 그러나 늦으면 늦을수록 좋은가 하면 그렇지도 않다. '클럽을 휘두를 만한 속도'는 필요한 것이다. 극단적으로 느린 백 스윙에서는 몸에 힘이 너무 들어가고 스윙 전체에 리듬도 여유도 없게 된다. 리드미컬하게 클럽을 빨리 휘두르는 편이 헤드의 스피드도 있고 볼도 멀리 간다. 스윙의 템포에 대한 기준은 자신이 평소에 걷는 속도라 생각하면 된다. 자기 나름대로의 균형이 유지되는 템포를 찾아내면 된다.

'천천히 스윙하라'는 얘기의 참다운 의미는 '자신의 템포보다 서두르지 않는다.'는 것을 뜻한다. 볼을 마주하게 되면 아무래도 치려는 마음이

> **골프 명언** 친 백(chin back)을 하면 즉, 턱을 오른쪽으로 돌리면 클럽 헤드의 궤도를 읽을 수 있다. _[잭 그라우트]

선행하여 자신의 리듬보다 클럽을 빨리 휘둘러 버리기 쉽다. 그 결과 어깨가 충분히 돌지 못하거나 허리가 너무 벌어지거나 하여 스윙이 제대로 되지 않는다. 그렇게 서둘러 치지 말라는 의미에서 스윙을 천천히 하라는 얘기가 나온 것이다.

또 한 가지 중요한 것은 백 스윙에서 다운 스윙까지 같은 템포로 리드미컬하게 휘둘러야 한다는 점이다. 스윙은 들어올렸다가 쳐내기까지가 하나의 흐름이다. 부분 부분이 따로따로 움직이는 것이 아니라 백 스윙에

[통 아이언에 의한 스윙]

골프명언

진짜 골퍼는 4퍼트째 라인을 읽을 때 결코 울지 않는다. _ [가랜 하위츠]
겨누는 퍼트와 붙이는 퍼트와는 구별하라. _ [작자 미상]

서 피니시까지의 일정한 리듬을 터득해야 한다. 이제 여기서 다시 클럽을 거꾸로 쥐는 풀베기 체조가 등장한다. 이 체조로 스윙의 바른 리듬과 템포를 터득하도록 하자. 톱 오브 스윙까지는 별로 결점이 없었는데 미스 샷(Miss shot) 잘 나오는 사람은 스윙의 리듬과 템포가 나빴기 때문이라고 생각하면 무리가 없다. 자신에게 적합한, 기분 좋게 스윙할 수 있는 리듬을 찾아내자.

2) 스윙의 예비 동작

리드미컬한 스윙을 하기 위해서는 리듬 감각이 있는 어드레스가 필요하다. 어드레스 항목에서 설명했듯이 볼의 후방에서 비행라인을 상정하고 클럽 페이스를 바르게 맞추며 스탠스를 취한다. 이러한 일련의 동작이 스윙의 리듬에 영향을 준다. 어드레스가 완료되어도, 꼼짝하지 않는 정지된 자세로부터는 순조로운 백 스윙으로의 이행이 힘든 법이다. 스윙을 제대로 하기 위해서는 반동이 필요하다. 프로 골퍼의 폼을 보면 어드레스하여 스윙을 개시할 때 손을 약간 앞(볼의 비행방향)으로 내미는 동작이라든가, 오른 무릎을 왼쪽으로 모으는 동작을 한다. 이것은 포워드 프레스(Forward press)라 하여 스윙 동작을 순조롭게 하기 위한 말하자면 예비 동작이다.

스윙에 리듬을 줌과 동시에 이제부터 친다는 기백을 담는 셈이다. 그저 볼을 향해 서 있기만 하는 어드레스로부터는 리드미컬하며 강력한 스윙이 탄생되지 않는다. 어드레스는 보다 직접적인 임팩트의 준비 과정이어야 한다. 포워드 프레스는 왼쪽이 긴장한 바른 임팩트의 형태, 즉 '역K' 자를 어드레스에서 만드는 데 효과가 있다. 또한 스윙을 하기 위해서는 자기 나름대로 '호흡' 이라든가 '타이밍' 을 빠른 시기에 파악하여 자신에게 적합한 리듬을 가지도록 해야 한다.

> **골프 명언** 홀컵은 항상 생각하는 것보다 멀다. 어프로치라면 1야드, 퍼트라면 1피트만큼 멀리 있다는 것을 잊지 말라. _[찰스 베일리]

올바른 클럽선택(하)

클럽 상담을 받으러 오는 손님 중에서 드라이버 거리가 200m 밑이라고 이야기하는 골퍼를 좀처럼 보지 못했다. 잘 맞으면 250m 정도는 나간다며 은근한 거리 자랑이다. 7번 아이언으로 140m를 보내지 못하는 골퍼를 만나기도 힘들다. 골퍼들이 범하는 가장 큰 실수 중 하나는 자기 능력에 대한 과신과 무지이다. 자신과 궁합도 맞지 않는 클럽으로 고생을 자초하는 것도 이 같은 오해에서 비롯된다. 골프는 자신의 현실을 정확하게 인식하고 인정하는 데서부터 출발한다.

클럽과 자신과의 궁합을 알아보는 방법은 크게 두 가지, 샤프트와 라이각이다. 흔히 본인의 능력에 비해 어렵고, 무겁고, 강한 샤프트의 클럽을 그대로 고집하는 골퍼들을 본다. 거리가 나지 않아 마음고생을 하는 골퍼에게 왜 스틸샤프트의 아이언을 고집하냐고 물어보면 "그라파이트 샤프트는 방향성이 좋지 못해서……."라고 대답한다. 자신의 근력이나 헤드스피드에 비해 무거운 스틸샤프트를 쓰다보면 거리는 물론 방향성도 까먹기 일쑤이다. 라운드 후반 체력이 떨어지면서 스틸샤프트의 무게를 이기지 못해 어지럽게 공이 날아다니는 경우이다.

소재 못지 않게 플렉스(샤프트의 강도)의 선택도 중요하다. 일정한 스윙 타이밍을 유지하기 힘들고 거리도 들쭉날쭉 이라면 샤프트가 지나치게 휘는 것은 아닌지 점검해볼 일이다.

아이언의 경우, 선택의 기준이 되는 중요한 요소 중에 '라이각' 이라는 것이 있다. 아이언을 셋 업 포지션에 놓았을 때에 샤프트와 지면이 이루는 각도를 말한다. 7번 아이언을 기준으로 본다면 미국제품들의 대부분은 라이각이 62~63도 정도로 나오는 반면, 일본이나 우리나라의 제품들은 대개 61도 전후로 나온다. 미국산이 라이각이 조금 더 서있는 셈이다. 키가 아주 작은 골퍼나 어드레스 자세가 매우 낮은 골퍼가 라이각이 큰 골프 클럽으로 어드레스를 하면 클럽 헤드의 토우 부분이 많이 들리고 마치 헤드 페이스가 닫힌 듯하여 어드레스가 어색함을 경험하게 된다.

평범한 어드레스를 기준으로 본다면, 대략 신장이 175cm 이상인 골퍼는 미국형 제품이 무난하고 165~175cm 정도의 골퍼라면 일본산 클럽을 사용하는 것이 비교적 편안한 어드레스를 할 수 있다. 클럽 피팅이란 자신의 경기력에 맞게 자신의 클럽을 최적화하는 것이다. '명장은 연장 탓을 하지 않는다.'는 격언은 골프에서는 통하지 않는다. 골퍼의 스윙 스타일을 비롯해 체형, 연령, 근력, 심리상태에 따라 궁합이 맞는 클럽을 선택해야 한다. 무작정 흘리는 땀방울보다 잘 고른 클럽 하나가 경기력 향상과 직결된다는 사실을 되새겨 볼 일이다.

[한국일보] 2003-03-27 정재욱(B&J대표, 피팅 전문가)

제_3장
클럽마다 다른 타구 방법

1. 아이언(Iron)과 우드(Wood)의 차이

1) 어퍼 블로(Upper blow)와 다운 블로(Down blow)

"우드는 어퍼 블로로, 아이언은 다운 블로로 쳐야 한다."

주위에서 그런 말을 들은 적이 없는가? 어퍼 블로란 궤도의 가장 낮은 점을 지난 뒤에 치는 것을 말한다. 다운 블로란 그와 반대로 가장 낮은 점보다 앞에서 치는 것을 말한다. 우드와 아이언은 참으로 그렇게 구분하여 쳐야 하는가? 굳이 구별할 필요는 없다고 생각된다. 그 이유는 우드 클럽과 아이언 클럽의 어드레스를 바꾸기만 하면 저절로 구분하여 치게 되기 때문이다. 억지로 어퍼 블로 또는 다운 블로로 치기 위해 스윙을 바꿀 필요는 없는 것이다. 우드의 어드레스는 스탠스도 넓고 볼의 위치는 왼발뒤꿈치 선상에 있다. 따라서 볼을 옆에서 보는 형태로 자세를 취한다. 즉 머리의 위치가 볼보다 훨씬 뒤에 있는 것이다.

아이언의 경우, 클럽이 짧아진 만큼 스탠스도 좁아지고 볼의 위치도 약간 양발의 중앙 쪽으로 치우친다. 클럽이 짧으면 짧을수록 볼을 위에서

 남성에게 있어 매력적이면서 불가사의한 것 세 가지는 형이상학과 골프 그리고 여자의 마음이다. _[아널드 홀틴]

| 골프의 기초 테크닉

볼의 위치

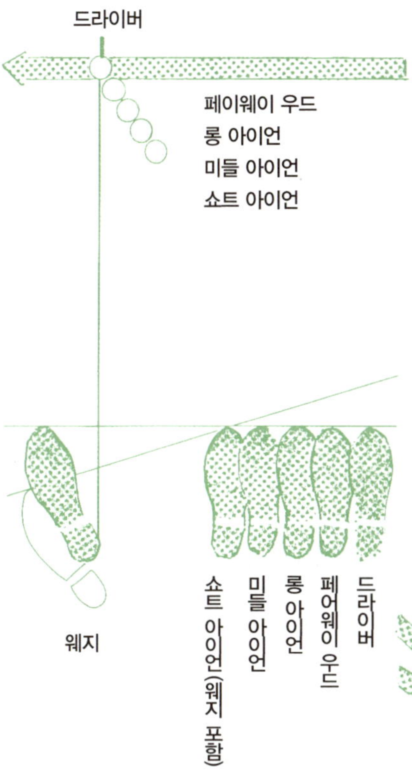

드라이버
페어웨이 우드
롱 아이언
미들 아이언
쇼트 아이언

웨지

쇼트 아이언(웨지 포함)
미들 아이언
롱 아이언
페어웨이 우드
드라이버

어퍼 블로

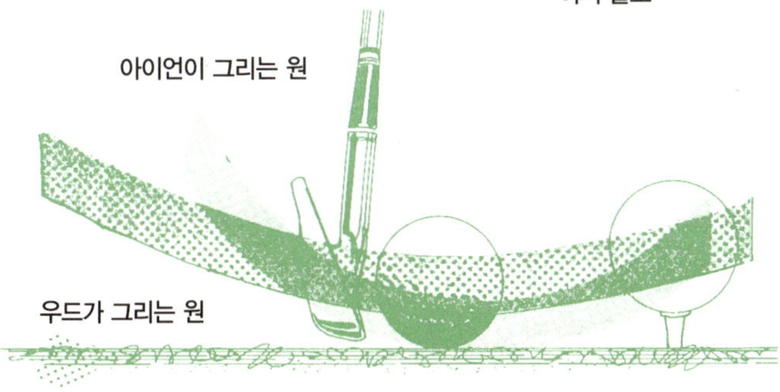

아이언이 그리는 원

우드가 그리는 원

 골프 명언

누가 뭐라고 해도 자기 자신, 클럽 그리고 볼 그것밖에 없다. _**[톰 왓슨]**
그립은 골퍼의 재산이다. _**[캐리 미들고프]**

보는 형이 되는 것이다. 이 어드레스의 차이가 우드와 아이언의 타구에 차이를 만든다. 머리의 위치, 볼의 위치가 달라짐으로써 클럽이 볼을 포착하는 위치도 자연히 달라지는 것이다.

즉 같은 스윙을 하더라도 우드로는 가장 낮은 점을 지나 볼을 포착하게 되고 아이언으로는 가장 낮은 점의 앞에서 포착하게 된다. 프로나 상급자가 아이언으로 러프(Rough : 그린 및 해저드를 제외한 코스 내의 페어웨이 이외의 부분. 풀이나 나무 등이 그대로 있는 지대)를 치는 스윙을 보고 나서 의식적으로 그렇게 흉내를 내보려 했을 때 어떻게 될 것인가? 아마도 심한 땅치기가 될 것이다.

2) 플랫(Flat)과 업 라이트(Upright)

클럽의 길이가 다른 만큼 그리는 원도 달라지는 것이 당연하다. 또 한 가지 우드와 아이언에 대해 흔히 이런 말을 한다.

"우드는 플랫, 아이언은 라이트한 스윙."

이 역시 일부러 구별하여 칠 필요는 없다. 어드레스의 차이에 따라 저절로 그렇게 되기 때문이다. 우드는 아이언보다 길기 때문에 클럽이 그리는 원은 의식적으로 하지 않아도 플랫하게 된다. 아이언은 반대로 클럽도 짧고 볼의 위치도 우드보다 안쪽에 있으며 몸 가까이에 놓이게 된다. 따라서 우드와 같은 테이크 백을 하더라도 업 라이트하게 보인다. 이와 같이 같은 테이크 백, 같은 스윙을 해도 각 클럽의 특질이 보여 주는 차이 때문에 업 라이트, 플랫으로 구분, 사용하는 것처럼 보인다는 사실을 염두에 두어야 한다.

3) 힘의 조절

초보자들은 흔히 짧은 클럽을 쥐면 힘을 조절하여 약하게 휘두르려고 한다. 그 결과 몸으로 치지 않고 손치기를 해 버리며 서둘러 치는 바람에 리듬이 깨지기도 한다.

 아내가 골프에 이의를 제기하면 아내를 바꾸고 직업이 골프에 방해를 하면 다른 직업을 찾으라.   _[돈 헤럴즈]

골프의 기초 테크닉 **095**

 어리석은 골퍼는 자주 퍼터를 바꾼다. 하지만 들어가지 않는 퍼터도 오랫동안 갖지 말라. _[골프 속언]

그러나 마음껏 풀 스윙을 해도 클럽이 달라지면 거리도 달라지도록 되어 있다. 클럽에 따라 힘을 조절할 필요는 없는 것이다. 같은 리듬으로 같은 힘에 의해 치는 것이 가장 간단하며 정확한 샷을 탄생시키는 방법이다.

2. 드라이버(Driver)

1) 거리는 가장 많이 나가지만 힘든 클럽

드라이버는 분명히 거리도 많이 나오고 잘 맞았을 때의 상쾌함도 각별나다. 그런 때문인지 초보자들도 연습 시 드라이버만 휘두르려는 사람이 많다.

그러나 우드 클럽과는 달리 드라이버는 본래 힘든 클럽이다. 그 원인은 클럽이 길고, 볼을 맞추기가 힘들 뿐 아니라 로프트(Loft)가 작아 볼을 올리기가 힘들기 때문이다. 다만 드라이버는 대개 평평한 티 그라운드(Tee ground)에서 볼을 티 업(Tee up)하여 치기 때문에 그 어려움이 얼마간 약해진다.

그러나 연습은 우선 스푼부터 시작하여 가장 어려운 드라이버는 나중에 하기 바란다. 스푼으로 똑바로 날아가게 된 뒤에 드라이버에 도전해야 하는 것이다.

2) 드라이버 샷의 포인트

스윙의 포인트는 지금까지 레슨해 온 바와 같다. 특히 주의할 점은 어드레스에 있다.

① 스탠스는 자연스럽게 발을 벌린 넓이-대략 어깨폭-가 적절하다. 다른 클럽과 비교하여 가장 넓은 스탠스가 된다.
② 몸무게는 발의 우묵한 부분에 두고 안정된 토대를 만든다.
③ 볼은 왼발뒤꿈치의 연장선상에 오도록 주의한다.

 골프와 섹스 정도가 아니겠는가 – 솜씨가 좋지 않아도 즐길 수 있는 것은.
_[지미 디마레]

④ 등을 펴고 엉덩이는 크게 보이려는 듯이 뒤로 내민다.
⑤ 좌우 양어깨를 잇는 선과 허리는 볼의 비행선과 평행해야 한다.
⑥ 볼을 옆에서 볼 수 있도록 머리의 위치를 세트한다.
⑦ 오른쪽 어깨가 약간 내려가지만 결코 앞으로 내밀어서는 안 된다.
⑧ 무릎은 부드럽게 아주 약간 구부린다. 스윙하는 동안에는 가로, 상하의 움직임에 주의한다.

드라이버의 어드레스

⑨ 양무릎을 안쪽으로 너무 좁히지 말 것. 오른무릎을 약간 안쪽으로 밀고 왼무릎은 단단히 받치고 선다.
⑩ 그립 엔드는 배꼽을 가리킨다.
⑪ 클럽 헤드가 목표를 향해 나오기 쉬운 '역K'가 되는 어드레스를 만들자.

골프 명언
백 스윙이 완전히 끝날 때까지는 다운 스윙을 시작해서는 안 된다.
_[바이런 넬슨]

3. 페어웨이 우드(Fairway wood)

1) 페어웨이 우드의 어드레스

우드 클럽 가운데 페어웨이 우드라 불리는 것은 3번(스푼), 4번(버피), 5번(크리크)이다. 이름 그대로 티 그라운드 이외의 제2타용으로 주로 사용된다. 그러나 드라이버보다 구부러짐이 작고 로프트는 크기 때문에 위험(못, 벙커, OB존 등)을 피하기 위해 티 샷용으로 사용하는 경우도 있다.

페어웨이 우드의 어드레스가 드라이버의 경우와 다른 점은 다음과 같다.

① 볼 1개 만큼 드라이버보다 안쪽으로 볼을 둔다.
② 클럽이 짧아지는 만큼 스탠스를 약간 좁힌다.
③ 볼이 안으로 들어가고 클럽이 짧아지면 머리의 위치도 드라이버보다 중심선에 가까워진다.
④ 티 샷에 사용하는 경우에는 티 업의 높이를 페이스의 두께에 맞추어 약간 낮춘다.

실전에서는 페어웨이 우드는 드라이버와는 달리 경사진 곳에서 쳐야 하는 때가 많다. 그런 경우에는 무릎을 쿠션 대신 사용하여 지면과 무릎, 허리가 평행이 되도록 어드레스할 필요가 있다. 예컨대 오른발이 낮은 곳에서 치는 경우에는 왼 무릎을 약간 구부려서 조절한다. 또한 앞쪽이 높은 곳에서 치려면 클럽을 짧게 잡을 필요도 있게 된다. 현 단계에서는 앞에서 설명한 네 가지 포인트에 주의하여 어드레스하기 바란다. 드라이버와 마찬가지로 상체를 왼쪽으로 기울이는 어드레스는 땅치기의 원인이 되기도 하므로 특히 주의해야 한다.

2) 페어웨이 우드의 스윙

페어웨이 우드의 스윙은 드라이버와 같다고 생각하면 된다. 다만 조심해야 하는 것은 드라이버는 티 업하여 치지만 페어웨이에서의 샷은 잔디 위에 공이 떠 있을 뿐 티 업하지 않으므로 아무래도 볼을 걷어 올리려 하

골프 명언
남성을 여성보다 더 미치게 하는 것은 골프뿐인가 하노라. _[던 쟁킨스]
노여움을 컨트롤하는 방법은 마음 놓고 크게 웃는 것이다. _[아치 오바네시안]

| 골프의 기초 테크닉 099

페어웨이 우드

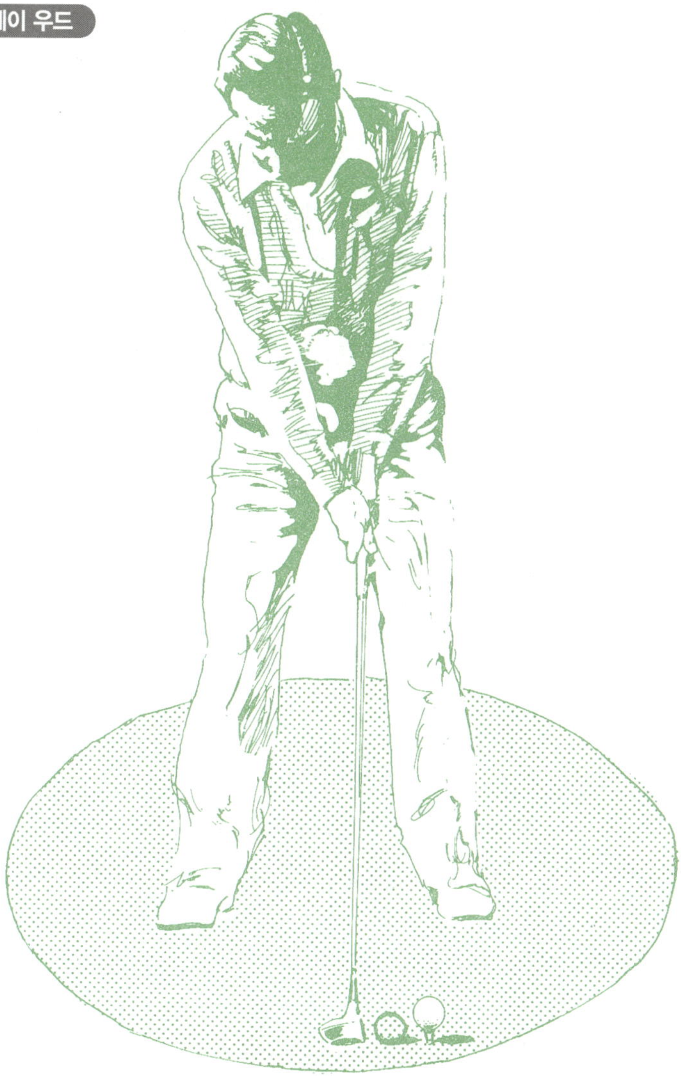

페어웨이 우드는 드라이버와는 달리 경사진 곳에서 사용하는 때가 많다. 무릎을 쿠션 대신으로 하여 지면과 무릎, 허리가 평행이 되도록 어드레스 한다.
클럽이 짧아지는 만큼 스탠스를 약간 좁힌다. 볼은 드라이버 때보다 1개 만큼 안쪽에 둔다.
상체를 왼쪽으로 기울이면 땅치기의 원인이 된다.

 쇼트 퍼트라는 것은 롱 퍼트와 마찬가지로 아주 쉽게 실패하는 것이다.
_[톰 모리스]

게 된다는 점이다. 로프트가 작고 볼이 올라가기 힘든 드라이버와는 달리 페어웨이 우드는 볼이 오르기 쉬운 로프트이다. 로프트를 믿고 평소대로 스윙하면 자연히 볼은 올라간다. 낚아 올리려는 의식을 버리고 드라이버와 마찬가지로 쓸어내는 듯한 느낌으로 스윙하자.

페어웨이 우드는 걷어 올리지 않아도 로프트 만큼 볼이 저절로 올라간다.

4. 롱 아이언(Long iron)

1) 롱 아이언의 어드레스

롱 아이언의 스탠스는 어깨 폭 정도가 무방할 것이다. 다만 볼의 위치는 드라이버 때보다 볼 1개 만큼 중앙에 치우쳐 둔다. 몸무게는 우드 클럽과 마찬가지로 오른발에 많이 걸리게 된다. 또한 오른손은 왼손보다 클럽

골프 명언 | 프로경기에서 좋은 성적을 올리기 위하여 내 규칙 세 가지를 지켜왔다. 경기가 시작되기 전날부터 팔굽혀 펴기와 수영 그리고 섹스를 결코 하지 않는 것이다.
_[샘 스니드]

아래를 쥐어야 되며 오른쪽 어깨가 약간 내려간다. 다만 볼이 안쪽에 있기 때문에 드라이버보다는 머리가 약간 몸의 중심으로 치우치게 된다.

2) 롱 아이언의 스윙

롱 아이언(2, 3번)은 샤프트가 길 뿐 아니라 클럽 페이스의 로프트도 직각에 가깝다. 또한 페이스도 우드나 다른 아이언에 비할 때 매우 작게 보인다. '제대로 맞을까' 하는 불안감을 갖게 할 뿐 아니라 장거리용 클럽이기 때문에 '멀리 보내야지' 하는 마음이 아무래도 생기게 된다. 그렇지 않아도 어려운 클럽인데 그런 심리 상태까지 더해지니 더욱 힘든 것이 된다. 롱 아이언을 마음대로 칠 수 있는 플레이어는 여하튼 드물다.

롱 아이언의 스윙은 페어웨이 우드의 필링과 같다. 불안한 느낌이나 억지로 힘을 주는 경향을 피하고 천천히 여유있게, 큰 스윙으로 쓸어내듯 치면 된다. 볼을 높이 올리려 하거나 서둘러 치려 하다가 타이밍을 놓치는 때가 많다. 몸을 충분히 돌리고 팔의 삼각형을 유지하는 스윙이 중요하다. 특히 힘껏 치려 하지 말아야 한다. 쓸어내듯 치는

롱 아이언의 어드레스

상체는 약간 오른쪽으로 기울인다.

드라이버 때보다 볼을 1개 만큼 중앙쪽으로 둔다.

 모든 운동에서 어느 물건을 친다는 것은 폴로 스루가 있어서만이 힘을 낸다.
_ [빌 켐벨]

필링을 파악하기 위해 페어웨이 우드로 연습한 뒤 같은 타이밍과 스윙으로 치면 효과적이다. 또한 롱 아이언은 볼의 위치가 우드보다 안쪽에 있기 때문에 스윙의 원을 그리는 가장 낮은 점에서 볼을 포착하게 된다. '롱 아이언은 힘들다.'고 흔히들 말하는데 기술적인 면 이외에 심리적 불안이 크게 작용하기 때문이다. '롱 아이언이니까 멀리 보내야지'라든가 '과연 맞을까' 하는 불안을 떨쳐버리고 쇼트 아이언으로 샷 할 때와 같이 치도록 하자.

5. 미들 아이언(Middle iron)

1) 미들 아이언의 어드레스

미들 아이언(4, 5, 6번)의 어드레스는 드라이버와는 상당히 달라진다. 그 포인트는 다음과 같다.

① 샤프트가 짧아진 만큼 스탠스를 좁힌다.
② 볼의 위치는 스탠스의 중앙선에서 약간 왼발 쪽으로 치우친다.
③ 스탠스가 좁아지고 볼이 중앙으로 치우쳤기 때문에 직립에 가까운 자세가 된다.
④ 머리의 위치도 볼의 똑바로 위거나 약간 오른쪽 위를 내려다보는 느낌이 된다.
⑤ 미들 아이언은 똑바로 날려 보내는 것이 주목적이기 때문에 약간 짧은 듯하게 잡는 것이 바람직하다.
⑥ 몸무게는 양발에 거의 균등하게 준다.

미들 아이언에서는 지금까지에 비해 스탠스가 좁아지고 머리도 몸의 중심에 온다는 점에 주의하자. 스탠스만 좁아지고 머리는 드라이버 때와 마찬가지로 볼을 옆에서 보는 형태이어서는 곤란하다.

 벙커와 연못의 차이는 자동차 사고와 비행기 사고와의 차이이다. 차 사고라면 살아 날 수 있는 찬스가 있다.   _[보브 존스]

| 골프의 기초 테크닉

미들 아이언은 샤프트가 짧아진 만큼 스탠스를 좁힌다. 볼의 위치는 약간 오른발쪽에.

드라이버의 어드레스

 골프는 지성의 게임인데도 대개는 어리석게 플레이되고 있다. _ [보브 토스키]
핀을 겨누지 말고 그린 중앙을 겨누어라. _ [골프 속언]

2) 미들 아이언의 스윙

"클럽은 달라져도 스윙은 마찬가지이다." 바로 이것이 기본이다. 그런데 우드와 아이언을 같은 방식으로 친다고 치지만 사실은 매우 다른 스윙을 하는 사람이 많다. "아이언은 다운 블로로 치고 터프를 취해야……"하는 생각이 어디엔가 있기 때문에 그만 힘을 주어 타구해 버리게 되는 것이다. 어드레스가 바뀌므로 자연히 다운 블로의 스윙을 하게 된다는 사실을 다시 한번 명심하자.

"우드이니까 쓸어내듯 쳐야지."라든가 "아이언이니까 다운 블로로 쳐야지."하고 머릿속으로 생각을 하게 되면 낚아 올리거나 손만으로 치게 되는 등 여러 가지 실수가 나온다. 부드럽게 스윙하기 위해서는 우드와 아이언의 자세의 차이를 분명히 구별해야 한다. 또 한 가지 주의해야 하는 것은 톱 오브 스윙의 위치이다. 긴 우드와 짧은 아이언으로는 같은 백 스윙을 해도 톱 오브 스윙의 위치가 달라진다. 그런데 "드라이버의 톱 위치와 다르다."는 불안으로 인해 필요 이상으로 몸을 돌리는 데 문제점이 있다.

우드의 톱 오브 스윙은 샤프트가 지면과 수평-시계로 볼 때 3시-위치였다. 아이언의 경우에는 2시 정도가 적절하다. 오버 스윙이 되면 정확한 샷을 할 수 없다. 어드레스와 클럽의 차이로 인해 자연히 스윙의 차이가 생기기 때문이다. 같은 타구법이라도 드라이버는 궤도의 가장 낮은 점보다 상당히 앞에서 볼에 맞고 미들 아이언은 가장 낮은 점 직전에서 맞는다. 그 결과 임팩트한 뒤 볼이 있던 지점보다 앞에 있는 잔디가 얇게 깎이는 이른바 다운 블로가 된다.

골프 명언 연못은 골퍼들을 신경질적으로 만든다. 그 물을 생각만 해도 이성을 잃고 다리를 떨며 팔의 근육을 마비케 하는 까닭이 무엇일까. _[피터 드브라이나]

| 골프의 기초 테크닉

미들 아이언의 톱 오브 스윙

아이언의 톱 오브 스윙은
2시 정도가 적절하다.

우드의 톱 스윙은 3시

> 골프
> 명언
> 위대한 플레이어일지라도 여러 차례 패하는 것이 골프이다.　_[게리 플레이어]
> 그린 전체를 핀으로 생각하면 실수가 적다.　_[朴萬龍]

6. 쇼트 아이언(Short iron)

1) 쇼트 아이언의 어드레스

　호쾌한 드라이버 샷과는 달리 쇼트 아이언의 연습은 시시하다고 생각하지는 않는가? 그러나 실제로 코스에 들어가 라운드하게 되면 짧은 샷의 중요성을 뼈저리게 느낄 것이다. 200m의 샷도 같은 1타이기 때문이다. 잘 하는 사람일수록 쇼트 아이언을 열심히 연습한다.
　그러면 쇼트 아이언의 어드레스에서 지켜야 할 포인트를 설명하겠다.
　① 볼은 스탠스의 대략 중앙에 온다.
　② 머리는 몸의 중심에 온다.
　③ 체중은 왼발 쪽에 약간 많이 준다.
　④ 오른 무릎은 약간 왼쪽으로 보낸다.
　⑤ 클럽 헤드의 솔(Sole)을 바르게 지면에 댄다. 쇼트 아이언은 로프트가 크고 볼이 오르도록 설계되어 있으므로 그 로프트대로 어드레스하는 것이 중요하다.
　⑥ 바르게 솔하면 손의 위치는 왼쪽 허벅지의 안쪽에 오며 헤드보다 약간 앞으로 나갈 것이다(약간 핸드 퍼스트의 형).
　⑦ 왼손은 클럽의 로프트가 있는 만큼 약간 얕게 그립한다. 다만 그립을 조절했기 때문에 페이스의 방향이 잘못되지 않도록 주의한다. 가끔 클럽을 들어올려 얼굴 앞에 똑바로 놓고 페이스가 바른 방향인가 아닌가를 확인한다.
　⑧ 얕게 잡더라도 단단히 그립하는 것이 중요하다.

2) 쇼트 아이언의 스윙

　쇼트 아이언의 스윙도 다른 클럽과 마찬가지로 생각한다. 다만 쇼트 아이언은 볼의 비행 거리도 클럽 자체도 짧기 때문에 그만 손끝으로만 치게 되기 쉽다. 거리는 짧더라도 어깨를 완전히 돌리며 치도록 하자. 또한 클럽

너무 러프 속만을 걸었더니 동료프로가 나를 갤러리로 착각하더라.
_[리 트레비노]

쇼트 아이언의 어드레스

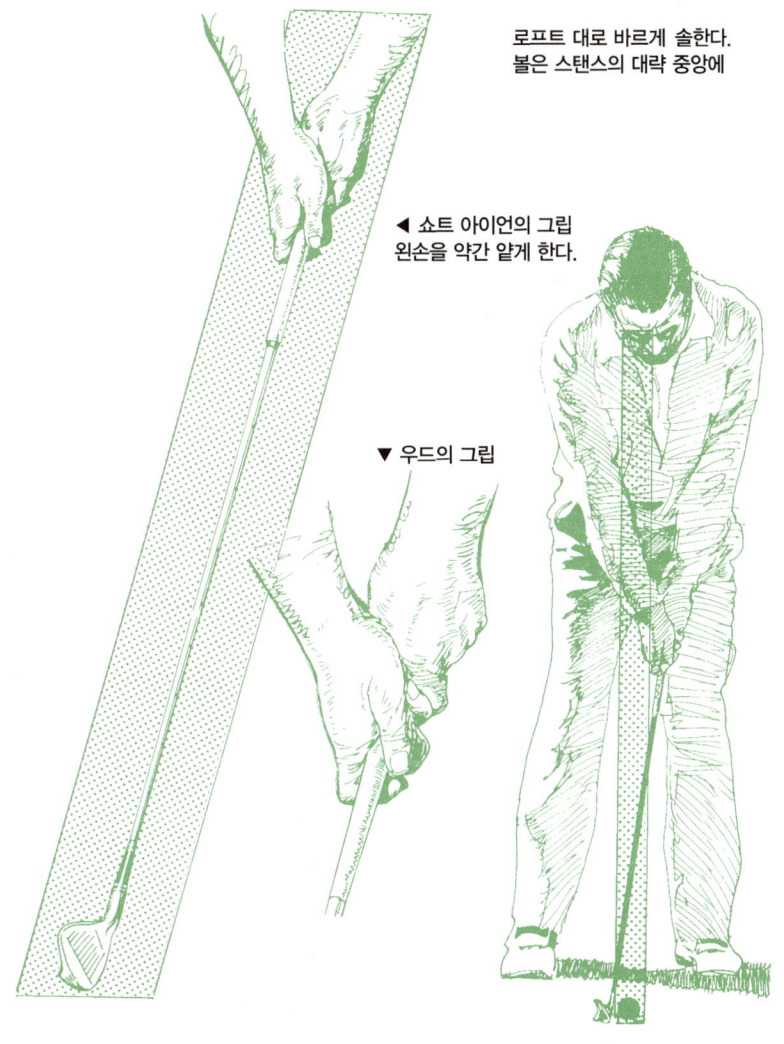

로프트 대로 바르게 솔한다.
볼은 스탠스의 대략 중앙에

◀ 쇼트 아이언의 그립
왼손을 약간 얕게 한다.

▼ 우드의 그립

골프명언
드라이버를 골프백에서 꺼내어 라커룸에 남기고 코스로 나가라.　_[샘 스나드]
인내를 갖는 자는 원하는 것을 손에 넣을 수 있다.　_[D. 프랭클린]

이 짧아진 만큼 톱 오브 스윙도 작아진다. 작다고 하여 서둘러 치지 않는 것이 포인트이다. 템포는 드라이버에서 쇼트 아이언까지 동일해야 한다.

7. 퍼터(Putter)

1) 퍼터의 어드레스

"퍼팅(Putting)에 폼은 없다."고 한다. 실제로 프로의 퍼팅을 보면 저마다 독특한 폼을 가지고 있다. 그러나 일단 지키는 것이 바람직한 원칙은 있으므로 설명하기로 한다.

① 양손 엄지손가락이 그립의 똑바로 위에 오도록 잡는다. 다른 클럽과는 달리 퍼터의 그립 부분은 평평한 것이 일반적이다. 그 위에 양손의 엄지손가락을 똑바로 놓는 것이다.

② 왼손 집게손가락을 오른손 새끼손가락 위에 놓는 이른바 "역오버래핑 그립"을 한다. 이렇게 다른 클럽과 그립의 방법(엄지손가락, 새끼손가락)이 다른 이유는 퍼터가 몇 십 미터를 날리는 클럽이 아니라 볼을 굴리는 클럽이기 때문에 손바닥으로 클럽 헤드를 똑바로 밀어낼 수 있는 그립이 필요하기 때문이다.

③ 왼 손등은 목표를 향해야 한다.
④ 발끝을 벌리지 말고 스퀘어로 스탠스를 잡는다.
⑤ 볼은 왼 발꿈치 라인 위에서 양발 한가운데까지 사이의 스트로크하기 쉬운 위치에 둔다.
⑥ 단 오른쪽 눈 바로 아래가 치기 쉬운 위치가 된다.
⑦ 클럽 페이스는 목표와 정확하게 맞힌다.
⑧ 페이스 한가운데에 볼의 중심이 오도록 세트한다.
⑨ 거리가 긴 퍼트(롱 퍼트)는 높은 듯하게 그리고 짧은 퍼트(쇼트 퍼트)는 낮게 자세를 취한다.

트러블 샷을 할 때 우선 생각한 것은 그 이상의 트러블을 하지 않는다는 일이다.
_[데이브 스톡턴]

⑩ 약간 왼쪽으로 체중을 많이 주는 듯하게 한다.

2) 퍼터(Putter)의 스트로크(Stroke)

퍼터는 다른 클럽과는 달리 스윙은 작지만 그만큼 정확성이 요구된다. 퍼팅의 스트로크에서 지켜야 할 기본은 다음과 같다.

① 체중 이동은 하지 않는다. 자세를 잡았을 때 왼쪽에 체중을 주었으면 그대로 타구가 끝날 때까지 고정시킨다.

② 몸을 사용하지 않는다. 몸으로 클럽을 휘두르려 하면 바르게 맞지

역 오버 래핑의 그립

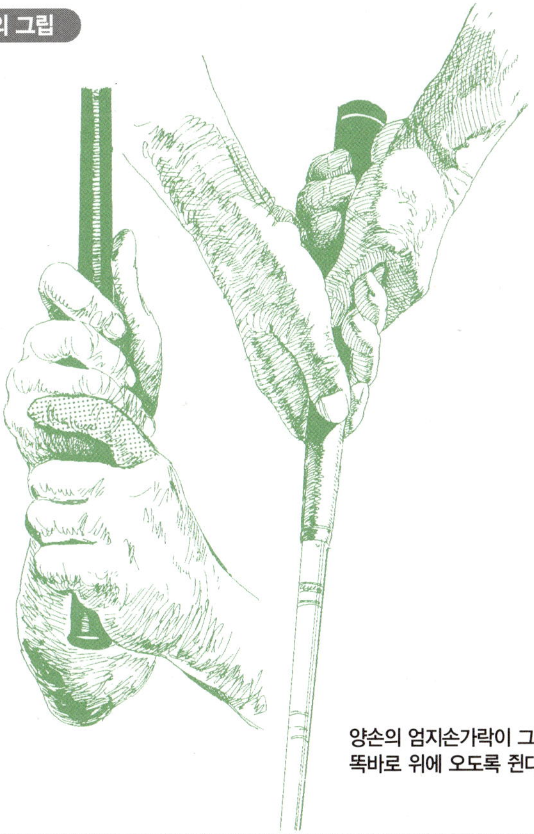

양손의 엄지손가락이 그립의 똑바로 위에 오도록 쥔다.

골프 명언 항상 자기의 한계를 고려하여 명인들의 어드바이스를 들어라. _ [캐리 미들코프]
모든 샷을 어프로치로 생각하라. _ [골프 격언]

퍼팅의 기본은 체중 이동을 하지 않는데 있다. 몸으로 클럽을 휘두르려 하지 말아야 한다. 어깨에서 아래를 추처럼 움직이며 스트로크 한다. 어드레스의 자세를 유지하며 클럽 페이스를 목표에 정확하게 맞히고 똑바로 당겼다가 똑바로 스트로크 한다. 볼의 한가운데를 스위트 스폿으로 정확하게 포착한다.

않는다.

③ 팔목이나 손목을 비틀지 말고 어깨에서 아래를 시계추를 움직이는 것처럼 스트로크한다.

④ 어드레스의 형을 유지하며 똑바로 당기고 똑바로 내보낸다. 낮게 일직선상에서 휘두르듯 하는 것이 요령이다. 왼 손등은 타구가 끝나기까지 바르게 목표를 향하고 있어야 한다.

⑤ 작은 못을 박는 요령으로 작은 테이크 백과 함께 작게 친다.

⑥ 볼의 아래로 쳐넣지 말고 볼의 한가운데를 페이스의 스위트 스폿 (Sweet spot)으로 친다.

⑦ 임팩트가 끝나기까지 머리를 들어 볼의 행방을 보려 하지 않는다. 얼굴을 빨리 들면 페이스의 방향이 미묘하게 흔들리고 만다.

⑧ 스윙의 리듬은 천천히 당기고 천천히 치는 데 있다. 서둘러 치는 것은 가장 큰 미스의 원인이 된다.

 싱글 플레이어도 잘 쳐서 1라운드 6~7의 나이스 샷만 할 뿐 나머지는 모두 나이스 미스이다. _[토미 아머]

필드에서 정신력 키우기 〈1〉

21세기 골프의 황제 타이거 우즈와 20세기 골프의 황제 잭 니클로스와의 공통점은 두 사람 모두 항상 심리기술 훈련을 지속적으로 실천한다는 점이다. 잭은 어떠한 종류의 샷도 치기 전에 머리 속으로 샷을 하는 자신의 모습 전체를 그려본다. 언제나 이미지 트레이닝(심상훈련)을 하는 셈이다. 반면 우즈는 골프를 처음 배울 때부터 심리기술 훈련과정을 거쳤고 현재는 제이 브란자라는 세계 최고의 골프 멘탈 트레이너(Mental trainer)를 채용, 연습 때나 경기 시에 지속적으로 지도를 받고 있다.

골프는 철저한 멘탈 게임(Mental game)이다. 강한 정신력이 없으면 결코 좋은 기록을 낼 수가 없다. 주말 골퍼 역시 좋은 성적을 거두려면 탄탄한 정신력을 갖춰야 한다. 정신력은 결코 유전적으로 물려받는 것이 아니다. 일정 기간 적절한 훈련을 통해 기를 수 있는 노력의 산물이다.

내기 골프를 하다 이른바 '배판'만 부르면 지갑을 여는 A씨, 숨어 있는 워터 해저드까지 찾아다니는 B씨, 짓궂은 말 한마디에 무너지는 C씨……. 주말 골퍼를 괴롭히는 여러 가지 이상심리 증후를 극복하려고 손에 물집이 잡힐 정도로 샷을 가다듬어도 마음을 다스리지 못해 당하는 낭패들이다.

보기플레이어 수준의 주말 골퍼 강심장 씨를 내세워 정신력을 기르는 방법을 알아보자. Y골프장을 즐겨 찾는 강심장 씨는 8번째 홀만 가면 볼을 오른편에 있는 연못에 넣거나 아니면, 왼편의 산으로 보내는 등 고전을 면치 못한다.

면담 결과 강심장 씨는 이 홀에만 오면 불안감이 앞서 각성수준이 높아진다. 이 경우 복잡한 스윙과정을 인지하는 지각력이 협소해진다. 따라서 집중력이 떨어져 샷을 하는 순간에 반드시 고려하여야 할 것들 중 한두 가지를 잊고 스윙을 한다.

강심장 씨를 도와주는 심리기법은 두 가지. 하나는 인지재구성법이고, 나머지는 '프리 샷 루틴'이다. 인지재구성이란 강씨의 인식을 바꾸어 불안감을 낮춰 각성을 적정수준으로 떨어뜨리는 것이다. 강심장 씨는 티잉 그라운드에 올라갈 때마다 이전의 잘못된 샷이 머리에 떠오른다. 때로는 동반 플레이어에게 홀에 대한 불평을 털어놓기도 한다. 스스로 징크스를 만드는 셈이다. 하지만 지난 기억을 잊기는 쉽지 않다. 그때는 '프리 샷 루틴'에 집중하는 것이 방법이다. '프리 샷 루틴'이란 볼을 치기 전의 일정한 준비과정을 말한다.

[한국일보] 2004-03-04 정청희(서울대 체육교육과 교수)

제_4장
티 샷(Tee shot)에서
홀 아웃(Hole out)까지의 전술

1. 공략의 기본

1) 정석은 솜씨에 맞는 루트 선택

　큰 자연에 대한 작은 인간의 도전. 그러한 극기의 정신에 의한 스포츠가 골프이다. 그런 만큼 공략해야 하는 각 홀이 쉽고 좋은 것만은 아니다. 러프(깊은 풀)도 있고 숲도 있다. 또한 골짜기가 있는가 하면 산도 있고 못이나 벙커 등 공포심을 부르는 장애물도 가로놓여 있다. 물론 그러한 장애를 넘어서는 데에 골프의 묘미가 있는 셈이지만 될 수 있으면 러프나 숲, 골짜기, 못이나 벙커 등 어려운 곳은 피하고 잔디가 짧게 잘 다듬어진 페어웨이로만 가고 싶은 것이 골퍼의 심정이다. 거기에서 홀을 공략하는 작전이 나오게 된다. 기술과 작전은 수레의 양 바퀴와 같아 아무리 기술이 뛰어나도 잘못된 작전으로는 좋은 스코어를 낼 수 없다.
　골프 코스를 설계할 때 설계자는 플레이어의 능력에 따라 세 가지 루트를 준비한다고 한다. 즉 ① 상급자용, ② 중급자용, ③ 초급자용이다. 이러한 설계자의 의도에 따라 작전을 생각한다면 역시 각자의 솜씨에 알맞

 오른쪽 무릎은 백 스윙 때 어드레스처럼 펴지 않고 돌리지 않는 것이 강타의 조건이 된다.　_[치치 로드리게스]

은 루트를 공략하는 것이 가장 효과적인 방법이다.

2) 초급자(Beginner)는 안전제일의 루트를

초급자용 루트라는 것은 한마디로 "급할수록 돌아가라."는 식의 루트이다. 설계자가 한 홀을 만들 때에는 위험 지대에 가까운 곳에 가장 공략하기 쉬운 포지션을 준비하는 것이 상식이다. 즉 그 위치를 티 샷으로 공략해 두면 제2타에서 벙커를 넘어야 할 필요가 없어진다. 다만 그 포지션에서 벗어나게 되면 트러블이 반드시 따른다. 깊은 벙커나 숲이 그 절호의 위치 바로 옆에 있기 때문이다. 자칫 잘못하면 트러블로 빠지게 되는데 그런 곳을 노릴 수 있는 사람은 프로이거나 아마추어라도 상당히 솜씨가 있는 싱글 플레이어일 뿐이다.

초급 골퍼는 앞에서도 말했듯이 바쁠수록 돌아가라는 루트를 취해야 한다. 위험 지대에 접해 있는 절호의 포지션 따위를 노릴 것이 아니라 가능한 한 피해 가면서 페어웨이로 똑바로 타구한다. 물론 그 위치에서 제2타로 그린을 노리려면 벙커를 넘어야 하거나 또는 골짜기를 넘어야 할는지도 모른다. 그러나 초급자의 솜씨로는 그 위치에서 바로 그린을 노리기는 무리이다. 제2타로 올려놓기가 힘들다면 굳이 위험을 무릅쓸 필요는 없다. 페어웨이 한가운데에서 제2타를 노리는 것이 그린의 요체이다. 그러면 제3타에서 벙커나 골짜기를 넘어야 하는 공포의 루트를 지나지 않아도 된다. "그렇게 말은 하지만 뜻대로 되지 않는다."는 사람이 있을 수도 있겠다. 물론 그렇다. 뜻대로 되지 않을 수도 있다. 그래도 무방하다. 그런 공략의 정석을 알고 있기만 하면 된다. 기술이 향상되었을 때 그런 전술을 살릴 수 있기 때문이다.

3) 파4홀의 공략법

파4인 홀은 2온 2퍼트가 기준이다. 그러나 이 미들 홀에는 400m에 가까운 파4도 있고 250m 정도의 짧은 홀도 있다. 일단 2온 2퍼트가 기준이

 최고참 멤버는 사람들에게 이렇게 어드바이스 한다. "사람들에게 어드바이스 해서는 안 된다." _ [P.G 우드하우스]

| 골프의 기초 테크닉

공략의 루트

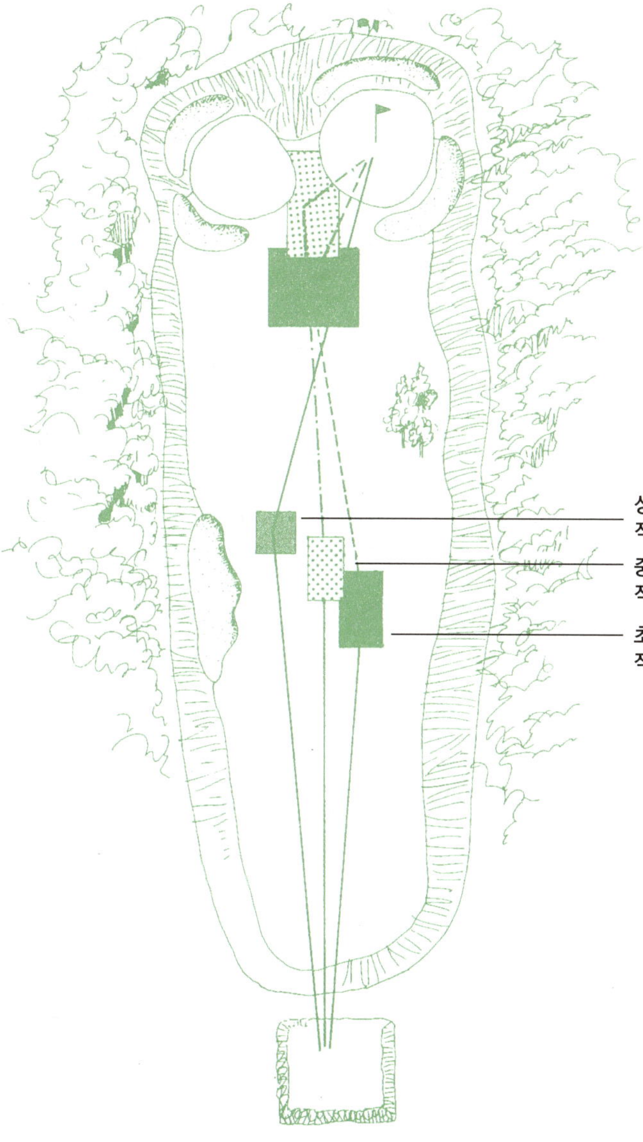

상급자에 적합한 루트

중급자에 적합한 루트

초급자에 적합한 루트

아무리 세월이 흘러도 스트로크의 중대한 가치를 알려고 하지 않는 골퍼가 있다.
_ [게리 플레이어]

"급할수록 돌아가라."
OB의 위험을 피해 한 발
한 발 나아간다.

핀의 위치만 노리지 말고
안전한 루트에서 그린을
공략한다.

 골프 명언 화가 나서 클럽을 내던질 때는 전방으로 던져라. 그래야 주우러 갈 필요가 없으니까.
_[토미 볼트]

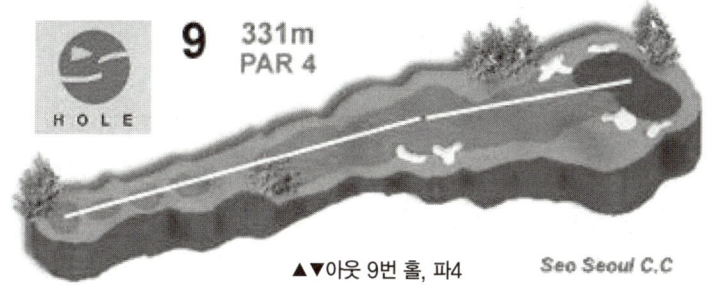

▲▼아웃 9번 홀, 파4   Seo Seoul C.C

되지만 그렇게 기준대로만 될 수는 없다. 초보자로서는 그런 기준 타수는 다만 목표로만 삼아야 한다. 어쨌든 파4인 홀의 공략은 앞 항에서도 설명했듯이 솜씨에 따라 앞을 내다보는 작전에 따라야 한다. 앞을 내다본다는 것은 단지 그 샷만을 잘 치면 되는 것이 아니라 다음 샷을 치기 쉬운 위치 또는 노리기 쉬운 위치를 고려하여 친다는 의미이다. 예컨대 짧은 파4의 홀이라면 그 거리의 짧음을 커버하기 위해 설계자는 도중에 여러 가지 장애물을 배치하게 마련이다. 벙커, 못, 좁은 페어웨이, 높은 수목 등이 그것이다.

　티에서 그날 최고의 굿 샷을 쳤다 하더라도 그런 장애물에 빠진다면 아무 소용도 없다. 티 샷에서 그저 멀리 보낼 것만을 생각하다가는 설계자가 도중에 배치한 그러한 함정에 빠지고 만다. 물론 멀리 보내는 것도 중요하지만 동시에 정확성도 고려해야 하며, 페어웨이로 나아가야 한다. 그것도 되도록 다음 타구를 하기 쉬운 평탄한 곳으로 볼을 떨구어야 한다. 그러기 위해서는 드라이버를 버리고 스푼이나 버피 또는 안전을 기하려면 아이언으로 티 샷하는 것도 생각할 수 있다. 제2타 이후에도 전술을 세우

골프 명언 　플레이어는 결과에 의하여 생각할 일이 아니라 원인으로 생각해야 한다.
_[벤 호건]

는 방법은 마찬가지이다. 위험한 곳을 아슬아슬하게 노릴 것이 아니라 일단 안전한 장소를 확보하고 거기에서 그린을 노려 가면 큰 미스는 충분히 방지할 수가 있다.

초보자인 경우, 미들 홀은 더블 보기의 6타로 치는 것이 일반적이다. '그렇게 되면 티 샷을 포함하여 그린까지 도달하는 데 4타로 때려도 좋은 셈이다. 안전한 루트를 선택하고 또한 페어웨이를 넷으로 나누어 보면 자신이 공략해야 할 루트가 더 분명해질 것이다. 이렇게 머리를 사용, 전술을 수립하면서 홀을 공략하면 골프가 한층 더 재미있어진다.

4) 롱 홀의 공략법

초보자에게 있어서 롱 홀은 만회가 불가능한 미스를 하게 만드는 홀이기도 하다. 거리가 긴 만큼 아무래도 강타의 유혹에 빠져 스윙의 균형을 잃어버리기 쉽기 때문이다. 파5의 롱 홀에서도 공략의 기본은 파4의 홀인 경우와 다를 바가 없다. 강타의 유혹을 이기려면 앞에서 든 냉정한 루트 선택에 따르는 수밖에 없다. 물론 무리는 금물이다.

솜씨에 따라 다르기는 하지만 자기 나름대로 파가 7이라면 5온 2퍼트로 가면 될 것이다. 페어웨이의 안전지대를 다섯으로 나누어 보자. 티 샷을 드라이버로 치고 가령 숲 속에 들어갔다 하더라도 다섯 구분을 효과적으로 사용하면 숲 속에서 나무 사이의 좁은 공간을 뚫고 치는 무리한 샷은 하지 않아도 된다. 일단 페어웨이로 돌아가고 거기에서 그린까지 세 구분으로 나누어 쳐도 5온은 가능할 것이다. 물론 티 샷이 산뜻한 호타이고 제2타도 잘 맞았으면 나머지를 둘로 구분하여, 즉 4타로 그린에 올라갈 수도 있다. 안전한 장소에서 안전한 장소로-이러한 국지 공격이 롱 홀에서는 가장 효과적인 전술이다. 능숙한 플레이어에게 있어서 사실은 롱 홀은 스코어를 만들기가 훨씬 편해진다. 그러기 위해서라도 안전 제일주의로 공략하는 것이 바람직하다.

 슬로 플레이는 흡연과 흡사하여 고치려 해도 잘 안된다. 우선 시작하지 말아야 한다.   _[잭 니클로스]

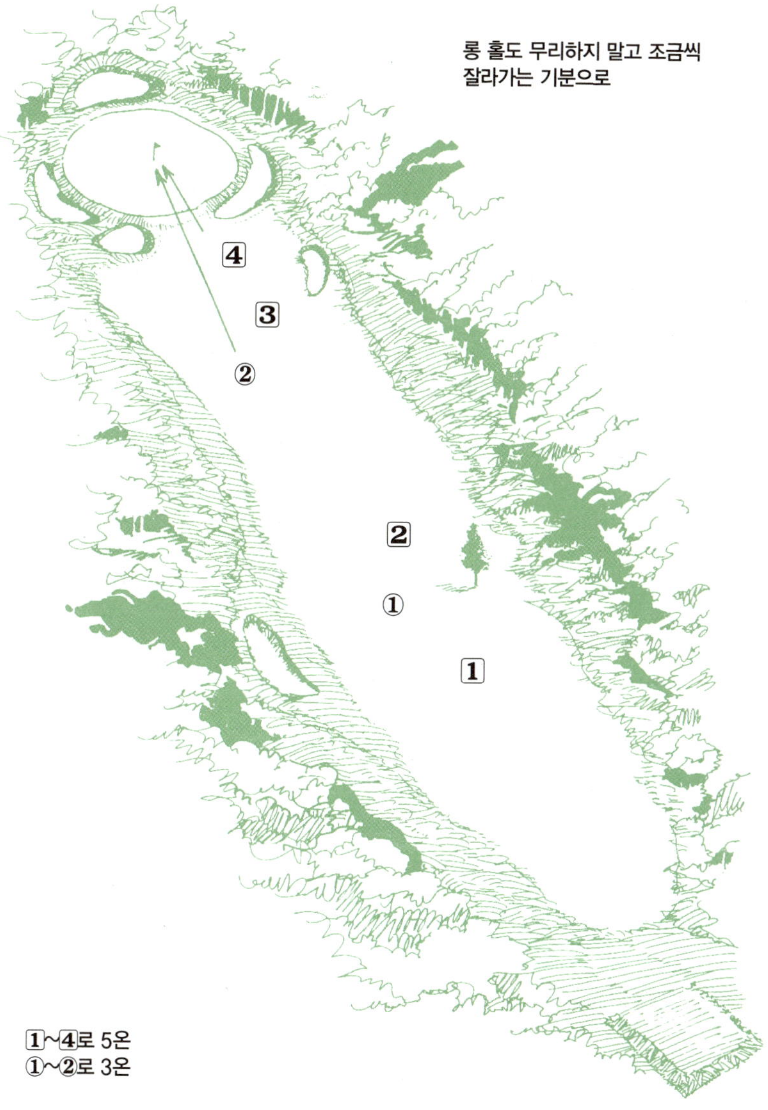

| 골프의 기초 테크닉

롱 홀도 무리하지 말고 조금씩
잘라가는 기분으로

①~④로 5온
①~②로 3온

비 오는 날에는 볼을 쓸 듯이 스윙하여야 미스가 적어진다.   _[잭 니클로스]
롱 퍼트가 거리감이면 쇼트 퍼트는 자신과 용기이다.   _[골프 속언]

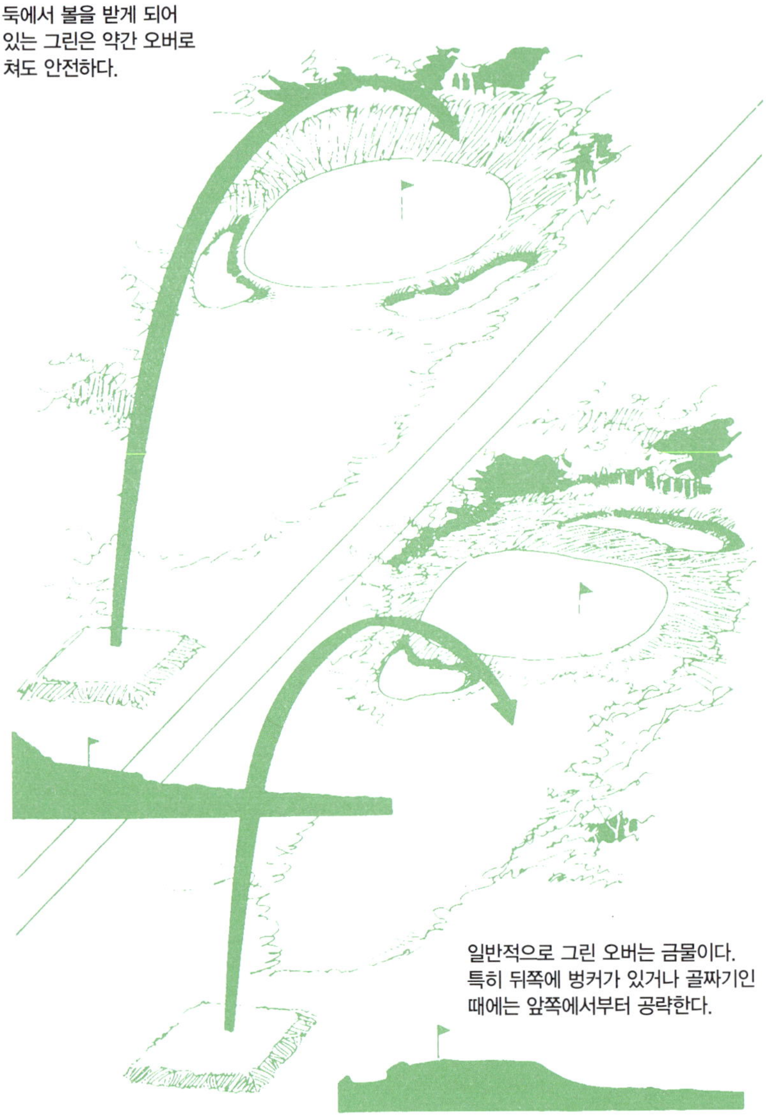
둑에서 볼을 받게 되어
있는 그린은 약간 오버로
쳐도 안전하다.
일반적으로 그린 오버는 금물이다.
특히 뒤쪽에 벙커가 있거나 골짜기인
때에는 앞쪽에서부터 공략한다.

골프 명언

골프는 벗이다. 그 벗은 절망을 해독시켜 준다. _ **[보브 토스키]**

3온 1퍼트의 골프가 완성되면 완성된 완벽골프이다. _ **[골프 속언]**

5) 쇼트 홀의 공략법

쇼트 홀은 초보자로부터 평균적인 골퍼에 이르기까지 좋은 스코어를 낼 수 있는 절호의 기회이다. 왜냐하면 쇼트 홀에서는 누구에게나 1온의 기회가 있게 되며 파로 올 가능성도 있기 때문이다. 예컨대 초보자가 더블 보기 평균을 목표로 하는 경우, 4개가 있는 쇼트 홀에서 하나가 파, 나머지 3홀을 보기로 올라갈 수 있었다면 토털 스코어는 49가 된다. 단숨에 50의 벽을 돌파할 수 있는 셈이다. 따라서 초보자에게 있어서 쇼트 홀은 '보너스 홀'이 되는 것이다.

그러나 그렇다고 아무런 작전도 없이 타구하다가는 큰 실수를 하게 된다. 여기에서도 무리한 1온은 피해야 한다. 공략의 기본은 역시 안전한 로케이션을 찾아내고 거기에 타구하는 것이다. 안전한 루트로는 그린 앞면의 꽃길 또는 장애가 없는 본 그린과 서브 그린의 중간 등을 생각할 수 있다. 평탄한 꽃길이나 그린 사이드에 볼을 떨어뜨리면 다음 샷에서 큰 실수가 없는 한 온(On)시킬 수 있다. 잘 되면 파가 나빠도 보기로 끝낼 수가 있는 것이다. 그러면 계획대로 쇼트 홀이 '50'의 장벽을 넘는 보너스 홀이 되는 셈이다. 단, 쇼트 홀에서는 클럽을 선택할 때 다른 사람의 타구에 현혹되지 말아야 한다. 비록 상대방이 짧은 클럽을 사용하여 나이스 샷을 했다 하더라도 그 사람은 그 사람이다. 자신에게 적합한 클럽을 선택하도록 하자.

2. 티 그라운드에서

1) 티 업의 장소1

그 홀을 치기 시작하는 스타트를 티 그라운드라 한다. 두드러진 지형이 일반적이며 또한 그 티 그라운드에는 2개의 티 마크(Tee mark)가 있다. 그 티 마크를 이은 한 변과 클럽 2개 만큼의 속길이를 가진 구역이 티

골프 명언 대개의 골퍼들은 파워가 커다란 백 스윙에 의하여 생긴다는 착각에 빠져있다.
_[잭 니클로스]

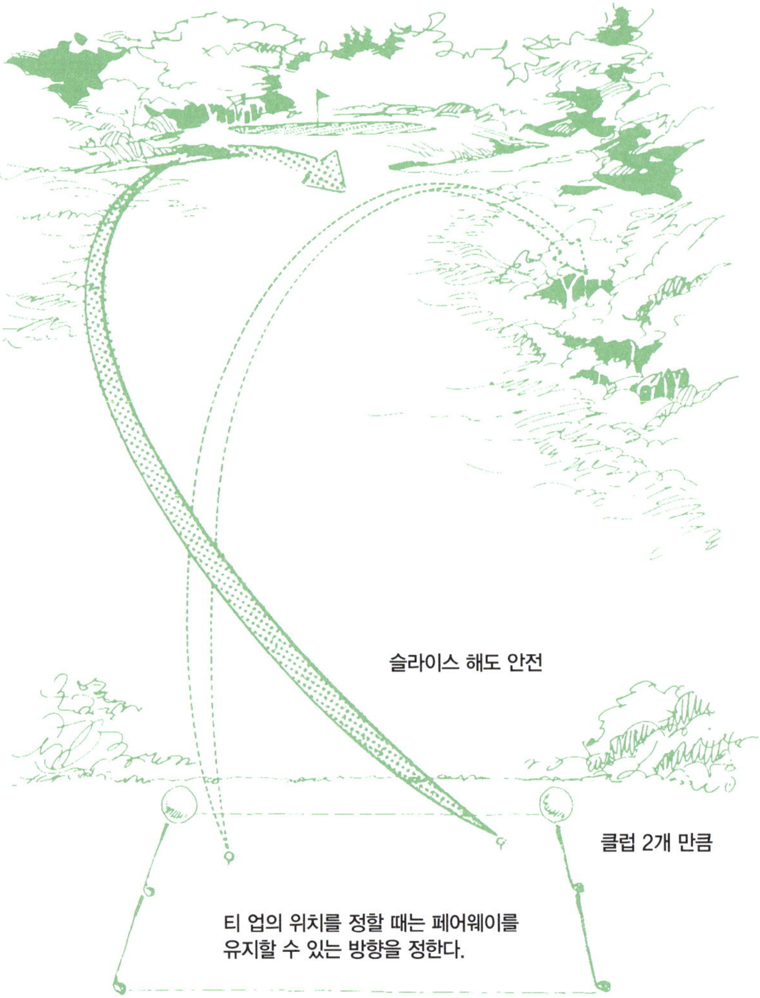
슬라이스 해도 안전
클럽 2개 만큼
티 업의 위치를 정할 때는 페어웨이를
유지할 수 있는 방향을 정한다.

골프 명언 *하루 연습하지 않으면 그것을 나 스스로 안다. 이틀을 하지 않으면 갤러리가 안다. 그리고 사흘을 하지 않으면 온 세계가 안다.* _ **[벤 호건]**

샷의 장소로 규정되어 있다. 티 마크를 잇는 한 변의 길이는 각각 다르며 3m 정도의 폭인 때도 있고 티 그라운드 전체를 사용하는 경우도 있다.

물론 그 구역 안이라면 어디에 티 업하든 상관이 없지만 프로 골퍼나 능숙한 사람인 경우 전술적으로 티 업의 위치를 미묘하게 조절한다. 예컨대 당신이 슬라이스를 치는 확률이 높은 플레이어라 치자. 그리고 홀의 오른쪽에 OB존이 있다고 치자. 볼의 패턴이 슬라이스 그리고 OB가 오른쪽 사이드라면 그만큼 OB의 위험이 높아진다.

티 업의 위치를 조절하는 것은 바로 이런 때이다. 오른쪽 사이드의 OB를 피하기 위해서는 용기있게 티 구역의 오른쪽 사이드에 티 업하고 목표를 페어웨이의 왼쪽 사이드로 잡는다. 페어웨이를 사각형으로 본다면 오른쪽 사이드로부터 왼쪽 사이드로 대각선을 노린다. 그러면 타구가 상당히 슬라이스된다 해도 OB까지는 이르지 않으며 운이 나빠도 러프에서 멈추게 된다. 이와 같이 티 업의 위치 잡기는 자신의 볼 패턴에 맞추어 OB 등 위험지대가 있는 쪽으로 티 업하고 용기 있게 그 반대 방향을 노리는 것이 원칙이다.

2) 티 업의 장소2

자기 차례가 되면 뚜벅뚜벅 티 구역으로 다가가 아무런 생각도 없이 티 업을 해버리는 사람을 본다. 그러나 이는 너무나 부주의한 방법이다. 티 구역은 많은 사람이 그 좁은 장소에서 타구를 하기 때문에 티 마크를 이은 선의 안쪽이 매우 거칠다. 얼핏 보아서는 알 수 없지만 때로는 오목하게 파였거나 경사가 진 경우도 있다. 부주의하게 그런 곳에 티 업하게 되면 바른 스윙을 하더라도 볼의 머리를 때리게 되거나 땅을 치게 된다. 티 구역이라면 어디에 티 업하든 상관없으므로 다소 티 마크 선에서 뒤로 처지게 되더라도 티 업의 위치와 스탠스의 위치가 평탄한 곳을 찾아내어 타구해야 한다.

골프 명언 연습장은 기술을 닦는 곳, 코스는 스코어를 내는 방법을 배우는 곳이다.
_[진 리틀러]

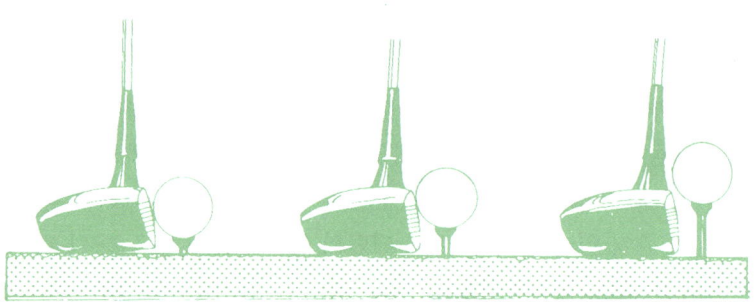

티 업은 티(퍼그)가 너무 낮아도 또한 너무 높아도 치기 힘들다.

3) 티 업의 높이

드라이버의 티 업 높이는 클럽을 볼 뒤에 세트했을 때 페이스의 위쪽 가장자리로부터 볼이 절반쯤 보이는 것이 일반적이다. 너무 높아도 너무 낮아도 치기가 힘들다. 물론 스푼이나 버피로 칠 때에는 그보다 낮게 조절한다.

아이언에 의한 티 샷이라면 페어웨이의 최고의 라이, 즉 잔디 위에 떠 있는 상태까지 낮춘다. 높게 티 업하는 사람이 있지만 그렇게 되면 볼 밑으로 헤드가 빠져나가게 되어 거리가 나오지 않는다.

 사람에게 이기려면 게임으로 이기려 해서는 안 된다. 연습과 노력으로 이겨야 한다. _ [벤 호건]

3. 스루 더 그린(Through the green), 해저드(Hazard)

1) 러프(Ruff)에서의 작전

거리가 난다는 이유만으로 스푼이나 버피 등의 클럽으로 깊은 러프에서 타구하는 사람이 있지만 이것은 잘못이다. 러프라 하더라도 겨울 잔디처럼 뻣뻣한 이파리 위에 볼이 얹혀 있는 때는 우드로도 칠 수 있지만 볼이 3분의 2 이상 잔디 속에 묻혀 있는 경우에는 우드의 거리가 남아 있다 하더라도 아이언으로 안전 탈출을 도모하는 것이 현명하다. 그저 거리만 많이 얻으려 강타하면 반드시 실패한다. 그보다는 로프트가 큰 클럽으로 다음 타구를 하기 쉬운 그리고 그린을 노리기 쉬운 포지션으로의 탈출을 시도해야 한다. 멀리 보내고 싶지만 꾹 눌러 참고 안전 탈출을 우선시킨다. 이것이야말로 인내의 골프이다.

2) 디보트(Divot) 자리로부터의 샷

페어웨이로 잘 떨어진 볼이 불운하게도 디보트 자리(잔디가 깎인 자리)로 들어가 버리는 수가 있다. 모래가 있거나 또는 맨땅이 드러난 곳에 볼이 떨어지는 경우이다. 이런 경우에서도 러프와 마찬가지로 거리를 많이 보내려 하기보다는 안전 탈출을 우선 시켜야 한다. 페어웨이 우드나 롱 아이언은 사용할 수 없다고 생각해야 한다. 적어도 5번 아이언 이하로 치는 것이 상식이다.

볼의 위치를 스탠스의 중앙이나 약간 오른발 쪽으로 치우치게 놓고 핸드 퍼스트로 자세를 취하며 다운 블로하듯이 내려친다. 그리고 피니시를 너무 크게 잡지 않는 것이 이상적이다. 어쨌든 크게 휘두르지 않고 다음 타구를 하기 쉬운 포인트로 치는 것이 좋은 스코어를 얻는 방법이다.

골프명언 대개의 골퍼들은 골프를 플레이하는 것만 알고 있지만 코스를 플레이하는 것을 잊고 있다. _ [토미 아머]

디보트 자리에서의 타구

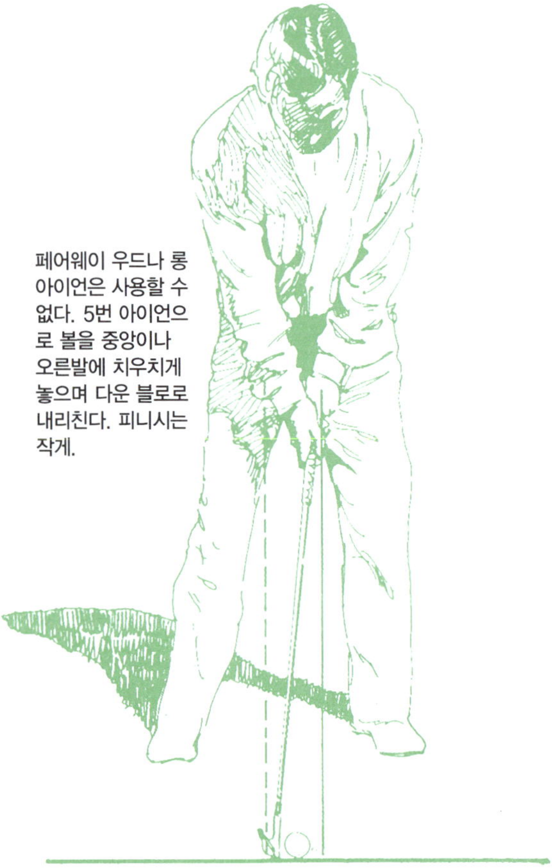

페어웨이 우드나 롱 아이언은 사용할 수 없다. 5번 아이언으로 볼을 중앙이나 오른발에 치우치게 놓으며 다운 블로로 내리친다. 피니시는 작게.

깊은 러프에 가라앉았다

디보트 자리

페어웨이 볼

3) 페어웨이 벙커 작전

페어웨이 벙커로부터의 샷도 안전제일로 탈출을 도모하는 것이 원칙이다. 그러나 그렇다고 하여 그린 벙커에서처럼 익스프로전 샷(Explosion shot)으로 탈출만 하다가는 거리적으로 큰 손해를 본다. 페어웨이 벙커에서는 어느 정도 거리를 획득해야만 한다.

 골프 프로는 불치의 병을 치료할 수 있다고 말하는 낙천적인 의사와 같다.
_ [짐 비숍]

| 골프의 기초 테크닉

우선 전술의 중심은 클럽 선택이다. 클럽 선택의 기준은 거리보다도 앞쪽에 있는 벙커 턱의 높이가 된다. 물론 턱이 없고 평탄한 경우에는 거리에 적합한 클럽을 사용할 수 있지만 그래도 롱 아이언 등 긴 클럽은 사용하지 않는 것이 무난하다. 5번 아이언 이하의 클럽으로 우선 탈출을 도모해야 한다. 또한 페어웨이 우드의 크리크라든가 버피 등은 솔이 넓기 때

페어웨이 벙커에서는 볼을 깨끗하게 쳐야 한다.

둑이 막혀있을 때는 로프트가 있는 아이언으로 볼을 높이 올린다.

 골프 명언 : 스코어를 속이지 않는 나를 칭찬하는 것은 은행 강도를 하지 않았다하여 칭찬해 주는 것과 같다. _[보비 존스]

문에 그 솔이 모래 위로 미끄러져 힘이 약한 여성들의 경우, 좋은 결과가 나기도 한다.

턱이 높은 경우에는 충분히 그 턱을 넘을 수 있게 여유 있는 클럽을 선택한다. 예컨대 5번 아이언으로 아슬아슬하게 넘을 수 있다고 생각되면 6번 아이언으로 치는 식의 선택이 현명하다. 물론 그만큼 거리는 잃게 되지만 안전 탈출이 제일이다.

4. 퍼팅의 전술

1) 동반 플레이어의 퍼트를 관찰한다

골프에서는 그린으로부터 먼 순서로 타구한다. 이것은 퍼팅도 마찬가지이며 컵으로부터 먼 순서에 따라 친다. 따라서 자신의 볼이 상대방과 같은 방향에 있는 경우에는 먼저 치는 플레이어의 타구 강도, 볼의 구르기, 휘기 등을 살펴볼 필요가 있다. 다만 라인의 후방이나 전방에서 보는 것은 에티켓 위반이다. 플레이어의 시야에 방해가 되지 않는 곳에 서서 보도록 한다. 잔디결에는 잔디가 볼의 구르는 방향으로 나 있는 제결, 반대로 컵으로부터 볼쪽으로 향해 있는 거스름결 그리고 오른쪽에서 왼쪽 또는 왼쪽에서 오른쪽으로 나 있는 이른바 가로결 등이 있다. '잔디결 정도야······' 하고 생각할는지 모르지만 볼의 구르기가 약해졌을 때는 이들 잔디결의 영향에 의해 볼의 힘에 브레이크가 걸리기도 하고(거스름결인 경우) 좀처럼 멈추지 못하고 넘어 버리는 경우도 있게 된다(제결인 경우). 잔디결이 옆을 보고 있는 경우, 그 잔디결에 밀려서 커브를 그리게 되는 것도 잘 알려진 사실이다. 오른쪽에서 왼쪽으로의 결이라면 왼쪽으로, 반대의 결이라면 오른쪽으로 밀려가는 꼴이 된다. 따라서 미리 잔디결을 관찰하는 것도 중요하다.

골프 명언 열심히 연습하면 할수록 당신은 더욱 럭키해진다.   _[게리 플레이어]
강하게 치려고 하지 말라. 정확하게 칠 것에만 집중하라.   _[폴 레니언]

| 골프의 기초 테크닉

잔디를 살펴본다. 잔디결, 경사, 라인 등을 체크한다.

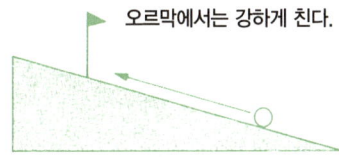

오르막에서는 강하게 친다.

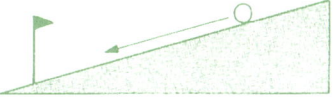

구르는 정도 만큼 약하게 친다.

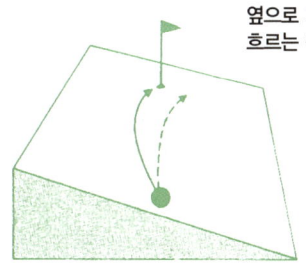

옆으로 기울어진 경우에는 볼이 흐르는 정도만큼 고려한다.

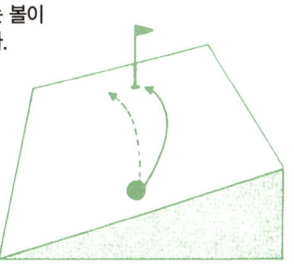

 아마추어는 베스트 샷을 노리지 말고 베스트한 결과만을 노려라.
_[게리 플레이어]

2) 롱 퍼트

3퍼트가 되는 이유는 대개가 롱 퍼트에 문제가 있기 때문이다. 롱 퍼트는 방향보다도 거리를 맞추는 데 전념해야 한다. 방향은 1~2m씩 틀리는 일이 없지만 거리를 잘못 잡으면 2m 정도의 오차는 보통이다. 거리를 정확하게 가늠하는 것이 3퍼트를 방지하는 최대의 포인트이다.

3) 평탄하거나 오르막이 되도록 한다

퍼팅은 평탄한 곳이나 오르막에서 컵을 노리는 것이 가장 쉽다. 내리막이나 가로 슬로프는 힘의 정도라든가 휘기를 짐작하기가 매우 힘들다. 따라서 제1퍼트, 제2퍼트가 모두 평탄하거나 오르막에서의 퍼팅이 되도록 어프로치 때부터 작전을 짜야 한다.

골프 명언 골프에서 진짜 프레셔는 *2달러만 갖고 있으면서 5달러짜리 내기를 해봐야 느낄 수 있다.* _[리 트레비노]

필드에서 정신력 키우기 〈2〉

주말 골퍼 강심장 씨를 괴롭히는 또 하나의 약점은 '갤러리에 약하다'는 것이다. 파3홀에서 앞 팀으로부터 사인을 받고 샷을 하거나 진행이 밀리는 바람에 다른 팀들이 지켜보는 가운데 플레이 해야 하는 경우 강심장 씨는 샷을 그르친 게 한두 번이 아니다.

생각은 행동을 결정한다. 강심장 씨가 특정 홀이나 다른 사람의 시선에 약한 것도 이 같은 상식의 틀 안에서 해석될 수 있다. 올바른 스윙은 긍정적인 생각에서 출발한다. 한번 부정적인 생각이 자신을 지배하면 쉽게 없앨 수가 없다. 따라서 부정적인 생각이 자신의 기억을 지배하기 전에 스윙에 도움이 되는 생각을 연속적으로 이어가는 것이 필요하다. 골프에서 이를 실현할 수 있는 방법이 프리 샷 루틴이다.

프리 샷 루틴이란 볼을 치기 전에 필요한 일련의 준비동작을 말하는 데 이는 단순히 연습스윙으로 몸을 푸는 것만을 뜻하는 것이 아니다. 목표 지점을 보면서 자신의 스탠스와 바람의 강도, 이전 경험 등 관련 데이터들을 종합하고 스윙의 리듬감각을 조율하는 과정을 통해 잡념이 없는 상태, 이른바 무아지경에 이르도록 스스로를 몰입시키는 효율적인 통제장치이다. 인간의 뇌는 단기기억에서 극히 제한된 정보(약 752개)만을 처리할 수 있다. 따라서 뇌에 부정적인 생각이 떠오르기 전에 스윙에 도움이 되는 긍정적인 생각을 하면서 일련의 동작에 몰입하고 있으면 결코 부정적인 생각이 중간에 들어올 수 없다.

특정 홀에 대한 정신적 부담이나 다른 사람의 시선뿐 아니라 비행기나 자동차 등 주위의 소음, 동반 플레이어의 잡담 소리 하나도 무의식적으로 이뤄져야 하는 스윙을 망가뜨리는 의식적인 방해요소가 될 때가 많다. 프로 골퍼들이 필드에서 가장 중요시하는 습관 중의 하나가 프리 샷 루틴이다. 이를 통해 프로 골퍼들은 볼에 대한 집중력과 자신감을 확인하게 된다. 프리 샷 루틴은 연습과 경험이 부족하고 심리적 동요가 심할 수밖에 없는 주말 골퍼에게 더더욱 중요하다.

프리 샷 루틴은 지속적인 연습을 통해 이루어지는 자기만의 습관이다. 골프연습장에 가서 정신없이 볼만 때릴 것이 아니라 자신의 스윙성격이나 정서적 감각에 맞게 프리 샷 루틴이 몸에 밸 수 있도록 반복적인 연습을 해야 한다. 이것만이 필드에서 다른 외부적 요인에 방해 받지 않고 스윙에 대한 집중도를 높일 수 있는 처방책이다. 특히 프리 샷 루틴은 티잉 그라운드나 페어웨이는 물론 트러블 샷을 할 때나 중압감이 가장 커지는 그린 위에서 절대적으로 요청되는 미덕이다.

[한국일보] 2004-03-11 정청희(서울대 체육교육과 교수)

제_5장
쇼트 게임에 강해진다

1. 어프로치(Approach)

1) 어프로치의 기본

어프로치는 스코어를 올릴 수 있는 최대의 무기라 할 수 있다. 전체적인 치기에 다소 실수를 했더라도 어프로치가 제대로 되면 파를 취하는 것도 가능하다. 특히 그린 가까이에서의 쇼트 어프로치는 중요하다. 눈앞의 그린에 올리는데 2타, 3타씩 소요된다면 스코어가 제대로 나올 수 없다. 본래 쇼트 어프로치는 그린 가까이에서 핀 쪽으로 접근시키는 것이 목적이지만 현 단계에서는 큰 그린에 올려 놓은 것을 우선 연습하도록 한다. 분명하게 그린에 올려놓을 수 있게 되면 다음에는 핀 주위에 지름 5m 정도의 큰 원을 머릿속으로 그려보며 그 안에 볼을 모으는 연습을 한다.

어프로치의 기본은 앞에서 언급했듯이 양 손등을 맞춘 '팔 휘두르기 체조'이다. 실제로 볼을 치기 전에 이 체조로 어프로치의 감각을 포착해 보기 바란다.

클럽을 쥐지 않고 오른손을 밑에 둔 채 양손들을 맞춘다. 그리고 그 상

골프
명언

자그마한 허영심이 게임을 크게 무너뜨린다.   _[아널드 퍼머]
마지막 2라운드에서 내가 가장 무서워하는 사람은 바로 나 자신이다.   _[톰 왓슨]

태에서 양팔의 삼각형을 유지하며 오른쪽 허리 높이까지 올렸다가 왼쪽 허리 높이까지 휘둘러본다. 손목은 고정되고 양팔과 클럽이 하나를 이루며 유연한 상태에서 스윙을 할 수 있는 감각을 익히는 것이다. 다음에는 클럽(피칭 웨지-Pitching wedge-가 바람직할 것이다)을 잡고 같은 방법으로 휘둘러본다.

이때 주의해야 할 포인트를 몇 가지 들어본다.

① 손만으로 치려 하지 말 것. 삼각형을 유지하려면 클럽과 팔이 하나가 되어야 한다.

② 손목으로 걷어 올리려 하지 말 것. 손목을 비틀어서는 안 된다. 백 스윙에서 폴로 스루까지 페이스의 방향을 바꾸지 말아야 한다.

③ 그러기 위해서는 왼손등이 바르게 목표를 향하고 있는가 체크해 본다.

④ 스탠스는 스퀘어 스탠스이거나 약간 오픈 스탠스, 처음에는 스퀘어로 자세를 취하는 것이 바람직하다.

⑤ 볼은 양발 중앙에 둔다.

⑥ 클럽이 짧아진 만큼 허리가 무릎까지 내려간 느낌으로 휘두른다. 즉 허리를 무겁게 안정시키는 것이다. 무릎이 흔들리면 안 된다.

⑦ 피니시에서는 왼팔과 클럽이 일직선이 되거나 약간 구부러지는 것이 자연스럽다.

⑧ 몸에서 팔이 떨어지지 않도록 스윙한다.

 골프 명언 *화내는 것을 모르는 것은 어리석다. 그러나 화내는 것을 알고 잘 참는 자는 현명하다.* _[영국 속담]

피치 앤드 런

타구가 끝나기 까지는 헤드업 하지 않는다.

⑨ 타구가 끝날 때까지 얼굴을 들지 말 것. 목표가 가까운 만큼 얼굴을 들어 빨리 결과를 보고 싶어지겠지만 헤드 업은 금물이다.
⑩ 완만한 리듬을 유지하면서 휘두르도록 하자.

2) 거리 감각을 익힌다

   거리 감각을 익히는 것도 어프로치에서 해야 할 일이다. 연습장에서도 어프로치의 연습은 거리 표지 등을 잘 보며 10m, 30m, 50m 등 거리를 우선 눈으로 익혀야 한다. 다음에 허리에서 허리까지의 스윙이면 자신이 몇 m까지 보낼 수 있는가를 생각해 본다. 그 거리를 기준으로 휘두르기를 크게 하거나 작게 하는 식으로 거리 조절을 한다.
   그리하여 10m, 30m, 50m를 위한 스윙의 크기의 차이를 몸이 기억하도록 하자. 초보자는 넓은 코스에 나가면 10m의 거리를 치는데 마치

 스트레이트 볼을 치거나 치려고도 하지 마라.　_[리 트레비노]
하찮은 스코어 때문에 인격을 부정당하지 말라.　_[골프 격언]

100m나 날려 보내려는 듯 크게 휘두르기 일쑤이다. 작게 휘둘러도 볼이 날아간다는 사실을 기억하자.

3) 어프로치 샷

어프로치 샷에는 세 가지 볼의 패턴이 있다. 볼을 높이 올린 다음 떨어지고 나서 약간 런이 나오는 피치 앤드 런(Pitch and run). 앞에서 어프로치의 기본에 대해 설명했을 때의 방법이 이 볼의 패턴이 나오는 스윙이다. 러닝 어프로치(Running approach)는 볼이 낮게 구르는 패턴이다. 피치 샷(Pitch shot)은 볼이 높이 올라갔다가 떨어진 지점에서 멈추는 패턴이다. 코스로 나가기 전에 이 세 가지 패턴의 타구에 의한 구별을 연습해 두면 매우 도움이 된다.

예컨대 핀까지 50m가 남았다 하더라도 상황은 모두 다르기 때문이다. 볼에서 핀 사이에 벙커나 깊은 러프가 있는 경우, 그 사이에 아무런 장애물도 없는 경우, 그린 에지(Green edge) 가장자리에 핀이 있는 경우 등. 그런 상황에 따라 세 가지 볼의 패턴을 가려서 사용할 수 있으면 훨씬 스코어가 좋아질 것이다.

4) 세 가지 볼의 패턴을 가려서 친다

세 가지 볼의 패턴을 가려서 친다는 이야기는 아주 고급 테크닉이 필요한 것처럼 들리겠지만 실제로는 매우 간단하다. 클럽에 따라 가려 치는 레슨에서 했던 것과 마찬가지로 역시 어드레스를 바꾸는 것만으로 가능하기 때문이다.

볼 위치와 스탠스에 주목하자. 피치 앤드 런은 약간 오픈인 듯한 스탠스이며 볼은 중앙에 있다. 러닝 어프로치는 스퀘어 스탠스이며 볼이 오른발 쪽에 치우쳐 있다. 그렇게 함으로써 자연히 핸드 퍼스트의 자세가 이루어지고 클럽 페이스가 쇼트로 되며 로프트가 작아지고 볼이 낮게 나간다. 피치 샷에서는 상당히 오픈 스탠스가 되며 볼은 왼발 쪽으로 치우친다. 그

> **골프 명언** 유명한 정신과 의사의 부인이 함께 골프를 안 해준다 하여 남편에게 투정을 하자 의사가 말했다. "사나이에게는 절대 혼자 해야 할 일이 세 가지 있다. 재판에서 증언할 때, 죽을 때 그리고 퍼트할 때……." _[베네트 서프]

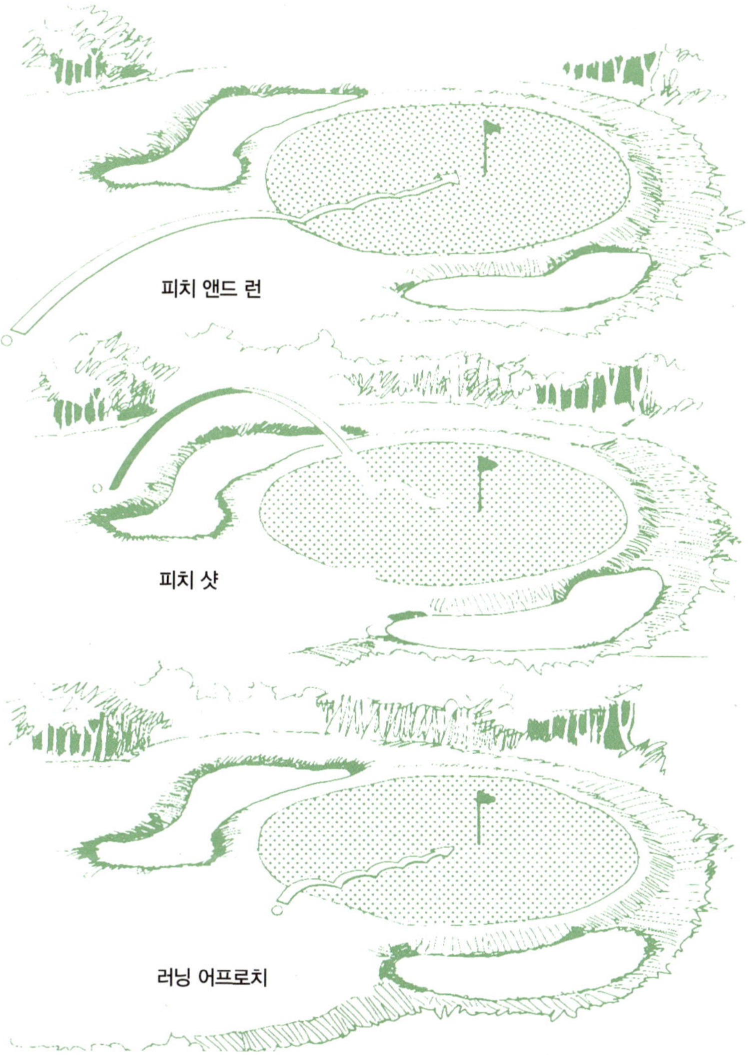

| 골프의 기초 테크닉

피치 앤드 런

피치 샷

러닝 어프로치

 골프 명언 골퍼에 대한 가장 명예스러운 칭찬은 "그는 모든 종류의 샷을 알고 있다"라는 것이다. _[해리 바든]

리고 페이스는 오픈으로 잡는다. 왼쪽 어깨도 올라가는 듯하게 되므로 높이 오르며 백 스핀(Back spin)이 먹는 그리고 런이 작은 볼이 나오는 것이다.

이상에서처럼 특별히 스윙의 방법을 바꾸거나 어려운 방법을 택하지 않더라도 스탠스와 볼의 위치를 바꾸기만 하면 손의 위치와 클럽 페이스의 면이 달라지고 기본대로 쳐도 볼의 패턴이 달라지게 된다.

그 다음에는 아래와 같은 점에 주의하면 된다.

(1) 러닝 어프로치

오른쪽 무릎을 왼쪽 무릎에 접근시키는 듯한 느낌으로 스윙한다. 폴로 스루는 탄도(彈道)와 마찬가지로 낮게 내보낸다. 클럽을 임팩트한 형 그대로 볼이 날아가는 방향으로 내보낸다. 샷이라기보다는 퍼팅에 가까운 터치로 한다.

양 무릎을 접근시키며 퍼팅에 가까운 터치로

> '위대한 샷 메이커'라고 불리기를 원할 뿐 '럭키한 어프로치의 명인'이라고 불리기를 원하는 명골퍼는 없다. _[게리 플레이어]

(2) 피치 샷

오른쪽 무릎을 보내지 않으며 왼쪽 무릎을 단단히 굳힌다. 임팩트에서 왼쪽에 이를 테면 벽이 필요하기 때문이다. 스핀을 주기 위해 재빨리 쳐낸다. 볼 아래로 클럽이 들어가도록 치기 위해서는 스윙이 도중에서 중단되면 안 된다. 또한 억지로 쳐넣으려 해서도 안 된다. 어드레스만 정확하면 저절로 된다.

왼 무릎을 단단히 굳히고 재빨리 내리친다.

2. 벙커 샷(Bunker shot)

1) 공포심을 없애는 연습

'벙커 공포증'에 걸리는 사람이 제법 많다. 분명히 벙커에는 페어웨이보다 어려운 조건이 많다. 높은 턱, 나쁜 발판, 무거운 모래……. 그리하여 일단 벙커에 대한 공포심을 갖게 되면 좀처럼 빠져나오기 힘들다. 벙커에

> **골프 명언** 서툰 골퍼는 우선 해저드에서 1타로 리커버리하려고 샷을 하고 능숙한 골퍼는 해저드에서 어떻게든지 빠져나올 샷을 한다. _[잭 버크]

서의 타구를 위해서는 우선 공
포심을 없애야 한다. 벙커 둑
의 클럽을 휘두를 수 있는 곳
에 볼을 놓는다. 그리고 샌드
웨지를 벌리고 쥐며 팔의 삼각
형을 유지한 채 자꾸만 쳐본
다.

　그런 연습을 계속함으로써
팔의 삼각형을 유지하며 타구
하는 가장 양호한 임팩트의 느
낌을 익히는 것이다. 그것만으
로도 자신감을 얻게 된다. 벙커는 '걷어 올려야지' 하고 생각하니까 미스
를 하게 된다. 땅치기를 하면 된다고 생각하면 쉽게 빠져나올 수 있다. 이
점을 잊지 말자. 이 연습에서도 팔꿈치를 당기거나 팔목을 비틀거나 해서
는 연습 그 자체가 무의미해진다.

2) 벙커 샷의 어드레스

　규칙상 벙커 내에서는 어드레스 시 솔을 할 수 없다. 따라서 그립을 할
때 헤드가 모래에 닿지 않았는가 살펴보아야 한다. 벙커 샷의 어드레스에
대한 포인트를 알아보자.
　① 샌드 웨지의 페이스를 열고 그립한다.
　② 발이 모래에 묻히는 만큼 클럽을 짧게 쥔다.
　③ 피치 샷에서와 마찬가지로 오픈으로 자세를 취한다. 클럽만 열고
몸은 스퀘어로 둔 경우, 볼은 오른쪽으로 날아가 버린다. 오픈 스탠스
를 취함으로써 클럽은 저절로 아웃사이드로 올라가게 되며 인사이드
로 내려온다.
　④ 볼은 양발의 한가운데에서 왼쪽으로 치우쳐 둔다.

 골프장에서의 기도는 모두 헛수고였다. 그것은 내가 너무도 엉터리 퍼터였다는
것과 관계가 깊었기 때문이었을 것이다.　_[빌리 글래엄]

⑤ 클럽을 솔해서는 안 되므로 약간 달아올리는 듯하게 한다. 팔이 약간 구부러지게 하는 것이다. 임팩트에서 팔을 뻗으면 타구하기 좋은 위치가 될 것이다.

⑥ 발판을 단단히 굳히고 허리를 약간 낮추는 듯 튼튼한 어드레스를 만든다.

샌드 웨지는 페이스를 오른쪽으로, 볼은 중앙에서 왼발에 치우치게

⑦ 턱의 위치를 볼의 후방에 둔다. 턱을 볼의 2~3cm 후방에 둠으로써 그 위치에 클럽 헤드를 넣기 쉽게 된다.

이로써 벙커로부터 확실하게 나갈 수 있는 어드레스가 완료되었다. 아무튼 '탈출할 수 있다.'고 믿는 것이 가장 중요하다. 불안과 긴장으로 몸이 굳어버리면 모처럼 바른 어드레스를 해도 아무 의미가 없다.

3) 클럽 페이스 벌리기

벙커 둑의 높이는 20~30cm 정도로 낮은 것에서부터 사람의 키보다 높은 것까지 여러 가지이다. 어쨌든 볼의 위치보다는 높다. 그 둑을 넘기 위해서는 페이스를 열고 볼이 올라가는 각도를 조절할 필요가 있다. 이 페이스의 열림이 부족하면 둑에 부딪혀 볼이 벙커 안으로 되돌아오는 결과가 나오기 쉽다. 샌드 웨지는 처음부터 페이스가 열린 상태로 만들어져 있지만 둑이 높으면 그래도 로프트가 모자라는 경우가 있게 된다. 둑의 높이보다 더 페이스를 열지 않으면 둑을 넘지 못하게 되는 것이다. 적당히 여는 것이 아니라 '둑의 높이보다 더 연다'는 점을 명심하기 바란다.

골프 명언 쇼트 게임을 잘하는 자는 롱 게임을 잘하는 자를 이기는 법이다. _ [보비 존스]
자신 넘친 자기류는 확신 없는 정통류를 이긴다. _ [아널드 파머]

4) 벙커 샷의 스윙

기본은 피치 샷과 마찬가지이다. 클럽 끝에서 들고 힐에서부터 내리는 셈으로 스윙하면 된다. 다만 모래의 저항이 있기 때문에 핀까지의 거리가 같은 20m라 하더라도 페어웨이에서 칠 때의 2배 크기의 스윙이 필요하다. '벙커 샷은 볼의 2cm(모래 강도에 따라 3~7cm까지도) 후방을 때려라.' 라고 흔히 말한다. 분명히 볼을 깨끗하게 치는 것이 아니라 볼 후방의 모래를 치고 그 모래가 날아오르는 힘을 이용할 필요가 있다.

그러나 그것을 너무 의식하여 2cm 뒤를 때리는 것은 무리이다. 어드

자신의 턱을 볼의 2~3cm 후방에 둔다.

임팩트에서 페이스가 뒤집어지게 되는 일이 없도록 주의한다.

 명퍼팅의 비결이 따로 없다. 그저 치는 것이다. 들어가거나 안 들어가거나 두 가지 밖에 없으니까. _ [벤 크렌쇼]

볼의 2㎝ 후방의 모래를 친다

레스에서 그 위치로 턱을 가져오면 자연히 클럽은 볼 뒤쪽 모래로 들어간다. 그래도 바르게 칠 수 없다면 샷 자체가 정확하지 못하기 때문이다. 등뼈의 축이 스윙하는 동안 좌우로 움직이지는 않았는지 다시 한 번 피치 샷의 연습을 해 보기 바란다.

5) 벙커 샷의 임팩트

임팩트에서 페이스가 뒤집어지지 않도록 주의한다. 어드레스에서 열렸던 페이스를 그대로 내려야 하는 것이다. 벙커 샷의 임팩트 이미지는 도마(모래) 위에 두부(볼)를 놓고 도마와 두부 사이를 부엌칼(클럽)로 싹둑 자르는 느낌이다. 한 손으로 클럽을 오픈으로 잡고 볼과 모래 사이를 싹둑 싹둑 자르는 연습을 해 보자. 또한 임팩트에서 몸무게가 오른발에 남은 상태라도 곤란하다. 둑이 높으면 그만 오른발에 체중을 남긴 채 볼을 걷어 올리려 하게 되는데 벙커 샷에서는 무게를 처음부터 왼쪽 사이드에 주고 몸의 축을 움직이지 않으며 스윙하는 것이 포인트이다.

임팩트 후에는 스윙을 중단하지 않고 어프로치와 마찬가지로 클럽을 피니시한다. 핀까지의 거리가 큰 경우에는 폴로도 커진다. 이때 팔꿈치를 당기거나 손목을 구부리면 안 된다. 아무튼 공포감을 갖지 말고 바른 어드레스로부터 천천히 스윙하는 그것이 벙커 샷의 비결이다.

골프 명언 캐디가 클럽을 당신에게 넘겨줄 때의 그 강도가 바로 그립의 이상이다.
_ [샘 스니드]

3. 퍼팅

1) 롱 퍼트

좋은 스코어를 올리기 위해서는 무엇보다도 3퍼트, 4퍼트를 없애는 것이 중요하다. 모든 홀을 2퍼트 또는 1퍼트로 끝낼 수 있다면 더 이상 바랄 것이 없을 것이다. 3퍼트에서 가장 많은 것은 롱 퍼트의 거리가 맞지

롱 퍼트는 컵의 주위에 볼을 접근시키는 느낌으로 거리를 정확하게

골프 규칙에 관하여 정확한 지식을 많이 갖고 있으면 '스포츠맨십이 없는 사나이'라는 평을 듣기 쉽다. _[패트릭 켐벨]

않는 현상이다. 초보자가 퍼트의 연습을 할 때 가장 중요시하는 것이 방향성이다. 그리고 롱 퍼트에서도 1퍼트로 꼭 넣어야 한다고 생각한다.

이것이 잘못이다. 10m, 15m의 롱 퍼트에서 우선 중요한 것은 거리감이다. 방향이 달라진다 하더라도 몇 m 씩 틀리는 일은 거의 없다. 그러나 2m 또는 3m 짧거나 넘게 되는 거리 감각상의 미스는 흔하다. 거리는 테이크 백의 크기로 조절한다. 임팩트의 강도로 조절하여 하면 어렵다. 반드시 주의해야 한다.

롱 퍼트 시 우선 컵 주위에 대야 정도의 원을 머리 속으로 그려본다. 그리고 그 원 속에 볼을 모으는 셈으로 연습하면 거리 감각이 터득된다.

롱 퍼트에서 주의할 점은 네 가지가 있다.

① 페이스의 방향을 바꾸지 말 것, 퍼터를 휘두르는 폭이 커지기 때문에 스트로크하는 동안에 페이스의 방향이 달라지기 쉽다. 똑바로 당기고 그 선 위를 똑바로 되돌아오도록 주의한다.

② 볼을 히트할 때는 손목을 사용하여 타구하는 것이 아니라 헤드를 목표를 향해 내보내는 기분으로 한다.

③ 롱 퍼트가 되면 될수록 완만한 템포로 스트로크한다.

④ 너무 웅크리지 말고 약간 높은 자세를 취한다.

2) 쇼트 퍼트

모처럼 핀 옆으로 접근한 만큼 쇼트 퍼트는 절대로 놓칠 수 없다. 그런데 그렇게 생각함으로써 마음이 긴장하게 되고 몸이 굳어져 오히려 빗나가고 만다.

쇼트 퍼트는 단단히 스트로크하는 것이 중요하다.

① 거리가 짧기 때문에 퍼터를 약간 짧은 듯하게 쥔다. 따라서 자세도 약간 낮아진다.

② 크게 테이크 백하지 말자. 크게 당기고 약하게 대는 것은 거리감이나 방향성에 실수가 일어나게 하는 원인이 된다.

좋은 골퍼의 소질은 인내심 강한 사람에게만 깃들인다.   _[잭 니클로스]
강타(强打) 하려면 경타(輕打)하라.   _[韓長相]

| 롱 퍼트 | 쇼트 퍼트 |

페이스의 방향을 바꾸지 말고 헤드를 목표로 내보내는 느낌으로 친다.

퍼터를 짧은 듯하게 쥐고 볼에 밀착시키듯 친다.

③ 거리가 짧다 하여 스트로크의 템포를 빨리 해서는 안 된다.

④ 볼 옆에 압정이 찔려 있다고 생각하고 거기에 맞추는 느낌으로 정확하게 친다.

⑤ 컵이 가깝기 때문에 그만 헤드 업하기 쉽다. 타구가 끝나기까지 머리를 움직이지 말자.

⑥ 클럽의 스위트 스폿으로 볼의 중앙이나 약간 위쪽을 정확하게 칠 것. 페이스가 위를 향하도록 쥐고 그 위에서 볼을 튕겨본다. 클럽이 흔들리지 않고 볼이 잘 튕겨지는 부분이 스위트 스폿이다. 자신이 가진 퍼터의 스위트 스폿을 알아두어야 한다.

⑦ 볼과 컵을 연결한 라인 위의 볼에서 20cm 정도 되는 곳에 어떤 표적을 세우고 페이스를 거기에 맞추며 볼이 그 목표를 통과하도록 치면 방향성이 분명해진다.

이상과 같은 점에 주의하여 거리감이나 스트로크의 필링을 빨리 포착하도록 연습하자.

> **골프 명언** 골프는 이 세상에서 플레이하기는 가장 어렵고 속이기에 가장 쉬운 게임이다.
> _ [데이브 힐]

4. 경기에 대해

1) 스트로크 플레이(Stroke play)와 매치 플레이(Match play)

골프 경기는 크게 스트로크 플레이와 매치 플레이로 나누어진다. 프로의 토너먼트를 포함하여 일반적으로는 스트로크 플레이이다. 스트로크 플레이는 타수(스코어)를 겨루는 방법이며 소정의 홀을 최소 타수로 라운드한 사람이 이긴다. 단, 골프는 공평한 스포츠이다. 공평을 기하기 위해 핸디캡(Handicap) 제도가 있다. 총 타수(그로스 : Gross)에서 자신의 핸디캡을 뺀 타수(네트 스코어 : Net score)가 성적 순위가 된다. 잘 치는 사람은 핸디가 작고 반대로 이제 배우는 사람은 핸디가 큼으로써 이길 수 있는 기회가 공평하게 주어지는 것이다. 스트로크 플레이는 4인 1조 또는 3인 1조이며 많은 사람이 참가할 수 있는 경기이기 때문에 지금은 거의 이 경기법을 택하고 있다.

매치 플레이는 1대 1이며 각 홀마다 승부를 겨루어가는 방법이다. 소정의 홀 수에서 이긴 수가 많으면 승리가 결정된다. 예전에는 공식 경기 등도 매치 플레이로 이루어졌고 룰도 매치 플레이가 주체였다.

스트로크 플레이의 규칙과 매치 플레이 규칙은 서로 다른 부분이 있다.

2) 핸디캡(Handicap)

핸디캡은 앞에서도 설명했듯이 실력에 차이가 있는 사람끼리 승부를 대등하게 겨룰 수 있도록 만들어진 방법이다. 흔히 '핸디가 얼마'라고 한다. 이 핸디에는 공식적으로 인정된 오피셜 핸디(Official handy)와 프라이빗 핸디(Private handy)가 있다. 오피셜 핸디는 골프 협회 그리고 골프 클럽을 단위로 하며 그 클럽에 소속되는 사람의 신청에 의해 사정되는 핸디캡을 통틀어 말한다.

프라이빗 핸디는 동료끼리 정하는 것으로 그들 사이에만 통용된다. 어

 퍼트의 미스는 판단의 착오에서가 아니라 타법의 잘못으로 생기는 경우가 대부분이다. _ [잭 버크]

쨌든 핸디는 경기를 위한 것으로 실력의 랭크에 사용되는 경우가 많으며 통상적으로 40에서 0까지의 단계로 나뉜다. 핸디가 작은 사람은 로우 핸디, 많은 사람은 하이 핸디, 9보다 작은 사람은 싱글급이라 하여 실력파 골퍼로 간주한다. 애버리지가 20대인 사람들이다. 프로의 토너먼트는 핸디 없이 실시되며 이것은 타수=네트 스코어로 겨루기 때문에 스크래치(Scratch) 경기라고도 한다.

3) 에티켓(Etiquette)

제2부에서 상세히 다루겠지만 경기를 함에 있어서 지켜야 할 에티켓을 간단하게 설명해 보자.

① 플레이어는 모든 사람을 위해 신속하게 플레이해야 한다.
② 전방에 있는 사람이 볼이 미칠 거리 밖으로 나가기까지는 플레이하지 않는다.
③ 볼을 찾아보아도 쉽게 찾아낼 수 없을 때에는 즉시 후속 팀에게 패스하도록 신호한다. 후속 팀이 패스하여 볼이 미치는 거리 밖으로 나가기까지는 플레이를 계속하지 않는다.
④ 1홀의 플레이가 끝나면 신속하게 그린에서 나가야 한다.
⑤ 플레이어가 볼에 어드레스하거나 치는 동안에는 다른 사람은 움직이거나 이야기하거나 볼 또는 홀 가까이, 아니면 볼이나 홀 바로 뒤에 서거나 하지 않는다.
⑥ 오너인 플레이어가 타구를 끝내기까지는 다른 사람은 티잉(티 업) 해서는 안 된다.
⑦ 코스에서 진행이 늦어져 앞 팀과의 사이에 1홀 이상의 간격이 생겼을 때는 후속 팀을 패스시켜야 한다.
⑧ 플레이어는 벙커를 나오기 전에 자신의 발자국 등을 잘 다듬어야 한다.
⑨ 디보트(잘라낸 잔디)와 그린의 볼 마크(그린 위에서 볼의 낙하로 인

 골프는 낚시를 제외하고 가장 많은 미국인을 거짓말쟁이로 만든 오락이다.
_[찰스 프라이스]

해 패인 곳) 및 스파이크로 인한 손상은 꼼꼼하게 복구시켜야 한다.
⑩ 플레이어는 백이나 깃대를 둘 때 그린을 상하지 않도록 주의해야 한다. 그린을 떠나기 전에 깃대를 홀의 중심에 똑바로 세워 둔다.
⑪ 연습 스윙을 할 때는 코스, 티 그라운드에서 디보트를 하는 등 잔디가 상하지 않도록 주의해야 한다.

4) 스코어 카드(Score card)

스트로크 플레이로 성적을 정하는 데에는 타수의 기록이 필요하다. 이 타수 기록지가 스코어 카드이다. 스코어 카드에는 경기회의 명칭, 날짜, 플레이어 이름 및 동반 경기자명을 기입하며 홀마다 스코어를 기입해 간다. 이 스코어의 토털이 성적이 된다. 또한 마커(Marker) 또는 어테스트(Attest)란에는 스코어를 확인하기 위해 마커(대개 동반 경기자)가 사인하게 한다. 최후에 자신의 사인을 한다.

정식으로는 플레이어 명, 경기회(콤패티션 : Competition) 명은 경기위원이 기입하여 플레이어에게 넘겨준다. 제출한 스코어 카드에 미스가 있거나 마커 또는 자신의 사인이 없는 경우에는 실격이 된다. 프로 경기에서도 가끔 있는 일이지만 콤패티션에서는 주의해야 한다.

골프 명언 _ 미스 샷의 변명은 당신의 동료를 괴롭힐 뿐만 아니라 본인까지도 불행하게 만든다.
[벤 호건]

필드에서 정신력 키우기 〈3 · 끝〉

미국여자프로골프(LGPA) 투어 시즌 개막 대회인 웰치스프라이스 챔피언십이 끝나면서 한국 여자 선수들은 미국 여자프로 골프계에 또 한번 기록을 세웠다. 그 어려운 대회에서 우승은 영국 선수에게 내주었지만 박지은과 이정연이 공동 2위를 하는 등 한국 선수가 톱 10에 무려 7명이 포진, 2004년 LPGA에서 큰 활약을 예고했다.

한국 낭자들이 골프대회에서 좋은 성적을 내는 중요한 이유 중의 하나는 강인한 정신력이라고 볼 수 있다. 타이거 우즈는 물론 박세리도 하루에 한 차례씩 마인드컨트롤 훈련을 하는 것으로 알려져 있다.

4일간 계속되는 경기를 하다 보면 아무리 훌륭한 선수라 해도 잘못된 샷을 하게 된다. 훌륭한 선수가 되려면 실수를 한 후에라도 신속하게 정상적인 심리상태로 되돌아갈 수 있는 능력을 길러야 한다. 세계적으로 유명한 골프 코치들은 선수들에게 미스 샷을 빨리 잊고 다음 샷을 준비해야 한다는 점을 집중적으로 강조한다.

그러나 잊으려 하면 더욱 생각이 간절해지는 법이다. 따라서 잊는 것도 방법을 알아야 한다. 훌륭한 선수는 잘못된 샷을 잊으려는 노력을 하는 것이 아니라, 다음 샷을 위한 준비, 즉 '프리 샷 루틴'에 더욱 강도 높게 관심을 쏟는다. 보기(Bogey)를 범한 이후에 곧바로 버디(Birdie)로 만회하는 선수들은 이 같은 훈련이 잘 되어 있다고 볼 수 있다.

인간 뇌의 구조상 어떤 사실을 잊으려 노력한다고 해서 바로 뇌에서 지울 수 없는 법이다. 하지만 인간이 뇌에서 처리할 수 있는 정보의 양이 극히 제한되어 있기 때문에 다른 대상에 집중하다 보면 관심에서 벗어난 기억들은 자연스럽게 소멸되기 마련이다. 따라서 미스 샷을 굳이 잊으려 하기 보다는 관심의 대상을 전환해 프리 샷 루틴에 열중하면 무의식적으로 심리적 전환이 이루어질 수 있다.

그 방법을 간단히 설명해 보겠다.

우선 다음 샷을 위하여 거리에 맞는 적당한 클럽을 신중하게 선택하라. 그 다음 심호흡을 통해 몸과 마음을 이완하고, 방향을 설정한 뒤 스탠스를 잡는다. 잠시 눈을 감고 이상적인 샷을 머리에 그린다. 마지막으로 미련 없이 샷을 한다.

경기 도중 미스 샷을 한 후에도 빠른 속도로 정상적인 심리상태로 되돌아가려면 평소에 심호흡을 통한 이완 훈련과 단계적인 심상훈련을 반복하는 것이 좋다.

[한국일보] 2004-03-18 정청희(서울대 체육교육과 교수)

p·a·r·t·2

골프의 기초 규칙
실제 플레이에서 생기는 문제점을 예로

제1장
기본 규칙에 대하여

1) 어드바이스란?

플레이어가 동반 경기자에게,

"이 홀은 핀이 왼쪽 깊숙이 있으니까 거리는 160m 정도이고 그린의 오른쪽 산을 목표로 높은 볼을 날리면 굴러서 그린 오른쪽으로 오르는 수가 많지. 어게인스트 윈드(Against wind)가 있으니까 자네라면 4번 아이언이 좋을 거야. 오늘은 자네의 어깨가 잘 돌지 않는 것 같으니까 그 점을 조심하게."

하고 충고를 하는 경우가 있다.

그러나 스트로크 플레이의 경우, 플레이어는 자신이 캐디로부터만 어드바이스를 받을 수 있다. 동반 경기자의 어드바이스는 받을 수 없다. 이러한 어드바이스는 세 가지로 분류된다.

① 플레이의 결단, 예컨대 홀의 공략 방법에 영향을 주는 조언이나 시사
② 클럽의 선택에 영향을 주는 조언이나 시사
③ 스트로크의 방법, 예컨대 스윙의 방법이나 몸의 움직임 등에 영향을 주는 조언이나 시사

힘빼고 서서히 스윙을 하라. 볼은 결코 도망치지 않으니까.   _[샘 스니드]
OB의 변명은 남자답지만 3퍼트의 변명은 여자답다.   _[골프 속언]

이 세 가지 이외의 항목, 예컨대 규칙이나 그 해석에 대한 것을 듣거나 또는 알려주는 것은 어드바이스가 아니다. 또한 해저드의 위치나 퍼팅 그린 위의 깃대 위치, 홀의 거리 같은 공지된 사실을 알려주는 것은 어드바이스가 아니다.

상대방이나 동반 경기자에게 사용한 클럽을 물어보는 것은 ②에 해당되며 허용되지 않는다. 플레이어가 동반 경기자의 캐디백을 들여다보며 없는 클럽을 지적하는 것은 반칙이 아니다. 그러나 에티켓에는 어긋난다. 상대방 또는 동반 경기자가 비밀로 하고 싶어 타월 등을 씌웠을 때 그것을 벗기고 보는 것은 반칙이다.

"깃대가 왼쪽 깊이 있으니까" 하는 말은 어드바이스의 색깔이 짙다. 티 그라운드의 거리 표시 숫자가 아니라 깃대의 위치를 보고 수정한 거리를 설명한 경우에는 일종의 어드바이스라 할 수 있다. "그린의 오른쪽 산을 노려라" 하는 얘기는 홀의 공략법에 대한 어드바이스, "자네라면 4번 아이

골프 명언 오늘의 큰 샷이 내일이면 사라지며 누구도 그것을 붙잡아둘 수는 없다.
_ [보비 존스]

언"이라는 얘기 또한 스트로크 방법의 어드바이스가 된다. 어드바이스를 요구한 쪽이나 어드바이스를 해 준 쪽이나 2타의 페널티를 받게 된다.

2) 국외자란?

"바람이나 물은 국외자(局外者)가 아니다."라고들 한다. 그러면 국외자란 무엇을 가리키는지 알아보자. 스트로크 플레이에서는 동반 경기자, 그 캐디 그리고 그들의 휴대품 등이 국외자이다. 매치 플레이에서는 한쪽 플레이어, 캐디, 그들의 휴대품 그리고 상대방 플레이어, 캐디, 그들의 휴대품이다. 매치 플레이와 스트로크 플레이 양쪽에 모두 국외자라 할 수 있는 것은 다음과 같다. 심판원, 마커, 업저버(Observer), 위원이 배치한 포어 캐디, 관람자, 작업원, 잔디 깎는 기계, 차량, 동물 등이다. 그리고 보면 국외자란 제3자가 된다.

그러나 바람이나 물은 자연적인 현상이므로 국외자로 보지는 않는다. 자연의 힘이 볼을 움직인 경우에는 본래의 위치에 리플레이스(Replace)하게 된다. 여기에서 주의해야 하는 것은 움직이고 있는 볼이 우연히 국외자에 의해 방향이 바뀌거나 정지된 경우에는 '러브 오브 더 그린(Rub of green)'이라 하여 벌칙 없이 볼이 멈추어 선 곳에서부터 플레이한다는 점이다. 물론 퍼팅 그린 위에서는 그 스트로크를 취소하고 먼저 위치에 리플레이스한 다음 다시 플레이하게 된다. '국외자가'의 식으로 국외자가 주체가 되는 경우와 '국외자에게'의 식으로 객체가 될 경우를 구별하여 이해해야 한다.

3) 클럽의 보충과 교체

1라운드 도중 하프를 마치고 점심시간이 되었다. 14개의 클럽을 가지고 플레이하던 사람이 "이 드라이버는 자꾸만 볼이 오른쪽으로 나간다. 다른 드라이버로 바꾸어야 겠다."고 했다. 플레이어는 14개 이내의 선정된 클럽으로 라운드 중에 플레이를 해야 한다. 그러나 부당하게 플레이가

 골퍼는 2개의 스윙을 갖는다. 아름다운 연습 스윙과 진짜로 칠 때의 엉터리 스윙. 연습 스윙만 보고는 그의 진짜 스윙을 말할 수 없다.　_[데이브 마]

| 골프의 기초 규칙 157

지연되지 않는 한 다음의 사항이 허용된다.
　① 플레이어가 14개 미만으로 시작했을 때는 그 14개의 한도까지는 클럽을 보충할 수가 있다.
　② 통상적인 플레이 도중에 플레이에 적합하지 않다고 판단되는 클럽은 어느 클럽이든 바꿀 수가 있다. 다만 코스에서 플레이 중에 다른 플레이어로부터 빌려서 보충하거나 바꿀 수는 없다.
　앞에서 든 경우에는 클럽이 손상된 것이 아니므로 교체가 인정되지 않는다. 14개의 클럽으로 시작한 플레이어가 퍼팅 상태가 좋지 않은 데 화가 나서 퍼터를 꺾어 버린 경우에는 어떻게 되는가? 그러한 손상은 통상적인 플레이에서의 손상이라 인정되지 않기 때문에 퍼터의 보충이 허용되지 않는다. 또한 총 14개 이내라면 피칭 웨지를 2개 또는 퍼터를 2개씩 휴대해도 된다. 11개로 시작한 경우에는 나머지 3개를 보충할 수 있다.
　그러나 시작하고 나서 첫 홀의 퍼팅 그린에 이르러 퍼터가 없음을 알

골프
명언　어프로치 샷은 물이 들어 있는 물통을 휘두르는 이미지로 하라.　_ [아널드 퍼머]
　　　일류의 골퍼일수록 자기의 컨디션 체크가 빠르다.　_ [작자 미상]

고 서둘러 캐디를 클럽 하우스에 보내고 후속 팀을 패스시킨 뒤 퍼터가 오기까지 기다리는 행위는 '부당한 플레이의 지연'이기 때문에 반칙이고 2벌타가 된다. 그렇다고 동반 경기자의 퍼터를 빌려서 플레이할 수는 없다. 퍼터를 빌려준 쪽이나 빌린 쪽이나 합의의 반칙으로 경기 실격이 되고 만다. 시작하기 전에 백 안을 들여다보고 점검하는 습관을 가지도록 하자.

4) 계측에 사용하는 클럽은 정해져 있는가?

볼이 페어웨이 왼쪽 사이드의 맨홀에 닿아 멈추고 말았다. 스탠스도 잡을 수 없고 스윙도 할 수 없을 것 같다. 그래서 공이 있는 장소에서 홀로 접근하지 않고 장애를 피할 수 있는 가장 가까운 점을 선정했다. 다음에는 백에서 드라이버를 꺼내어 1클럽 렝스(Length)의 길이를 계측한 다음 드롭(Drop)하는 범위를 결정하여 볼을 집어다가 드롭했다. 그런데 그 드롭한 볼이 굴러서 아이언에 의해 패인 자리로 들어가고 말았다. 결국 백에서 퍼터를 꺼내어 공이 처음 떨어진 곳에서부터 계측한 다음 2클럽 렝스가 넘게 굴렀으니까 다시 드롭하겠다고 했다. 동반 경기자는 "드롭하는 범위를 정하기 위해 사용한 드라이버로 계측하면 2클럽 렝스 이내니까 안 된다."고 주장했다.

확실히 그 드라이버로 계측하면 동반 경기자의 지적이 옳다. 이런 경우는 '움직일 수 없는 장애물'로부터의 구제 조치이다. '움직일 수 없는 장애물'로 인해 플레이에 장애가 발생된 경우에는 플레이할 수 있는 위치로 그 볼을 이동(이 경우에는 드롭)시킴으로써 구제할 수 있다. 벌칙 없이 볼을 플레이할 수 있는 위치로 이동하기 때문에 그 이동은 필요 최소한이 된다. 문제는 ① 드롭 범위 요건의 1클럽 렝스와 ② 드롭 성립 요건의 2클럽 렝스의 각 계측에 사용하는 클럽이다. 이것은 해당 플레이어의 백에 들어 있는 클럽이라면 어느 클럽을 사용하든 무방하다. 다음 샷에 사용할 클

> **골프 명언** 골프 스윙은 섹스와 닮았다. 그 행위의 메커니즘을 생각하면서 할 수는 없으니까.
> _[데이브 힐]

| 골프의 기초 규칙

럽이 아니더라도 상관없다.

그러나 드라이버 드롭의 범위를 최대로 확보한 뒤 공이 구른 거리를 계측할 때 웨지나 퍼터를 사용하는 것은 허용되지 않는다. ①과 ②의 각 계측에 있어서는 같은 클럽을 사용해야 되는 것이다. 즉 재드롭을 할 수는 없는 것이다. 반칙에 대한 벌은 스트로크 플레이에서는 2벌타, 매치 플레이에서는 그 홀에서 진 것으로 한다.

5) 라운드 도중 15개의 클럽을 갖고 있음을 알았을 때

백 안에 14개의 클럽이 들어있는 줄 알고 시작했는데 3번 홀 플레이 중에 15개가 들어있음을 알게 되었다. 실격이라고 생각하는 플레이어에게 동반 경기자는 반칙에 대한 벌로 6타를 받게 될 뿐이라고 했다.

플레이어는 14개 이내의 클럽으로 정규 라운드를 시작해야 한다. 이에 대한 반칙은 휴대한 초과 클럽의 개수에 관계없이 스트로크 플레이에

> **골프 명언** 퍼팅에는 들어갈 수 있는 *Holeable Putt*와 미스하기 쉬운 *Missable Putt*가 있다. 우선 그 중 어느 편에 속하는가를 분별할 줄 알아야 한다. _ [해리 바든]

서는 반칙이 발생된 각 홀에 대해 2벌타로 하고 1라운드의 최고 한도는 4벌타로 한다. 앞에서의 경우는 1, 2, 3의 세 홀에 반칙이 생기고 있으며, 각 홀에 2벌타이므로 3×2=6벌타가 될 것 같지만 1라운드에 4벌타가 한도이므로 결국 4벌타를 받게 된다. 가령 1번 홀의 플레이 중에 발견되었다면 2벌타이고 또한 4번 홀 플레이 중에 알았다 하더라도 4벌타에 그치게 된다.

여기에서 중요한 것은 초과된 클럽이 있다는 사실을 알았을 때는 즉시 그 클럽을 플레이에 사용하지 않겠다는 것을 선언해야 한다는 점이다. 그런 뒤에 그 라운드 중 그 클럽을 다시 사용하면 실격이 된다. 매치 플레이에서는 반칙이 발견된 홀을 일단 끝낸 뒤 반칙이 발생된 홀은 진 것으로 하여 승부를 조절하게 되어 있으며, 다만 진 것으로 치는 홀 수는 1라운

> **골프 명언** 장타를 치고 러프에서 9번 아이언으로 그린을 노리는 편이 단타를 치고 페어웨이에서 4번 아이언을 쓰는 편보다 훨씬 쉽다. _ [잭 니클로스]

드에 최고 2홀이 한도이다. 앞에서 든 경우가 가령 매치 플레이였다면 1, 2번의 홀에서 이겼다 하더라도 그 두 홀은 진 것이 되며, 1번에서 이기고 2번에서 졌다면 1번과 플레이 중인 3번의 둘을 진 것으로 하게 된다.

6) 두 번 쳤다

퍼팅 그린을 넘어서 깊은 러프로 들어간 볼을 피칭 웨지로 쳤는데 클럽 헤드에 볼이 두 번 닿았다. 동반 경기자는 '1벌타'를 주장했다. 그러나 플레이어는 '일부러 공을 두 번 친 것은 아닌데 심하지 않은가?' 라고 항의했다.

이런 경우에는 어떻게 되는지 알아보자. 1스트로크 중에 플레이어의 클럽이 두 번 이상 볼에 닿은 경우를 두 번 치기라 한다. 두 번 치기의 스트로크는 어디까지나 하나이다. 달리 말하면 두 번 치기란 1스트로크 2터치가 된다. 두 번 치기는 러프에서의 샷 이외에 퍼팅 그린에서의 퍼팅 때라

골프 명언
오픈 경기에서 위기가 닥치는 것은 대개 제 3라운드 때이다. _ [해럴드 힐튼]
1타에 우는 자는 실로 강한 자이다. _ [빌리 캐스퍼]

든기 벙커 샷 등에서 발생된다. 이 경우 그 스트로크를 1타로 치며 1벌타를 더하여 2타로 한다. 어쩌다 세 번 치기처럼 되었다 하더라도 결국 1스트로크 3터치이다. 이 경우에도 1스트로크에 1벌타를 가하여 합계 2타이다. 합계 3타가 되지는 않는다. 몇 번을 닿든 1벌타이다.

그러나 다음의 경우는 두 번 치기에 해당되지 않으므로 주의해야 한다. 60cm 정도의 퍼트를 아무렇게나 치고 약간 오른쪽으로 보낸 다음 컵의 오른쪽으로 구르고 있는 볼을 볼이 움직이는 동안에 다시 퍼터로 쳐서 홀 인시킨 경우. 이 경우는 스트로크를 두 번 했기 때문에 '두 번 치기'가 아니라 '움직이고 있는 볼의 플레이 금지'에 해당된다.

최초의 퍼트는 1스트로크, 다음에 움직이고 있는 볼을 다시 퍼트 했으므로 모두 합쳐 2스트로크가 된다. 여기에 움직이고 있는 볼의 플레이 금지 반칙에 대한 2벌타가 플러스 되어 합계 4타이다. 또한 60cm 정도의 퍼트를 아무렇게나 쳐서 약간 오른쪽으로 빗나가게 한 뒤 컵의 오른쪽을 지나 구르고 있는 볼을 볼이 움직이는 동안에 퍼터로 끌어당겨 홀 인시킨 경우에는 볼을 바르게 치는 것에 위반한 벌 2타가 부과되어 합계 6타가 된다. 어떤 일이 있어도 냉정하게 플레이해야 된다. '두 번 치기'에 비하면 '움직이고 있는 볼의 플레이'는 의식적 행동이기 때문에 페널티도 그만큼 무겁다.

7) 홀과 홀 사이에서 연습했다

미들 아이언의 상태를 아직 파악하지 못한 플레이어가 다음 홀의 티샷 순번이 돌아오기를 기다리는 동안에 그날 사용하지 않는 백 티로부터 못을 향해 5번 아이언으로 낡은 볼을 힘껏 쳤다. 그것을 본 동반 경기자가 "그렇게 하는 것은 라운드 중의 연습 스트로크가 되므로 2벌타를 받아야 한다."고 주장했다.

라운드 중의 연습에는 두 가지 경우가 있다. 첫째로 한 홀의 플레이 중에는 어떠한 연습 스트로크도 할 수 없다. 연습 스트로크란, 연습 삼아 볼

 캐디가 당신을 도울 수 있다고 생각한다면 당신은 아직도 골프를 모른다.
_[턴 쟁킨스]

을 클럽으로 치는 것을 말한다. 경기에 사용할 수 없는 금이 간 볼이든가 습득한 로스트 볼(Lost ball)은 물론 연습용의 구멍이 뚫린 플라스틱 볼을 포함하여 모든 타구는 반칙이 된다. 클럽을 스윙(헛스윙이 아니다)하는 것은 '연습 스윙'이라 하며 규칙에 위반하지 않는 한 어디에서든지 할 수 있다. 다만 벙커 샷이 생각대로 되지 않았다 하여 한두 번 연습을 시도한 뒤 벙커에서 나오는 사람이 있다. 이것은 연습 스트로크의 범주에 들어간다는 견해도 있으나 벙커에 대한 모래의 테스트, 즉 플레이의 부당한 지연으로 간주될 가능성도 있기 때문에 하지 않는 것이 좋다.

둘째로 홀과 홀 사이에서는 벙커 등 해저드로부터의 연습 스트로크는 금지되어 있다. 다만 플레이의 부당한 지연이 되지 않는 한 다음의 경우에는 연습 스트로크가 허용된다.
① 이제 막 홀 아웃된 퍼팅 그린
② 다음 홀의 티 그라운드 부근
③ 그 코스의 모든 연습용 퍼팅 그린

 어떤 라운드에도 나중에 생각하면 최소 1타쯤 절약할 수 있었다고 생각되는 스트로크가 있게 마련이다. _[보비 존스]

이 세 군데에 한해서는 퍼팅 또는 칩 샷(Chip shot)의 연습이 허용된다. 다만 로컬 룰에 따라 금지되는 수도 있으므로 주의해야 한다. 따라서 이 경우 동반 경기자의 지적이 옳다. '라운드 중의 연습 스트로크 금지'를 위반한 경우 스트로크 플레이에서는 2벌타, 매치 플레이에서는 벌타는 다음 홀에 적용된다. 또한 라운드에 앞선 연습은 원칙적으로는 금지되어 있으며 반칙하면 실격이지만 최초 홀의 티 그라운드 부근에서의 퍼팅이나 칩 샷 연습만은 예외적으로 허용된다.

8) 핸디캡의 기입을 빠뜨렸을 때

동호회의 월례 경기에서 핸디캡 기입을 잊고 스코어 카드를 제출했다가 실격이 되었다. 어째서인가?

경기에 참가하는 플레이어는 모두 경기의 조건을 알고 참가한 것으로 간주된다. 경기의 조건이란 경기의 방식, 라운드의 수, 사용하는 티 그라운드, 핸디캡 제도의 유무, 핸디캡 제도인 경우의 비율, 승자의 결정 방법 그리고 로컬 룰(Local rule) 등이다. "그렇구나, 서브 그립은 플레이 금지였구나!" 하고 스코어 카드를 제출하고 나서 알게 되어도 이미 때가 늦다. 경기는 실격이다. 몰랐다든가 캐디가 알려주지 않았다는 등의 이유는 통용되지 않는다. 설사 캐디가 잘못했다 하더라도 경기 조건을 위반한 사람은 플레이어이다.

많은 여성의 경우, 티 그라운드를 잘못 아는 수가 많으므로 주의해야 한다. 핸디캡 제도의 스트로크 플레이 경기에서는 플레이어가 플레이를 끝내고 경기 위원회에 제출하는 스코어 카드에 핸디캡을 기입해야 한다. 그렇지 않으면 실격이 된다. 또한 실제 핸디캡이 18인데도 20이라는 식으로 사실보다 많이 기입한 경우에는 네트 스코어에 영향을 받게 되므로 경기 실격이 된다. 핸디캡을 속여서 이기겠다는 악의가 없었다 하더라도 골프의 룰은 엄격하며 스코어 제출 이후의 정정은 허용되지 않는다.

 캐디란 66을 쳤을 때 "우리들이 쳤다"고 말하고 77을 치면 "그치가 77이나 쳤다"고 말하는 족속이다. _[리 트레비노]

　반대로 실제 핸디 18인데 16으로, 즉 적게 기입한 경우에는 그에 의한 네트 스코어가 그대로 허용된다. 또한 핸디캡 제도의 매치 플레이 경기에서는 사실보다 많은 핸디캡을 선언하고 경기를 시작했다면 그 플레이어는 경기 실격이 된다. 반대로 사실보다 작게 핸디캡을 상대에게 알려준 경우에는 그 핸디캡에 따라 플레이해야 한다.

9) 1홀의 스코어를 낮게 기입하여 제출했을 때

　월례 경기에 참가한 어느 플레이어가 어느 홀의 벙커에서 실수로 실제 스코어가 8이었는데도 7이라 기입하여 제출했다. 그리고 그 뒤 마커가 아닌 동반 경기자의 지적을 받고 정정을 신청했다. 그러나 위원으로부터 경기 실격 선고를 받았다.

　많은 경기자가 참가하여 겨루는 스트로크 플레이에서는 경기자의 스코어 카드에 기입된 각 홀의 스코어가 정확해야 한다. 스트로크 플레이의

 멋진 쇼트 게임은 상대의 신경을 교란하고 용기를 상실케 한다.
_[케리 미들코프]

순위 결정은 그 라운드의 토털 스코어로 하기 때문에 토털만 맞으면 각 홀의 스코어는 잘못 되어도 무방하지 않을까 생각하는 사람이 종종 있는데 각 홀의 스코어가 정확하다는 전제가 없는 한 각 플레이어의 스코어는 그 정확성을 기할 수 없다.

고의이건 과실이건 실제 타수보다 낮은 스코어를 제출한 경우, 그 경기자는 실격이 된다. 사정 여하를 불문하고 구제받지 못한다. 반대로 타수보다 많은 스코어를 기입한 경우에는 그대로 허용된다. 비록 마커가 스코어를 잘못 기입했다 하더라도 각 홀의 스코어 기록에 대한 최종적 책임자는 경기자 자신이다. '어테스트(Attest)'와 '어프루브(Approve)'를 착각하여 마커는 '어프루브' 난에, 그리고 경기자는 '어테스트' 난에 서명한 경우에도 그 경기자는 실격이다. 또한 마커 경기자 중 어느 한쪽 서명이 없어도 그 경기자는 실격이다. 일단 위원에게 스코어 카드를 제출한 뒤에는 카드 상의 변경이 허용되지 않는다.

카드 제출 상자가 준비되어 있을 때에는 경기자가 스코어 카드를 상자

 가장 젊은 캐디와 가장 낡은 카트는 모두 쓸모가 없다. _ [리처드 허스켈]
골프에서의 즐거움은 노력을 안 할수록 더 크다. _ [보브 아렌]

에 투입했을 때가 제출한 시점이 된다. 각 홀의 스코어의 합계(토털) 및 카드에 기입된 핸디캡의 적용, 즉 합계로부터 핸디캡을 빼는 것은 위원회의 책임 사항이다. 따라서 토털의 계산이 잘못되었더라도 어쩔 수 없다.

10) 스타트 시간에 지각했을 때

스타트 시간에 지각하여 코스에 도착한 참가자가 티 그라운드에 달려갔던 바 동반 경기자는 이미 티 샷을 끝내고 제2타 지점 가까이 걸어가고 있었다. 정해진 스타트 시간에서 4분 정도가 경과했는데 경기 위원은 동반 경기자들에게 그러한 사실을 전하고 나서 지각자에게 빨리 플레이하여 따라오라고 지시했다. 지각자가 자신의 팀에 합류했을 때 동반 경기자는 "경기 조건에 5분 이내의 지각은 구제하도록 되어 있는 만큼 운이 좋았군. 다음 팀이 티 샷을 쳤다면 실격이었는데·······."라고 말했다. 과연 그런가?

골프의 규칙에는 분명히 플레이어가 정해진 시간과 순서에 따라 스타

골프 명언 *한번의 굿 샷, 한번의 좋은 라운드는 그리 대단치 않다. 72홀 내내 그것이 나와야 된다.* _[벤 호건]

트하지 않으면 실격이 된다고 규정되어 있다.

그러나 동호회의 월례 경기에서는 실제 운용면에서 볼 때 스타트 시간에 늦어도 경기 위원이 진행에 지장이 없다고 판단한 경우에는 실격으로 하지 않고 스트로크 플레이에서는 2벌타를 부과하고 매치 플레이에서는 1번 홀의 패배로 친 다음 스타트를 허용하는 수가 있다.

그 판단의 기준은 스트로크 플레이의 경우 다음과 같다.

① 지각자의 동반 경기자 전원이 1번 홀의 제2타를 종료하지 않았을 것.
② 다음 팀의 플레이어 전원이 티 샷을 종료하지 않았을 것.

일반적으로 스타트는 6분 간격인 점을 감안하여 다음 팀의 플레이어가 티 샷을 의식적으로 지연시키는 일이 없도록, 또 경기 진행에 지장이 없도록 기계적으로 '5분 이내' 라는 기준을 채용한 것이다.

그러나 지각자의 구제는 미리 그 경기의 조건에 규정되어 있어야 한다. 지각자에게 플레이할 수 있는 권리가 있는 것은 아니며 지각자는 실격이 원칙이다. 그러한 조건이 있는 경우에만 2벌타의 페널티로 구제되는 셈이다.

> **골프 명언**
> *70세 노인의 두뇌에 경험과 인내와 판단력을 지닌 미식축구선수 같은 완강한 체력을 지닌 사람이 이상적인 골퍼상이다.* _[게리 플레이어]

필드에서의 응급처치 〈1〉

초보 골퍼들에게 가장 큰 숙제는 슬라이스를 해결하는 것이다. 또 많은 골퍼들이 슬라이스만 잡으면 훨씬 좋은 성적을 낼 수 있을 것으로 기대한다. 외국의 저명한 티칭 프로들 역시 슬라이스 교정에 가장 많은 시간을 할애한다.

슬라이스가 발생하는 대표적 요인으로는 아웃사이드인 스윙 코킹이 늦어지는 데 따른 클럽 페이스의 오픈 현상, 왼쪽 어깨의 빠른 열림 등이 꼽힌다. 하지만 연습장에서는 잘 맞다가 막상 필드에서 슬라이스가 심하다면 어드레스 정렬 실패, 스윙 리듬과 속도 불일치, 빠른 체중이동 등이 원인일 경우가 많다.

우선, 라운드 도중 슬라이스가 나면 타깃보다 약간 왼쪽을 향해 스윙을 하는 골퍼들이 많다. 하지만 여기에는 함정이 도사리고 있다. 평상시와 같이 어드레스한 상태에서 방향만 바꾸면 공이 왼쪽으로 나갈 것 같지만 실제로는 볼의 위치가 오른발 쪽으로 이동, 더 많은 슬라이스가 날 수 있다.

어드레스에서 볼의 위치가 오른쪽으로 볼 2개 정도 이동했을 경우 타깃보다 우측으로 20야드 이상 멀어진다. 즉 어드레스를 한 상황에서 몸의 방향만 왼쪽으로 틀 경우 클럽 페이스가 직각이 되기 전 볼에 맞게 되어 슬라이스가 심해진다. 급한 대로 이를 고치려면 어깨선을 타깃 왼쪽 방향으로 완전히 튼 상태에서 어드레스를 다시 한 후 샷을 해야 한다. 물론 이는 응급처방일 뿐 근본적인 처방은 아니다.

또 대부분의 골퍼들이 연습장에서보다 필드에서 스윙 속도가 약 20% 정도 빨라진다고 한다. 마음이 급해져 백 스윙을 충분히 하지 않기 때문이다. 백 스윙을 충분히 하지 않고 거리를 내려다보니 당연히 리듬이 깨지고 손목의 릴리스 타이밍을 올바로 가져가지 못해 클럽 페이스가 열리는 현상이 나타난다. 가장 좋은 해결 방법은 어깨 회전을 충분히 해주고 스윙 아크를 키워 스윙 속도를 조절하는 것이다.

세번째, 체중이동이 빨라지면 어깨와 무릎이 먼저 돌아가 클럽 페이스가 열린 상태에서 공을 내리치면서 슬라이스가 발생한다. 빠른 체중 이동은 통상 심리적인 요인에서 비롯된다. 비거리를 늘리겠다는 욕심이 강할 경우가 대표적이다.

[한국일보] 2004-02-05 유광수(효창필골프아카데미 레슨프로)

| 골프의 기초 규칙

제_2장
티 그라운드에 대하여

1) 실수로 타순을 바꾸어 쳤을 때

스트로크 플레이에서 그만 순서를 착각하고 다음 타자보다 먼저 티 샷을 치고 말았다. 다시 쳐야 할까?

플레이어 중 어떤 한 사람에게 이익을 주기 위해 고의로 타순을 바꾼 것이 아닌 한 스트로크 플레이에서는 플레이의 순서를 잘못해도 그에 대한 페널티는 없다. 이익을 준다는 것은 구체적으로 바람의 영향, 퍼팅 그린까지의 거리, 그린에서의 속도라든가 휘는 정도 등을 특정 플레이어에게 알려 주고 그 플레이어의 플레이에 도움이 되게 하려는 행위를 가리킨다. 이러한 목적을 위해 고의로 플레이의 순서를 바꾼 경우에는 거기에 관계된 플레이어 모두 실격이 된다. 그만 실수하여 타순을 바꾼 경우에는 미안하다고 정중하게 사과하면 된다. 당황한 나머지 다시 치거나 하면 스트로크와 거리의 벌점을 받는 중에 인 플레이(In play) 볼이 되고 처음 볼은 분실 볼로 간주된다. 따라서 그 다음에는 제4타가 되기 때문에 주의해야 한다.

 진짜 굿 샷이란 최대의 위기에서 가장 필요할 때의 좋은 샷을 말한다.
_ [바이런 넬슨]

　매치 플레이에서는 상대방이 플레이해야 할 때 잘못 플레이한 경우 상대방은 즉시 그 플레이어에게 재타구를 요구할 수 있다. 플레이어는 요구를 받으면 벌점 없이 재타구해야 한다. 매치 플레이는 서로 상대방을 적으로 치고 승부를 내는 경기 형식이므로 티 그라운드에서의 플레이부터 심리전이 시작되며 오너가 가진 선행권은 매우 강력하다. 따라서 잘못 친 플레이어가 굿 샷을 했을 때는 재타구를 요구하고, 해저드나 아웃 오브 바운드(Out of bound)가 되었을 때는 그대로 둔다.

　앞에서 든 경우 만일 플레이어가 OB를 치고 말았다면 다음 스트로크는 제3타가 된다.

2) 구역 밖에서의 티 업(Tee up)

　티 그라운드 구역 밖에서 티 업하여 타구했더니 그 볼이 왼쪽으로 밀려 아웃 오브 바운드(OB)의 볼이 되었다. 어떻게 해야 할까?

　티 그라운드는 이제부터 플레이하려는 홀의 출발장소이다. 그 구역은

 골프 코스를 비판하는 사람은 남의 집 만찬에서 돌아와 "형편없는 저녁이었다."고 말하는 사람이다.　_ [게리 플레이어]

| 골프의 기초 규칙 173

두 개의 티 마커 앞면을 연결하는 1변과 각 티 마커의 바깥쪽 측면의 속길이 2클럽 렝스선의 일변으로 이루어져 있다. 볼 전체가 그 구역 밖에 있을 때는 티 그라운드의 밖에 있는 볼이 된다.

스트로크 플레이의 경우에는 티 그라운드(티)의 구역 밖에서 티 업하여 치면 2타의 페널티를 받고 다시 티 구역 안에서 플레이를 시작해야 한다. 다만 티 구역 밖에서 플레이한 스트로크 수(타수)는 스코어로 계산하지 않는다. 그리고 플레이어가 다음 티에서 스트로크를 하기 전 또는 라운드의 최종 홀에서는 그 퍼팅 그린을 떠나기 전에 잘못을 정정하지 않으면 실격이 된다. 어쨌든 스트로크 플레이의 경우, 앞에서처럼 티 구역 밖에서 친 볼이 OB가 되었을 때는 구역 외 플레이의 2벌타와 OB의 스트로크 수 1회, 벌점 1타로 합계 4타가 되지는 않는다. 매치 플레이와는 달리 스트로크 플레이에서는 티 구역 밖에서 플레이한 볼은 인 플레이의 볼이 되지 않기 때문이다. 따라서 그 재타구는 제3타구가 된다.

또한 스트로크 플레이인 경우 예전에는 타수는 더하지만 벌은 없었기 때문에 2타를 부가하여 정정 스트로크한다는 새 규칙을 모르는 사람이 많

골프 명언 *리커버리 샷은 그것이 할 수 있는 곳에 볼이 올 때까지는 기다려야 한다.*
_[보비 존스]

다. 특히 베테랑 골퍼 중에 지금도 티 구역 밖에서 친 경우에는 벌점 없이 타수만 더하고 재타구하는 것으로 아는 사람이 많다. 경기의 지정이 백 티로 되어 있음에도 자칫 레귤러 티에서 플레이한 경우 역시 구역 밖에서의 플레이인 경우에만 그러하다. 매치 플레이인 경우의 티 그라운드 밖에서 쳤을 때의 조치는 타순을 잘못 안 경우와 동일하다.

3) 스타트에 앞선 1번 티 부분에서의 연습

오랜 만에 월례 경기에 나가보니 스타트 시간에 아직 여유가 있었다. 1번 티 그라운드에 온 김에 티 그라운드 옆의 잔디에서 칩 샷 연습을 시작했다. 그러자 동반 경기자가 '라운드 앞 코스에서의 연습은 실격'이라고 했다.

어떤 스포츠이든 경기 중에는 연습이 금지된다. 스토로크 플레이에 대하여 ① 라운드 전, ② 1홀의 플레이 중, ③ 홀과 홀 사이의 어느 경우든 원칙적으로 연습 스트로크는 허용되지 않는다. '연습 스트로크'란 연습으로

 골프 코스란 모든 홀이 파는 어렵고 보기는 쉬운 것이어야 한다.
_[로버트 T. 존스]

볼을 치는 것을 말한다. 경기에 사용하지 못하는 금이 간 볼이나 습득한 로스트 볼은 물론 연습용의 구멍 뚫린 플라스틱 볼을 치는 것도 여기에 포함된다. 클럽만으로 스윙을 하는 것은 '연습 스윙'으로 규칙에 위반되지 않는 한 어디에서든 할 수 있다. 다만 벙커에서 스윙했을 때 클럽이 모래와 접촉되면 연습 스윙이 아니라 모래의 테스트 또는 스트로크로 간주되며 러프에서의 각도를 정정하기 위한 스윙도 반칙이다.

어쨌든 경기자는 라운드에 앞서 그 경기가 실시되는 코스에서 연습을 하거나 그 코스의 퍼팅 그린 면을 테스트해서는 안 된다. 경기자 전원이 공평한 조건 아래 플레이 해야 한다. 일부 플레이어가 연습이나 사전 테스트를 하고 플레이에 참가한다는 것은 공평하지 못하다. 다만 플레이어 또는 그 캐디가 라운드에 앞서 깃발의 위치를 보는 것은 금지되어 있지 않다. 경기가 동일한 코스에서 연일 2라운드 이상의 스트로크 경기로 실시되는 때는 그동안 거기에서 연습하지 못한다.

앞에서의 경우는 엄밀하게 따지면 '라운드 앞서의 연습'에 해당되지만 라운드에 앞서서 스타트를 기다리며 그만 무의식적으로 티 그라운드 근처에서 가볍게 볼을 친 데 불과하다. 그 정도로 실격을 시킨다는 것은 너무 심하다는 여론도 많았다. 그리하여 1984년의 규칙 개정에서 '1라운드 또는 플레이 오프(Play off)의 스타트에 앞선 최초의 티 그라운드 부근에서의 퍼팅이나 칩 샷의 연습은 허용된다.'고 그 예외가 정해졌다. 따라서 앞에서의 경우 페널티는 없다.

4) 와글(Waggle) 도중에 티 페그((Tee peg)에서 볼이 떨어졌다

티 업한 뒤 두세 번 와글하는 동안에 클럽 헤드가 볼을 약간 스쳤는지 그만 볼이 티 페그에서 굴러 떨어졌다. 동반 경기자는 "어드레스 이후면 그 볼은 스트로크에 의해 떨어진 셈이므로 다시 티 업할 수 없다."고 주장했다. 어떻게 해야 할까?

> **골프 명언**
> 한번에 여러 것을 생각하면 스테디한 플레이가 불가능하다.　_[월터 심프슨]
> 상대에게 아웃드라이브된 것을 신경 쓰는 것은 어리석은 허영이다.　_[보비 록]

　티 그라운드에서 티 업하는 것만으로는 아직 경기 도중의 볼, 즉 인 플레이 볼이라 할 수 없다. 플레이어가 티 그라운드에서 최초의 스트로크를 했을 때에야 그 볼은 인 플레이가 되며 그 홀이 끝나기까지 규칙에서 허용한 경우 이외에는 손으로 만지거나 집을 수가 없다. 따라서 와글 도중에 티 페그에서 떨어진 볼은 인 플레이의 볼이 아니다. 인 플레이되지 않은 볼은 벌타 없이 다시 티 업할 수 있다. '다시 티 업할 수 있다.'는 것은 플레이어의 자유이다. 따라서 다시 티 업하지 않아도 되며, 티 페그에서 떨어진 위치 그대로 플레이 해도 된다.

　반면 티 그라운드에서 스윙에 의해 볼이 티 페그로부터 떨어진 경우에는 어떻게 되는가? 이 스윙 역시 스트로크가 아니므로 다시금 티 업할 수가 있다. 다만 본인으로서는 스트로크를 할 의사가 없이 스윙했다 하더라도 동반 경기자에게는 스트로크로 보이는 수가 있다. 그런 오해를 피하기 위해 적어도 티 업의 볼과 클럽 헤드가 1클럽 렝스 이상 떨어진 지역에서 스윙을 해야 할 것이다. 또한 스트로크를 할 생각으로 백 스윙을 개시, 톱 오브 스윙에서 티 페그로부터 볼이 떨어졌을 때는 다운 스윙을 중지해야

골프 명언　골퍼에게 안전하지 않은 장소를 안전하다고 생각하게 하는 것에 설계가의 트릭은 있다. _**[피트 다이]**

한다. 이 경우 일단 시작된 스윙을 중지하기가 매우 힘들지만 다시 티 업이 가능하다. 다만 본인은 그렇게 했다고 해도 클럽 헤드가 볼의 위치가 지나가 버린 경우에는 완전히 스윙을 한 것이 되므로 그렇게 할 수가 없다.

5) 티 페그에서 떨어지려는 볼을 쳤다

볼을 티 업하고 클럽 헤드를 어드레스한 다음 톱 오브 스윙에서 히팅을 하려는데 볼이 티에서 떨어지기 시작했다. 그 움직이는 볼을 페어웨이 한가운데로 멋지게 220m나 날려 보냈다. 그것을 보고 있던 동반 경기자가 움직이는 볼을 친 것이라고 주장했다. 어떻게 해야 하는가?

일반적으로 움직이는 볼을 플레이하는 것은 반칙이다. 그러나 여기에는 예외가 있으며 티 그라운드에서 티 업한 볼이 티 페그에서 떨어지고, 그 볼을 스트로크한 경우에는 그 볼이 움직이든 움직이지 않든 1타로 계산할 뿐 벌타는 없다.

골프 명언 정신집중이란 한 목적을 완전수행하기 위하여 플레이 중 끊임없이 자기 자신을 감시하는 것을 말한다. _[레스리 숀]

6) 티 업하고 나서 볼 뒤쪽의 지면을 고르게 했다

티 업한 뒤 볼 뒤쪽의 지면이 고르지 않은 것 같아 클럽 헤드의 솔로 가볍게 눌러 지면을 고르게 했다가 동반 경기자로부터 라이(Lie) 각도를 정정하기 위한 행위라는 지적을 받았다.

티 그라운드를 제외하고는 정지되어 있는 볼에 대하여는 '볼은 있는 그대로 플레이해야 한다.'는 원칙에 따라 볼의 뒤쪽을 밟거나 클럽 헤드로 잔디나 지면을 고르면 라이를 개선하기 위한 행위로 간주되어 반칙이 된다. 스트로크 플레이에서는 2벌타를 받게 되고 매치 플레이에서는 그 홀에서 진 것으로 한다.

단, 티 그라운드에서는 지면을 돋우거나 표면을 고르게 하는 것이 특례적으로 허용된다. 그러나 티 그라운드에서는 지면을 고를 수 있다 하더라도 티 업 이후에 지나치게 신경질적으로 지면을 고르는 등의 행동은 동반 경기자를 짜증스럽게 만든다. 티 업을 하기 전에 평탄한 곳을 찾아야 하며 또한 꼭 지면을 고를 경우라도 재빨리 끝내야 한다.

 골프 명언 위대한 코스는 초자연적인 어려운 최종 홀을 갖고 있다. 냉정한 플레이어와 혼란에 잘 빠지는 플레이어를 구별하기 위해서이다. _ [찰스 프라이스]

7) 헛치는 바람에 볼이 티 마크에 붙고 말았다

롱 홀에서 힘껏 드라이브하려다가 그만 힘이 너무 들어간 나머지 헛치고 말았다. 때문에 풍압을 받아 티 페그에서 떨어진 볼이 굴러 티 마크에 붙었다. 이럴 때는 어떻게 쳐야 할까?

티 마크는 티 그라운드의 범위를 결정하는 표지이므로 플레이어가 함부로 다른 위치로 옮길 수 없다. 따라서 티 그라운드로부터 잠정구(暫定球)를 포함하는 그 어떤 볼이든 최초의 스트로크를 할 때는 그 티 마크가 '움직일 수 없는 장애물'이 된다.

그러나 그 티 마크의 티 그라운드의 범위를 결정하는 역할이 끝나면 '움직일 수 있는 장애물'로 바뀐다. 즉 제1타를 헛쳐서 볼이 티 마크에 접촉되었을 때는 티 마크를 움직일 수 있는 장애물로 간주, 그것을 움직인 뒤 제2타를 플레이할 수 있다. 티 마크는 팀 전원이 티 샷을 끝내기까지는 움직일 수 없는 장애물이지만 전원이 티 샷을 끝낸 뒤에는 움직일 수 있는 장애물이 된다. 또한 현재 플레이 중인 홀 이외의 홀의 티 그라운드의 티

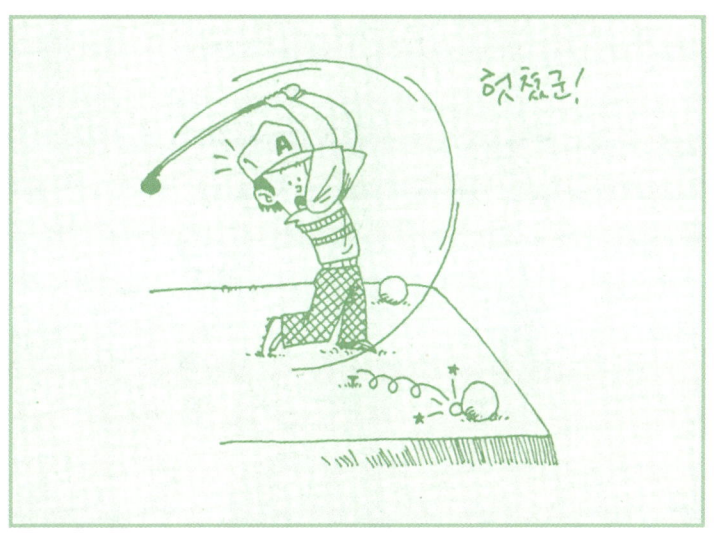

골프명언 승리가 확실해도 누군가가 미기를 연출하면 그 때문에 승리가 도망칠 수 있으니 이를 미리 각오할 필요가 있다. _ **[톰 왓슨]**

마크는 이론적으로는 움직일 수 있는 장애물이다. 따라서 이 경우 동반 경기자 전원이 제1타를 끝낸 뒤에 티 마크를 빼고 제2타를 치면 된다. 이 티 마크는 중요한 표지이므로 빼고 볼을 친 뒤에는 정확하게 본래의 위치로 되돌려 놓아야 한다.

최근에는 티 그라운드에 인공 잔디 매트를 고정하는 코스가 많아지고 있다. 그 인공 잔디 매트는 움직일 수 없는 장애물이다. 인공 잔디 매트에 티 업하여 볼을 플레이했는데 그 볼이 지면과 인공 잔디 매트의 틈새로 들어간다든가 또는 미스 샷한 볼이 굴러 인공 잔디 매트 옆에 접근하여 플레이할 수 없는 경우에는 '움직일 수 없는 장애물'로부터의 구제 조치를 취할 수가 있다.

8) 잠정구(暫定球)를 치는 시기

티 샷이 그만 숲 속으로 들어가고 말았다. 그때는 세이프이리라 생각, 잠정구(暫定球)를 칠 의사가 없었다. 이윽고 동반 경기자 전원이 타구를 끝내고 그 티 그라운드를 떠나게 되었다. 볼이 떨어진 지점으로 얼마간 걸

 골프 코스에 직선은 없다. 신은 반듯한 선 같은 것을 그은 일이 없다.
_ [잭 니클로스]

어가던 플레이어가 갑자기 자신의 볼이 걱정이 되어 동반 경기자에게 그 뜻을 전한 다음 급히 티 그라운드로 되돌아가 볼 하나를 잠정구로서 다시 플레이한 경우 문제가 되지는 않는지 생각해 보자.

    이 경우에는 잠정구를 치는 시기에 잘못이 있다. 따라서 다시 친 볼은 잠정구가 되지 않고 인 플레이 볼이 된다. 또한 처음 볼은 포기한 것으로 간주되며 분실구로 취급되고 스트로크와 거리에 대한 벌타를 받게 된다. 그 인 플레이 볼은 따라서 제3타로 취급된다. 게다가 경기 도중 처음의 볼이 세이프에서 발견되어 그 볼로 플레이를 계속했다가는 경기 실격이 되므로 주의해야 한다. 우선 잠정구의 플레이가 허용되는 경우는 다음의 상황에 한정된다. 워터 해저드 이외에서 볼이 분실 또는 아웃 오브 바운드되었다고 생각되는 경우. 단 객관적 또는 경험적으로 보아 볼이 그러한 상황에 있다는 가능성이 있는 경우가 아니면 잠정구를 플레이할 권리가 없다.

    이 잠정구 제도의 목적은 플레이 진행상 예측되는 시간의 낭비를 없애는 데 있다. 그러한 전제가 성립되어야 비로소 잠정구를 플레이하게 되며, 이는 다음 두 가지 조건에 따라야 한다.

    ① 플레이어는 잠정구를 플레이하겠다는 의사를 매치 플레이에서는 상대방, 스트로크 플레이에서는 마커(또는 동반 경기자)에게 분명히 알려야 한다.

    ② 플레이어(매치 플레이인 경우에는 그 파트너에게도)가 처음 볼을 찾기 위해 그 방향으로 떠나기 전에 잠정구의 플레이를 결정하고 플레이해야 한다.

    이상의 두 가지 조건을 제대로 이해하는 골퍼가 의외로 드물다. 예컨대 ①의 경우, 볼을 OB방향으로 타구한 플레이어가 '한 방 더 쳐두는 게 좋겠군' 하고 중얼거리며 잠정구라고 1타를 쳤다. 그러나 이 경우에는 잠정구가 되지 않는다. 오히려 스트로크와 거리에 대한 페널티를 받게 되며 자동적으로 인 플레이 볼이 된다. 처음 볼은 분실 볼로 간주된다. ②의 경

골프 명언 골프에서 방심(放心)이 생기는 가장 위험한 시간은 만사가 순조롭게 진행될 때이다.
_ [진 사라렌]

우 플레이어 본인이 그 볼을 친 위치를 떠나 볼을 친 방향으로 걸어가기 시작했다면 그 시점에서 잠정구를 플레이할 수 있는 시기는 끝나게 된다.

볼을 친 구역에 도착하여 볼을 치기 시작한 플레이어에게 친절한 동반 경기자가 '캐디와 함께 우리가 찾아낼테니 본래의 위치로 돌아가 잠정구를 치게 시간이 절약될테니까' 하고 권유를 해서 쳤다 해도 당연히 잠정구는 되지 않는다. 이러한 플레이를 진행했다면 플레이어와 그 친절한 동반 경기자는 '합의의 반칙'으로 쌍방이 모두 실격이 될 수 있다. 상황만 분명하다면 잠정구는 얼마든지 칠 수 있다. 이 경우 주의해야 하는 것은 몇 번째 잠정구인가, 분명하게 알 수 있도록 볼에 표시를 해두는 일이다.

> **골프 명언** 페블비치는 아무리 마을 연습장에서 솜씨가 좋아져도 통용되지 않는 골프 코스이다.
> _[댄 쟁킨스]

필드에서의 응급처치⟨2⟩

긴장하면 맥박과 혈압이 상승하고 그로 인해 근육이 굳어지는 현상이 온다. 골퍼들은 우스개 소리로 '덜덜증'이라고도 하며 전문 용어로는 'fear of failure(실패에 대한 두려움)'라고 한다.

내기 골프 또는 긴장한 상황에서 이러한 현상이 많이 나타나며 과거 실수 경험이 떠올라 갑자기 의도하지 않은 샷이 나오는 경우도 있다. 강욱순 프로가 미국프로골프(PGA) Q스쿨에서 50cm 퍼트를 놓친 것도 아마 극도의 긴장에서 오지 않았나 싶다. 이렇듯 골프는 기술적인 요인보다는 심리적인 요인이 많이 작용하는 운동이다. 웨지플레이가 제대로 안될 때 심리적인 요인을 반드시 살펴야 하는 것도 이런 이유에서이다.

특히 이런 현상은 숏 게임에서 많이 발생한다. 어프로치에서 갑자기 뒤땅을 치거나 토핑을 하는 경우이다. 드라이버나 아이언의 경우 약간의 뒤땅이나 토핑은 큰 문제가 되지 않는다. 하지만 상대적으로 헤드스피드가 약한 어프로치의 경우 정확한 임팩트가 이루어지지 않으면 온 그린 하기가 매우 어렵다.

응급처치 방법 중 하나로 상황이 허락된다면 볼을 띄우기 보다는 가능한 굴리는 방법을 사용하면 좋다. 드라이버에서 롱 아이언 심지어 퍼터로도 볼을 굴릴 수 있지만 손에 익숙한 7번 아이언 등으로 굴리는 것이 적절하다. 어드레스 자세는 어프로치 자세와 동일하게 취한 뒤 볼은 오른발 앞쪽에 가깝게 붙이고 체중은 왼발에 8대2 정도로 많이 실어 놓는다. 손목을 사용하지 않으면 보다 더 정확하게 볼을 맞출 수 있다.

볼을 굴리기 어려운 상황이면 위험부담을 줄일 수 있는 방법을 택해 어프로치 하는 것이 좋다. 예를 들어서 그린 뒤에 벙커, 해저드, OB지역이 있다면 평소보다 로프트가 적은 웨지를 택하여 런이 많이 발생하도록 하는 것이다. 반면 그린 앞에 벙커나 해저드가 있고 바로 뒤에 핀이 있다면 로프트가 큰 웨지로 조금 길게 공략하는 것이 실수를 최소화하는 방법이다. 이는 심리적 부담감을 줄여 일단 볼을 정확히 맞추게 되고 실패에 대한 확률이 줄어들면 다시 공격적인 방법을 시도하면 된다.

[한국일보] 2004-02-12 유광수(효창필골프아카데미 헤드프로)

| 골프의 기초 규칙

제_3장
스루 더 그린(Through the green)에 대하여

1) 드롭(Drop)의 방법

선배 가운데 한 사람이 나이가 많은 탓인지 드롭을 할 때면 어깨 높이로 팔을 올리지 않고 바지 주머니 언저리에서 볼을 드롭한다. 규칙 위반이라 생각되지만 선배에게 지적을 할 수도 없는 입장이다. 과연 올바른 방법은 어떤 것이지 알아보자.

예전에는 홀을 향해 똑바로 서서 공을 어깨 너머로 드롭하게 되어 있었다. 그러나 이 방법으로 볼이 등이나 엉덩이에 맞기 쉽고 그때마다 다시 해야 하기 때문에 시간 낭비가 많았다. 1984년에 개정된 규칙에 따르면 똑바로 서서 어깨 높이로 공을 올리고 팔을 펴서 드롭하게 되어 있다. 자세는 자연스럽게 똑바로 서야 한다. 양발은 벌려도 되고 붙여도 된다. 어깨 높이로 볼을 쥐고 팔을 편다는 것은 팔이 어깨 높이에서 수평이 된다는 것을 말한다. 어깨 높이보다 팔이 내려가면 반칙이다. 좋은 위치로 볼을 떨구기 쉽기 때문이다.

위에서 든 예의 선배가 팔을 내리고 볼을 드롭하는 것은 분명히 규칙

 골퍼들에게 있어 가장 적합하지 않은 기질이 시인적(時人的)인 기질이다.
_[버너드 다윈]

위반이다. 정정하지 않고 계속 플레이를 하면 1타의 페널티를 받게 된다. 드롭하는 지점은 특별히 규칙에 의해 드롭이 허용되는 경우 이외에는 가깝고 또한 홀로 접근하지 않는 지점이어야 한다. 그 드롭 지점을 중심으로 하여 손과 팔의 길이를 반경으로 하는 원주 안이라면 어디든 무방하다. 홀을 향해 뒤돌아서도 상관없다. 예전에는 드롭할 때는 눈이 홀을 향해야 했지만 1984년 낙하점을 보아도 괜찮도록 개정되었다. 또한 팔은 똑바로 앞으로 뻗어도 되고 몸의 비스듬히 앞이나 몸의 옆으로 뻗어도 된다. 드롭을 정확하고도 용이하게 하여 신속하게 플레이가 진행되도록 하는 것이 개정의 목표이다.

잘못하여 옛 규칙대로 드롭한 경우에는 어떻게 해야 하는가? 당황할 필요는 없다. 아직 그 볼을 플레이하지 않았을 때에는 페널티 없이 다시 올바른 드롭, 즉 정정 드롭을 하면 된다. 이미 그 볼을 인 플레이한 다음이라면 1타가 페널티로 부가되고 그대로 플레이를 계속한다. 이 경우 당황하여 볼을 집어 다시 드롭을 하면서 플레이를 진행할 필요는 없다. 그러면

> **골프 명언** 신설 코스를 평가하는 것은 금물이다. 갓 난 여아를 여성으로 평가하려는 것과 다를 바 없기 때문이다. _ [작자 미상]

인 플레이 중의 볼을 집었다는 데 대한 반칙과 잘못된 드롭에 대하여 더블 페널티를 받게 된다.

2) 드롭한 공이 몸에 닿았다

볼이 퍼팅 그린 바로 앞 페어웨이의 수리 지역으로 들어갔다. 그래서 수리 지역 밖에서 재드롭했는데 볼이 지상에 떨어진 뒤 바운드하여 다시 발에 닿았다. 다시 드롭하고자 플레이어가 볼을 집으려 하는데 동반 경기자가 "만지지 말고 그대로 쳐라."고 했다. 어떻게 해야 하는가?

'팔을 펴서' 드롭하는 경우 볼이 몸에 닿는 일은 매우 드물다. 볼이 떨어지는 위치와 몸 사이가 팔 길이 만큼 떨어져 있을 터이므로 바운드한 볼을 피할 수 있는 여유는 얼마든지 있다. 어쨌든 종래의 규칙으로는,

① 드롭한 볼이 땅 위로 떨어지기 전에 플레이어의 몸에 닿으면 벌점 없이 재드롭
② 땅 위에 떨어지고 나서 플레이어에게 닿거나, 플레이어가 움직일

 골프는 플레이어, 상대 및 코스와의 사이에서 행해지는 삼각적 게임이며 플레이어의 최대의 적은 코스도 상대도 아닌, 바로 플레이어 자신이다.   _[톰 심프슨]

때 그 공이 움직였다 하더라도 벌점 없이 그대로 플레이
③ 볼이 땅 위로 떨어지기 전에 손에 든 클럽 등 휴대품에 닿거나 또는 볼이 지상에 떨어진 뒤 발뿌리의 클럽 등 휴대품에 닿아도 인 플레이의 위치에 정지하면 스트로크 플레이에서는 2벌타, 매치 플레이에서는 그 홀에서 진 것으로 한다고 되어 있지만 개정 규칙에서는 매우 단순 명쾌하게 정리되었다.

①, ②, ③의 경우 모두 벌점 없이 재드롭하는 것이다. 드롭한 볼이 지면으로 떨어지기 전 또는 떨어진 뒤를 불문하고 플레이어, 파트너 또는 그들의 캐디라든가 휴대품에 접촉한 경우 그 볼은 벌점 없이 재드롭해야 한다. 따라서 앞에서의 경우도 재드롭이 된다. 단, 드롭할 때 특별히 좋은 라이에 볼을 떨구려고 공정하지 못한 동작을 한 경우에는 스트로크 플레이라면 2벌타, 매치 플레이라면 그 홀의 패배가 된다. 더욱이 심할 정도로 중대한 반칙을 했을 때에는 실격이 되므로 주의해야 한다.

3) 재드롭하는 경우

어프로치 샷의 방향이 자칫 잘못되어 서브 그린에 올라가고 말았다. 그 서브 그린은 플레이가 금지되어 있는 곳이다. 그래서 서브 그린에 떨어진 볼을 서브 그린 밖에서 드롭했는데 그만 벙커로 들어가고 말았다. 그대로 벙커에서 플레이를 계속해야 할지, 아니면 재드롭해야 할지 알아보자.

플레이가 금지된 서브 그린에 온(on)한 경우라든가 움직일 수 없는 장애물에 의한 구제 조치를 받기 위해서는 일정한 조건이 갖추어져야 한다. 그 목적이나 조건에 따르지 못하는 때에는 재드롭해야 한다.

벌점 없이 재드롭하는 경우는 다음과 같다.
① 드롭한 볼이 땅에 떨어지기 전 또는 그 뒤에 플레이어, 파트너, 그들의 캐디 또는 휴대품에 접촉한 경우
② 해저드로 굴러들어간 경우

대통령을 그만두고 났더니 골프에서 나를 이기는 사람이 많아지더라.
_[아이젠하워]

③ 해저드에서 굴러나온 경우
④ 퍼팅 그린 위로 굴러들어간 경우
⑤ 아웃 오브 바운드(OB)로 굴러들어간 경우
⑥ 움직일 수 없는 장애물, 캐주얼 워터, 수리 구역, 구멍 파는 동물, 파충류, 조류 등이 만든 구멍이나 목적 이외의 그린 등으로 구제 조치를 취했으나 다시 같은 상태의 위치로 굴러 되돌아간 경우
⑦ 볼이 최초에 땅에 떨어진 위치에서부터 2클럽 렝스 이상 굴러간 경우
⑧ 규칙에 허용되어 있는 것보다 그 홀에 더 접근하여 정지된 경우

이와 같이 플레이가 금지된 서브 그린에 올라간 볼을 서브 그린 밖에서 드롭했지만 그 볼이 다시 굴러 벙커로 들어갔다면 이는 ②에 해당된다. 따라서 재드롭해야 한다. 스루 더 그린에서 드롭했는데도 볼이 굴러서 OB 구역으로 들어간 경우는 ⑤에 해당되며 재드롭이다.

재드롭했으나 볼이 다시 ①~⑧의 상태가 된 경우에는 플레이 진행의 시간 절약을 위해 세 번째 드롭은 금지되어 있으며 재드롭한 볼이 최초에 땅에 떨어진 위치와 되도록 먼 지점에 그 볼을 손으로 놓아서 치게 된다.

 6일간 하루 10분씩 퍼팅연습을 하는 쪽이 1주일간 한꺼번에 60분 연습하는 쪽보다 향상에서 빠르다.   _ [레스리 숀]

매치 플레이에서는 그 홀을 진 것으로 하고 스트로크 플레이에서는 2벌타의 페널티가 반칙에 대해 주어진다.

4) OB볼과 분실 볼의 조치

티 샷을 쳤더니 페어웨이 왼쪽의 OB구역을 향해 날아갔다. 그러나 공이 세이프 구역으로 튕긴 것처럼 보였기 때문에 잠정구를 치지 않았다. 플레이어와 또 그 동반 경기자들이 볼을 수색했지만 러프가 깊어 찾을 수가 없었다. 안 됐지만 5분이 경과했다고 동반 경기자가 제재를 하자 플레이어는 "OB라면 체념할 수 있겠지만 세이프 지역에서 볼을 분실하다니, 믿을 수 없다."고 불평했다. 이런 경우에는 어떻게 해야 할까?

영국 해안의 녹지대 링크스에서 자연 발생적으로 시작된 골프 경기는 그 초기에는 '플레이가 금지된 지역', 즉 오늘날의 아웃 오브 바운드라는 사고 방식이 없었다. 볼이 어디로 가건 쫓아가서 있는 그대로 플레이하는

 잭 니클로스를 무서워할 일이 아니다. 그보다 더 좋은 스코어로 돌면 이길 수 있으니까. _[톰 와이스코프]

것이 철칙이었다. 또한 오늘날의 규칙에서는 5분이라는 볼 수색에 제한 시간을 두고 있지만 초기의 규칙에서는 그런 제한 시간도 없었다. 더욱이 분실 볼에 대한 조치도 오늘날처럼 스트로크와 거리의 벌점이 아니라 거리의 벌점뿐이었다.

좀 더 알기 쉽게 설명하면 다음과 같다. 제1타가 분실되었을 때 그 제1타를 플레이한 지점에서 제2타로써 다시 타구하게 된다. 즉 제1타에서 벌어들인 거리는 제로가 되는 셈이었다. 그러나 오늘날의 규정에 따르면 제1타를 스트로크 수에 더하여 다시 1벌타를 받고 치기 때문에 재타구는 제3타구가 되는 셈이다. 아웃 오브 바운드가 골프 규칙에 규정된 것은 1899년이라고 한다. 물론 로컬 룰로서는 1899년 이전에도 세인트 앤드루스의 올드 코스에는 OB 지역이 있기는 했다.

17번 홀에서 제1타를 슬라이스할 경우 세인트 앤드루스 역의 역장 관사마당에 들어가게 되는데 그 위치가 아주 곤란한 장소였기 때문이다. 그래서 그 마당에 들어간 볼은 분실 볼로 처리했던 것이다. OB볼은 말하자

| 골프 명언 | 골퍼의 연습에는 4종류가 있다. 마구잡이로 연습하는 것, 현명하게 연습하는 것, 어리석게 연습하는 것 그리고 전혀 연습하지 않는 것 등이다.　_[버너드 다윈] |

면 분실 볼의 의제(擬制)로 생긴 개념이다. 아웃 오브 바운드된 볼이라는 것은 골프 규칙으로 보면 분실 볼의 개념에 포괄된 것이라고 생각해도 될 것이다. 따라서 분실 볼과 아웃 오브 바운드(OB)의 볼은 동일한 규칙에 따라 동일한 조치를 취하게 된다.

"볼이 워터 해저드 이외에서 분실 또는 아웃 오브 바운드된 경우에는 플레이어는 1벌타를 부과받으며 그 최초의 볼을 최후의 플레이 또는 움직인 곳과 되도록 가까운 지점에서 플레이해야 한다."

앞에서 든 예의 경우 그 볼이 OB되었을 수도 있지만 5분 동안의 수색 시간 내에 발견되지 않았기 때문에 분실 볼로 치고 본래의 위치, 즉 티 그라운드에서부터 스트로크와 거리에 대한 페널티를 받고 다시 치게 된다. 이 경우 티 그라운드에 티 업할 수 있으며 그 타구는 제3타가 된다.

5) OB의 경계선은 어디인가?

드라이버로 치면 멀리 보낼 수는 있지만 방향이 빗나가 OB 말뚝 신세를 지게 되는 경우가 많다. 이런 때 OB의 경계선이 OB말뚝의 안쪽부터인

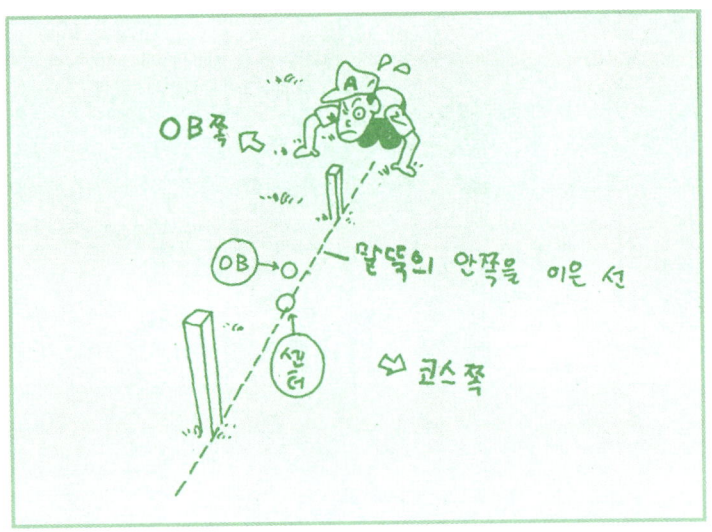

갤러리의 대부분은 결국 프로들의 미스 샷을 즐긴다.   _[짐 마래]
골프에서는 우월감을 오래 지속하는 자가 강한 자로 남는다.   _[월터 헤건]

지 아니면 바깥쪽부터인지 혼란이 생기는데 그에 대해 알아보자.

아웃 오브 바운드(OB) 구역은 대개 흰 말뚝으로 표시되며 말뚝 그 자체가 OB 구역이다. 따라서 코스와 OB의 경계는 OB 말뚝의 코스 쪽, 즉 말뚝의 안쪽을 잇는 선이 된다. 볼 전체가 OB에 있을 때, OB볼이 된다. 공의 일부라도 코스 쪽에 있으면 세이프이다. 또한 OB의 경계선은 수직으로 위쪽 및 아래쪽으로 연장된다고 간주한다. 볼이 OB 구역 가까이에 정지했지만 세이프 볼일 때 그 볼을 치기 위해 OB구역에 스탠스를 잡을 수 있다. 그러나 그 OB 말뚝이 스윙이나 스탠스의 방해가 된다 하여 빼버릴 수는 없다.

6) OB선 위의 나뭇가지에 걸린 볼

롱 홀의 제2타에서 볼이 OB 구역 방향 소나무 숲으로 들어간 소나무 가지에 걸리고 말았다. 플레이어는 마음을 놓는 듯했지만 동반 경기자가 '볼은 OB선 바로 위에 위치하고 있으니 OB구역' 이라고 했다. 이런 경우

> **골프 명언** 1개의 퍼터를 평생 쓴다는 것은 매우 어려운 일이다. 인내에 대한 것 이상의 애정과 신뢰가 따르지 않고는 불가능한 일이다. _[핸리 코튼]

에는 어떻게 되는지 알아보자.

지상의 OB 경계선을 수직으로 위로 연장시켰을 때 나무 위의 볼 전체가 OB 쪽에 있으면 OB 볼이고 일부라도 코스쪽에 있으면 세이프이다. OB일 때는 제2타를 플레이한 지점에 볼을 드롭하고 제4타로 플레이하게 된다. 세이프라 하더라도 나뭇가지에 걸려 있는 볼을 그대로 칠 수 있다면 모르되 대개의 경우는 다음과 같은 조치를 취하게 된다.
① 나뭇가지 바로 아래에서 2클럽 렝스 이내의 지점, 동시에 홀에 접근하지 않은 지점에 볼을 드롭한다.
② 볼의 바로 아래 지점과 홀을 이은 선상에서 뒤쪽으로 거리에 제한 없이 볼을 드롭한다.
③ 그 볼을 플레이한 지점, 즉 제2타 지점에 드롭하여 다시 친다.

7) 볼이 물결에 휩쓸려 OB구역으로 들어갔다

볼이 강으로 빠진 뒤 물살에 떠밀려 OB구역으로 들어가고 말았다. 플레이어는 볼이 강을 가로지른 지점에서 다음 샷을 하고 싶어 하는데 가능한지에 대해 알아보자.

안 된 이야기지만 그 볼은 OB이다. 물은 국외자가 아니기 때문에 국외자가 움직인 볼은 본래의 위치로 환원시켜야 한다는 규칙이 적용되지 않는다. 반대로 다음의 그림에서처럼 OB 구역의 시냇물로 들어간 볼이 물의 흐름에 따라 세이프 구역으로 운반된 경우에는 워터 해저드의 볼이 된다. 이 경우 물 속의 볼을 그대로 플레이하거나 또는 본래의 위치에서 다시 치는 이외에, 볼이 OB의 경계선을 마지막으로 횡단한 지점과 홀을 잇는 선의 후방 연장선상에 세이프 지역이 있으면 거기에 드롭하게 된다.

> **골프 명언** 여러 스포츠 중에서 갤러리 속에서 플레이하는 것은 우리 프로골퍼뿐이다.
> _[리 트레비노]

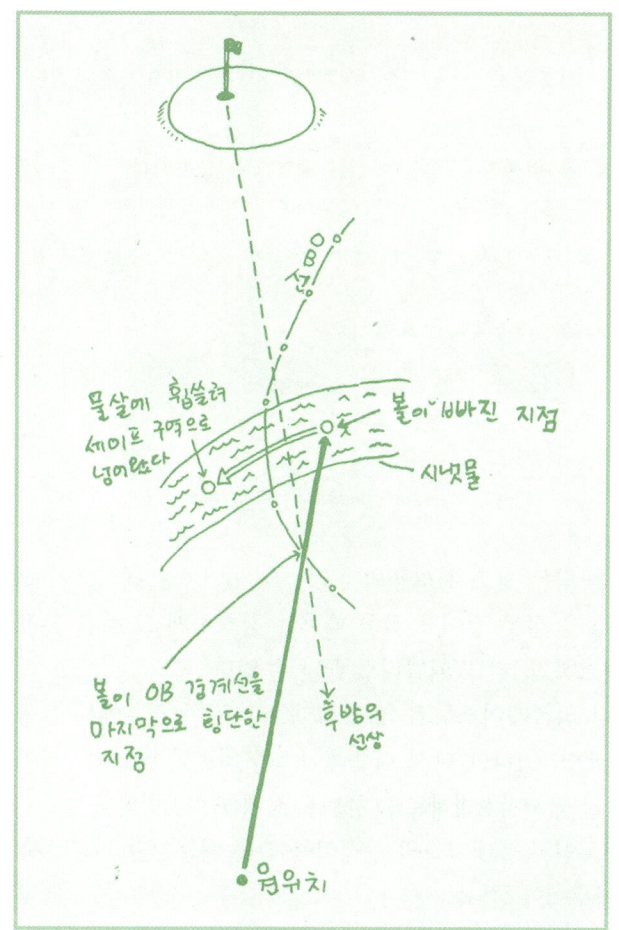

8) 노 터치인데 6인치 플레이스를 했다

6인치 플레이스의 로컬 룰이 실시되지 않는데도 그만 1번 홀의 제2타 때에 볼을 들어올려 6인치 이내의 보다 나은 라이에 볼을 플레이스하고 친 경우에 대해 알아보자.

인 플레이 중의 볼은 규칙으로 허용하는 경우 이외에는 손으로 만지거

 어떤 바보도 두 번째 퍼트는 넣을 수 있다(Any fool can hole them second time).
_[스코틀랜드 속언]

나 그 볼을 닦는 것조차 허용되지 않는다. 6인치 플레이스가 허용되지 않는 데도 볼을 잘못 집어 들었을 때에는 침착하게 그 볼을 본래의 위치에 리플레이스하면 1타의 페널티로 끝날 수 있다.

그러나 리플레이스하지 않고 그대로 타구한 경우에는 볼을 들어올린 데 대한 페널티 1타에 다시 리플레이스를 위반한 페널티 2타가 가산되어 합계 3타가 되지만 2벌타로 그치는 규정에 따라 2벌타를 받는다. 즉 노 터치인데도 6인치 플레이스의 플레이를 했을 때는 2벌타를 받게 된다는 사실을 알아두어야 한다.

9) 어드레스 후에 볼이 움직였다

티 샷이 슬라이스하여 볼이 둑의 러프 비탈에 멈췄다. 그 지점은 앞쪽으로 비탈이 진 라이였고, 클럽을 볼의 뒤쪽에 놓고 어드레스한 바 볼이 구르며 15cm 정도 가서 멈췄다. 이것을 보던 동반 경기자가 "클럽 헤드가 공에 접촉하지 않았으니까 벌점 없이 플레이해도 된다."고 했는데 과연 그러할까?

 79년 세베 바예스테로스(스페인 프로)가 영국 오픈에서 우승할 때 그는 러프로만 걸었기 때문에 때때로 갤러리 정리원으로 오해받았다. _[던 쟁킨스]

넓은 지역에서 플레이를 하는 골프 경기에는,
① 플레이어가 볼에 어드레스하기 전에 루스 임페디먼트(Loose impediment)에 접촉한 뒤 볼이 움직였을 때
② 플레이어가 볼에 대해 어드레스했지만 스트로크하지 않았는데도 움직였을 때
③ 플레이어, 파트너 또는 그들의 캐디가 수색 중 플레이어의 볼을 움직였을 때
④ 플레이어, 파트너 또는 그들 캐디의 휴대품에 의해 볼이 움직였을 때 등의 경우, 일시적으로 플레이어가 볼을 움직인 것이라 간주하며, 1벌타의 페널티가 주어진다.

앞에서의 경우는 ② 플레이어가 어드레스한 뒤 스트로크의 결과는 아니더라도 인 플레이의 볼이 움직인 것에 해당되며 따라서 1타의 페널티가 주어진다. 그리고 그 볼은 정지된 곳에서부터 플레이해야 한다.

어드레스(Address)란 스탠스를 잡고 클럽을 땅 위에 댔을 때를 말하며 해저드 안에서는 일단 스탠스를 취하면 볼을 어드레스한 것으로 간주

 퍼팅의 실력은 1발에 넣는 것으로가 아니라 10발을 쳐서 몇 개를 넣느냐는 퍼센테이지로 따진다. _ [월터 헤건]

한다. 어드레스 이후에는 비록 돌풍 때문에 볼이 움직여도 플레이어의 어드레스 지점의 결정에는 영향이 없다. '볼이 움직였다'는 것은 볼이 정지하고 있던 위치로부터 다른 위치로 이동하여 정지된 것을 말한다. 공이 흔들려도 그 위치가 이동하지 않았을 때는 움직인 것이 되지 않는다. 어드레스 중에 움직이기 시작한 볼을 그대로 치면 2벌타(매치 플레이에서는 그 홀의 패배)가 된다.

그러나 플레이어가 스윙을 시작한 뒤에 움직이기 시작한 볼을 친 경우에는 1벌타를 받는다. 비탈면의 러프에 정지되어 있는 볼을 플레이하는 경우에는 따라서 세심한 주의를 기울여야 한다.

10) 자신의 볼인가를 확인하기 위해 볼을 집어올리려면

제2타를 그만 러프로 들려보내고 만 플레이어는 잠시 뒤 자기 것으로 생각되는 볼을 발견했지만 확신을 가질 수 없었다. 때문에 20m 떨어진 지점에 있는 동반 경기자에게 "확인하겠다."고 하며 즉시 그 볼을 집어들어 조사했다. 역시 그의 것이었다. 그러나 동반 경기자는 '멋대로 집어드는 것은 반칙'이라며 항의했다. 이런 경우에 대해 알아보자.

자신의 볼이 아닌 볼을 플레이하면 '오구의 플레이'가 되며 2벌타, 경우에 따라서는 경기 실격이 될 수도 있다. 따라서 자신의 볼인가 아닌가를 확인하면서 플레이할 필요가 있다. 이를 '볼의 식별'이라 한다. 코스에서의 볼의 식별을 위해 '집어들기'가 허용되는 요건은 다음과 같다.

① 볼의 위치가 해저드 안이 아닐 때
② 매치 플레이에서는 상대방, 스트로크 플레이에서는 마커 또는 동반 경기자에게 식별을 위해 집어 올리겠다는 의사를 통고한다.
③ 그 상대방, 마커 또는 동반 경기자에게 집어올리기와 리플레이스 상황을 감시할 기회를 준다.

이상의 요건으로 볼 때 앞에서의 경우 ①과 ②의 요건은 충족되지만

골프명언 누구나 US오픈에서 이길 수 있다. 하지만 명 플레이어가 아니면 두 번은 이기지 못한다. _[월터 헤겐]

③의 요건이 결여된 플레이를 한 셈이다. 이런 때의 페널티는 1타이다. 또한 집어들 때에는 그 볼의 위치를 반드시 마크해야 한다. 종래에는 상대방, 마커 또는 동반 경기자의 입회만을 그 요건으로 했으나 규칙이 개정된 것이다. 굳이 입회를 요건으로 하는 이유는 집어올리지 않아도 식별이 가능한데도 볼의 라이를 개선하려는 목적으로 식별을 요구하거나 식별을 위해 필요 한도 이상으로 볼의 더러움을 닦아내는 행위를 방지하기 위해서이다.

그러나 옛 규칙의 입회는 그 관점이 약하다 하여 1994년의 규칙 개정에서는 단순한 입회가 아니라 그 집어 올리기와 리플레이스의 상황을 감시하도록 되어 있다. 말할 것도 없이 골프 규칙의 구제 조항을 교묘하게 이용하여 게임을 유리하게 진행시키려는 일부 프로 골퍼의 습관적인 더티 플레이의 영향 탓이다. 아마추어 골퍼 규제의 구제 조항을 되도록 이용하지 않는 것이 바람직하다.

11) 볼이 흙탕 속으로 들어갔다

전날 내린 비로 페어웨이 일부에 만들어진 연한 흙탕 속으로 볼이 들어

 퍼트라인 읽기는 항상 제일감, 즉 최초의 판단이 가장 정확하다. 그것을 수정하면 대개는 라인을 벗어난다.　_[조지 덩컨]

가고 말았다. 그 부분에는 백선이나 푸른 말뚝의 표시도 없고 또한 물이 보이지도 않았다. 플레이어는 캐주얼 워터(Casual water)라 생각하고 그 위치 오른쪽의 라이가 좋은 곳에서 드롭하기를 원하는데 가능한지 알아보자.

우선 '수리지역'이라면 통상적으로 백선이나 푸른 말뚝으로 표시된다. 캐주얼 워터의 요건을 정리해 보면 다음과 같다.
① 워터 해저드의 안에 있는 것이 아니다.
② 플레이어가 스탠스를 잡기 이전 또는 그 이후에 보이는 일시적인 물웅덩이
③ 눈과 얼음은 캐주얼 워터이다.
④ 이슬은 캐주얼 워터가 아니다.

또한 눈과 얼음은 플레이어가 임의로 캐주얼 워터 또는 루스 임페디먼트로 결정할 수가 있다. 또한 규칙상 '지면으로 파고든 볼'이란 잔디풀이 짧게 깎인 구역으로 볼이 타구되었을 때 타구의 여세로 파고드는 것을 말한다.

골프 명언 *티샷에서 OB가 났다 하여 포기하는 일은 아침 식사 전에 술을 마시는 것보다 더 나쁜 습관이 된다.* _[샘 스니드]

앞에서의 볼은 지면을 파고 든 볼에는 해당되지 않는다. 이것은 코스의 개선이나 비로 인해 연약해진 지면에 볼이 매몰되어 타구하기 어렵게 된 데 대한 구제 조치이다. 본래부터 있었던 구멍이나 비로 인해 페어웨이 일부에 생긴 부드러운 흙탕 속의 볼은 내칠 수가 있기 때문이다.

백선이나 푸른 말뚝의 표시가 없다는 것은 '수리 지역'이 아니라는 의미이며 또한 표시가 없을 뿐 아니라 수리 지역으로 간주되는 요건에 해당되지도 않는다. 따라서 남은 문제는 캐주얼 워터의 구제 조치가 적용되는가 하는 것이다. 지면이 습기를 흡수하여 부드러워졌거나 또한 부드러운 흙탕이 되어 있으므로 캐주얼 워터라 할 수 없는 것이다. 따라서 이 경우 있는 그대로 그 흙탕 속의 볼을 플레이해야 한다.

12) 볼의 흙을 닦아내려면

비가 왔기 때문에 페어웨이의 흙이 부드러운 상태이다. 볼에는 흙이 잔뜩 묻었고 그대로 쳤다가는 볼의 비행 방향이나 거리에 영향을 줄 것 같아 그 볼을 집어들고 흙을 닦아냈으면 한다. 그러나 동반 경기자는 그것이 누구의 볼인지 확인할 수는 있으니까 그대로 플레이해야 한다고 주장한다. 이런 경우에는 어떻게 해야 하는가?

퍼팅 그린에서와는 달리 페어웨이에서는 원칙적으로 볼에 부착된 흙을 닦아낼 수가 없다. 볼이 흙투성이가 되어 자신이 볼인가 아닌가를 확인할 수 없는 경우라면 위치를 마크하고 그 볼을 집어든 다음 확인할 수 있는 필요 최소 한도까지는 흙을 닦아낼 수가 있다. 그러나 동반 경기자 또는 상대방에게 자신의 의사를 알리고 더욱이 그 집어 들기와 리플레이스의 상황을 감시하도록 기회를 주어야 한다.

멋대로 볼을 집어올리고 흙을 닦은 경우에는 1벌타가 부과되고 그 볼은 본래의 위치에 리플레이스 해야 한다. 따라서 이런 경우 자신의 볼임을 확인할 수 있다면 페널티 없이 볼의 더러움을 닦아낼 수는 없다. 흙의 부

골프 명언
귀로 퍼트하라(Putt with your ears).   _ [잭 화이틴]
퍼팅에는 메서드(法)도 스타일(품위)도 없다.   _ [스코틀랜드 속담]

착이 심해 만족스러운 샷을 바랄 수 없는 경우에는 언플레이어블 (Unplayable)의 조치를 취하도록 한다. 그러면 1벌타는 받지만 볼을 닦아내고 드롭할 수가 있다.

13) 언플레이어블(Unplayable : 플레이 불가능)의 결정권은 누구에게

롱 홀의 제2타가 휘어 오른쪽 숲으로 들어갔다. 볼의 낙하 지점에 가보니 볼은 소나무 뿌리 근처에 있었다. 앞쪽으로 내치기는 불가능했지만 옆쪽으로는 스윙할 수 있을 것 같다. 그러나 옆에는 소나무가 밀생하고 있었으며 그 방향을 노려도 소나무에 맞을 가능성이 컸다. 어쩔 수 없이 언플레이어블을 선언하고 먼저 위치로 되돌아가 1벌타를 받을망정 다시 치는 수밖에 없다고 판단되었다.

그러나 동반 경기자는 "스윙에 지장이 없을 때는 언플레이어블을 선언할 수 없다."고 주장했다면 어떻게 될까?

워터 해저드를 제외하고는 코스의 어느 장소에 볼이 있든 플레이어는 자신의 주관적 판단으로 '언플레이어블'을 선언할 수 있다. 비록 동반 경기자나 그 상대방이 '칠 수 있다'고 주장해도 플레이어 본인이 "내 솜씨로는 이 볼을 칠 수가 없다. 실패할 확률이 훨씬 높다."고 판단하여 '언플레이어블'을 선언하면 그것으로 끝이다. 다만 볼이 워터 해저드 안에 있을 때만은 조치를 취할 수가 없다.

'언플레이어블'을 선언한 경우에는 다음 세 가지 조치 중 하나를 취하게 된다.

① 1타의 페널티를 받고 언플레이어블이 된 볼을 최후에 플레이했거나 또는 볼을 움직인 위치와 되도록 가까운 곳에서 다음 스트로크를 한다. 본래의 위치가 티 그라운드라면 그 구역 안에 티 업하고, 스루 더 그린 또는 해저드 안이라면 드롭하며, 퍼팅 그린 위라면 플레이스한다.

> **골프 명언** 골프의 기술 테스트로는 스트로크 플레이가 그리고 그 골퍼의 성격 테스트로는 매치 플레이가 좋다. _[존 카]

② 1타의 페널티를 받고 볼이 정지되어 있는 위치에서부터 클럽 2개 길이 이내이자 홀에 접근하지 않는 지점에서 볼을 드롭한다.

③ 1타의 페널티를 받고 볼이 있던 지점과 홀을 연결하는 선상의 볼의 위치 후방에서 거리의 제한 없이 볼을 드롭할 수가 있다.

다만 ②와 ③의 조치를 취할 때 언플레이어블의 볼이 벙커 안에 정지되어 있는 경우에는 볼은 반드시 벙커 안에 드롭해야 한다.

앞에서의 경우는 ①의 조치를 취해야 한다.

14) 타구한 볼을 까마귀가 물고 갔다

티 샷이 멋지게 페어웨이 한가운데로 떨어졌는데 그만 까마귀가 날아와 그 볼을 물고가 버렸다. 그 상황은 플레이어뿐 아니라 그의 캐디, 동반 경기자도 분명히 보았다. 어떻게 해야 하는가?

까마귀는 골프 규칙상 '국외자'이다. 국외자란 매치 플레이에서는 매치와 관계가 없는 사람 또는 물체이며 스트로크 플레이에서는 1명의 경기

 나는 파(par)라는 올드 맨(old man)을 상대하게 되면서 큰 경기를 차례로 이길 수 있었다. _[보비 존스]

자 사이드에 속하지 않는 사람 또는 물체, 예컨대 동반 경기자, 그 캐디, 그들의 휴대품 등이다. 매치 플레이와 스트로크 플레이 양쪽에서 다음의 존재는 국외자이다. 심판원, 마커, 업저버, 위원이 배치한 포어 캐디, 갤러리, 작업원, 잔디 깎는 기계, 차량, 동물. 국외자인 까마귀가 볼을 물고 간 경우에는 까마귀가 볼을 물고 간 지점에서 페널티 없이 다른 볼을 드롭한 다음 스트로크를 하게 된다.

 까마귀가 볼을 물고 간 지점이 정확하지 않은 때에는, 대개의 경우 볼이 있었다고 생각되는 지점에 드롭한다. 퍼팅 그린 위였다면 플레이스한다. 따라서 위의 예에서라면 드롭하게 된다. 까마귀가 볼을 물고 갔다는 사실이 확인되지 않는 경우에는 비록 그 근처에 몇 마리의 까마귀가 날고 있더라도 로스트 볼(분실구)로서의 조치를 취하게 된다. 1타를 부가하여 먼저 위치로 되돌아가 재타구하게 되는 것이다. 또한 까마귀가 볼을 물고 가는 도중 그 볼을 지상에 떨군 경우라도 그 지점에서 타구할 수는 없다. 까마귀가 볼을 몰고 간 지점에 그 볼을 리플레이스해야 한다.

> **골프 명언** 승리만이 모두이다. 상금은 써버리면 그만이지만 추억은 일생 지워지지 않는다.
> _ [캔 벤추리]

이 경우 까마귀가 홀 가까이까지 운반해 주었다 하여 고맙게 생각하며 그 위치에서 플레이하면 오구(誤球)의 플레이가 되어 매치 플레이에서는 그 홀의 패배이고, 스트로크 플레이에서는 정정 플레이를 하지 않으면 실격이 된다. 주의해야 한다.

15) 러프에서 다른 사람의 볼을 잘못 플레이했다

티 샷을 페어웨이 오른쪽 러프 지대에 넣고 말았는데 동반 경기자도 같은 곳에 타구했다. 가까운 쪽 볼을 동반 경기자가 쳐서 OB가 되었으나 다시 친 결과 제대로 온했다. 한편 뒤에 러프에서 2온에 성공한 플레이어가 퍼팅 그린에 올라와 보니 서로 볼을 잘못 쳤다는 사실을 알게 되었다. 두 사람은 러프 지대로 되돌아가 서로 바른 볼을 플레이했다. 그리하여 한 사람은 러프에서 2온 그리고 1퍼트로 홀 아웃하고 또 한 사람은 러프에서 역시 마찬가지로 2온 그리고 2퍼트로 홀 아웃 했다. 그러면 스코어는 각각 얼마가 될까?

골프 명언 좋은 골퍼는 볼을 치는 동안 좋은 일만 생각하고 서툰 골퍼는 나쁜 일만 생각한다.
_[진 사라젠]

동반 경기자의 볼을 자기 것으로 알고 치는 것이 오구의 가장 많은 예이다. 이런 때는 그 오구의 주인이 동반 경기자에게 정중하게 사과를 해야 한다. 자신의 볼을 플레이당하는 것은 참으로 불쾌한 일이다. 그러나 오구한 플레이어를 용서해 줄 수밖에 없다. 스트로크 플레이에서 해저드 이외의 경우 플레이어가 오구를 스트로크 했으면 2벌타를 받고 다시 오구한 지점에서 바른 볼을 플레이해야 한다.

오구를 플레이한 타수는 플레이어의 스코어에 가산되지 않는다. 2벌타 플러스 바른 볼을 플레이한 타수가 스코어로 된다. 따라서 한 사람의 스코어는 2온 1퍼트에 2벌타를 가하여 6이 된다. 그러면 플레이어가 오구로 홀 아웃 했음을 알게 된 경우에는 어떻게 해야 하는가?

다음 홀에서 티 그라운드의 제1타를 플레이하지 않았을 때는 규정된 2벌타를 받고 바른 볼을 플레이함으로써 잘못을 정정할 수 있다. 그 홀이 최종 홀이며 아직 그 그린을 떠나지 않은 경우에는 마찬가지로 소정의 벌타를 받고 바른 볼을 플레이하여 그 잘못을 정정할 수 있다. 최종 홀의 그린에서 플레이어가 떠나가 버렸고 그 그린의 플레이권이 다음 팀으로 넘어갔을 때에는 어쩔 수 없다. 더 이상 정정 플레이는 할 수 없다. 스트로크 플레이에서 정정 플레이를 하지 못하면 경기 실격이다. 되풀이 말하는 바 오구를 플레이한 타수는 카운트하지 않는다.

16) 홀인된 것을 모르고 오구(誤球) 플레이를 계속했다

파4의 홀에서 제3타가 핀 방향으로 날아가며 '딱' 소리와 함께 어디엔가 맞은 것 같았다. 그러나 퍼팅 그린에 올라가 보아도 볼은 발견되지 않았다. 겨우 건너편 러프에서 볼을 찾아내어 그린에 온 시켰으며 운 좋게 핀 옆으로 접근했다. 그래서 홀에 꽂힌 깃발을 빼려 하자 홀 안에 앞에서 친 제3타의 볼이 들어 있는 것이었다. 여기서 ① 제3타에 의해 홀 인했으므로 버디3의 스코어가 인정되는가? 또한 ② 그 이후의 오구에 의한 2타 플레이와 스코어는 어떻게 되는가?

골프장에서 누구에게 동정하려면 차라리 집으로 가는 것이 좋다. 네가 그를 안 죽이면 그가 너를 죽인다.   _ [세베 바예스테로스]

볼을 찾을 때 홀 안을 확인해야 했었다. '딱' 하는 소리를 들은 만큼 경솔했다고 볼 수밖에 없다. 어쨌든 ①의 경우 제3타의 볼이 홀 안에 들어가 있으므로 이 시점에서 아웃이 된다. 물론 버디 3이다. ②의 경우에는 이미 그 홀의 플레이는 제3타 홀 인으로 끝났기 때문에 오구의 플레이는 되지 않는다. 또한 제3타의 홀 인 사실을 알지 못하고 플레이했으므로 연습 스트로크가 되지도 않는다. 즉 노 카운트이다.

17) 백 스윙 도중에 볼이 움직였으나 그대로 스윙을 계속하여 쳤다

페어웨이에서 볼에 어드레스한 백 스윙을 시작했다. 그 백 스윙 도중에 볼이 움직였지만 그대로 스윙을 계속하여 볼을 쳤다. 이를 보던 동반 경기자가 '움직이고 있는 볼을 쳤으니까 2벌타' 라고 주장했다. 과연 그럴까?

골프는 정지하고 있는 볼을 치는 경기이다. 골프 경기가 시작된 이래 이 대원칙은 한 번도 바뀐 적이 없다. 따라서 플레이어는 볼이 움직이고 있는 동안에는 그 볼을 플레이 해서는 안 된다. 움직이는 볼을 플레이한 경우에는 스트로크 플레이에서는 2벌타, 매치 플레이에서는 그 홀의 패배가 된다.

다만 다음 세 가지 경우만은 예외이다.
① 2번 친 볼-1벌타를 가산하여 합계 2타로 한다.
② 티에서 떨어지는 도중의 볼-이런 볼은 쳐도 벌타가 없으며 1타로 계산할 뿐이다.
③ 물 속에서 움직이고 있는 볼-②와 같다.

이상의 세 가지 경우도 예외이며 ①을 제외하고 ②와 ③은 페널티가 없다. ①의 경우도 클럽이 2번 접촉했으므로 2타로 계산하는 것이라 생각하면 벌점이 없다고도 할 수 있다.

그러나 다음 세 가지 경우에는 다소 다르다

 퍼트의 미스는 판단의 착오에서가 아니라 타법의 잘못으로 생기는 경우가 대부분이다. _[잭 버크]

ⓐ 정지하고 있던 볼이 플레이어에 의해 움직이게 된 경우
ⓑ 정지하고 있던 볼이 어드레스 후에 움직인 경우
ⓒ 정지하고 있던 볼이 루스 임페디먼트에 접촉했기 때문에 움직인 경우

이 세 가지 경우는 본래 정지하고 있었지만 그 어떤 원인에 의해 '움직이는 볼'이 된 것인 바 움직이는 볼을 플레이한 경우에서처럼 2벌타를 가산하는 것은 다소 가혹하다 하여 페널티를 경감하게 된다. 플레이어가 스트로크를 시작했거나 스트로크를 하려고 클럽을 뒤로 움직였을 때에 한하여 볼이 움직이기 시작했더라도 움직이는 볼을 플레이한 데 대한 벌타(스트로크 플레이에서는 2벌타, 매치 플레이에서는 그 홀의 패배)를 부과하지 않고 ⓐ, ⓑ, ⓒ의 경우에는 1벌타를 준다.

이 항에서의 경우에는 백 스윙을 시작한 뒤에 그 어떤 원인으로 볼이 움직였고 움직인 볼을 치기는 했지만 움직이는 볼을 플레이한 경우의 2벌타는 적용되지 않으며 어드레스 이후에 움직인 경우의 1벌타만이 부가된다.

> **골프 명언** 경기에 이기는 자는 가끔 화도 잘 낸다. 페어웨이를 웃고 걷는 자는 지고 있는 자이다.
> _[리 트레비노]

18) 볼을 쳤다가 자신의 볼을 신으로 움직이게 했다

깊은 러프로 들어간 볼을 쳤다가 그만 발뿌리에 있던 볼을 보지 못하고 건드려 움직이게 했다. 그 볼은 자신의 것이었다. 동반 경기자는 1벌타를 받아야 한다고 주장하는데 어떻게 해야 할까?

원칙적으로 플레이어가 자신의 인 플레이 볼을 움직인 경우에는 1벌타를 받고 그 움직인 볼은 본래의 위치에서 리플레이스해야 된다. 플레이어뿐 아니라 그의 캐디가 움직인 경우에도 휴대품, 예컨대 클럽이나 백, 모자 등이 그 플레이어의 볼을 움직인 경우에도 같다. '볼을 찾고 있었으니까' 하고 눈감아 줄 만큼 골프 규칙이 허술하지는 않다.

다만 벙커, 캐주얼 워터, 수리 지역 등에서 볼을 찾다가 플레이어(그 캐디, 플레이어 및 캐디의 휴대품)가 볼을 움직였을 때는 예외적으로 벌타가 주어지지 않는다. 동반 경기자의 볼을 찾다가 플레이어가 그 볼을 움직이게 한 경우 또한 그 반대인 경우에도 페널티는 없다. 위의 경우에는 동반 경기자가 지적한 대로 1벌타를 받게 된다. 또한 이때 그 볼을 본래의 위치로 되돌려 놓지 않고 그대로 플레이를 계속하면 2벌타를 받게 된다.

19) 자신의 볼을 식별할 수 없다

두 사람이 티 샷을 같은 곳으로 쳤고 볼은 두 개가 나란히 놓인 상태로 발견되었다. 그런데 두 사람 모두 같은 메이커의 같은 브랜드, 게다가 번호도 같은 볼을 사용하고 있었으며 모두 자신의 볼을 식별할 수 있는 표시를 하지 않았기 때문에 어느 쪽이 어느 쪽인지 전혀 구별할 수가 없게 되었다. 이런 경우에는 어떻게 해야 되는지 알아보자.

두 사람 모두 자신의 볼을 확인할 수 없으므로 양쪽 볼 모두 분실구가 된다.

이 경우 '가위, 바위, 보' 등으로 각자의 볼을 결정하여 다음 플레이를 한다면 두 사람 모두 실격이 된다. 한편 두 사람 모두 식별하기 위한 표시

> **골프명언** 골프라는 불가사의한 게임 중에 가장 불가사의한 게임은 퍼팅이다.
> _[보비 존스]

가 없는 볼로 플레이를 했고 두 사람 모두 제2타가 숲 속으로 들어갔는데 하나는 플레이할 수 있는 위치이고 다른 하나는 불가능한 위치에서 발견되었다면 어떻게 되는가? 더구나 서로 플레이할 수 있는 위치의 볼이 자기 것이라고 주장했지만 표시가 되어 있지 않으므로 5분이 지나고 분명한 결론을 내릴 수 없었다.

이 경우 두 사람의 볼은 모두 분실구가 된다. 그렇다고 그 중 한 사람이 자신의 볼이 분실구라 하고 플레이할 수 있는 위치의 볼을 상대방에게 양보하는 등의 행위는 허용되지 않는다.

20) 처음 친 볼과 잠정구의 식별이 불가능하다

티 그라운드에서 잠정구를 플레이했던 바 처음 볼과 같은 방향으로 볼이 날아갔다. 그러나 두 볼 모두 같은 메이커의 같은 번호를 가진 제품이었다. 때문에 어느 쪽이 처음 볼인지 식별할 수가 없게 되었다.

다음과 같은 다섯 가지 경우, 어떻게 해야 하는지 알아보자.

① 볼 하나는 워터 해저드 안에서 발견되었으나 다른 하나는 어디에서도 발견되지 않은 경우.

이 경우에는 발견되지 않는 볼을 처음 볼로 치고 워터 해저드에서 발견된 볼을 잠정구로 간주한다. 즉 처음 볼은 분실구가 되는 것이다. 따라서 통산할 때 제3타가 워터 해저드에 들어간 것이 된다.

② 양쪽 볼이 모두 워터 해저드 안에서 발견된 경우.

이 경우 양쪽 볼이 워터 해저드에 들어간 것은 분명하지만 어느 볼이 처음 볼이었는지 알 수 없을 뿐 아니라 워터 해저드를 최후로 가로지른 지점이 분명하지 않다. 따라서 워터 해저드의 세 가지 조치 중 본래의 위치에서 1벌타를 받고 다시 치는 조치밖에 선택할 수 없다. 그리고 워터 해저드에 처음 타구가 들어간 것은 분명하므로 이 경우 잠정구의 플레이는 성립되지 않는다. 때문에 결과적으로는 노카운트이다. 이 경

> **골프 명언** 나는 항상 승부를 건다. 가난하게 태어났기 때문에 백만장자로 살되 가난하게 죽고 싶다. 가난하게 살아 백만장자처럼 죽는 것은 싫다. _ [치치 로드리게스]

우 티 그라운드에서 제3타를 플레이하게 된다.

③ 볼 하나는 워터 해저드 안에서, 다른 하나는 러프에서 발견된 경우
실제로는 러프 안의 볼이 제1타일는지 모른다. 그렇다면 러프의 볼을 제2타로 치고 플레이하면 된다. 하지만 결정적인 판명은 되지 않는다. 한편 처음 볼이 워터 해저드의 볼일 수도 있다. 그러나 워터 해저드를 마지막으로 가로지른 지점이 분명하지 않기 때문에 ②에서 설명했듯이 본래의 위치에서 1벌타를 받고 제3타를 플레이하면 된다. 그러나 그 어느 쪽이라고도 간주할 수 없으면 플레이어에게 불리한 쪽, 즉 후자의 경우라고 간주하는 것이 골프 규칙의 '공정성'이라는 정신에 적합한 생각이라 하겠다. 따라서 티 그라운드에서 제3타를 플레이하게 된다.

④ 볼 하나는 세이프였지만 다른 하나는 분실구 또는 OB구인 경우
③에서 설명했듯이 어느 쪽이 처음 볼인지 결정할 수 없기 때문에 '공정'을 기하기 위하여 처음 볼은 분실구 또는 OB구로 치고 잠정구를 세이프로 간주한다. 따라서 세이프한 볼을 제4타로 플레이하게 된다.

골프 명언 어프로치에서 볼이 홀 인되는 것은 요행이며 홀 컵에서 딱 붙는 것이 진짜 굿 샷이다.
_ [월터 헤건]

⑤ 양쪽 볼이 모두 세이프이지만 ⓐ 양쪽 볼 모두 플레이할 수 있는 경우, ⓑ 하나는 플레이가 가능하지만 다른 하나는 플레이할 수 없는 경우, ⓒ 양쪽 모두 플레이할 수 없는 경우

이런 경우에 대하여는 양쪽 볼을 모두 분실구로 여긴다는 의견이 있다. 그러나 양쪽 볼 모두 발견되었으며 다만 플레이어가 어느 쪽 볼이 처음이고 어느 쪽 볼이 잠정구인가만 알 수 없는 경우에는 티 그라운드로 되돌아가 제5타로 플레이를 한다는 것은 공정하지 못하다. 따라서 이 경우 어느 한 쪽 볼을 잠정구로 치고 플레이한다. 즉 그 볼을 제4타로 플레이하게 되는 것이다.

그러나 이것은 일종의 판례일 뿐이며 엄격하게 생각하면 어느 쪽이 처음 볼인지 구별할 수 없는 경우에는 양쪽을 모두 분실구로 치는 것이 공정하다. 적어도 그 정도로 엄격하게 사용하는 볼을 식별할 수 있도록 해야 하는 것이다. 처음 볼이 OB일는지도 모를 때는 잠정구를 치기 전에 그 볼의 메이커와 번호를 알려둔다. 물론 혼잣말이라도 좋다. 그리고 연필 끝으로 볼에 표시를 해둔다. 그것만으로도 상당히 '공정'에 가까워질 수 있다.

21) 클럽을 목표 방향에 놓고 친다

가까운 홀의 페어웨이로 타구한 플레이어는 5번 아이언과 6번 아이언 두 개를 가지고 있었다. 그는 5번 아이언을 사용하기로 하고 사용하지 않는 6번 아이언을 전방에 놓고 샷 했다. 그러자 동반 경기자로부터 항의가 제기되었다. "사용하지 않는 클럽을 목표 방향에 정확하게 맞추어 놓는 것은 반칙"이라는 것이 그의 이유였다. 그러나 플레이어에게는 그런 목적이 전혀 없었다.

동반 경기자의 지적은 플레이의 선을 표시하기 위해 6번 아이언을 사용한 것이 아니냐, 그렇다면 규칙 위반이라는 얘기이다. '플레이의 선'이라는 것은 원칙적으로 플레이어의 볼의 위치와 그 홀이 깃대를 연결하는 선이지만 상황에 따라서는 그 플레이어가 의도하는 플레이의 선일 수도

 투어프로의 대다수는 메이저경기 10위안에 들기 위해서라면 아내와 첫아들 그리고 가장 좋아하는 퍼터까지 서슴지 않고 버릴 것이다.   _[리 트레비노]

있다. 골프 규칙은 '플레이의 선의 지시'에 관해 다음과 같이 규정하고 있다. 퍼팅 그린 이외에서의 '플레이의 선의 지시'에 대하여는,

① 스트로크 플레이, 매치 플레이 모두 누구로부터든 플레이 선의 지시를 받을 수가 있다.

② 스트로크에 앞서 제거한다면 플레이어 자신이 플레이 선을 나타내면 물건을 놓을 수 있고, 또한 플레이어가 알고 나서 자신의 캐디 등에서 플레이 선을 지시하는 표를 놓게 할 수도 있다.

③ 그 플레이의 선을 지시하는 표시는 반드시 스트로크 이전에 제거해야 한다.

④ 반칙에 대한 페널티는 매치 플레이의 경우, 그 홀의 패배이고 스트로크 플레이에서는 2벌타이다.

앞에서의 경우는 본인에게 그럴 의향이 없었다 하더라도 사실상 그 클럽이 목표 방향을 가리키고 있었다면 플레이 선의 표시로 이용되었다고 동반자가 이의를 제기해도 반론을 할 수 없다. 골프 규칙은 본인의 고의와 과실을 구별하지 않는다. 객관적 사실에 의해 반칙인가 아닌가만을 결정

 골프 명언 골퍼의 목적은 사람을 놀라게 하는 샷이 아니라 미스를 착실하게 줄이는 데 두어야 한다. _ [J.H. 테일러]

하는 것이다. 따라서 이 경우는 반칙으로 2벌타이다. 필요 없는 클럽을 앞쪽에 두지 말고 반드시 뒤쪽에 두어야 한다. 퍼팅 그린 위에서는 플레이 선의 지시에 대해 스트로크 이전이라 하더라도 퍼팅의 선을 나타내는 표시들을 놓을 수 없다.

22) 떨어져 있는 나뭇가지를 제거하자 볼이 움직였다

페어웨이의 왼쪽 사이드 비탈면에 떨어진 타구가 가까운 소나무에서 저절로 떨어졌다고 생각되는 마른 나뭇가지 위에 놓여졌다. 제대로 샷을 할 수 없겠다고 생각한 플레이어는 나뭇가지를 제거했다. 그러자 볼이 5cm 정도 움직였다. 동반 경기자는 반칙을 주장했다. 과연 이런 경우 반칙이 되는지 알아보자.

"골프는 있는 그대로 플레이한다."는 것이 원칙이다. 골프 코스에는 나무가 있다. 따라서 마른 나뭇가지가 떨어지는 것은 자연의 현상이며 이상스러운 일이 아니다. 그 나뭇가지에 올라앉은 볼을 그대로 쳐도 어느 정도는 홀에 접근시킬 수 있을 것이다. 클럽의 손상도 대단하지는 않을 것이다. 그렇다면 벌타가 없는 구제를 기대하기는 무리이다. 즉 자신에게 유리한 쪽으로 생각할 것이 아니라 반대로 자신에게 불리한 쪽으로 생각하면 골프 규칙을 아주 쉽게 이해할 수 있을 것이다. 어쨌든 자연물로서 고정되어 있거나 또는 성장하지 않으며 땅에 파고 들지도 않았고 또한 볼에 부착되지도 않은 것을 '루스 임페디먼트'라 한다. 돌, 나뭇잎, 떨어진 나뭇가지, 동물의 배설물 등이 그것이다.

이 경우는 마른 나뭇가지도 '루스 임페디먼트(Loose impediment)'이다. 인공적인 물건이 아니므로 '움직일 수 있는 장애물'이 되지는 않는다. 스루 더 그린(페어웨이나 러프)에서는 볼로부터 1클럽 렝스 이상의 범위에 있는 루스 임페디먼트라면 접촉해도 아무런 문제가 없지만 볼에서 1클럽 렝스 이내의 루스 임페디먼트에 접촉했을 때 볼이 움직였다면 플레이어가

프로투어에서 성공하려면 자기 외의 모두를 미워해야 한다. 부모, 처자식, 형제자매, 벗 전부 – 그러한 것들을 모두 잊을 수 있는 집중력이 필요하다.
_[데이브 힐]

볼을 움직인 것으로 간주되며 1벌타를 받게 된다. 그리고 움직인 볼은 본래의 위치에 리플레이스해야 한다. 따라서 이 경우에는 지적받은 대로 1벌타를 받게 되고 움직인 볼은 본래의 위치에 리플레이스해야 한다.

여기에서 움직인 볼을 본래의 위치에 리플레이스하지 않고 플레이한 경우에는 스트로크 플레이에서는 루스 임페디먼트에 접촉함으로써 볼을 움직이게 한 데 대한 페널티 1타에 리플레이스 위반의 2타, 합쳐서 3벌타가 되겠지만 규정에 따라 2벌타에 그치게 된다.

23) 백 스윙에 방해가 되는 나뭇가지를 꺾었다

티 샷이 훅 되며 왼쪽 숲으로 들어갔다. 다행히 볼은 발견되었으나 나무 뿌리 쪽에 있었기 때문에 백 스윙에 나뭇가지가 방해가 되었다. 플레이어는 그 나뭇가지를 꺾어 스윙할 수 있게 만들었다. 그러나 동반 경기자가 '2벌타'를 주장했다.

규칙에 의해 정해진 경우 이외에는 있는 그대로 볼을 플레이해야 한다. 그 '있는 그대로의 상태에서 플레이한다.'는 원칙을 살펴보면 다음의 세 가지이다.
① 자신의 볼의 위치 또는 라이의 개선 금지
② 의도하는 스윙의 구역 개선 금지
③ 자신의 플레이 선의 개선 금지
①, ②, ③의 각 반칙에 대해 스트로크 플레이에서는 2벌타를, 매치 플레이에서는 그 홀의 패배가 된다.

이 경우에는 지적을 받은 대로 ②에 위반되는 것이 분명하다. 즉 "테이크 백에서 폴로 스루까지의 스윙의 전체 과정에서 클럽이 나무나 나뭇가지와 접촉할 때 그 나무라든가 나뭇가지를 꺾거나 구부려 의도하는 바 스윙 구역을 개선해서는 안 된다."는 규칙 위반이다.

①, ③에 대해 개략적으로 설명해 보자.

골프 스코어의 60%는 핀에서 1백 25야드 이내에서 나온다. _ [샘 스니드]
골프에 나이는 없다. 의지만 있다면 몇 살에 시작해도 향상이 있다. _ [벤 호건]

① '볼의 위치 개선'이라 함은 자신이 샷 하려는 방향으로 플레이하기 쉽도록 볼의 위치를 움직이는 것 또는 OB, 워터 해저드, 벙커 안에 있는 볼을 보다 좋은 위치로 움직이는 것 또는 나무 밑 뿌리 쪽으로 볼이 파고들어 쳐내기가 불가능하여 언플레이어블 조치를 취할 수밖에 없는 볼을 샷 할 수 있는 위치로 움직이는 행위, 즉 볼을 보다 좋은 위치로 움직이는 것을 말한다.

② '라이의 개선'이란 볼이 페어웨이의 우묵하게 패인 곳에 들어가 있는 경우처럼 샷 하기가 어려운 때보다 양호한 위치로 볼을 움직이는 것 또한 볼이 떠올라 치기 쉽도록 볼 뒤쪽의 잔디나 흙을 클럽 또는 손으로 누르는 행위 등을 말한다.

③ '자신의 플레이 선의 개선'이란 어프로치 샷이나 퍼팅의 볼이 지나는 선 도중에 있는 나뭇가지 등을 꺾거나 휘거나 또는 흙, 잔디를 발로 밟거나 클럽 헤드로 누르는 행위를 말한다. 또한 볼과 홀을 연결하는 선 또는 볼과 플레이어가 의도하는 샷 방향 선의 나뭇가지를 꺾거나 구부리는 것을 말한다.

골프 명언
젊었을 때 골프는 참 쉽다. 그가 어른이 되어 우는 것을 배운다.　_ [론 로즈]
장타(長打)의 유혹에 이기면 명인(名人)이 된다.　_ [보비 로크]

24) 페어웨이에서 볼 바로 앞에 있는 모래를 손으로 밀어냈다

티 샷이 페어웨이 한가운데로 갔다. 그런데 그 위치에 가보니 볼 바로 앞에 있는 디보트를 메운 흙이 상당히 두드러져 있었다. 플레이어는 볼 바로 앞의 모래를 손으로 밀어냈다. 그러자 동반 경기자가 반칙을 주장했다.

모래나 흩어진 흙은 골프 코스 그 자체의 기본적 구성 물질이므로 플레이에 방해가 된다 하더라도 페어웨이나 러프에서는 이를 제거한다든가 누를 수 없다. 다만 퍼팅 그린 위에서라면 모래라든가 흩어진 흙을 루스 임페디먼트라 간주하여 벌점 없이 제거할 수 있다. 이 경우의 볼 바로 앞의 모래를 손으로 밀어낸 행위는 볼의 라이 개선, 의도하는 스윙 구역의 개선, 자기가 플레이하려는 선의 개선 등 모든 금지 사항에 저촉된다. 페널티는 매치 플레이에서는 그 홀의 패배이고 스트로크 플레이에서는 2벌타이다.

골프명언 | 어느 클럽을 쓸 것인가 망설일 경우 꼭 큰 쪽을 택하여 편하게 쳤을 때 결과가 나빴던 일이 거의 없다. _[헨리 피커드]

25) 볼과 클럽 헤드 사이에 낀 풀잎을 손으로 잘랐다

페어웨이로부터의 제2타를 스푼으로 치려다가 볼과 클럽 헤드 사이에 나 있는 두세 개의 풀잎이 마음에 걸려 그것을 손으로 잘라냈다. 그러자 동반 경기자가 2벌타를 주장했다.

자신의 볼의 라이, 즉 볼이 정지하고 있는 상태를 개선하여 치기 쉽게 하는 것을 라이의 개선이라 한다. 이것은 반칙 행위이다. 스푼이나 버피 등 이른바 페어웨이 우드를 사용할 때 볼과 클럽 헤드의 페이스 사이에 나 있는 풀잎이 방해가 된다 하여 그것을 손으로 자르거나 빼버리는 것은 라이의 개선에 해당된다. 이 경우 동반 경기자의 지적대로 2벌타가 부가된다(매치 플레이에서는 그 홀의 패배).

26) 움직일 수 없는 장애물에 대한 구제 조치1

콘크리트로 포장된 도로 옆으로 타구를 하고 만 플레이어는 스탠스를

 60세의 노인이 30세의 장년에게 이기는 골프게임이 어찌 스포츠란 말인가.
_[버드 쇼텐]

잡자니 한 발이 그 콘크리트의 도로에 걸려 아무래도 마땅치 않았다. 플레이어는 "벌점 없이 구제 드롭을 받겠다."고 동반 경기자에게 요청했으나 그는 "볼이 콘크리트 도로 위에 있는 것은 아니니까 그대로 쳐야 한다."고 주장했다. 과연 누가 옳은지 알아보자.

콘크리트로 포장된 도로는 움직일 수 없는 장애물이다. 그리고 볼이 장애물에 너무 접근해 있기 때문에 그 장애물이 플레이어의 스탠스나 스윙 구역에 방해가 된다면 움직이지 못하는 장애물이 된다. 따라서 비록 볼이 도로 위에 나가 있지 않더라도 그 도로 위에 스탠스를 잡지 않으면 칠 수 없는 상황인 경우 벌점 없이 구제 조치를 받을 수 있다.
그렇다면 볼을 어디로 이동시킬 수 있는가?
스루 더 그린에서는 ① 홀에 접근하지 않고, ② 그 장애를 피할 수 있으며 ③ 스루 더 그린에서 볼의 앞 위치에 가장 가까운 지점을 기점으로 하여(티 페그 등으로 마크를 하는 것이 바람직하다) 그 기점으로부터 1클럽 렝스 이내에 볼을 드롭해야 한다. 그리고 드롭하여 볼이 멈춘 위치는 ①,

골프명언 | 비기너의 큰 결점은 좋아하는 샷만을 연습하고 싫어하는 샷을 연습하지 않는 데 있다. _[버너드 다윈]

②의 조건을 충족시켜야 한다. 또한 그 드롭한 볼이 지면에 최초로 떨어진 위치에서부터 2클럽 렝스 이상 굴러가지 않아야 한다.

앞에서의 경우 동반 경기자는 플레이어의 요청을 받아들여야 한다. 비록 규칙을 잘 모르는 동반 경기자가 반대를 하더라도 규칙을 제대로 알고 있는 플레이어는 프리 드롭(벌점 없는 구제 드롭)을 강행해도 된다. 그리고 플레이가 끝난 뒤 경기 위원 또는 그 클럽의 규칙을 잘 아는 사람에게 판단을 요청하면 될 것이다. 정식 경기라면 경기 위원회의 재정을 받게 된다.

27) 움직일 수 없는 장애물에 대한 구제 조치2

앞쪽에 있는 나무가 방해가 되어 직접 퍼팅 그린을 노릴 수가 없다. 그래서 플레이어는 왼쪽 페어웨이로 보내고자 스탠스를 잡으려 했더니 오른발이 맨홀 가장자리에 걸렸다. 따라서 움직일 수 없는 장애물에 대한 구제 조치를 취해 드롭을 했는데 볼이 정지한 위치에서는 그린을 직접 노릴 수 있었다. 그래서 플레이어는 왼쪽 페어웨이로 나가기를 포기하고 그린을 노려 플레이했다. 이 경우 아무 문제가 없는지 알아보자.

이 경우 그 볼의 라이 상황이나 그 자리의 객관적 상황으로 보아 볼의 위치에서 왼쪽 페어웨이 방향으로 플레이하는 것이 합리적이다. 따라서 맨홀의 가장자리, 즉 움직일 수 없는 장애물에 대한 구제 조치를 받을 수 있다.

이와 비슷한 예로 부득이 왼쪽 치기를 하려 하자 수리 지역이라든가 캐주얼 워터에 스탠스가 걸리기 때문에 드롭하여 구제를 받았던 바 이번에는 오른쪽 치기가 가능해진 경우에는 오른쪽 치기를 해도 상관없다. 왼쪽 치기의 조건은 드롭과 동시에 소멸되었다고 생각하는 것이다.

28) 움직일 수 있는 장애물

타구가 페어웨이에서 떨어져 있던 신문지 위에 올라가고 말았다. 그러한 경우를 처음 당한 플레이어는 어떻게 해야 할지 당황했다. 동반 경기자

> **골프 명언**
> 골프는 승용차의 운전과 같아서 나이 들수록 보다 신중해진다.   _[샘 스니드]
> 골프 스윙은 지문과 같아서 2개도 같은 것이 없다.   _[제임스 로버트]

중 한 사람은 그대로 칠 수 있다고 하고 또 다른 사람은 신문지를 치우고 그 볼을 플레이스해야 한다고 주장, 나머지의 또 한 사람은 드롭해야 한다고 했다. 과연 어떻게 해야 할까?

'움직일 수 있는 장애물'이란 장애물 가운데 코스에 버려져 있는 인공적인 물건을 말한다. 예컨대 벙커라면 로프의 기중, 로프, 다른 팀 플레이어의 카트, 빼낼 수 있는 말뚝 팻말, 코스 작업원이 작업 중에 사용하는 볼 막이 그물판, 거적, 수도 호스, 빈 깡통, 빈병, 장갑, 헤드 커버, 담배 꽁초, 담배곽, 볼 마크를 수리하는 포크, 티 페그, OB 말뚝 이외의 표시 말뚝으로 뺄 수 있는 것 등이다.

이와 같이 움직일 수 있는 장애물은 비교적 쉽게 움직여지므로 움직이는 편이 코스나 물건에 손상을 주지 않고 또한 우드나 아이언 클럽도 손상을 받지 않을 수 있다. 볼이 움직일 수 있는 장애물 속이라든가 위에 놓인 경우에는 그대로 볼을 쳐도 되지만 벌점 없이 볼을 집어올리고 장애물을 제거할 수도 있다.

오래 사는 인생도 아니다. 서두르지도 근심 걱정도 하지 말자. 우리 인생길에 있는 꽃들의 냄새나 실컷 맡자.   _[월터 헤건]

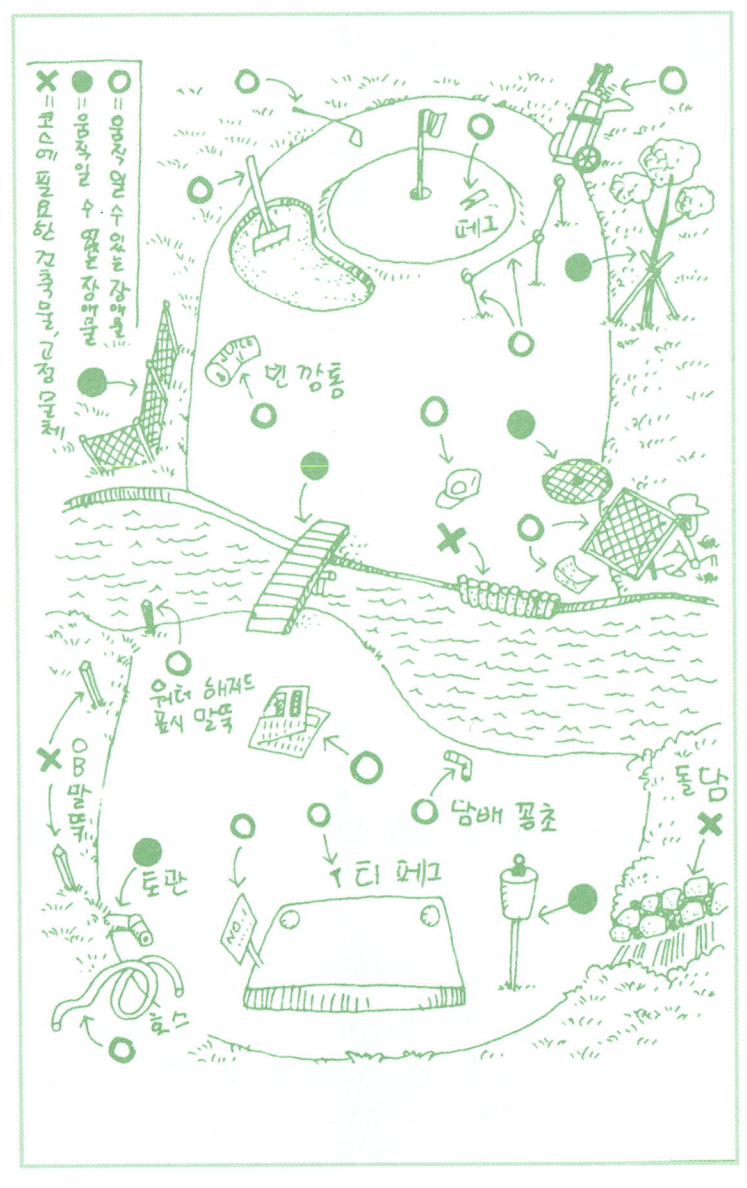

> **골프 명언** 골퍼가 나이 드는 것을 서러워해서는 안 된다. 나이 들고 싶어도 더 살지 못하는 사람들이 많으니까. _**[필 해리스]**_

이 경우 볼이 있었던 그 지점과 되도록 가깝고 홀에는 가까워지지 않는 지점에 스루 더 그린 또는 해저드 안이라면 드롭하고, 퍼팅 그린 위에서는 플레이스 해야 한다. 볼과 닿아 있고 또한 가까이에 있는 움직일 수 있는 장애물은 이를 제거할 수가 있다. 그 볼이 움직일 경우에는 벌점 없이 리플레이스하게 된다. 인 플레이한 볼이 접근 또는 접촉함으로써 규칙상 움직일 수 있는 장애물의 위치가 결정된다. 움직일 수 없는 장애물과 움직일 수 있는 장애물의 구별도 상황에 따라 유동적이라 할 수 있다. 그 한 예로써 티 그라운드의 티 마크가 있다.

어쨌든 앞에서의 플레이어는 그대로 쳐도 되지만 그 신문지는 움직일 수 있는 장애물이므로 벌점 없이 구제를 받을 수 있다. 볼을 집어 들고 신문지를 제거한 다음 볼이 있던 지점과 되도록 가깝고 홀에는 접근하지 않는 지점에 드롭하면 된다.

29) 플레이의 중단이 인정되는 경우

월례 경기에 참가했는데 라운드 도중 비바람이 강해져 동반 경기자와 의논하여 플레이를 중단했다. 비가 그치기까지 기다리기로 하고 매점에서 쉬고 있는데 다음 팀이 왔다. 그래서 경기 위원의 허가 없이 먼저 하라고 선행권을 양보했다. 문제는 없는가?

말할 것도 없이 골프 코스에서는 플레이어 전원이 플레이의 원활한 진행에 책임을 지게 되어 있다. 일정한 질서를 지키며 한 사람 한 사람이 플레이를 진행하지 않으면 많은 사람이 순조롭게 플레이할 수가 없다. 따라서 일단 라운드를 개시한 플레이어는 원칙적으로 플레이를 중단할 수가 없다.

플레이의 중단이 인정되는 것은 다음 네 가지 경우뿐이다.
① 위원회가 플레이 중단을 결정했을 때
② 플레이어가 낙뢰의 위험이 있다고 생각했을 때
③ 플레이어가 의문이 생겼거나 또는 분쟁이 야기되어 위원회의 재정

골프 명언 옛날 골퍼들은 몇 개 안 되는 클럽으로 여러 가지 많은 스윙을 했지만, 현대의 골퍼들은 많은 클럽을 써서 똑같은 스윙을 한다.   _[버너드 다윈]

을 요구할 때

④ 기타, 예컨대 갑작스러운 질병 등 정당한 이유가 있을 때

악천후 그 자체는 플레이 중단의 정당한 이유가 되지 못한다고 규칙에 규정되어 있다. 비나 바람이 심하다고 해서 그치기까지 매점에서 쉬는 것은 규칙 위반이다.

그러나 누가 보아도 플레이가 불가능하다 판단하지 않을 수 없는 호우나 폭풍이 몰아칠 때는 일시적으로 나무 그늘이나 가까운 매점에서 형편을 살펴보는 것이 허용된다. 다만 매점의 전화를 이용하는 등으로 경기 위원회에 보고하고 그 판단을 받아야 한다. 비를 싫어하니까 비가 그친 뒤에 플레이하자고 멋대로 플레이를 중단하는 것은 허용되지 않는다. 더욱이 이 경우처럼 다음 팀을 패스시키는 것은 있을 수도 없다. ②의 '낙뢰 위험'의 경우에 플레이어의 개인적 판단으로 플레이를 중단할 수 있도록 한 것은 경험적으로 낙뢰가 생명의 안전을 위협하기 때문이다.

그러나 위원회가 신중하게 고려하여 낙뢰의 위험이 사라졌다고 보고 경기의 재개를 결정한 경우에는 거부할 수 없다. 다만 이의 재개 결정에

골프 명언 연습장에서의 샷만으로 다른 프로들을 겁줄 수 있는 사람은 잭 니클로스뿐이다.
_[딕 샤프]

있어서는 위원 개인의 주관만으로는 안 되며 그 지역의 적절한 기상 보고와 그 객관적 평가에 입각해야 한다. 플레이어가 위원회의 특별한 허가 없이 플레이를 중단한 경우, 정당하다고 인정되지 않으면 그 플레이어는 경기 실격이 된다(매치 플레이의 경우에는 예외가 있다).

30) 매치 플레이에 있어서의 경기 중단

18홀의 매치 플레이 경기에서 5번 홀이 끝나고 선행 타자가 티 업 하고 있을 때 비가 내리기 시작했다. 동반 경기자의 요청으로 비가 그치면 즉시 플레이를 계속하기로 선행 플레이어와 동의하여 플레이를 중단했다. 한 시간 뒤 비는 그치지 않았지만 플레이를 할 수 있는 상태라고 판단한 선행 플레이어는 동반 경기자에게 플레이 계속을 요청했으나 그는 응하지 않았다. 경기 일정을 보면 이 두 사람 가운데 승자가 이튿날 다른 사람과 대전하게 되어 있었다. 이 경우, 어떤 사람에게 문제가 있는지 알아보자.

스트로크 플레이는 그 경기 참가자가 동일한 조건으로 플레이해야만

| 골프 명언 | 프로들이 이론에 중점을 두지 않는 까닭은 그들이 이론의 도움을 필요로 하지 않아서가 아니다.　_[버너드 다윈]

하며 또한 정해진 일정 안에 모든 순위를 결정할 필요가 있다. 그러나 매치 플레이에서는 A대 B와 C대 D의 날씨가 한쪽은 비가 되고 한쪽은 맑은 날씨여도 상관없다. 승자가 결정되는 것으로 족하다. 따라서 매치 플레이에서는 경기 일정에 여유가 있으면 플레이어들의 판단에 따라 비가 심해 좋은 플레이를 할 수가 없으니까 중단하자고 합의해도 된다. 그러나 이런 경우 한쪽 플레이어의 고집만으로 중단해서는 안 된다.

예컨대 한쪽에서는 비를 싫어한다 하여 플레이 중단을 요청하더라도 다른 한쪽에서는 이 정도라면 플레이에 별로 지장이 없다고 거부할 수 있다. 그리고 한쪽이 플레이를 계속하려 함에도 불구하고 한쪽 플레이어가 플레이 계속을 거부하는 경우에는 그 플레이어가 실격이 된다. 또한 서로 합의한 플레이의 중단이었다 하더라도 그 이유가 서로 비를 맞으며 플레이하는 것이 싫은 데에 있고, 실제로는 플레이에 별로 지장이 없는 상황인 경우에는 양쪽 플레이어 모두 실격이 된다. 비가 심해진 경우에도 경기 일정상 그 경기를 끝내야 하는 경우에는 플레이어들의 합의에 의한 중단이 허용되지 않는다.

어떤 경우이든 위원회에 되도록 신속하게 보고하며 재정을 받는 것이 중요하다. 골프 규칙에는 매치 플레이의 경우, 이와 같이 플레이어들의 합의에 의한 플레이 중단에 대해 규정을 적용하고 있기는 하지만 실제로 그 규정의 적용은 어렵다. 위에서 든 예에서는 동반 경기자의 경기 실격이 될 것이다.

> **골프 명언** 잭 니클로스가 말하는 '그린까지의 거리'는 무조건 믿을만하다. 샷에 관한 그는 비(雨)의 온도까지도 계산한다. _[아트 스펜더]

필드에서의 응급처치〈3〉

예전에 만들어진 골프장은 통상 홀 당 두 개의 그린이 있었다. A그린은 비교적 크고 주 그린으로 사용하였고 B그린은 비교적 작아 A그린의 대체용으로 사용하였다. 하지만 1990년 이후 신규 골프장들이 소수회원제로 바뀌면서 겨울철에도 휴식기를 갖는 골프장이 늘어났고, 또 잔디양성 기술이 발달함에 따라 하나의 그린만을 사용하는 골프장이 늘어나는 추세이다. 이러한 영향으로 그린의 크기가 점차 커져 퍼트하기가 용이하지 않게 되었다.

평균적인 그린의 크기는 300평 정도이며 한쪽 가장자리에서 다른 쪽 가장자리까지의 길이가 30m 이상이 된다. 그래서 3퍼트나 4퍼트가 심심찮게 나오고 있다. 특히 여성 골퍼나 초보 골퍼의 경우 대개 퍼트 거리가 형편없이 짧거나 어이없이 클 경우가 많다. 이는 라운드 경험이 적은 탓도 있지만 상황에 따라 그립을 적절히 변화시키는 요령을 잘 모르기 때문이다.

힘이 부족한 초보 여성 골퍼나 항상 롱 퍼트 거리가 짧은 골퍼들은 굳이 정상적인 그립을 취할 필요가 없다. 즉, 오른손과 왼손을 겹쳐 잡지 말고 왼손과 오른손을 약간 벌려 잡는 것이 거리를 내는 데 도움을 줄 수 있다는 얘기이다. 왼손은 원래대로 잡고 오른손은 왼손에서 1~2㎝ 정도 아래쪽에 위치시킨다.

그런 다음 손목을 약간 사용하면 거리를 내는 데 효과적이다. 반대로 거리가 많이 나는 골퍼들은 어드레스 자세에서 그립을 강하게 잡고 손목을 사용하지 않도록 해야 한다. 그리고는 퍼터 한가운데가 아닌 약간 안쪽이나 바깥쪽을 이용해 볼을 때리면 볼이 절대 멀리 가지 않을 것이다.

또 오르막이나 내리막에서도 이러한 스트로크 방법을 활용해 보면 좋은 결과를 얻을 수 있다. 오르막에서는 오른손과 왼손을 따로 잡고, 내리막에서는 볼을 퍼터의 한가운데가 아닌 가장자리로 스트로크하는 방법을 쓴다면 거리에 대한 두려움을 줄일 수 있다.

[한국일보] 2004-02-19 유광수(효창필골프아카데미 헤드프로)

제_4_장
벙커에 대하여

1) 벙커 안에서 한 번 놓았던 클럽을 다시 집어들었다

샌드 웨지와 피칭 웨지 2개의 클럽을 가지고 벙커에 들어갔다. 그리고는 피칭 웨지로 치기로 하고 샌드 웨지를 벙커 안의 모래 위에 놓았다. 그러나 잘 보니 약간 라이에 문제가 있는 것 같아 클럽을 바꾸기로 하고 피칭 웨지를 놓고는 샌드 웨지를 집어들었다. 그러자 동반 경기자가 '모래 테스트를 했으니 반칙' 이라고 지적했다. 과연 옳은 주장인가?

벙커 안에 클럽을 두는 것은 그 모래의 테스트 또는 볼의 라이 개선을 위한 것이 아닌 한 허용되지만 일단 모래 위에 놓은 클럽을 다시 집어 사용하는 것은 '모래의 테스트'로 간주되기 쉽다. 벙커 안에서는 스트로크를 하기 전에 ① 그 모래의 상태를 테스트한다. ② 클럽이나 손을 모래에 대본다. ③ 루스 임페디먼트에 닿는다는 세 가지 행위는 금지된다. 따라서 사용하지 않는 클럽을 벙커 안에 가만히 놓는 정도는 허용되지만 벙커의 모래 위에 놓은 클럽을 집어 들어 다시 사용하는 것은 클럽으로 모래를 대보는 결과가 되어 반칙이다.

 골프는 왼손의 게임도 오른손의 게임도 아닌 잘 균형된 두 손의 게임이다.
_ [헨리 코튼]

필요 없는 클럽은 반드시 벙커 밖에 두도록 해야 한다. 이 반칙의 페널티는 매치 플레이에서는 그 홀의 패배, 스트로크 플레이에서는 2벌타이다.

2) 타구가 몸에 닿았다

벙커 안의 자신이 볼을 쳤는데 벙커 턱에 맞고 튕겨 발에 닿은 경우에 대해 알아보자.

매치 플레이에서는 플레이어의 볼이 플레이어 자신, 그 파트너, 그들의 캐디 또는 휴대품에 접촉했을 때 그 홀에서 진 것으로 한다. 스트로크 플레이에서는 플레이어는 2타의 페널티를 받는다. 그리고 그 볼이 정지되어 있는 곳에서부터 플레이해야 한다. 벙커의 안이든 밖이든 관계없이 예컨대 페어웨이에서 자신의 볼을 쳤던 바 그 볼이 나뭇가지를 맞고 튕겨 나와 자신의 몸에 닿은 경우에도 마찬가지이다.

> **골프명언** 골프는 얼마나 아름다운 스윙을 하느냐가 아니라 얼마나 같은 스윙을 미스 없이 되풀이할 수 있느냐의 반복게임이다.   _[리 트레비노]

3) 벙커 안에서 가볍게 스윙했을 때 클럽 헤드가 모래를 약간 스쳤다

벙커 샷을 하기 전에 가볍게 스윙을 시도했는데 클럽 헤드가 모래를 약간 스친 경우에는 어떻게 해야 할까?

벙커와 접촉하고 있는 볼, 벙커 안의 볼을 스트로크하기 전에 모래 면이나 또는 모래면과 접촉하고 있는 루스 임페디먼트(돌이나 나뭇잎 등)에 손 또는 클럽을 대보거나 움직이는 것은 반칙이다. 벙커 안에서는 클럽 헤드의 솔을 모래면에 댈 수가 없다. 클럽 헤드를 띄운 상태에서 어드레스해야 한다. 벙커에서는 플레이어가 스탠스를 취하는 순간부터가 어드레스를 한 것으로 간주된다. 따라서 백 스윙에서 클럽 헤드가 모래에 닿았다면 반칙이 된다. 스윙에서 클럽 헤드가 모래와 접촉했을 때 그것이 비록 우연이라 하더라도 모래의 테스트로 간주되며 반칙이 된다.

플레이어 자신이 모래에 닿았다고 느끼면 즉시 신고하여 반칙에 대한

 골프 스윙에서 오른팔이 강해지는 본능적 경향을 억제하는 일은 골퍼에게 있어 영원한 싸움이다. _[조지 덩컨]

페널티를 스스로 부과해야 한다. 스트로크 플레이에서는 2벌타, 매치 플레이에서는 그 홀의 패배이다.

4) 드롭한 볼이 벙커로 굴러들어갔다
벙커 가까이의 페어웨이에서 드롭했더니 볼이 굴러 벙커로 들어가고 말았다. 그래도 플레이를 계속해도 괜찮은지 알아보자.

페어웨이에서 드롭했는데 볼이 굴러 벙커나 못으로 들어갔다든가 퍼팅 그린 위로 굴러들어간 경우에는 벌타 없이 재드롭한다. 재드롭했을 때도 볼이 다시 그런 위치로 구른 경우에는 재드롭한 볼이 지면에 맨 처음 떨어진 위치에 되도록 가깝게 그 볼을 플레이스 해야 한다. 즉 세 번씩 드롭을 할 수는 없다. 자칫 세 번째 드롭을 하게 되면 매치 플레이에서는 그 홀의 패배가 되고 스트로크 플레이에서는 2벌타가 된다.

골프명언 *상황을 고려하지 않는 샷의 연습은 무의미하다.* _[골프 속언]
클럽이 톱 오브 스윙에 도착하기 전에 이미 다운 스윙은 시작된다. _[벤 호건]

5) 벙커에서 잘못하여 다른 사람의 볼을 쳤다

동반 경기자의 타구가 들어간 퍼팅 그린 왼쪽 사이드의 벙커에 그만 자신도 볼을 넣고 말았다. 그는 자기 앞쪽에 있는 볼이 자기 것인 줄 알고 타구했는데 운 좋게 핀 옆으로 갔다. 그러나 이어서 벙커로 들어간 동반 경기자의 지적에 따라 그만 상대방의 볼을 친 것으로 판명되었다. 어떻게 해야 하는가?

동반 경기자의 볼을 자기 것으로 알고 치게 되는 경우가 적지 않게 나온다. 이러한 때에는 그 볼의 주인인 동반 경기자에게 정중하게 사과를 해야 한다. 자신의 볼을 잘못 알고 상대방이 플레이를 해버렸을 때 불쾌하지 않을 사람은 없다. 단, 벙커나 워터 해저드에서는 식별을 위해 플레이어가 볼을 만지는 것이 허용되지 않기 때문에 해저드 안에서 몇 번을 오구(誤球)해도 벌타는 없다. 또한 해저드 안에서 오구를 스트로크한 타수는 스코어로 간주하지 않아도 된다. 즉 노 카운트인 것이다.

골프 명언 골프란 1백 50야드를 날리려면 50야드만 날고 50야드를 날리려 들면 1백 50야드를 날게 되는 것. _ [작자 미상]

6) 벙커에서 두 볼이 가까이 접근해 있다

먼저 친 사람의 볼이 그린 왼쪽 앞의 벙커로 들어갔다. 이어서 동반 경기자가 친 볼도 같은 벙커로 들어갔다. 벙커에 도착해 보니 먼저 친 볼의 뒤쪽 30cm 정도 되는 곳에 나중 친 볼이 와 있었다. 먼저 친 사람이 위치를 마크하고 자신의 볼을 집어들었다. 나중 친 사람이 그 뒤 샷을 했으나 모래를 지나치게 파는 바람에 먼저 볼의 위치를 표시한 마크도 없어지고 그 위치도 패이고 말았다. "위치는 맞지만 라이가 달라졌다."고 먼저 친 사람이 당혹해 한다. 이런 경우에는 어떻게 해야 할까?

같은 벙커에 두 볼이 들어가는 것은 흔히 있는 일이다. 게다가 두 볼이 접근하여 놓이는 것도 골퍼라면 여러 차례 경험하게 되는 일이다. 벙커 공포증 때문에 언플레이어블 조치를 취하는 경우를 제외하고 두 볼은 각각 벙커 샷으로 쳐내야 한다.

우선 첫째 문제는 두 볼 중 어느 볼부터 쳐내는가이다. 이 문제는 골프

> **골프명언** 스윙 중에서 자기가 백퍼센트 컨트롤할 수 있는 동작은 셋 업뿐이다.
> _[잭 니클로스]

규칙에 분명하게 정해져 있다. 즉 그 홀부터 먼 볼을 먼저 플레이해야 한다. 같은 거리에 있는 경우에는 어떻게 하는가? 그런 경우에는 먼저 플레이하는 볼을 제비뽑기 등으로 결정해야 한다. 왜냐하면 라이의 복원에 대한 트러블을 피하기 위해서는 반드시 먼 데 있는 볼부터 먼저 플레이해야 한다는 규칙에 얽매이지 말고 복원이 어려운 볼의 주인이 먼저 플레이하는 것이 바람직하다고 생각되기 때문이다.

그러나 플레이의 공정성을 유지하기 위해서는 획일적으로 먼 볼부터 먼저 친다는 원칙을 지키는 것이 옳다. 복원의 어려움을 플레이어 자신들에게 판단하게끔 한다는 일 자체가 오히려 공연한 트러블을 초래할 수도 있기 때문이다.

둘째 문제는 라이의 복원이다. 이 경우 먼저 친 사람은 당연히 벙커를 떠나기 전에 자신의 타구로 인해 만들어진 구멍이나 자국을 꼼꼼하게 고쳐 놓아야 한다. 이어서 다음 타자의 타구를 위해 처음 라이와 되도록 같아지도록 라이를 복원하고 그 라이에 볼을 플레이스해야 한다. 이 경우 서로 입회하여 너무 좋은 라이가 만들어진 경우에는 지적해야 할 것이다. 즉 되도록 플레이의 공정성을 유지하자는 것이다. 반칙에 대한 페널티는 스트로크 플레이가 2벌타, 매치 플레이는 그 홀의 패배이다.

7) 벙커 안에 둔 벙커 고르기에 벙커 샷 한 볼이 맞았다

벙커에서 샷 한 뒤, 즉시 모래를 고를 수 있도록 플레이어가 벙커 고르기를 가져다가 볼에서 약간 떨어진 모래 위에 놓았다. 그리고 나서 벙커 샷을 쳤는데 볼은 둑에 맞고 벙커 안으로 되돌아오더니 모래 고르기에 맞고 멈췄다. 동반 경기자는 "모래 고르기를 플레이하는 사람이 가져왔으니 휴대품이다. 2벌타를 받아야 한다."고 주장했다. 맞는 말인가?

골프 규칙에 약간 정통하다는 사람일수록 그렇게 생각하기 쉽다. 플레이어가 사용하기 위해 가져온 것이므로 비록 플레이어의 소유물은 아니더

> **골프 명언** 골프의 가장 큰 철칙이면서 가장 지켜지지 않는 철칙은 *"눈을 볼에서 떼지 말라"*이다.
> _[그랜트랜드 라이스]

라도 휴대품이라고 오해하는 것이다. 휴대품이란, 플레이어가 사용, 착용, 휴대하는 물품이다. 그러나 모래 고르기는 코스에 방치되어 있는 인공적인 물건, 즉 움직일 수 있는 장애물이다. 움직일 수 있는 장애물이므로 그것에 공이 맞았다 해도 반칙이 되지는 않는다.

플레이어가 두 개의 샌드 웨지를 가지고 벙커에 들어가 그 중 하나를 벙커 안에 넣고 벙커 샷을 했다고 치자. 그 볼이 둑에 맞아 튕겨 나오고 놓여 있던 또 하나의 샌드 웨지에 맞은 경우에는 휴대품에 볼이 맞은 셈이 되어 2타의 페널티를 받게 된다. 클럽이 아니라 우산이라도 마찬가지이다. 클럽이나 우산은 휴대품이기 때문이다.

그러나 이 경우 모래 고르기에 볼이 접촉하여 정지되었을 때에는 모래 고르기를 제거할 수가 있다.

① 볼이 모래 고르기 바로 옆에 있을 때는 그것을 옮길 수가 있다. 이때 볼이 움직인 경우에는 벌타 없이 본래의 위치에 리플레이스 해야 한다.

② 볼이 모래 고르기 위에 걸려 있을 때에는 페널티 없이 그 볼을 들어

골프 명언   *골프에서 50퍼센트가 심상, 40퍼센트가 셋 업 그리고 나머지 10퍼센트가 스윙이다.*
_[잭 니클로스]

올리고 모래 고르기를 옮길 수가 있다. 그 볼은 모래 고르기에 걸려 있었던 지점의 바로 아래라 생각되는 위치 그리고 홀에 가깝지 않은 쪽으로 드롭해야 한다.

①의 경우는 '리플레이스'이지만 ②의 경우는 '드롭'이라는 점에 주의하기 바란다. 이에 대한 페널티는 스트로크 플레이라면 2벌타, 매치 플레이에서는 그 홀의 패배이다.

8) 벙커에 들어간 볼을 언플레이어블로 하는 경우

제2타 롱 아이언의 샷은 톱의 느낌이 있었으며 그린 오른쪽 앞의 벙커로 들어갔다. 볼은 벙커 턱 바로 아래에 꽂히듯 매몰되었으며 그린 방향으로는 물론 오른쪽으로도 왼쪽으로도 쳐낼 수 있을 것 같지 않았다. 플레이어는 자신의 실력으로는 무리라고 판단하고 언플레이어블을 선언한 뒤 1타의 페널티를 가산하고 홀과 볼이 있던 지점을 연결하는 선상의 벙커 바깥쪽에 드롭했다. 이것을 보던 동반 경기자는 벙커 안의 볼을 언플레

 어떠한 샷에도 직전까지는 실패가 당신을 기다리고 있다.　_[조지 호튼]
빠른 백 스윙을 하는 사람 치고 일류 플레이어는 거의 없다.　_[다이 리스]

이어블로 할 때는 벙커 안에서밖에 구제될 수 없다고 항의했다. 이런 경우에는 어떻게 해야 할까?

우선 양쪽이 모두 잘못이다. 반칙에 대한 페널티는 매치 플레이에서는 그 홀의 패배이고 스트로크 플레이에서는 2벌타이다. 워터 해저드를 제외하고는 코스의 어느 장소에서든 플레이어는 언플레이어블 선언을 할 수가 있다. 벙커 안에서는 볼이 벙커의 턱 아래에 꽂혀 있는 상태라든가 심하게 파묻혀 있는 경우에는 오히려 언플레이어블의 구제에는 세 가지 조치가 있다. 그러나 벙커 안의 언플레이어블 구제에 대해서는 특별한 제약이 있음을 알아야 한다.

① 1타를 부가하고 본래의 위치에서 플레이
본래의 위치가 티 그라운드라면 티 업할 수 있다. 또한 스루 더 그린 또는 해저드라면 드롭하게 된다. 퍼팅 그린 위라면 플레이스해야 된다. 앞에서의 경우처럼 벙커 안의 볼을 언플레이어블로 하여 벙커 밖에서 플레이하려면 제2타의 지점으로 되돌아가 드롭하고 거기에서 플레이하게 된다. 1타의 페널티를 받고 홀과 볼이 있던 지점을 연결하는 선상의 벙커 밖으로는 드롭할 수 없으므로 주의해야 한다. 이 점이 벙커 안의 언플레이어블 구제에 대한 특별한 제약이다. 벙커 안에서 구제 지점을 구한다면 다음의 ②, ③ 중 어느 하나를 선택해야 한다.
② 1타의 페널티를 가산하고 볼이 있던 위치에서 2클럽 렝스 이내의 벙커 안에서 홀과 가깝지 않은 지점에 드롭
③ 1타의 페널티를 가산하고 홀과 볼이 있던 지점을 연결하는 후방 연장선상의 벙커 안에 드롭
벙커 안의 언플레이어블 조치는 이 ①, ②, ③의 세 가지 뿐이다.

9) 물이 고인 벙커에 들어간 볼

타구가 온통 물에 잠긴 벙커의 중앙 부분인 수심 25cm 정도에 들어갔

여성만의 스윙 폼은 없다. 여성에게도 장타의 요건은 다리 힘이다.
_ [오카모도 아야코]

다. 벙커 끝에도 2cm 정도의 물이 괴어 있었다. 어떻게 해야 할까?

　수심 25cm에 가라앉아 있는 볼을 그대로 친다는 것은 아무래도 불가능한 일이다. 1타의 페널티를 가산하고 언플레이어블 선언을 한 뒤 벙커 밖으로 나오는 수도 있지만 이와 같이 벙커가 만수 상태라면 벙커 전체를 캐주얼 워터로 보아 페널티 없이 구제를 받을 수도 있다.
　벙커 내의 캐주얼 워터에 대하여는 다음과 같은 조치가 있다.
　① 페널티 없이, 그 벙커 안에서 볼이 있던 지점과 되도록 가까우며 그 홀과는 가까워지지 않는 상태에서 최대한의 구제를 받을 수 있는 지점에 드롭할 수 있다. '최대한의 구제'란, 완전한 구제를 의미하는 것이 아니라 벙커가 모두 물에 잠겨 있을 때에는 그 물이 가장 얕은 곳을 골라 드롭할 수 있다는 이야기이다. 이 경우에는 벙커의 가장자리 수심 2cm 정도 부분에 페널티 없이 드롭할 수 있다.
　그러나 캐주얼 워터라고는 해도 벙커 안이므로 어드레스나 테이크 백으로 클럽이 수면에 접촉되는 것은 허용되지 않는다. 따라서 수심

| 골프
명언 | 스윙을 느리게 하는 데는 큰 용기가 필요하다.　　_[작자 미상]
골프의 신(神)은 열심파에게 행운을 가져다준다.　　_[샘 스니드] |

2cm의 물에 잠긴 볼을 치기란 상당히 어려울 것이다.

② 1타의 페널티를 가산하고 벙커 밖에서 그 볼이 있던 지점과 홀을 연결하는 후방선상의 지점에 드롭할 수 있다. 이것은 벙커 내의 워터 해저드에 하는 특별 조치이다. 벙커 내의 볼을 언플레이어블로 할 때 볼을 벙커 밖으로 가지고 나와 구제를 받으려면 1타의 페널티를 받고, 그 볼을 친 본래의 위치로 돌아가 드롭해야 했다.

그러나 그렇게 하기 보다는 같은 타의 페널티라도 ②의 쪽이 플레이어에게는 유리하다. 물론 이는 일반론이다. 예컨대 ②의 구제 조치를 취하려 해도 그 지역이 깊은 러프여서 구제 위치를 찾기 힘든 경우도 있다. 따라서 ①로는 도무지 쳐낼 자신이 없고 ②로도 구제 위치를 찾기 힘든 경우에는 애석하지만 언플레이어블을 선언하고 1타의 페널티를 받은 다음 그 볼을 친 본래의 위치로 돌아가 드롭할 수밖에 없다.

골프 명언
두 어깨의 힘을 빼려면 두 엄지손가락의 힘을 빼라.　_[여프로]
플레이어는 자기 외에 그 누구도 비난할 수 없다.　_[스코틀랜드 속언]

필드에서의 응급처치⟨4⟩

심리학자들은 골프가 10%의 기술과 90%의 심리에 의한 운동이라고 한다. 물론 프로 골퍼들은 대략 기술과 심리적 요인의 비율을 50 대 50으로 보며 티칭 지도자들은 40 대 60 정도로 심리 쪽에 더 많은 무게를 준다.

한 외국의 연구에 따르면 페어웨이가 좁은 곳에서의 티샷이 페어웨이가 넓은 곳에서의 티샷보다 거리와 방향성 모두 좋지 않은 것으로 조사됐다.

이것은 무얼 뜻하는 것일까. 결국 페어웨이가 좁기 때문에 불안감이 많아져 자신감을 상실함으로써 본인이 가지고 있는 기술을 백분 활용하지 못하는 것이다. 벙커를 무서워하는 골퍼가 있는가 하면 물을 무서워하는 골퍼, OB를 무서워하는 골퍼들도 있다. 이처럼 필드에서 불안감이 많아졌을 때에는 빨리 이를 낮추든가 아니면 아예 불안감이 생기지 않도록 예방조치를 취해야만 한다.

불안감을 줄이는 방법으로는 '프리 샷 루틴'처럼 좋은 것이 없다. '프리 샷 루틴'이란 볼을 치기 전의 일정한 준비과정을 말한다. 예를 들어 빈 스윙을 한 번 하고 어드레스를 취한 후 클럽을 두 번 흔들고 발을 좌우로 구른 다음 헤드를 땅에 대자마자 백 스윙을 시작하는 것이다. 이러한 과정이 일사천리로 이루어진다면 우리의 뇌는 신경회로를 통하여 몸에 움직임을 지시할 것이며 그 결과 우리의 뇌는 해저드나 벙커, OB 등을 생각할 시간조차 없을 것이다.

쉽게 말하면 시선을 다른 쪽으로 돌려놓고 공격하는 것이다. 이러한 방법들은 투어 프로들이 모두 사용하는 것이다.

세르히오 가르시아가 지루할 정도로 그립을 놓았다 잡았다를 반복하는 것도 이러한 이유이다. 만약 불안감이 고조되어 흥분 상태에 이르렀다면 느림보 플레이가 가장 효과적인 방법이다.

모든 것에 여유를 가져야 한다. 클럽을 선택하는 것에서부터 볼을 칠 때까지의 과정을 모두 느림보처럼 해주는 것이다. 심지어 카트에 오르고 내리는 것까지 천천히 하길 바란다. 이러한 느림보 플레이는 불안감을 가라앉히는 데 많은 효과가 있다.

[한국일보] 2004-02-26 유광수(효창필골프아카데미 헤드프로)

제_5_장
워터 해저드에 대하여

1) 워터 해저드로 들어간 볼

페어웨이로부터의 제2타가 슬라이스 하여 페어웨이 오른쪽에 걸쳐진 못으로 빠져 버렸다. 캐디가 "볼이 못에 떨어진 위치 바로 옆에 드롭해도 된다."기에 그대로 플레이했다. 그러자 동반 경기자는 "로컬 룰에도 그런 법은 없다."고 항의했다. 무엇이 잘못인가?

"볼이 못에 떨어진 위치의 바로 옆에서 드롭한다."는 규정을 가진 로컬 룰이 있다면 즉각 중지해야 한다. 원칙적으로 로컬 룰로도 그러한 조치를 취할 수는 없다. 못은 워터 해저드이다. 볼이 워터 해저드에 들어간 경우에는 다음 세 가지 조치 중 어느 하나를 선택할 수가 있다.

① 페널티 없이 워터 해저드로 들어가 있는 공을 그대로 플레이한다. 이 경우 클럽의 솔을 수면에 대서는 안 된다. 볼이 물 속에 있는 경우 그것을 쳐내기는 어렵다. 또한 물이 없는 말라 버린 못 속에 볼이 정지한 경우라도 클럽을 솔하지 않고 플레이해야 한다. 벙커 안의 볼을 칠 때와 마찬가지이다.

 클럽이 무거울 이유가 없다. 왜냐하면 볼을 멀리 날리는 것은 그 중량이 아니라 그 속도이기 때문이다. _[에이브 미첼]

② 1타의 페널티를 받고 볼이 최후로 워터 해저드 구역을 가로지른 지점과 홀을 연결한 선상에서 그 워터 해저드 구역을 가로지른 지점과 홀을 연결한 선상에서 그 워터 해저드의 후방이라면 거리에 제한 없이 어디든 드롭할 수 있다.

볼이 못에 들어간 경우 우선 대개는 그런 조치를 취하게 된다.

③ 1타의 페널티를 가산하고 처음 볼을 최후에 플레이했다고 생각되는 지점, 즉 본래의 위치에서 다음 스트로크를 한다. 이 경우 스루 더 그린(페어웨이나 러프)이라면 드롭한다. 티 그라운드라면 티 업 할 수 있다.

② 문장이 복잡하여 어려운 것 같지만 그림으로 보면 아주 간단하다 (그림 1). ②의 경우에는 홀 H와 볼이 최후에 워터 해저드 구역의 경계를 가로지른 지점 X를 잇는 선상의 후방이란 XB가 된다.

앞에서 든 예의 경우에 대해 생각해 보자. '볼이 못에 떨어진 곳'이란 볼의 수몰점을 말할 것이다. 워터 해저드의 조치 ②에 있어서는 '볼의 수몰점'은 아무런 기준도 되지 못한다. 필요한 것은 '볼이 최후로 워터 해저

골프 명언 _ 연습장에서는 아무리 나쁜 샷을 하여도 벌타가 부과되지 않는다.
_ [보브 토스키]

| 골프의 기초 규칙 **245**

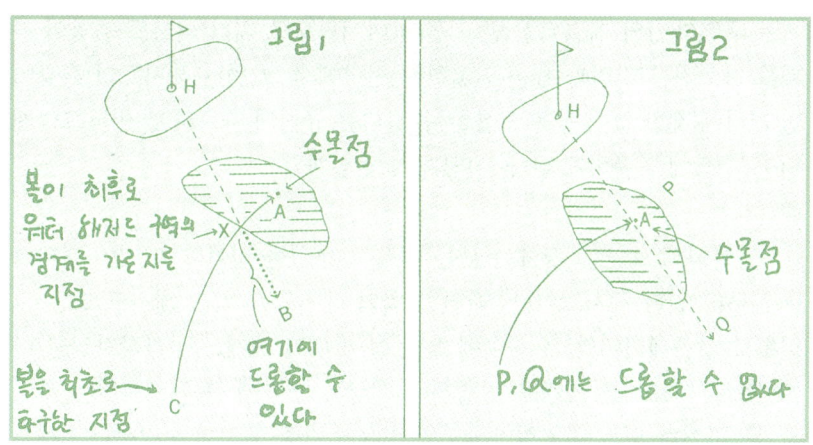

드 구역의 경계를 가로지른 지점'이다. 물론 이 구역의 경계를 가로지른 지점을 확인, 결정하기 위해 볼의 수몰점이 명시되면 나름대로 도움이 될 것이다.

그러나 ②의 해저드 후방에 볼을 드롭하는 지점을 결정하기 위해서는 '볼이 최후로 워터 해저드의 구역을 가로지른 지점'이 판명되어야 한다. '수몰점'의 바로 옆에 드롭한다는 룰은 어느 골프 규칙에도 존재하지 않는다. (그림 2)의 P에 드롭하는 것은 허용되지 않는다. 이것은 '잘못된 위치에서의 플레이'가 되며 2타의 페널티가 부가된다. 매치 플레이에서는 그 홀의 패배이다.

또 한 가지 워터 해저드에 대해 오해가 많은 부분이 해저드의 후방에 드롭하는 ②의 조치에 있어서 (그림 2)의 Q, 즉 수몰점과 홀을 연결하는 연장선상에 드롭하는 것이라 생각하는 점이다. 이것은 잘못이다. 못이나 강이 래터럴 워터 해저드인 경우에는 다시 두 가지 조치를 취하게 된다. 따라서 이 경우에는 페널티도 2타가 된다.

2) 래터럴(Lateral) 워터 해저드에 들어간 볼

페어웨이 오른쪽을 따라 강이 있는 홀에서 제2타가 슬라이스 하여 강

골프 명언 *과거에 매달리지 말고 미래를 걱정하지 말고 오직 지금 전력을 다하여 살자.*
_[석가모니]

으로 빠졌다. 1의 페널티를 받고 볼이 마지막으로 워터 해저드 구역의 경계를 가로지른 지점과 홀을 연결하는 선상에서 그 워터 해저드의 후방이면 거리에 제한 없이 볼을 드롭할 수 있다는 규칙에 따르려 했지만 그렇게 되면 강 속에 드롭하게 된다. 어떻게 해야 할까?

잘 확인해 보면 그 강에는 붉은 색 말뚝이 있을 것이다. 이것이 래터럴(Lateral) 워터 해저드이다. 래터럴 워터 해저드란 워터 해저드 또는 그 일부로서 플레이어와 홀 사이에 홀과 볼이 워터 해저드의 가장자리를 마지막으로 가로지른 지점을 연결하는 선상의 후방에 볼을 드롭하는 것이 불가능하거나 또는 위원회가 불가능하다고 간주한 지형을 말한다. '래터럴(Lateral)'란 '가로의' 뜻이다. 최근에는 별로 사용하지 않지만 지난날에는 워터 해저드를 물장애라 했으며 래터럴 워터 해저드를 병행(竝行) 물장애라 풀었다.

이 상황은 말하자면 다음의 그림과 같다. 강 속(수몰점 A)에서는 칠 수 없고 그렇다고 드롭하는 위치 C는 강 속이 되어 어쩔 수가 없다. 나머지는 본래의 위치 B에서의 재타구인데 초보자가 아니더라도 재타구 역시 강 속으로 빠져 버리는 경우가 많다. 그렇게 하다 보면 플레이의 진행이 늦어진다. 따라서 골프 규칙에는 이러한 경우에 대처하여 그림과 같은 워터 해저드를 '래터럴 워터 해저드'로 규정하며, 특별한 구제 조치를 정하고 있다.

래터럴 워터 해저드의 특별한 구제 조치는 다음과 같다. 1타의 페널티를 가산하고 볼이 래터럴 워터 해저드 구역의 한계를 가로지른 지점 X, 또는 그 지점과 홀로부터 같은 거리의 건너편 기슭 한계 위의 Y 중 어느 한쪽을 택하여 그 위치에서 2클럽 렝스 이내의 래터럴 워터 해저드 바깥쪽에 공을 드롭할 수 있다.

어쩐지 복잡한 것 같지만 내용은 매우 간단 명료하다. 그림에서 알 수 있듯이 1타의 페널티를 가산하고 초구를 친 위치 B에 드롭하여 플레이하기보다는 C 또는 E에 드롭하여 플레이하는 편이 훨씬 유리하다.

> **골프 명언**
> *코치는 필요하다. 그러나 한번에 모든 것을 가르치려는 코치는 기피하라.*
> _[잰 스티븐슨]

| 골프의 기초 규칙 **247**

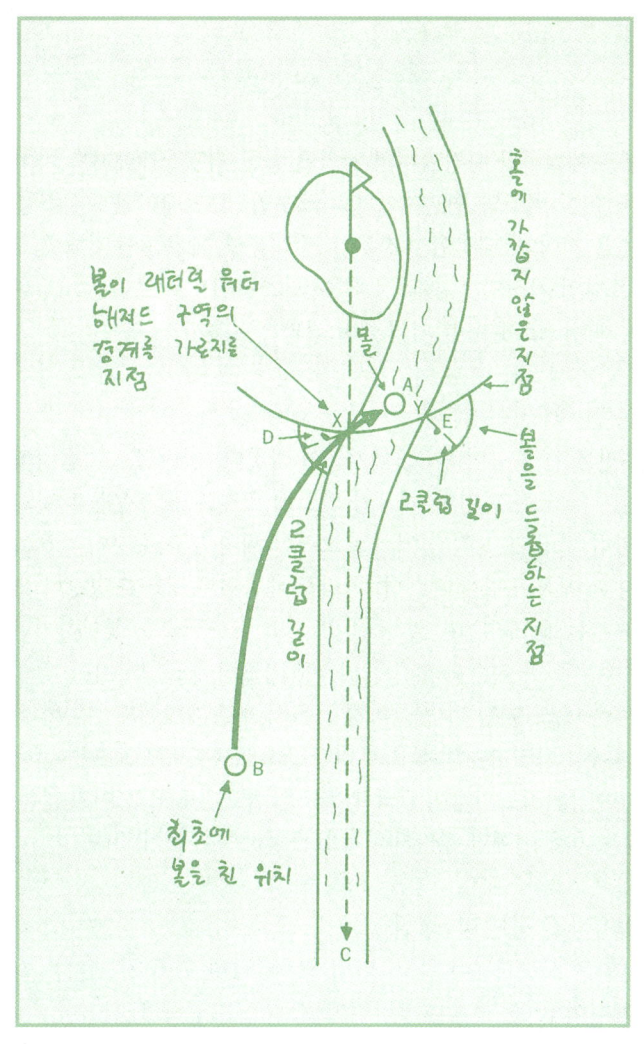

  그러면 D 및 E에 드롭할 때 주의해야 할 사항을 알아보자. 드롭한 볼이 경사면 때문에 홀로 접근하지 않는 선을 초과하여 홀로 접근한 경우에는 벌타 없이 재드롭한다. 또한 드롭한 볼이 해저드로 굴러 들어간 경우에도 벌타 없이 재드롭하게 된다.

> **골프 명언** 장인(匠人)의 솜씨는 그의 도구로 알 수 있고 골퍼의 솜씨는 그의 클럽으로 알 수 있다. _[애드워드 레이]

사상체질과 골프

사람은 체질마다 오장육부의 강약은 물론 감정상태에서도 차이를 보인다. 이를 골프와 연관지어 생각해보면 보다 재미있게 골프를 즐길 수 있을 것이다. 태양인인 전두환 전 대통령, 태음인인 김대중 전 대통령, 소양인 기질의 김영삼 전 대통령, 소음인으로 보이는 노무현 대통령이 한 팀으로 골프를 치면 어떤 결과가 나올까.

태음인, 욕심은 금물
태음인은 간 기능이 좋고, 폐기능이 약하다. 일반적으로 골격이 건실해서 체구가 큰 편이며, 하체가 발달돼 있지만 목 부분을 비롯한 상체가 약한 편이다. 성격 면에서는 고집이 세며, 자기주장이 강하고 승부에 대한 애착이 강한 편이다. 따라서 태음인은 장타가 많으나, 섬세함을 요하는 숏 게임에는 약한 편이다. 또 내기 골프를 좋아하지만 다소 게으른 편이라 티오프 시간에 임박해 골프장에 도착하거나, 클럽 선택 또는 볼 마크, 퍼팅 라인 살피기 등은 대체로 캐디에게 의존한다. 욕심이 많아서 무리하게 욕심을 부리다 스코어를 엉망으로 만드는 경우도 있지만 동반자들의 약올림성 멘트에는 별 흔들림을 보이지 않는다. 또 라운드 후에 어깨가 결리거나 목이 뻣뻣해지는 일이 잦다.

소음인, 감정변화 조심
소음인은 신장기능이 좋고, 비위기능이 약한 편이다. 체격은 작고 마른 체형이 많다. 성격은 생각이 많고 다소 소심하며, 깐깐한 스타일이다. 소화기능이 약해 위장장애가 쉽게 오고, 추위에 약해 겨울 골프를 싫어한다. 따라서 소음인들은 장타는 아니지만 앞으로 정확하게 보내는 편이고, 숏 게임도 비교적 잘하지만, 소심하다보니 내기에서 '배판'이 나오면 쉽게 무너지고, 퍼팅은 늘상 짧아서 컵에 미치지 못하는 경우가 많다. 생각이 많아 예비동작이 길고, 후반에 들어가면 체력이 떨어져 스코어를 잃게 된다. 이런 골퍼들은 상대편의 페이스에 쉽게 빠져들지 않도록 유의하고 급격한 감정변화를 조절할 필요가 있다.

태양인, 아집을 버려라

태양인은 폐기능이 좋고 간 기능이 약하다. 체력이 강해서 거의 모든 운동을 좋아하는데, 목이 굵고 머리가 크며 상체가 발달했으나 하체가 약한 특성이 있으므로, 하체를 강하게 해 줄 필요가 있다. 골프를 할 때도 태양인의 성격이 아집과 영웅심 그리고 우월의식을 가지기 쉬우므로, 이로 인해 손해를 보는 일이 생기기 쉽다. 물러섬이 없이 추진력도 강하고 자존심도 세다. 때문에 내기 골프를 할 경우 계속 지더라도 물러서지 않고 '배판'을 부르는 스타일이 많다. 독선적인 성향 때문에 캐디가 놓아준 대로 퍼팅을 했다가 컵에 들어가지 않으면 '내가 본 것이 맞다'며 거듭 자신의 주장을 내세우곤 한다. 따라서 우선 영웅심과 자존심을 죽이고, 분노를 잘 억제하여 남들을 이해하고 사랑할 줄 아는 마음으로 골프를 즐긴다면 보다 부드러운 분위기에서 골프의 맛을 음미할 수 있을 것이다.

소양인, 인내심 가장 필요

소양인은 비위기능이 좋고 신장기능이 약한 편이다. 몸에 열이 많아 더위를 많이 타고 여름에 약하다. 외형을 보면 상체가 발달하고 하체는 비교적 약하다. 성격은 열이 많아 매사에 서두르고 조급해 하는 경향이 있으며, 칭찬을 들으며 우쭐해지고 더욱 분발하는 기질이 있다. 따라서 골프 스타일은 주로 미스 샷을 낸 뒤 화를 잘 내고, 자신의 실력을 과신하는 편이다. 상대에 따라 기복이 심하고, 샷이 급해서 OB가 잘나며 헤드업이나 스웨이가 많다. 따라서 같은 핸디에서 내기를 한다면 제일 돈을 잃은 확률이 높은 체질이다. 차분하게 감정의 억제와 인내심을 기르는 것이 필요한데 이것만 극복된다면 최고의 골퍼가 될 수 있을 것이다.

[한국일보] 2003-12-04 김광진(광진한의원 원장)

제_6장
퍼팅 그린에 대하여

1) 볼을 집어 올리는 순서

퍼팅 그린에 올라간 볼을 집어올리고 나서 볼 마커를 놓았다. 그것을 보던 동반 경기자는 제대로 마크하고 나서 볼을 집어 올려야 한다고 지적했다. 과연 누가 옳은지 알아보자.

종래에는 볼을 집어 올릴 때 마크를 해야 하는 곳은 퍼팅 그린 위에서 뿐이었다. 그러나 개정된 규칙에서는 볼을 집어 올릴 때는 코스 안 어디서든 사전에 마크해야 한다고 규정하고 있다. 마크를 게을리 하고 볼을 집어 올리면 1벌타를 받고 리플레이스한 다음 다시금 제대로 마크하여 집어 올려야 한다.

귀찮다고 이 리플레이스를 생략해 버리면 스트로크 플레이에서는 2벌타, 매치 플레이에서는 그 홀의 패배가 된다. 따라서 이 경우 그 볼을 리플레이스하고 다시 제대로 마크한 다음 집어 올려야 1벌타로 끝난다. "에라 모르겠다!"라고 하고 다음 플레이로 진행하면 2벌타를 받게 된다.

볼의 집어 올리기와 볼의 리플레이스 순서는 다음과 같다.

골프 명언
나는 릴랙스하기 위해 연습을 한다.　_[세베 바예스테로스]
골프는 스포츠의 에스페란토이다.　_[로드 브라바즌 오브타라]

| 골프의 기초 규칙 251

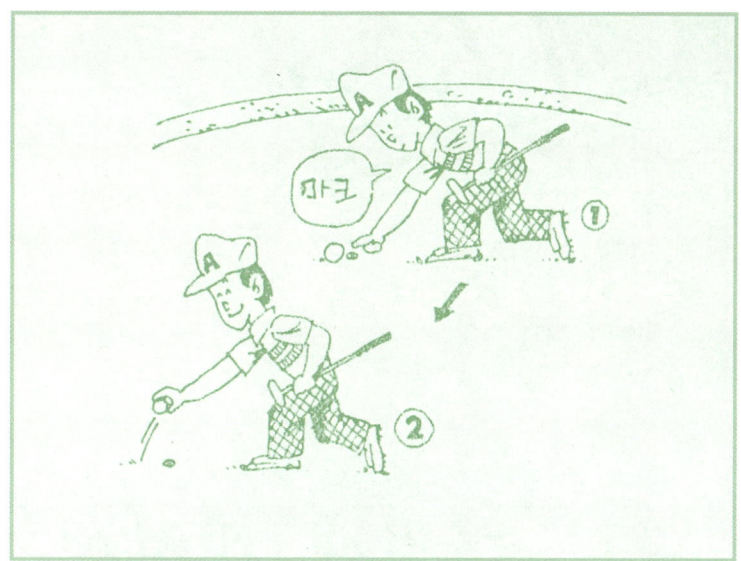

(1) 볼의 집어 올리기
① 볼 바로 뒤에 바짝 붙여 볼 마커를 놓는다.
② 볼을 가만히 집어 올린다.

(2) 볼의 리플레이스
① 볼 마커 바로 앞으로 아주 가까이 집어 올렸던 볼을 가만히 놓는다.
② 볼이 움직이지 않도록 가만히 볼 마커를 집어 올린다.

 이 볼의 집어 올리기나 볼의 리플레이스 과정에서 우연히 볼이 움직여도 벌타는 없다. 볼의 집어 올리기는 플레이어 본인만이 아니라 플레이어의 캐디, 동반 경기자, 파트너 등 플레이어가 승인한 사람이면 누구나 할 수 있다. 그러나 볼의 플레이스 또는 리플레이스는 플레이어 본인과 파트너가 하는 것이 원칙이다. 그러나 플레이어가 승인한 사람이 가령 규칙 위반을 했다면 그 책임은 모두 플레이어 본인이 하는 것이 바람직하다.
 볼의 위치를 마크하기 위한 볼 마커는 동전이라든가 플라스틱으로 만들어진 코인 형태의 것을 사용한다. 털실 부스러기나 티 페그를 사용해도

 골프 1라운드는 18홀로 되어 있지만, 완전한 라운드는 19홀로 끝난다.
_ [하버드 애덤스]

반칙은 아니지만 공정한 플레이를 한다는 견지에서는 되도록 작은 코인 등을 사용하는 것이 바람직하다.

2) 볼을 집어 올릴 때 주머니에서 코인이 떨어져 볼을 움직였다

퍼팅 그린에 올라간 볼을 닦기 위해 집어 올리게 되었다. 허리를 굽히고 볼 바로 뒤에 볼 마커를 두려는데 와이셔츠 주머니에 들어있던 예비 볼 마커용 동전이 떨어져 1cm 정도 움직이고 말았다. 동반 경기자는 1타의 페널티와 함께 리플레이스 해야 한다고 주장하는 데 어떻게 해야 할까?

플레이어 또는 플레이어의 휴대품이 인 플레이 중인 자신의 볼을 움직였을 때는 원칙적으로 플레이어에게 1벌타가 주어지고 그 볼은 리플레이스 해야 한다. 그러나 그린 위에서 볼을 집어 올리는 동작을 하는 도중이라든가 볼을 플레이스 또는 리플레이스 하는 동작 도중에서 우연히 자신

> **골프 명언** 폴로 스루는 스윙의 종합적 판단에 훌륭한 척도가 된다. 연습 때 몸에 익히면 나쁜 스윙의 교정에 크게 도움 된다. _[잭 니클로스]

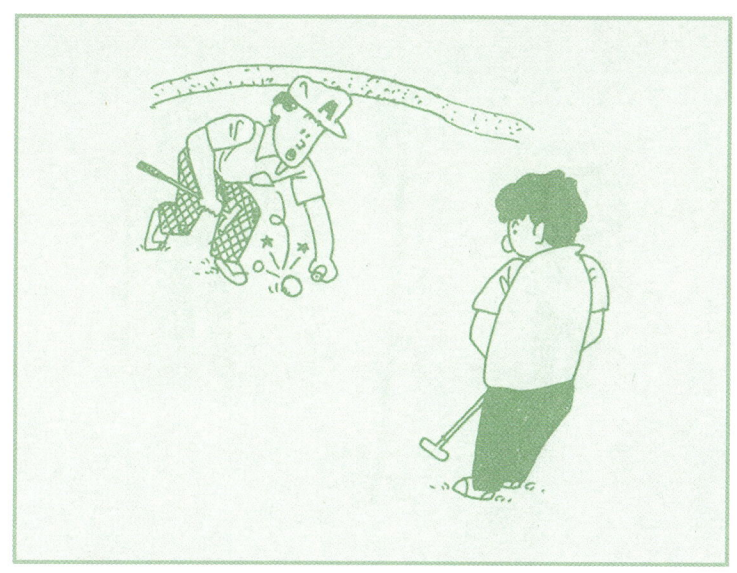

의 볼을 움직이게 되었다면 벌타는 없다. 더욱이 볼 마크용 동전은 플레이어의 휴대품이 아니다. 따라서 이 경우에는 벌타 없이 리플레이스 즉 볼을 본래의 위치에 돌려놓으면 된다.

3) 볼이 핀과 컵 가장자리에 끼었다

그린 에지에서 어프로치 한 볼이 라인을 잘 타고 가더니 핀에 맞아 핀과 컵 가장자리 사이에 끼었다. 볼은 완전히 밑에까지 가라앉지는 않고 3분의 1정도가 그린 면에 걸쳐진 모습이다. 플레이어는 홀인으로 간주될 수 있다고 생각했는데 동반 경기자는 아니라고 주장했다. 누가 옳을까?

골프 게임은 규칙에 따라 1스트로크 또는 연속 스트로크로 티 그라운드에서부터 홀로 들어가기까지 한 볼을 플레이함으로써 성립된다. 홀에 들어간다는 것은 스트로크 플레이에서는 홀 아웃되는 것을 말한다. 즉 볼 전체가 홀의 가장자리보다 아래로 내려가 홀 안에 정지하는 것을 말한다.

> **골프 명언**
> 나의 기술을 의심한 때는 있어도 나의 클럽을 의심할 때는 없다. _ [잭 니클로스]
> 골프는 골(goal)이 없는 endless 게임이다. _ [스코틀랜드 속언]

　여기에서처럼 그린 에지로부터 퍼터로 볼을 굴렸을 때 홀로 빨려 들어가듯 구르던 볼이 홀과 핀 사이에 끼이는 경험을 한 사람이 적지 않을 것이다. 컵의 지름과 핀의 굵기가 규격대로라면 라지 사이즈의 볼이라도 지장 없이 홀로 들어가겠지만 핀이 약간 비스듬히 서 있는 경우 등에는 간격이 좁아진 부분에서 볼이 걸리는 수가 있다. 운이 나쁜 것일 뿐 플레이어에게 책임을 물을 수는 없다. 따라서 볼이 홀의 가장자리와 핀 사이에 끼이고 그 일부가 지상에 나와 있을 때는 볼이 밖으로 튕겨 나오지 않도록 핀을 흔들어 볼을 내려가게 하거나 또는 신중하게 핀을 뽑아 볼이 내려가게 할 수가 있다. 이때 볼이 홀로 들어가면 그 플레이어는 마지막 스트로크로 홀 아웃한 것으로 인정된다.

　그러나 불운하게도 핀을 흔들거나 움직여도 볼이 내려가지 않는다든가 핀을 빼낼 수도 없는 경우도 생긴다. 또 그만 핀을 빼는 손에 힘이 들어가 핀이 빠지기는 했지만 그 여세로 볼이 홀 밖으로 나와 홀에서 2m 정도나 멀리 굴러가 버릴 수도 있다. 이런 경우, 그 2m의 퍼트를 플레이할 필

> **골프 명언**
> 매일 골프를 하다 보면 자기도 모르는 사이에 나쁜 버릇이 붙는다.　_[힐 셔튼]
> 미스를 해도 미스가 되지 않는 연습을 하라.　_[벤 호건]

요는 없다. 볼이 아무리 멀리 움직였다 하더라도 벌타 없이 홀 가장자리에 그 볼을 플레이스할 수 있다. 즉 홀 아웃에 1스트로크가 필요하게 되는 것이다.

4) 깃발에 말려 내려오지 않는 볼

쇼트 홀의 제1타를 퍼팅 그린 바로 앞 벙커에 타구하고 말았다. 거기에서의 제2타가 깃발에 직접 맞고 그대로 깃발에 말린 채 떨어지지 않는다. 동반 경기자는 1벌타를 받고 본래의 벙커에서 다시 쳐야 한다고 주장하는데 과연 그렇게 해야 하는가?

깃발은 움직일 수 있는 장애물이다. 따라서 말려들어간 깃발 바로 아래 지점에 되도록 가까운 그린 위에 리플레이스 할 수 있다. 그러나 볼을 그 안에 플레이스하는 것, 즉 홀인은 인정되지 않는다. 볼은 홀의 가장자리에 아주 가깝게 플레이스해야 한다. 이 경우 파3으로 홀 아웃될 것이 분

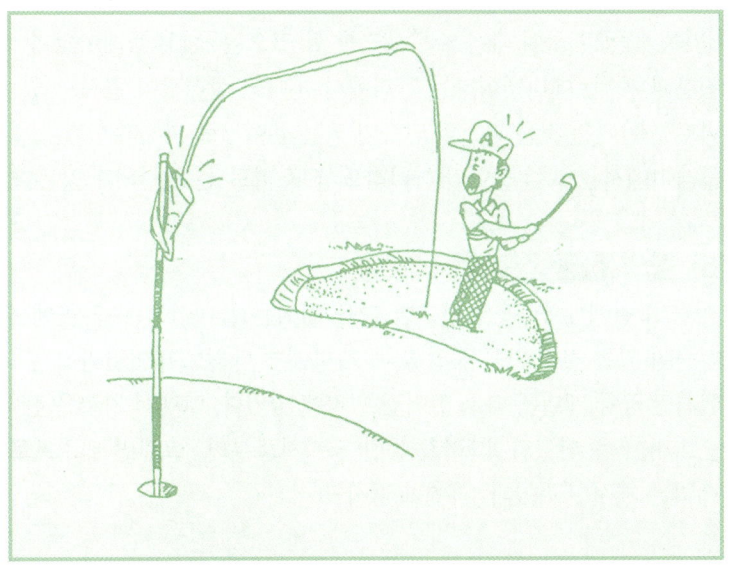

골프 명언 | 골프의 솜씨는 곧 좋아지지 않지만 어느 나이에 시작해도 결코 늦지는 않는다.
_[필립 몽클리에프]

명하다. 그러나 동반 경기자는 언플레이어블이라 생각한 모양이다. 그것은 잘못이다.

5) OK 퍼트가 빗나갔다

매치 플레이에서 상대방이 OK했지만 이쪽에서는 당연히 들어가리라 생각하고 쳐버렸더니 볼이 컵에 들어가지 않고 빗나가 버렸다.

매치 플레이의 경우, 퍼팅 그린 위에서 플레이어가 상대방의 스트로크 생략을 용인해 주는 것을 흔히 '콘시드(Concede)', 쉽게 말하면 'OK 퍼트'라 한다. 콘시드를 하고 안 하고는 플레이어의 자유이다. 매치 플레이의 재미는 그런 점에 있기도 하다. 어쨌든 콘시드 하게 되면 그 볼은 어느 쪽 사이드에서든 클럽 등으로 제거할 수가 있다. 또한 콘시드 당한 쪽은 거부할 수 없다. 콘시드가 있는 순간에 콘시드 당한 플레이어의 볼은 홀 아웃이 된다.

따라서 매치 플레이에서 상대방이 OK했는데도 소홀하게 쳐서 컵에 들어가지 않았다 하여 다음 스트로크를 할 필요는 없다. 플레이의 순조로운 진행과 매너, 에티켓이라는 관점에서 본다면 상대방이 콘시드 했는데도 퍼트를 한다는 것은 퍼트의 연습이 되는 셈이므로 피해야 한다. 스트로크 플레이에서는 로컬 룰이라 하더라도 'OK 퍼트'는 인정되지 않는다.

6) 볼의 흙을 잔디에 닦았다

퍼팅 그린에 온한 볼을 마크한 다음 집어든 플레이어는 그 볼에 흙이 약간 묻어 있는 것이 마음에 걸렸다. 캐디에게 타월로 닦아달라고 부탁하려 했지만 공동 캐디는 다소 떨어진 위치에 있었다. 그래서 가까운 잔디에 볼을 비벼 흙을 닦았다. 그러자 동반 경기자로부터 '그린면 테스트로 반칙'이라는 지적이 나왔다. 과연 그럴까?

> **골프 명언**
> 좋은 승자(good winer)인 동시에 훌륭한 패자(good loser)이어라.
> _[스코틀랜드 속언]

텔레비전 중계의 영향을 받아서인지 퍼팅 그린에 온한 볼은 반드시 집어 들어야 한다고 생각하는 사람이 많다. 그러나 그렇지 않다. 볼이 더럽지 않아도 전원의 볼을 닦아주며 다니는 캐디도 있다. 그러나 사실은 그런 행동이 플레이 지연의 원인이 된다. 공을 하얗게 닦았다 하여 퍼팅이 특별히 유리해지는 것은 아니다.

그러나 흙이 잔뜩 묻어 있는 볼은 신경이 쓰이고 또한 볼의 정상적인 회전을 방해할 수도 있다. 바로 가까이에 캐디가 있을 때는 쉽게 볼을 닦아주겠지만 캐디를 공용하고 있고 게다가 멀리 있을 때는 부탁하기가 힘들다. 이런 때는 그만 가까운 잔디에 볼을 비벼 흙을 닦아내고 싶어진다. 물론 이것은 반칙이 되지는 않는다. 단, 플레이 중에 볼을 굴리거나 그린면을 다듬거나 긁어보는 식으로 퍼팅 그린면을 테스트하는 것은 금지되어 있다. 반칙에 대한 페널티는 매치 플레이에서는 그 홀의 패배이고 스트로크 플레이에서는 2벌타이다.

어느 정도의 속도로 볼이 구르는가를 알고 싶어 볼을 치는 행위는 물

골프 명언 싱글은 1라운드에 2개의 미스히트에 하루를 고민하지만 비기너는 1라운드에 2개의 굿 샷만으로 하루를 만족한다. _[작자 미상]

론 볼을 손으로 굴리는 행위도 반칙이다. 캐디를 향해 볼을 손으로 굴리는 것도 안 된다. 또한 손이나 퍼터의 클럽 헤드로 잔디면을 비비거나 긁어 잔디 눈의 굵기라든가 강도, 잔디결의 방향을 보는 행위도 반칙이다. 잔디에 볼의 흙을 닦는 것은 반칙이 아니지만 자칫 그린면의 테스트로 의심받기 쉽기 때문에 다른 방법으로 닦아야 한다.

이른 아침의 퍼팅 그린 위에 내린 이슬은 캐주얼 워터로 루스 임페디먼트도 아니므로 손이나 클럽 등으로 제거하면 안 된다. 다만 어느 정도의 이슬인가를 알기 위해 볼 후방의 그린면에 손바닥을 가볍게 대보는 것은 허용된다.

7) 움직일 수 없는 장애물로부터의 구제

볼이 퍼팅 그린 위에 가까스로 온했지만 스탠스가 살수전(撒水栓)에 걸린다. 어떻게 하면 될까?

퍼팅 그린의 잔디를 키우기 위한 설비로서 그린 바로 바깥에 살수전이

> **골프 명언**
> 근육에 스윙을 익히게 하기 위해서는 느릿한 동작을 반복할 일이다. _ [金承學]
> 주말의 하루는 아침부터 저녁까지 골프로 보내라. _ [프로]

설치되는 경우가 있다. 따라서 이 경우처럼 스탠스가 살수전에 걸리게도 되는 것이다. 이 살수전은 규정상 움직일 수 없는 장애물에 해당되기 때문에 벌점 없이 구제 받을 수 있다. 플레이어는 볼의 위치를 마크하고 그 볼을 집어 든다. 그리고 ① 홀에 접근하지 않고, ② 그 장애를 피하며, ③ 해저드 안이 아닌 위치에서 볼의 그전 위치와 가장 가까운 지점에 볼을 플레이스해야 한다.

이 경우 홀을 중심으로 본래의 볼 위치와의 거리를 지름으로 하는 원주를 가상하여, 본래의 볼 위치에서 그린 안으로 구제 위치를 구해도 되고 그린 바깥 방향으로 구제 위치를 찾아 결과적으로 그린 밖의 해저드가 아닌 지점을 골라도 된다. 그러나 가령 그 지점이 그린 밖이어야 하는데 그린 위를 선정할 수는 없다. 또한 그린 바깥의 지점이 마음에 들지 않을 때는 스탠스가 살수전에 걸려도 참고 그대로 플레이할 수 있다.

8) 스파이크 자국을 고치고 싶다

퍼팅 라인 위에 스파이크로 인한 매우 심한 상처가 나 있었다. 공이 굴러가는 데 영향이 있을 것이므로 그 스파이크 자국을 고쳤으면 하는 데 가능할까?

오래된 홀(컵)을 메운 자국이라든가 볼의 낙하 충격으로 인한 퍼팅 그린 위의 손상(볼 마크)의 수리는 인정되지만 스파이크 자국(스파이크 마크)은 수리할 수 없다. 이 스파이크 마크의 수리를 골프 규칙에서 용인하면 퍼팅 그린 위의 고르지 못한 부분은 모두 수리하는 것을 허용하는 셈이 되고 만다.

그런 의미에서 퍼팅 그린에서의 플레이가 끝나면 플레이어는 자신이 만든 볼 마크라든가 스파이크 마크를 복원시키고 나서 그 그린을 떠나는 것이 매우 중요한 에티켓으로 되어 있다. 또한 스파이크 마크를 플레이에 앞서 고치면 플레이 선의 개선이 되고 스트로크 플레이에서는 2벌타, 매

> **골프 명언** *1백을 치는 사람은 골프를, 90을 치는 사람은 가정을, 80을 치는 사람은 사업을 각각 소홀히 하며 그리고 70을 치는 사람은 모든 것을 소홀히 한다.*　　**_[작자 미상]**

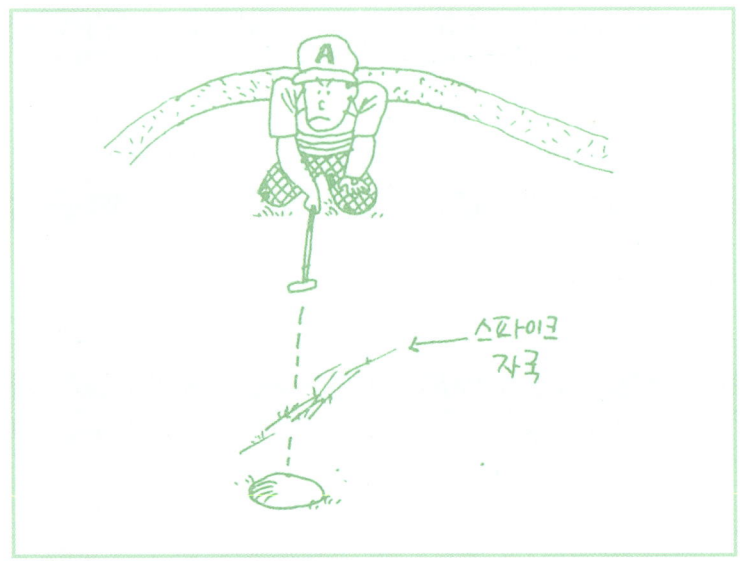

치 플레이에서는 그 홀의 패배가 된다.

9) 동시에 친 볼이 충돌했다

퍼팅 그린 위, 홀에서 12cm 정도의 거리에 볼이 있었고, 동반 경기자의 볼은 10m가 약간 넘는 거리에 있었다. 한쪽에서는 당연히 자신의 볼 쪽이 멀다고 판단하고 쳤다. 그런데 두 번째 볼의 주인은 자기가 더 멀다고 착각했는지 그와 동시에 치고 말았다. 게다가 홀 가까이에서 두 볼이 충돌하고 말았다. 어떤 조치를 취해야 하는가?

매치 플레이든 스트로크 플레이든 볼이 인 플레이일 때는 그 홀로부터 먼 볼이 먼저 플레이하게 되어 있다. 만일 두 볼이 같은 거리에 있는 경우에는 먼저 플레이하는 볼을 제비뽑기 등으로 정해야 한다.

우선 스트로크 플레이에 대해 알아보자. 홀에서 먼 볼부터 본다면 홀에 가까운 볼은 국외자이기 때문에 '퍼팅 그린 위에서 스트로크 하여 움직

> **골프 명언** *골퍼들은 외부의 도움을 기대한 나머지 자기의 감각에 의존할 줄 모른다.*
> _[샘 스니드]

이고 있는 볼이 국외자에 의해 방향이 바뀌었을 때는 그 스트로크를 취소하고 그 볼을 리플레이스 해야 한다.'는 예외 규정이 적용된다. 따라서 홀에서 먼 볼은 당연히 벌점이 없고 그 스트로크를 취소한 다음 본래의 위치에 볼을 리플레이스 하여 다시 플레이하게 된다.

홀에 가까웠던 볼은 어떻게 되는가? 퍼팅 그린 위에서 스트로크 된 다른 플레이어의 볼이 움직이고 있는 동안에는 플레이어는 자신의 볼에 접촉하거나 그 볼을 스트로크해서는 안 된다. 따라서 홀에 가까웠던 볼도 재플레이 하게 되지만 다른 볼이 움직이는 동안에 플레이한 데 대한 페널티로 2타를 받게 된다. 이 경우 두 사람 모두 볼을 본래의 위치에 리플레이스 하여 재타구하게 되지만 홀과 가까웠던 볼의 주인에게는 2타가 부가되는 것이다. 매치 플레이의 경우라면 그 홀의 패배이다. 또한 볼이 충돌하지 않은 경우에는 각 볼이 정지된 곳에서 다음 플레이를 하게 되지만 홀에서 가까웠던 볼의 주인에게는 역시 2벌타가 주어진다.

두 사람이 퍼팅 그린 위의 같은 거리에서 동시에 친 경우에는 어떻게

 골프 명언 | 티로부터 그린을 잇는 페어웨이는 대개의 골퍼들에게는 쓸모없는 잔디밭이다.
_ [그랜트랜드 라이스]

되는가? 이런 경우에 대한 조치는 규정되어 있지 않다. 거리가 같다면 플레이 순서도 같으므로 어느 한쪽을 반칙이라 할 수는 없다. 따라서 공정성의 이념에 따라 두 사람 모두 벌점 없이 정지된 곳에서 플레이를 계속하게 된다. 두 볼이 충돌한 경우에는 벌점 없이 스트로크를 취소하고 먼저 위치에서 다시 플레이하면 될 것이다.

10) 상대방의 볼을 맞고 홀에 들어갔다

매치 플레이에서 홀이 30cm 정도 근처에 있던 볼이 상대방이 퍼트한 볼을 맞아 홀 인했다. 그러자 상대방은 그 홀 인을 인정할 수 없다고 주장했는데 어떻게 해야 할까?

정지하고 있는 볼이 다른 볼을 맞고 움직인 경우 그 볼은 리플레이스 되어야 한다. 이것은 골프의 대원칙이며 예외가 있을 수 없다. 매치 플레이건 스트로크 플레이건 퍼팅 그린, 스루 더 그린 그리고 해저드 등에 모

> 골프를 배우는 데에도 기술이 필요하다. _[골프 속언]
> 어떤 바보도 슬라이스를 낸다. 훅을 내게 되면 상당한 수준이다. _[스코틀랜드 속언]

두 이 원칙이 적용된다. 정지하고 있는 볼을 맞힌 볼은 그 볼이 정지된 곳에서 플레이한다. 다만 스트로크 플레이에 한하여 양쪽 볼이 그린 위에 있었다면 맞힌 쪽의 볼 플레이어에게 2벌타가 부가된다.

11) 퍼팅 라인 위에 물이 괴어 있다.

스타트할 때는 오는 둥 마는 둥 하던 비가 점차 본격적으로 내리기 시작했다. 그들이 16번 퍼팅 그린에 도착했을 즈음에는 그린 여기저기에 빗물이 괴어 있었다. 그린 위의 볼과 홀 사이에 물이 괴어 있고 분명히 볼이 굴러가는 데 영향을 줄 것으로 보였다. 이런 경우에는 어떻게 해야 할지 알아보자.

퍼팅 그린 위에 일시적으로 괴어 있는 물은 캐주얼 워터로서 벌점 없이 구제받을 수 있다. 이런 경우에는 공을 집어 들고 ① 홀에 접근하지 않으며, ② 해저드가 아니고, ③ 볼이 있던 위치와 가장 가까운 상태에서 최대한 조치를 취한다. 즉 이상의 조건을 충족시키는 위치에 볼을 리플레이스 해야 한다. 최대한 조치란 완전하며 정상적인 상태의 구제를 의미하는 것이 아니라 ①, ②, ③의 조건 중 가장 정상에 가깝다고 할 수 있는 구제를 의미한다. 즉 공이 구르는 데 비교적 영향을 미치지 않을 위치가 있다면 그것으로 만족할 수밖에 없다.

물이 괴어 있지만 않으면 스트레이트로 홀인을 노릴 수 있는 절호의 위치니까 볼을 이동시키지 않고 물을 타월 같은 것으로 닦아낸다면 그것은 플레이 선의 개선이므로 반칙이 된다. 퍼트 라인을 따라 걸을 때 물이 위로 스며 나온다 하더라도 그 퍼트를 위해 스탠스를 취했을 때 보이지 않는다면 퍼트 라인 위에 캐주얼 워터가 있는 것이라고는 간주되지 않는다. 구제를 받을 수 있는 지점이 두 방향인 때는 먼저 위치와 가장 가까운 지점에 플레이스해야 한다.

이 경우 만일 그 지점이 그린의 바깥, 즉 페어웨이나 러프가 된다 하더

골프 명언 골프는 잘 못치는 사람이 가장 덕 보는 게임이다. 그만큼 운동을 많이 하고 많이 즐기고 고민하기에 너무도 많은 미스를 하기 때문이다. _**[데이비드 로이드 조지]**

라도 드롭이 아니라 플레이스해야 한다. 그러면 퍼터에서 치기 쉽도록 볼을 양호한 라이로 플레이스할 수 있다. 플레이스 하는 지점은 먼저 위치와 가까우며 홀에 접근하지 않는 곳이므로 볼을 중심으로 그린 원주 위가 된다. 따라서 그린의 형상과 홀의 위치에 따라서는 구제 위치가 그린 바깥이 되는 수도 있다. 또한 먼저 위치와 반대쪽에 플레이스하는 수도 있을 수 있다. 오르막 퍼트여야 하는데 내리막 퍼트가 되기도 하는 것이다. 또는 그 반대의 경우도 있을 수 있다.

12) 빗물에 움직인 볼

퍼팅 그린에서의 플레이 중에 갑자기 소나기가 내렸다. 집중적으로 쏟아졌는지라 플레이어들은 그린 위의 볼을 그대로 두고 휴게소로 달려갔다. 빗발이 약해지자 모두들 그린으로 되돌아왔는데 볼은 모두 빗물에 흘러 그린 밖으로 나가 있었다. 플레이어들은 각자의 볼을 그린의 본래 위치에 리플레이스 하여 플레이를 계속하고 싶어 했다. 가능한 일인지

> **골프 명언** 많은 비기너들이 스윙의 기본을 이해하기도 전에 스코어를 따지려든다. 이것은 걷기도 전에 뛰려는 것과 같다. _[진 사라젠]

알아보자.

　결론부터 말하면 빗물은 자연의 힘이지 국외자가 아니다. 따라서 그린 밖으로 나가 있는 각자의 볼을 그대로의 상태에서 플레이해야 한다. 골프 규칙 전체로 볼 때 볼에 대해 작용하는 것은 다음 세 가지로 나눌 수 있다.
　① 당사자
　② 국외자
　③ 자연의 힘
　당사자란 매치 플레이에서는 한쪽 및 상대방 플레이어, 캐디 그리고 그 휴대품들이다. 스트로크 플레이에서는 한 명의 경기자, 캐디, 그들의 휴대품이다. 국외자란 매치 플레이에서는 매치와 관계가 없는 사람 또는 물건, 즉 양쪽 플레이어, 캐디 그리고 그들의 휴대품을 제외하는 사람 또는 물건이며 한편 스트로크 플레이에서는 1명의 경기자 사이드에 속하지 않는 사람 또는 물건 예컨대 동반 경기자, 그 캐디, 그들의 휴대품 등을 가

골프 명언　바람은 골프 최대의 재산이다. 바람의 변화로 1개의 홀이 여러 개의 홀이 되기 때문이다.　_[찰스 맥도널드]

리킨다.

또한 매치 플레이, 스트로크 플레이를 막론하고 국외자라 할 수 있는 것을 구체적으로 들면 경기 위원, 마커, 옵저버, 위원이 배치한 포어 캐디, 갤러리, 작업원, 잔디 깎는 기계, 차량, 동물 등이다. 자연의 힘이란 바람 또는 물 그리고 지진의 진동 등이다. 골프 규칙은 바람이나 물을 국외자가 아니라고 규정한다. 따라서 그것들이 볼에 대해 작용한 경우에는 원칙적으로 다음과 같이 된다.

① 당사자가 정규 스트로크 이외의 방법으로 볼을 움직인 경우에는 벌타가 주어진다.

② 국외자가 정지하고 있는 볼을 움직인 경우에는 그 볼의 주인은 벌타 없이 그 볼을 본래의 위치에 되돌려 놓아야 한다. 즉 리플레이스 해야 한다.

③ 바람이나 물 등 자연의 힘이 정지하고 있는 볼을 움직이거나 또는 움직이고 있는 볼의 방향을 바꾸거나 멈춘 경우, 그 볼은 있는 그대로의 상태에서 플레이해야 한다.

> **골프 명언**
> 내가 골프에서 배운 것은 오직 기본이다. 나머지는 마구 치는 일뿐이다.
> _[레니 왓킨스]

골프와 스트레칭

얼마 전 싱글 골퍼인 한 후배가 다급한 목소리로 전화를 걸어왔다.
"선배님. 큰일 났습니다. 제 우측 허벅지 안쪽이 이상해요."
"뭐가 이상해?"
"그저께 라운드 하면서 임팩트 때 우측 허벅지 안쪽이 순간적으로 칼로 베는 듯한 통증이 있었어요. 좀 불편했지만 그럭저럭 라운드를 다 마치고 아침에 일어나보니 퍼렇게 멍이 들고 누르니 많이 아프고 걷기도 힘들어요."
라는 내용이었다.
진료가 없는 시간이기는 했지만 걱정이 돼서 오라고 했다. 진찰을 해 본 결과 우측 허벅지 내측 근육의 하나인 대퇴비스듬근(sartorius muscle)의 파열이었다. 나도 처음 경험한 좀 특이한 경우라 자세히 사연을 물어보니 그날 길이 막혀 허겁지겁 도착하는 대로 스트레칭 없이 바로 티 샷을 했다고 한다.
이유는 이것 밖에 없다. 즉 근육이 충분히 스트레칭이 안 된 상황에서 임팩트를 하다 우측 허벅지 안쪽에 힘을 주면서 경직되어 있는 허벅지 근육이 파열된 것이다.
골프 부상을 예방하려면 반드시 스트레칭을 해야 한다. 날씨가 추워지면 근육의 스트레칭은 더욱 절실하다. 필드 뿐 아니라 연습장에서도 마찬가지. 연습장에 도착하면 충분한 스트레칭을 하고 공을 쳐야 하며 끝난 후에도 10여분 스트레칭을 하고 집으로 향하는 것이 중요하다. 라운드 하기 전에는 최소한 30분전에 도착해 10여분간 충분한 스트레칭과 근육의 내부 온도가 올라가도록 제자리 뛰기 등으로 워밍업 절차를 거쳐야 한다.
습관이 되도록 하는 것이 중요하다. 후배도 실력은 싱글이지만 한 가지 중요한 사실은 잊고 있었다. 골프는 우리 몸에 상당한 무리를 줄 수 있는 운동이라는 점이다. 골프란 철저하게 한 방향으로 움직이는 운동이고 같은 자세로 반복해서 공을 쳐야 하기 때문에 우리 몸에 균형을 깨고 무리를 주어 근·골격계 통증으로 나타날 수 있다는 것을 명심해야 한다.

초보자든 싱글 골퍼든 모두 아침, 저녁 그리고 라운드 전후 스트레칭으로 부상을 예방하고 즐거운 골프가 되도록 스스로 노력해야 한다. 라운딩이 끝난 뒤 마시는 생맥주 한잔의 유혹보다는 목욕탕에서 동반자들과 잡담을 나누면서도 가벼운 스트레칭을 잊지 않는 것이 건강하게 오랜 기간 골프를 즐기기 위해 지켜야 할 십계명 중 하나이다.

[한국일보] 2003-11-27 서경묵(중앙대학교 의과대학 부속 필동병원 재활의학과 과장)

어드레스와 체중

티샷을 위한 어드레스 자세를 취할 때, 체중을 오른발에 6할, 왼발에 4할의 비율로 나눠 실으라고 한다. 교습서에도 그렇게 나와 있고, 프로도 그렇게 가르친다.

A씨는 그 반대의 어드레스 자세를 취한다. 왼쪽에 6할, 오른쪽에 4할의 비율로 체중을 나눈 것처럼 보인다. 보기 플레이어(Bogey player)는 누가 묻지 않아도 아는 척하며 나서고, 싱글 핸디캐퍼(Single handicapper)는 물어야만 한 수 가르쳐 주고, 프로는 교습비를 내야만 가르쳐 준다고 한다. 하지만 나는 오갈 데 없는 보기 플레이어이다. 티잉 그라운드에서 왼쪽으로 기울어진 듯이 서 있는 A씨를 보면 입이 간지러워서 참을 수가 없다.

"골프레슨 비디오도 한 번 안 봤어요? 체중을 오른발에 더 많이 실어야하는 것도 몰라요?"

나는 A씨의 삐딱한 모양을 흉내까지 내면서 지적을 했다. A씨는 아무 대꾸도 없이 나를 힐끗 일별하더니 약간 비웃는 듯한 웃음을 날리고 티샷을 했다.

"남자를 상징하는 물건이며, 남자의 몸통 좌우 중심에 있으며, 붙들어 매놓지 않으면 걸을 때 흔들리는 물건이 무엇인지 아세요?"

스윙폼이나 어드레스 자세나 심지어는 그립을 쥐는 방법도 쉽사리 고쳐지지 않는다. 누구나 고쳐보려고 피땀을 흘리지만 대체로 실패한다. 나는 A씨도 자신의 잘못된 어드레스 자세를 치료해보고자 노력하다가 참담하게 실패를 했고, 실패의 아픈 기억을 털어버리려고 엉뚱한 우스갯소리를 늘어놓는 것이라고 생각했다. 그러나 그 따위 고색창연한 우스갯소리에 휘둘릴 내가 아니다.

"남자 몸통 윗부분에 달려있고, 남의 눈에 잘 뜨이고, 남자라면 적어도 한 개 이상 소유하고 있다면, 정답은 넥타이겠죠."

"그렇다면 한 가지 더 묻겠습니다. 남자는 중심을 잡고 걷는데, 여자는 왜 엉덩이를 좌우로 흔들면서 걷는지 아십니까?"
"생물학적 지식에 의하면, 여자는 본능적으로 엉덩이를 흔든답니다. 당신의 머릿속에 있는 답은 다르겠지만요."
"제가 어드레스를 할 때, 왼발에 6할 오른발에 4할의 비율로 체중을 싣는 것처럼 보이겠죠. 하지만 전요 남자 몸통의 좌우 중심에 있지만 아랫부분에 달렸고, 남자에게 하나밖에 없는 물건, 그 무거운 물건이 오른쪽으로 치우쳐 있어요. 그래서 겉보기에는 왼발에 체중이 더 있는 것 같지만 사실은 오른발에 무게가 더 실려 있단 말이에요."
어처구니가 없어서 멍하니 서있는데, A씨는 정말로 좌우의 균형이 맞지 않는 듯 절름거리며 페어웨이로 나서고 있었다.

[서울신문] 2003-11-18 김영두(소설가 · 골프칼럼니스트)

part·3

부록1 골프 규칙

제1장
에티켓(Etiquette)

1. 코스에서의 예의(Courtesy on the Course)

1) 안전의 확인(Safety)

플레이어는 스트로크 또는 연습 스윙을 하기에 앞서 클럽으로 다칠만한 가까운 곳 혹은 스트로크나 연습 스윙으로 볼, 돌, 자갈이나 나뭇가지 등이 날아 사람이 다칠만한 장소에 아무도 없는가를 확인해야 한다.

2) 다른 플레이어에 대한 배려 (Consideration for Other Players)

오너인 플레이어는 상대방 또는 동반 경기자가 볼을 티 업하기 전에 플레이하는 권리가 인정된다. 플레이어가 볼에 어드레스하거나 볼을 치고 있는 동안은 누구도 움직이거나, 말을 하거나, 볼 또는 홀의 근처나 바로 뒤에 서서는 안 된다. 누구도 전방의 조가 볼의 도달거리 밖으로 나갈 때까지는 볼을 쳐서는 안 된다.

3) 플레이 속도(Pace of Play)

모든 사람을 위하여 플레이어는 지체 없이 플레이하여야 한다.
플레이어는 자신의 볼이 워터 해저드 밖에서 분실 혹은 아웃 오브 바운드가 될 염려가 있는 경우 시간 절약을 위해 잠정구를 쳐야 한다. 볼을 찾다가 쉽게 찾지 못할 것이 분명해지면 곧 후속조에게 패스하도록 신호하여야 하며 5분 이상 찾아본 후에 하여서는 안 된다. 패스 받은 후속조가 볼의 도달거리 밖으로 나갈 때까지는 플레이를 재개해서는 안 된다. 한 홀의 플레이가 끝나면 플레이어는 즉시 퍼팅 그린을 떠나야 한다. 만일 어떤 조가 코스에서 지체하여 앞 조와의 간격을 완전히 한 홀 이상 비웠을 때는 후속 조를 패스시켜야 한다.

4) 코스의 선행권(Priority on the Course)

따로 정하지 않는 한 2구로 플레이하는 조는 3구 또는 4구의 조에 우선권을 갖으며 패스할 권리도 갖는 바, 이에 응하여야 한다. 단독의 플레이어는 아무 권리도 없는 바 어떤 류의 조에도 양보하여야 한다. 1라운드보다 짧은 라운드를 하는 조는 1라운드 전부를 플레이하는 조를 패스시켜야 한다.

2. 코스의 보호(Care of the Course)

1) 벙커 내의 구멍(Holes in Bunkers)

플레이어는 벙커를 나오기 전에 자기가 만든 움푹 팬 곳이나 발자국을 모두 정성껏 평탄하게 골라 놓아야 한다.

2) 디보트(뜯겨진 잔디) ; 볼 마크(퍼팅 그린 위의 볼의 낙하로 인하여 파인 곳) 및 스파이크에 의한 손상의 수리(Replace Divots ; Repair Ball-Marks and Damage by Spikes)

플레이어 자신이 만든 디보트 자국과 볼에 의한 모든 퍼팅 그린의 손상을 정성껏 고쳐놓아야 한다. 한 조의 모든 플레이어가 그 홀의 경기를 마친 후 골프 신발에 의한 그 퍼팅 그린 위의 손상은 수리해야 한다.

3) 깃대, 백 등에 의한 그린의 손상 (Damage to Greens Flagsticks, Bags, etc.)

플레이어는 백 또는 깃대를 놓을 때, 퍼팅 그린을 상하지 않도록 주의하며 플레이어나 캐디가 홀의 가까이에 설 때 또는 깃대를 빼거나 꽂을 때와 볼을 홀에서 집어 낼 때 홀이 상하지 않도록 조심하여야 한다. 깃대는 퍼팅 그린을 떠나기 전에 홀의 중심에 제대로 세워야 한다. 플레이어는 특히 홀에서 볼을 집어 올릴 때 퍼터를 짚음으로써 퍼팅 그린을 상하게 하는 일이 있어서는 안 된다.

4) 골프 카트(Golf Carts)
골프 카트의 운행을 규제하는 주의사항을 엄수하여야 한다.

5) 연습 스윙에 의한 손상 (Damage Through Practice Swings)
연습 스윙을 할 때 디보트를 끊음으로써 코스 특히 티잉 그라운드를 상하게 하는 일이 없도록 주의하여야 한다.

제2장
용어의 정의(Definitions)

1. 비정상적인 코스 상태(Abnormal Ground Conditions)
비정상적인 코스 상태란 캐주얼 워터, 수리지 또는 구멍 파는 동물이나 파충류, 새들에 의해 코스 상에 만들어진 구멍, 배설물, 통로를 말한다.

2. 어드레스(Addressing the Ball)
플레이어가 스탠스를 취하고 클럽을 지상에 대었을 때 "어드레스"한 것으로 친다. 다만, 해저드에서는 스탠스를 취한 때에 "어드레스"한 것이 된다.

3. 어드바이스(Advice)
어드바이스란 플레이어가 플레이의 결단, 클럽의 선택 또는 스트로크의 방법에 영향을 주는 조언이나 시사를 말한다. 규칙이나 공지사항, 예를 들면 해저드나 퍼팅 그린상의 깃대의 위치 등을 알리는 것은 어드바이스가 아니다.

4. 움직인 볼(Ball Deemed to Move)
정의 31 "움직인 볼" 참조

5. 홀에 들어간 볼(Ball Holed)
정의 22 "홀에 들어간 볼" 참조

6. 볼 로스트(Ball Lost)
정의 28 "분실구" 참조

7. 인 플레이의 볼(Ball in Play)
볼은 플레이어가 티잉 그라운드에서 스트로크를 하면 곧 인 플레이가 된다. 그 볼은 분실되거나 아웃 오브 바운드이거나 집어 올렸을 경우나 혹은 다른 볼로 교체되었을 경우를 제외하고 홀 아웃될 때까지 인 플레이 상태를 지속한다. 단, 교체구의 경우 그러한 볼의 교체가 허용되든지 안 되든지에 상관없이 교체된 볼이 인 플레이의 볼이 된다.

8. 구멍 파는 동물(Burrowing Animal)
구멍 파는 동물은 토끼, 두더지, 마멋, 뒤쥐, 도룡용과 같이 주거(住居)나 은신처를 위해 구멍을 파는 동물을 말한다.
-주 : 개와 같이 구멍 파는 동물이 아닌 동물이 만든 구멍은 수리지로 표시하거나 수리지로 선언하지 않는 한 비정상적인 코스 상태가 아니다.

9. 벙커(Bunker)
벙커라 함은 대개의 경우 오목한 지역으로 풀과 흙이 제거되고 그 대신 모래 또는 모래와 같은 것을 넣어서 지면에 조성한 구역으로 된 해저드이다. 벙커 안이나 가일이지라도 풀로 덮인 부분은 벙커의 일부가 아니다. 벙커의 한계는 수직 아래쪽으로 연장될 뿐 위쪽으로는 아니다. 볼이 벙커 안에 놓여 있거나 볼의 일부라도 벙커에 접촉하고 있을 때 벙커 안의 볼이다.

10. 캐디(Caddie)
캐디란 플레이 하는 동안 플레이어의 클럽을 운반 또는 취급하거나 본 규칙에 따라 플레이어를 원조하는 사람을 말한다. 공용의 캐디는 볼에 문제가 일어난 때 그 볼의 소유자의 캐디가 되며 캐디가 가지고 있는 휴대품도 그 볼의 소유자의 것으로 간주한다. 다만 플레이어의 특별한 지시에 의하여 행동한 때에는 그 지시한 플레이어의 캐디로 간주한다.

11. 캐주얼 워터(Casual Water)
캐주얼 워터란 플레이어가 스탠스를 취하기 이전 또는 이후에 볼 수 있는 코스상의 일시적으로 고인 물을 말하며 워터 해저드 안에 있는 것은 캐주얼 워터가 아니다. 서리 이외의 눈과 천연얼음 등은 캐주얼 워터 혹은 루스 임페디먼트로 치는데 이는 플레이어의 선택에 따른다. 인공의 얼음은 장해물이다. 이슬과 서리는 캐주얼 워터가 아니다. 볼이 캐주얼 워터에 접촉하고 있을 때 캐주얼 워터 안의 볼이다.

12. 위원회(Committee)

위원회라고 함은 경기를 관리하는 위원회를 말하며, 경기 문제가 아닌 경우는 코스를 관리하는 위원회를 말한다.

13. 경기자(Competitor)

경기자란 스트로크 경기를 할 때의 플레이어를 말한다. 동반 경기자란 경기자와 함께 플레이하는 사람을 말하며 이들은 서로 파트너가 아니다. 그러나 스트로크 플레이에서 두 사람씩 파트너가 되는 포섬(Foursomes) 또는 포볼(Fourball)에 있어서는 경기자 또는 동반 경기자라는 말에 그 파트너를 포함한다.

14. 코스(Course)

코스란 플레이가 허용된 전 지역을 말한다(규칙 제33조 2항 참조).

15. 휴대품(Equipment)

휴대품이란 플레이어가 사용, 착용 혹은 휴대하는 물건을 말하며, 플레이어가 플레이 중의 볼, 혹은 볼의 위치나 볼을 드롭할 구역을 표시하기 위하여 사용하고 있을 때 그 주화나 티와 같은 작은 물건은 휴대품이 아니다.

골프 카트를 두 명 또는 그 이상의 플레이어가 공동 사용할 경우 그 골프 카트와 그 안에 있는 모든 것은 볼이 관련된 플레이어의 휴대품으로 간주한다. 단, 그 카트가 공동으로 사용하는 플레이어 중 한 사람에 의하여 이동될 경우 그 카트 및 그 안에 실린 모든 것들은 그 플레이어의 휴대품으로 간주한다.

-주 : 플레이 중인 홀에서 플레이되었던 볼이 집어 올려진 후 다시 플레이되지 않았을 경우 그 볼은 휴대품이다.

16. 동반 경기자(Fellow-Competitor)

정의 13 "경기자" 참조

17. 깃대(Flagstick)

깃대란 홀의 위치를 표시하기 위하여 기 또는 이와 유사한 물건을 달거나 또는 달지 않은 채 홀의 중심에 꼿꼿이 세운 움직일 수 있는 표식이다. 깃대의 단면은 원형이어야 한다.

18. 포어 캐디(Fore caddie)

포어 캐디란 코스에 있는 볼의 위치를 플레이어에게 알리기 위하여 위원회가 배치한 자로서 국외자이다.

19. 수리지(Ground Under Repair)

수리지란 위원회의 지시로 혹은 대행자에 의하여 수리지로 선언된 코스 내의 구역이다. 수리지라는 표시가 없어도 다른 곳으로 옮기기 위하여 쌓아 올려놓은 물건과 그린 키퍼가 만든 구멍이 포함된다.
수리지의 경계를 표시하는 말뚝 또는 선은 수리지에 포함된다. 수리지를 표시하는 말뚝은 장해물이다. 수리지 구역의 한계는 수직 아래쪽으로 연장될 뿐 위쪽으로는 아니다. 볼이 수리지 안에 놓여 있거나 볼의 일부라도 수리지에 접촉하고 있을 때 수리지 안의 볼이다.
-주1 : 코스에 남겨 놓은 깎아 놓은 풀이나 기타 물건으로써 다른 곳으로 옮길 의사가 없이 방치되어 있는 것들은 수리지 표시가 없는 한 수리지에 포함되지 않는다.
-주2 : 위원회는 수리지에서나 또는 수리지로 지정된 환경보호구역에서의 플레이를 금지하는 로컬 룰을 제정할 수 있다.

20. 해저드(Hazards)

해저드란 모든 벙커 또는 워터 해저드를 말한다.

21. 홀(Hole)

홀의 직경은 108㎜(4.25inch)이고 그 깊이는 100㎜(4.0inch) 이상이어야 한다. 원통은 토질이 허용하는 한 퍼팅 그린 면에서 적어도 25㎜(1inch)는 아래로 묻어야 한다. 원통의 외경은 108㎜(4.25inch) 이내이어야 한다.

22. 홀에 들어간 볼(Holed)

볼이 홀의 원통 내에 정지했을 때 그리고 볼의 전부가 홀의 가보다도 아래에 있을 때 그 볼은 홀에 들어간 볼이다.

23. 오 너(Honour)
티잉 그라운드에서 가장 먼저 플레이하는 플레이어는 "오너가 되다"라고 말한다.

24. 래터럴 워터 해저드(Lateral Water Hazard)
래터럴 워터 해저드란 워터 해저드 또는 그 일부로써 규칙 제26조 1항 2)에 따라 볼이 해저드의 경계선을 최후에 넘어간 점과 홀과의 선상 후방에 볼을 드롭하기가 불가능하거나 위원회가 그렇다고 인정한 위치의 워터 해저드나 그 일부를 말한다.
래터럴 워터 해저드로써 플레이 해야 되는 워터 해저드의 부분은 명백히 표시되어야 한다. 볼이 래터럴 워터 해저드 안에 놓여 있거나 볼의 일부라도 래터럴 워터 해저드에 접촉하고 있을 때 래터럴 워터 해저드 안의 볼이다.
-주1 : 래터럴 워터 해저드의 구역 한계는 적색 말뚝이나 선으로 한계를 표시하여야 한다.
-주2 : 위원회는 래터럴 워터 해저드로 지정된 환경보호구역에서의 플레이를 금지하는 로컬 룰을 제정할 수 있다.
-주3 : 위원회는 워터 해저드를 래터럴 워터 해저드로 지정할 수 있다.

25. 플레이의 선(Line of Play)
플레이의 선이라 함은 플레이어가 스트로크 후 볼이 가기를 원하는 방향과 그 방향의 양쪽 적절한 거리도 포함한다. 플레이의 선은 지면에서 수직상향으로 연장되나 홀을 넘어서는 연장되지 않는다.

26. 퍼트의 선(Line of Putt)
퍼트의 선이라 함은 퍼팅 그린에서 플레이어가 스트로크 후에 볼이 가기를 원하는 선을 말한다. 규칙 제16조 1항 5)에 관한 것만 제외하고 퍼트의 선은 의도했던 양쪽 방향의 적절한 거리도 포함한다. 퍼트의 선은 홀을 넘어서는 연장되지 않는다.

27. 루스 임페디먼트(Loose Impediments)
루스 임페디먼트란 자연물로서, 고정되어 있지 않거나 또는 생장하지 않고,

땅에 단단히 박혀 있지 않으며, 볼에 부착되어 있지 않은 돌, 나뭇잎, 나뭇가지 같은 것들과 동물의 분, 벌레들과 그들의 배설물 및 이것들이 쌓여 올려진 것들을 말한다. 모래 및 흩어진 흙은 퍼팅 그린 위에 있는 경우에 한하여 루스 임페디먼트이다.

서리 이외의 눈과 천연얼음 등은 캐주얼 워터 혹은 루스 임페디먼트로 치는데 이는 플레이어의 선택에 따른다. 인공의 얼음은 장해물이다. 이슬과 서리는 루스 임페디먼트가 아니다.

28. 분실구(Lost Ball)

다음의 경우는 분실구이다.
1) 플레이어, 그의 사이드 또는 이들의 캐디가 찾기 시작하여 5분 이내에 발견하지 못하거나 자기의 볼임을 플레이어가 확인하지 못한 때
2) 원구를 찾지 않고 본 규칙에 따라 다른 볼을 플레이한 때
3) 원구가 있을 것으로 생각되는 장소로부터 그 장소보다 홀에 가까운 지점에서 잠정구를 플레이한 때-이 이후는 잠정구가 인 플레이의 볼이 된다. 오구의 플레이에 소비한 시간은 수색을 위하여 부여된 5분간에 산입하지 않는다.

29. 마커(Marker)

마커란 스트로크 플레이 때 경기자의 스코어를 기록하도록 위원회가 임명한 사람이며 동반 경기자가 마커로 될 수 있다. 마커는 심판원이 아니다.

30. 매 치(Matches)

정의 44 "사이드와 매치" 참조

31. 움직인 볼(Move or Moved)

볼이 정지하고 있는 위치에서 다른 위치로 옮겨가서 정지한 때 그 볼은 "움직인 것"으로 간주한다.

32. 가장 가까운 구제 지점(Nearest Point of Relief)

움직일 수 없는 장해물(규칙 제24조 2항), 비정상적인 코스 상태(규칙 제25조 1항), 또는 목적 외 퍼팅 그린(규칙 제25조 3항)에 의한 방해로부터 벌 없이 구제를 받을 때의 기점을 말한다. 이 지점은 볼이 놓여있는 곳에 가장 가까운 지점으로, 홀에 더 가깝지 않고, 볼이 그 지점에 정지해 있으면 방해(정의한

바와 같은)가 없는 지점이다.
-주 : 플레이어는 다음 스트로크를 할 때 사용하려고 생각한 클럽을 가지고 어드레스를 취하여 스트로크를 위한 스윙을 해보고 그에 가장 가까운 구제 지점을 결정해야 한다.

33. 업저버(Observer)

업저버란 사실문제의 판정에 관하여 심판원을 보조하며 반칙을 심판원에게 보고하기 위하여 위원회가 임명한 사람을 말한다. 업저버는 깃대에 붙어 홀 앞에 서거나 홀의 위치를 표시하거나 볼을 집어 올리거나 그 위치를 마크하지 못한다.

34. 장해물(Obstructions)

장해물이란 모든 인공의 물건으로써, 도로와 통로의 인공의 표면과 측면 및 인공의 얼음 등을 포함한다. 단, 다음의 것은 제외된다.
1) 아웃 오브 바운드를 표시하는 벽, 담, 말뚝 및 울타리
2) 아웃 오브 바운드에 있는 움직이지 못하는 인공물건의 모든 부분
3) 코스와 불가분한 것이라고 위원회가 지정한 모든 구축물
움직일 수 있는 장해물이란 무리한 노력을 들이지 않고 플레이를 부당하게 지연시키지 않으며, 손상을 입히지 않고 옮겨질 수 있는 장해물을 말한다. 그렇지 않을 경우는 움직일 수 없는 장해물이다.
-주 : 위원회는 움직일 수 있는 장해물을 움직일 수 없는 장해물로 선언하는 로컬 룰을 만들 수 있다.

35. 아웃 오브 바운드(Out of Bounds)

아웃 오브 바운드란 코스의 경계를 넘어선 장소 또는 위원회가 그렇게 표시한 코스의 일부를 말한다. 아웃 오브 바운드를 말뚝이나 울타리를 기준으로 표시할 경우 볼이 말뚝이나 울타리를 넘었는가를 문제로 할 때 그 아웃 오브 바운드의 선은 말뚝이나 울타리(지주를 포함하지 않은) 기둥의 지면에 접한 가장 가까운 안쪽 점에 의하여 결정된다. 아웃 오브 바운드가 지상의 선으로 표시되었을 때 그 선 자체가 아웃 오브 바운드이다.
아웃 오브 바운드의 선은 수직으로 상하에 연장된다. 볼의 전체가 아웃 오브 바운드에 있을 때는 아웃 오브 바운드의 볼이 된다. 플레이어는 코스 내에 있는 볼을 플레이하기 위하여 아웃 오브 바운드에 설 수 있다.

36. 국외자(Outside Agency)

국외자란 매치 플레이에서는 매치에 관계없는 사람과 사물을 말하며, 스트로크 플레이에서는 그 경기자의 사이드에 속하지 않는 사람과 사물을 말한다. 심판원, 마커, 업저버 그리고 포어 캐디는 국외자이다. 바람과 물은 국외자가 아니다.

37. 파트너(Partner)

파트너란 같은 사이드에 속하고 있는 자기편의 플레이어를 말한다. 스리섬, 포섬 또는 포볼의 매치에 있어서는 문맥에 반하지 않는 한 "플레이어"라는 말에 그의 파트너가 포함된다.

38. 벌타(Penalty Stroke)

벌타란 규칙에 따라 플레이어 또는 사이드의 스코어에 부가되는 스트로크를 말한다. 스리섬과 포섬에 있어서의 벌타는 플레이의 타순에 영향을 주지 않는다.

39. 잠정구(Provisional Ball)

잠정구란 볼이 워터 해저드 이외에서 분실 또는 아웃 오브 바운드의 염려가 있는 경우 규칙 제27조 2항에 의하여 플레이하는 볼을 말한다.

40. 퍼팅 그린(Putting Green)

퍼팅 그린이란 현재 플레이를 하고 있는 홀의 퍼팅을 위하여 특별히 정비한 전 구역 또는 위원회가 퍼팅 그린이라고 지정한 모든 구역을 말한다. 볼의 일부가 퍼팅 그린에 접촉하고 있으면 퍼팅 그린 위의 볼이다.

41. 심판원(Referee)

심판원이란 플레이어와 동행하여 현장의 사실문제를 재정하고 규칙을 적용하기 위하여 위원회가 임명한 사람을 말한다. 심판원은 목격하거나 보고받은 모든 규칙위반에 대하여 직권을 행사하여야 한다. 심판원은 깃대에 붙어서거나 홀의 위치에 서거나 그 위치를 표시하거나 또는 볼을 집어 올리거나 그 위치를 마크해서는 안 된다.

42. 러브 오브 더 그린(Rub of the Green)

러브 오브 더 그린이란 움직이고 있는 볼이 국외자에 의하여 우연히 방향이 변경되거나 정지된 경우를 말한다(규칙 제19조 1항 참조).

43. 규칙(Rule or Rules)

규칙이란 용어는 다음 항을 포함한다.
1) 골프 규칙
2) 위원회가 규칙 제 33조 8항 1)과와 부칙 I에 의해 제정한 모든 로컬 룰
3) 부칙 II와 III의 클럽과 볼에 관한 규칙

44. 사이드와 매치(Sides and Matches)

사이드란 1명의 플레이어 또는 파트너인 2명 혹은 그 이상의 플레이어를 말한다.
싱글이란 1명 대 1명의 매치이다.
스리 섬이란 1명의 플레이어가 다른 2명에 대항하여 각 사이드가 1개의 볼을 플레이하는 매치이다.
포 섬이란 2명이 2명에 대항하여 각 사이드가 1개의 볼을 플레이하는 매치이다.
스리 볼이란 3명이 서로 대항하되 각자의 볼을 플레이하는 매치이다.
베스트 볼이란 1명의 플레이어가 2명 또는 3명으로 된 사이드에 대항하여, 2명 이상의 사이드는 각자의 볼을 플레이하되 그 중 좋은 스코어를 그 사이드의 스코어로 하는 매치이다.
포볼이란 2명이 2명에 대항하여 각 플레이어는 각자의 볼을 플레이 하며 각 홀마다 그 사이드의 적은 스코어를 그 사이드의 스코어로 하는 매치이다.

45. 스탠스(Stance)

플레이어가 스트로크를 하기 위하여 발을 제 위치에 정하고 섰을 때 "스탠스"를 취한 것으로 한다.

46. 정규의 라운드(Stipulated Round)

정규의 라운드란 위원회가 따로 허용한 경우를 제외하고 홀의 순서에 따라 코스의 여러 홀을 플레이 하는 것을 말한다. 정규의 라운드의 홀수는 위원회가 18홀보다 적은 홀수를 허용한 경우를 제외하고는 18홀이다.
매치 플레이에서 정규의 라운드를 연장할 때는 규칙 제2조 3항 참조.

47. 스트로크(Stroke)

스트로크란 볼을 올바르게 쳐서 움직일 의사를 가지고 행한 클럽의 전 방향으로의 동작을 말한다. 그러나 클럽 헤드가 볼에 도달하기 전에 플레이어가 다운 스윙을 자발적으로 중지했을 경우 플레이어는 스트로크를 하지 않은 것으로 간주한다.

48. 티잉 그라운드(Teeing Ground)

티잉 그라운드란 플레이할 홀의 출발장소를 말한다. 이것은 2개의 티 마커의 외측을 경계로 하여 전면과 측면이 한정되며 측면의 길이가 2클럽 길이인 직사각형의 구역이다. 볼 전체가 이 티잉 그라운드 구역 밖에 있을 때에는 티잉 그라운드의 밖에 있는 볼이다.

49. 스루 더 그린(Through the Green)

스루 더 그린이란 다음 구역을 제외한 코스의 전 구역을 말한다.
1) 플레이 중인 그 홀의 티잉 그라운드와 퍼팅 그린
2) 코스 내의 모든 해저드

50. 워터 해저드(Water Hazard)

워터 해저드란 모든 바다, 호수, 못, 하천, 도랑, 배수구의 표면 또는 뚜껑이 없는 수로(물의 유무를 불문) 및 이와 유사한 수역을 말한다. 워터 해저드 구역 경계 내의 모든 지면 또는 수면은 그 워터 해저드의 일부분이다. 워터 해저드의 경계선은 수직으로 그 위아래까지 연장 적용된다.

워터 해저드 구역의 경계를 표시하는 말뚝과 선은 해저드 안이며, 그러한 말뚝은 장해물이다. 볼이 워터 해저드 안에 놓여 있거나 볼의 일부가 워터 해저드에 접촉하고 있으면 워터 해저드 안의 볼이다.

-주1 : 워터 해저드(래터럴 워터 해저드 제외)는 황색 말뚝이나 선으로 한계가 표시되어야 한다.

-주2 : 위원회는 워터 해저드로 지정된 환경보호구역에서의 플레이를 금지하는 로컬 룰을 제정할 수 있다.

51. 오구(Wrong Ball)

오구라 함은 다음에 명시한 플레이어의 볼 이외의 모든 볼을 말한다.
1) 인 플레이 볼
2) 잠정구
3) 스트로크 플레이에 있어서 규칙 제3조 3항 또는 규칙 제20조 7항 2)에 의하여 플레이한 제2의 볼.
-주 : 인 플레이 볼 중에는, 볼의 교체가 허용되든지 안 되든지 상관없이, 인 플레이 볼과 교체된 다른 볼도 포함된다.

52. 목적 외 퍼팅 그린(Wrong Putting Green)

목적 외 퍼팅 그린이란 현재 플레이하고 있는 홀의 퍼팅 그린 이외의 다른 퍼팅 그린을 뜻한다. 위원회에서 달리 정하지 않는다면, 이 용어는 코스의 연습용 퍼팅 그린이나, 피칭 그린 등을 포함한다.

제 3장 골프 규칙

제1조 게임(Game)

1항 통칙(General)

골프의 게임은 본 규칙에 따라 1개의 볼을 티잉 그라운드에서 홀에 넣을 때까지 1스트로크 또는 연속적인 스트로크로써 플레이하는 것으로 이루어진다.

2항 볼에 미치는 영향(Exerting Influence on Ball)

규칙에 의한 경우를 제외하고 플레이어와 캐디는 볼의 위치 또는 그의 움직임에 영향을 주는 어떠한 행동도 해서는 안 된다.
본 항의 반칙은(움직일 수 있는 장애물의 제거-규칙 제24조 1항 참조)
매치 플레이는 그 홀의 패.
스트로크 플레이는 2벌타.
-주 : 본 제1조 2항의 중대한 반칙인 경우 위원회는 실격의 벌을 부가할 수 있다.

3항 합의의 반칙(Agreement to Waive Rules)

플레이어들은 반칙의 적용을 배제하거나 부가된 벌을 삭제할 것을 합의해서는 안 된다.
본 항의 반칙은,
매치 플레이는 양사이드 모두 실격.

스트로크 플레이는 관계 경기자의 실격.
(스트로크 플레이에서 플레이 순번을 위반한 플레이에 관한 합의에 대해서는 제10조 2항 1) 참조)

4항 규칙에 없는 사항(Points Not Covered by Rules)

경기에 관한 쟁점이 규칙에 없는 사항은 형평의 이념에 따라 재정하여야 한다.

제2조 매치 플레이(Match Play)

1항 홀의 승자와 승홀 계산법 (Winner of Hole ; Reckoning of Holes)

매치 플레이는 각 홀마다 승패를 결정한다. 본 규칙에 따로 정한 경우를 제외하고 적은 타수로 홀 아웃한 사이드가 그 홀의 승자가 된다. 핸디캡 매치 때에는 적은 네트 스코어인 사이드가 그 홀의 승자이다.

매치 플레이의 승홀을 셈할 때 몇 개 "홀 업(holes up)" 또는 비길 때는 "올 스퀘어(all square)" 그리고 몇 개 "투 플레이(to play)"라고 한다. 홀업한 승홀 수와 나머지 플레이하여야 할 홀 수가 동일한 때 그 사이드는 도미(dormie)라고 한다.

2항 비긴 홀(Halved Hole)

양 사이드가 같은 타수로 홀 아웃하면 그 홀은 비긴다. 플레이어가 홀 아웃을 끝내고 상대가 그 홀을 동점으로 하는데 1 스트로크가 남은 때에는 그 플레이어가 그 후에 반칙을 한 경우에도 그 홀은 비긴다.

3항 매치의 승자(Winner of Match)

매치(위원회가 따로 정한 경우를 제외한 정규의 라운드)에서는 플레이를 끝내지 않은 홀의 수보다 많은 홀을 이긴 사이드가 승자이다. 위원회는 매치의 타이를 해결하기 위하여 정규의 라운드를 매치의 승패가 결정될 때까지 몇 홀이라도 연장할 수 있다.

4항 다음 스트로크, 홀 또는 매치의 양보 (Concession of Next Stroke, Hole or Match)

규칙 제16조 2항(홀 컵에 걸려 있는 볼)에 의하여 상대볼이 정지했거나 정지한 것으로 보일 때 플레이어는 상대방이 다음 스트로크로 홀 아웃한 것으로 인정할 수 있으며 그 볼은 어느 사이드에 의해서나 클럽 또는 다른 방법으로 제거할 수 있다. 플레이어는 한 홀이나 그 매치의 종료 전에 어느 때라도 홀 또는 매치를 양보할 수 있다.
-스트로크의 면제 : 홀이나 매치에서의 스트로크 면제는 거절되거나 철회될 수 없다.

5항 클레임(Claims)

매치 플레이에서 플레이어간에 의문 또는 분쟁이 생기고 위원회의 정당한 권한을 가진 대표자가 합당한 시간 내 현장에 도착하지 못하는 경우 그 플레이어들은 지체 없이 매치를 계속하지 않으면 안 된다. 어떠한 클레임이라도 만약 그것이 위원회에서 그 클레임이 수리되려면 그 매치의 어느 플레이어도 다음 티잉 그라운드에서 플레이하기 전에, 그 매치의 마지막 홀이라면 플레이어 전원이 퍼팅 그린을 떠나기 전에 각각 클레임을 제출해야 한다.
플레이어가 사전에 몰랐던 사실에 입각한 클레임이거나 또는 상대방에 의한 오보(제6조 2항 1) 및 제9조)인 경우를 제외하고 전기의 시한 후에 제기된 클레임은 접수될 수 없다. 어떠한 경우에도 상대방이 고의로 오보를 하였다는 것을 위원회가 인정한 경우 이외에는 매치의 결과가 공식으로 발표된 후의 클레임도 접수될 수 없다.

6항 일반의 벌(General Penalty)

매치 플레이에서, 본 규칙에 따로 정한 경우를 제외하고 반칙의 벌은 그 홀의 패이다.

제3조 스트로크 플레이(Stroke Play)

1항 우승자(Winner)

정규의 라운드 또는 그 이상의 라운드를 최소 타수로 플레이한 경기자가 우승자이다.

2항 홀 아웃의 불이행(Failure to Hole Out)

경기자가 어떤 홀에서 홀 아웃을 이행하지 않고 다음 티잉 그라운드에서 스트로크하기 전 또는 마지막 홀에서 퍼팅 그린을 떠나기 전에 자기의 잘못을 시정하지 않고 그린을 떠나면 그 경기자는 경기 실격이다.

3항 처리에 관한 의문(Doubt as to Procedure)

1) 처리
스트로크 플레이에 한하여 경기자가 한 홀의 플레이 중에 자기 권리 또는 볼의 처리에 대하여 의문이 있을 때에는 벌 없이 제2의 볼을 플레이할 수가 있다. 경기자는 의문이 생겼을 때 다음 행동을 취하기 전에, 본 규칙에 의한다는 그의 결심과 규칙이 허용하면 스코어로 채택하고자 하는 볼을 미리 마커 또는 동반 경기자에게 선언해야 된다. 경기자는 두 볼의 스코어가 같은 경우를 제외하고 스코어 카드를 제출하기 전에 그 사실을 위원회에 보고해야 된다. 이것을 이행하지 않으면 경기에 실격된다.

2) 그 홀의 스코어
경기자가 선택한 처리가 규칙에 적합한 것이라면 선택한 볼의 스코어가 그 홀의 스코어가 된다. 만일 경기자가 취한 처리와 볼의 선택을 사전에 마커나 동반 경기자에게 통고를 하지 않고 그 원구에 대한 처리가 규칙에 적합한 경우, 원구 쪽의 스코어를 채택하지 않으면 안 된다. 다만, 플레이 되고 있는 두 볼이 다 원구가 아닌 때에는 먼저 인 플레이된 볼의 스코어를 채택해야 된다.
-주1 : 만약 경기자가 제2의 볼을 플레이 한 경우, 카운터하지 않기로 재정된 볼을 플레이한 것에 의하여 받은 벌타와 계속해서 그 볼을 친 타수는 무시된다.
-주2 : 제3조 3항에 의한 제2의 볼은 제27조 2항에 의한 잠정구가 아니다.

4항 규칙 준수의 거부(Refusal to Comply with a Rule)
경기자가 다른 경기자의 권리에 영향을 주는 규칙 이행을 거부할 때 실격이 된다.

5항 일반의 벌(General Penalty)
스트로크 플레이에서는 따로 규정이 있는 경우를 제외하고 반칙의 벌은 2타이다.

제4조 클럽과 볼(Clubs and the Ball)

R&A는 클럽, 볼 및 기타 용구에 관한 규칙의 변경과 구조 및 해석의 변경을 행사하는 권한을 항상 보유한다.

플레이어가 어떤 클럽의 적합성에 관하여 의문이 있을 때에는 R&A에 문의하여야 한다. 제조업자가 제조하고자 하는 클럽이 규칙 제4조와 부칙Ⅱ에 적합한지 여부를 판정받기 위하여 그 견본을 R&A에 제출하여야 한다. 제출된 견본은 대조용으로써 R&A 소유물로 한다. 만일 제조업자가 어떤 클럽을 생산, 판매하기 이전에 그 견본을 R&A에 제출하지 않은 경우에 제조업자는 그 클럽이 골프 규칙에 부적합할 수도 있다는 위험 부담을 갖게 된다.

1항 클럽의 형식과 구조(Form and Make of Clubs)

클럽은 볼을 치는 데 사용되도록 디자인된 용구이다. 퍼터는 본래 퍼팅 그린 위에서 사용되도록 디자인된 로프트 각도가 10°를 넘지 않는 클럽이다.

플레이어가 사용하는 클럽은 본 조 규정과 부칙 Ⅱ에 명시된 규격과 해석에 적합한 것이어야 한다.

1) 통 칙
클럽은 규칙과 부칙 Ⅱ에 수록된 규정, 규격, 해석에 부합되어야 한다.

2) 마모와 개조
어떤 클럽이 신품일 때 규칙에 적합한 것이라면, 정상적인 사용 후 마모되었을 때도 규칙에 맞는 것으로 본다. 클럽의 어떤 부분이 의도적으로 개조되었을 때 그것은 신품으로 간주되며, 개조된 상태는 규칙에 적합하여야 한다.

2항 성능의 변경과 이물질 부착
(Playing Characteristics Changed and foreign Material)

1) 성능의 변경
정규 라운드 중 클럽의 성능은 조정 또는 다른 방법에 의하여 고의로 변경되어서는 안 된다.

2) 이물질의 부착
볼의 움직임에 영향을 줄 목적으로 이물질을 클럽 타면에 부착해서는 안 된다.

― 규칙 제4조 1항 또는 2항의 위반 : 경기 실격.

3항 손상된 클럽 : 수리와 교체
(Damaged Clubs ; Repair and Replacement)
1) 정상적인 플레이 과정에서 입은 손상
정규 라운드 도중, 만약 플레이어의 클럽이 정상적인 플레이 과정에서 손상되었을 경우 플레이어는 다음 조치를 취할 수 있다.
⑴ 정규 라운드의 나머지 홀을 손상된 상태로 클럽을 사용하거나,
⑵ 부당한 경기 지연 없이 수리하거나, 수리 받아서 사용하거나,
⑶ 클럽이 경기에 부적합한 상태에 한해서만 추가적인 선택으로써, 다른 클럽으로 교체할 수 있다. 클럽의 교체는 플레이를 부당하게 지연시키지 않아야 하며, 그 코스에서 플레이 중인 다른 플레이어가 플레이를 위하여 선정한 클럽을 차용해서는 안 된다.
- 규칙 제4조 3항 1) 위반 : 규칙 제4조 4항 1), 2) 벌칙 참조
- 주 : 클럽이 예를 들어 샤프트가 여러 조각으로 부서지거나, 클럽 헤드가 헐거워지거나, 분리되거나, 현저히 변형되었을 경우와 같이 실질적인 손상을 입었을 경우 플레이에 부적합하다고 할 수 있다. 단지 샤프트가 휘었거나, 클럽의 라이나 로프트가 변경되었거나, 클럽 헤드가 긁혔을 경우에는 플레이에 부적합하다고 볼 수 없다.

2) 정상적인 플레이 과정 이외에서의 손상
정규 라운드 도중에 정상적인 플레이 과정 이외에서 입은 손상으로, 클럽이 규정에 부적합하게 되거나, 성능이 변경된 경우, 그 클럽은 그 이후의 라운드 중에 사용될 수 없으며, 교체될 수 없다.

3) 라운드 전의 손상
플레이어는 라운드 전에 손상된 클럽이 규정에 적합한 상태라면 그대로 사용할 수 있다. 라운드 전에 클럽이 입은 손상은 성능을 변경시키지 않고 플레이를 부당하게 지연시키지 않는 한 라운드 도중 수리 받을 수 있다.
-규칙 제4조 3항 2) 또는 3) 위반 : 경기 실격(부당한 지연 - 규칙 제6조 7항 참조)

4항 클럽은 14개가 한도(Maximum of Fourteen Clubs)
1) 클럽의 선정과 교체
플레이어는 14개 이내의 클럽을 가지고 정규 라운드를 스타트하여야 한다. 플레이어의 사용 클럽은 그라운드 스타트 시에 선정한 것에 한정하나 단 플레이를 부당하게 지연시키지 않는 한, 14개 미만으로 스타트한 때에는 합계

14개를 넘지 않는 한 몇 개라도 보충할 수 있다.

클럽의 보충은 그 코스에서 플레이하는 다른 플레이어가 플레이를 위하여 선정한 클럽을 차용할 수 없으며, 플레이를 불필요하게 지연시키지 않아야 한다(규칙 제 6조 7항).

2) 파트너는 클럽의 공용가능

파트너끼리는 그 파트너들이 휴대한 클럽의 수가 14개를 초과하지 않는 한 클럽을 공용할 수 있다.

본 항 1) 또는 2)의 반칙은 휴대한 초과 클럽의 개수에 불구하고,

(1) 매치 플레이 시는 반칙이 발견된 홀의 완료 시점에 임하여 반칙이 발생한 각 홀에 1홀의 패를 부가하고 매치의 상태를 조정하여야 한다. 단, 패로 하는 홀수는 1라운드 마다 최고 2홀을 한도로 한다.

(2) 스트로크 플레이 시는 반칙을 한 홀마다 2타 부가하되 1라운드마다 최고 4타 부가를 한도로 한다.

(3) 보기 및 파 경기 시는 벌이 매치 플레이와 동일하다.

(4) 스테이블포드 경기자(Stableford competitor)는 제32조 1항 2) 참조.

3) 초과 클럽의 사용 불가 선언

본 규칙에 위반하여 휴대 또는 사용한 모든 클럽에 대하여 플레이어는 반칙을 발견한 때 즉시 사용 불가 선언을 하여야 한다. 그 후 플레이어는 그 라운드 중 그 클럽을 사용해서는 안 된다.

본 항 위반 시는 경기 실격.

제5조 볼(The Ball)

R&A와 USGA는 클럽, 볼 및 기타 용구에 관한 규칙의 변경과 구조 및 해석의 변경을 행사하는 권한을 항상 보유한다.

1항 통칙(General)

플레이어가 사용하는 볼은 부칙 Ⅲ에 명시하는 최대 중량, 최소 사이즈, 구체(球體)의 대칭성, 초속 및 종합거리규격에 적합한 것이라야 한다.

-주 : 위원회는 경기 조건을 규정함에 있어(제33조 1항) 플레이어가 사용하는 볼은 R&A가 발행한 현행 적격 골프볼 리스트에 기재되어 있어야 한다고 요구할 수 있다.

2항 이물질의 부착(Foreign Material)
볼의 플레이 성능을 변경할 목적으로 이물질을 볼에 부착해서는 안 된다.
본 조 1항 또는 2항의 반칙은 경기 실격.

3항 플레이에 부적합한 볼(Ball Unfit for Play)
볼이 찢어졌거나 깨졌거나 변형되었음이 분명할 때 그 볼은 플레이에 부적합한 볼이다. 단순히 흙 또는 기타 물건이 부착되었거나 표면의 페인트가 벗겨졌거나 색깔이 변한 것만으로는 플레이에 부적합한 볼이라고 볼 수 없다.
플레이어는 플레이 중 볼이 플레이에 적합하지 않다고 믿을 때에는 볼이 플레이에 적합한지 아닌지를 확인하기 위하여 벌 없이 자기 볼을 집어 올릴 수 있다. 단, 볼을 집어 올리기 전에 매치 플레이에서는 상대방에게, 스트로크 플레이에서는 마커 또는 동반 경기자에게 자신의 의사를 통고하고 그 볼의 위치를 마크해야 한다.
그 후 볼을 집어 올려 닦지 않은 상태로 검사하되 그의 상대방이나 마커 또는 동반 경기자에게 그 볼을 검사할 기회를 주어야 한다. 이러한 절차를 밟지 않으면 1벌타가 부가된다. 그 볼이 플레이를 하고 있는 홀의 플레이 중에 플레이에 부적합하다고 확인된 경우는 플레이어는 원구가 있던 지점에 다른 볼로 플레이스 할 수 있다. 그러나 사용부적합이 확정되지 않을 때는 원구를 리플레이스하여야 한다.
스트로크의 결과로 볼이 두 쪽 이상으로 쪼개져 떨어져 나간 경우 그 스트로크는 취소되어야 하며, 플레이어는 원구를 쳤던 되도록 가까운 지점에서 벌 없이 다시 플레이하여야 한다(제20조 5항 참조).
본 항의 반칙은,
매치 플레이는 그 홀의 패.
스트로크 플레이는 2타 부가.
만일 플레이어가 제5조 3항의 반칙에 대하여 일반의 벌이 부가되었을 경우 본 항에 의한 벌이 추가되어 부가되지 않는다.
–주 : 상대방, 마커 또는 동반 경기자가 볼의 부적합성에 관한 클레임을 반론하고자 할 경우에는 그 플레이어가 다른 볼을 플레이하기 전에 하여야 한다(퍼팅 그린에서 또는 다른 규칙에 의거 볼을 집어 올려 닦는 일 제21조 참조).

제6조 플레이어(The Player)

마커란 스트로크 플레이 때 경기자의 스코어를 기록하도록 위원회가 임명한 사람이며 동반 경기자가 마커로 될 수 있다. 마커는 심판원이 아니다.

1항 경기 조건(Conditions of Competition)
플레이어는 경기에 관한 조건을 숙지하고 플레이할 책임이 있다(제33조 1항 참조).

2항 핸디캡(Handicap)
1) 매치 플레이
핸디캡이 있는 경기에서는 경기 출발 전에 플레이어들은 서로 상대방에게 각자의 핸디캡을 확정해야 한다. 만일 플레이어가, 주고 받는 스트로크 수에 영향을 끼치는 더 높은 핸디캡을 통고하고 경기를 시작한 경우 그 플레이어는 경기 실격이 된다. 반대의 경우 즉 낮은 핸디캡을 선언한 플레이어는 그대로 플레이하여야 한다.

2) 스트로크 플레이
핸디캡이 있는 모든 경기에서 경기자는 매 라운드마다 위원회에 스코어 카드를 제출하기 전에 자기 핸디캡이 자기 스코어 카드에 제대로 기입되었는지를 확인하여야 한다.
자기의 스코어 카드에 핸디캡이 기입되어 있지 않거나 또는 기입된 핸디캡이 경기 조건에서 인정된 것보다 더 높아 그 때문에 받을 스트로크 수에 영향을 주었을 경우, 그는 그 핸디캡 경기에서 실격이 된다. 그렇지 않고 낮게 기입된 경우는 그 스코어는 그대로 채택된다.
-주 : 핸디캡 스트로크를 주거나 받는 홀을 사전에 파악하는 것은 플레이어의 책임이다.

3항 스타트 시간과 조(Time of Starting and Groups)
1) 스타트 시간
플레이어는 위원회에서 정한 시간에 스타트하여야 한다.
2) 조
스트로크 플레이에서 경기자는 위원회가 변경을 승인 또는 추인하지 않는 한 위원회가 정한 조대로 라운드를 하여야 한다.

본 항의 반칙은 경기 실격(베스트 볼과 포볼의 플레이는 규칙 제30조 3항 1)과 제31조 2항 참조).
-주 : 위원회는 규칙 제33조 7항에 규정된 실격의 벌을 배제할 정황이 없는 경우, 경기 조건(규칙 제33조 1항) 속에 플레이어가 스타트 시간에 지각하였으나 플레이할 수 있는 상태로 스타트 지점에 5분 이내에 도착하였을 경우 지각의 벌을 실격으로 하지 않고 매치 플레이에서는 제1홀의 패, 스트로크 플레이에서는 2벌타로 규정할 수 있다.

4항 캐디(Caddie)
플레이어는 한 번에 캐디를 한 명만 동반할 수 있다. 그 이상은 실격이다. 캐디가 규칙을 위반하면 그 플레이어에게 벌을 과한다.

5항 볼(Ball)
정당한 볼을 플레이할 책임은 플레이어 자신에게 있다. 각 플레이어는 자기 볼을 식별할 수 있는 표식를 해 두어야 한다.

6항 스트로크 플레이의 스코어(Scoring in Stroke Play)
1) 스코어의 기록
마커는 각 홀의 종료 후 그 경기자와 스코어를 확인하고 기입하여야 한다. 경기의 라운드가 끝나면 마커는 그 카드에 서명하고 경기자에게 건네주어야 한다. 만일 2인 이상의 마커가 스코어를 기록한 경우는 각자 담당한 부분에 대하여 서명하여야 한다.
2) 스코어의 서명과 제출
경기자는 자기의 각 홀의 타수를 확인해야 하고 의문이 있으면 위원회에 질문하여 확정지어야 한다. 경기자는 마커의 서명을 확인한 다음 자기도 부서하여 되도록 빨리 위원회에 제출하여야 한다.
본 항 2)의 반칙은 경기실격.
3) 스코어 카드의 변경
경기자가 카드를 위원회에 제출한 후에는 그 기입내용은 변경되지 못한다.
4) 스코어의 오기
경기자는 자기 스코어 카드 상에 각 홀별로 기입된 스코어의 정확성에 대하여 책임을 진다. 만일 한 홀의 실제의 타수보다 적은 스코어를 제출한 경기자는 경기에 실격되고 실제의 타수보다 많은 스코어는 그대로 채택된다.

-주1 : 위원회는 스코어의 합계와 카드 상에 기록된 핸디캡의 적용에 대하여 책임을 진다(제33조 5항 참조).
-주2 : 포볼의 스토로크 플레이는 제31조 4항과 7항 1) 참조

7항 부당한 지연 ; 느린 플레이(Undue Delay ; Slow Play)

플레이어는 부당한 지연 없이 플레이해야 하며 위원회가 규정한 플레이 속도 지침이 있을 때 그에 따라 플레이하여야 한다. 한 홀의 플레이를 끝내고 다음 티잉 그라운드에서 플레이 하는 사이에서도 부당하게 지연을 해서는 안 된다.
본 항의 반칙은,
매치 플레이는 그 홀의 패.
스트로크 플레이는 2벌타(보기, 파 경기 – 규칙 제32조 1항 1)에서 주2를 참조, 스테이블포드 경기 – 규칙 제32조 1항 2)에서 주2를 참조).
그 후의 반칙은 경기 실격.
-주1 : 홀과 홀 사이의 부당한 지연 플레이는 다음 홀에서의 플레이 지연이 되므로 벌 타는 다음 홀에 부가된다(보기, 파 경기와 스테이블포드 경기는 예외-규칙 제32조 참조).
-주2 : 지연 플레이를 방지하기 위한 목적으로 위원회는 경기 조건(규칙 제33조 1항)에 정규의 1라운드, 1홀 또는 1스트로크를 플레이 완료하는데 허용된 최대 시간을 포함한 플레이 속도 지침을 규정할 수 있다.
스트로크 플레이에 한하여 위원회는 본 항 반칙의 벌을 다음과 같이 수정할 수 있다.
첫번째 위반은 1벌타.
두번째 위반은 2벌타.
그 후의 위반은 경기 실격.

8항 플레이의 중단(Discontinuance of Play)

1) 중단이 인정되는 경우
플레이어는 다음 경우를 제외하고 플레이를 중단해서는 안 된다.
(1) 위원회가 플레이를 일시 중지한다고 결정하였을 때
(2) 플레이어가 낙뢰의 위험이 있다고 생각하였을 때
(3) 플레이어가 의문 또는 분쟁의 문제에 관하여 위원회의 재정을 구하고 있을 때(제2조 5항 및 제34조 3항 참조)

(4) 기타 급병과 같은 정당한 이유가 있을 때
악천후는 그 자체가 플레이 중단의 정당한 이유가 못된다. 위원회의 특별한 허가를 받지 아니하고 플레이를 중단한 경우 플레이어는 되도록 빨리 위원회에 보고하여야 한다. 그러한 경우 위원회가 그 이유를 정당하다고 인정하면 벌이 과해지지 않는다. 정당하다고 인정되지 않으면 경기 실격이 된다.
- 매치 플레이에서의 예외 : 플레이어들의 합의로 매치 플레이를 중단하여도 그것으로 인하여 경기 지연이 되지 않는 한 실격의 조건은 아니다.
-주 : 코스를 떠나는 것 그 자체만으로 플레이의 중단이 되지 아니한다.

2) 위원회 결정에 의한 일시중지 시의 처리

위원회의 결정에 의하여 플레이가 일시중지 되었을 경우 그리고 매치의 당사자 또는 한 조의 플레이어 전원이 홀과 홀 사이에 있을 경우 플레이어들은 위원회로부터 플레이 속개의 지시가 나올 때까지 플레이를 속개해서는 안 된다. 한 홀의 플레이 도중인 경우 지체 없이 플레이를 계속할 수 있으면 그대로 플레이를 속행할 수 있다. 그러나 플레이 속행을 선택했을 경우 각 플레이어들은 그 홀 종료 직후 곧 중단해야 하나 미결로 하고 도중에 중지해도 상관없다. 플레이 중지 후는 위원회로부터 플레이 속개의 지시가 내릴 때까지 플레이를 속개해서는 안 된다. 경기위원회에 의하여 경기가 일시중지된 경우 플레이어는 경기위원회의 속개 지시가 내렸을 때 플레이를 속개해야 한다.
본 항 2)의 반칙은 경기 실격
-주 : 위원회는 경기 조건(규칙 제33조 1항) 속에 위험가능성이 있는 상태일 때 위원회의 경기중지 조치에 따라 플레이는 즉시 중단되어야 한다고 규정할 수 있다. 만일 플레이어가 즉각 경기중단을 하지 않는다면, 제33조 7항에 규정된 벌의 면제를 정당화 해주는 정황이 아닌 한 그 플레이어는 경기 실격의 벌을 받는다(경기재개 - 규칙 제33조 2항 4) 참조).

3) 플레이 중단의 경우 볼 집어 올리기

규칙 제6조 8항 1)에 따라 플레이어가 경기를 중단하였을 때, 그는 위원회가 중단시켰을 때와 또는 정당한 이유가 있을 때만 볼을 집어 올릴 수 있다. 볼을 집어 올리기 전에 반드시 볼의 위치를 마크해 두어야 한다. 만약 플레이어가 위원회의 명확한 허가 없이 경기를 중단하고 볼을 집어 올렸다면, 위원회에 보고할 때(규칙 제6조 8항 1)) 볼을 집어 올린 사실을 즉시 알려야 한다. 만일 플레이어가 정당한 이유 없이 볼을 집어 올리거나, 볼을 집어 올리기 전에 볼의 위치를 마크하지 않았거나, 집어 올린 사실을 보고 하지 않았을 경우 그는 1벌타를 받게 된다.

4) 플레이가 재개될 때의 처리 절차
플레이는 비록 다음 날 재개되더라도 중단 되었던 그 위치에서 재개되어야 한다. 플레이어는 플레이가 재개되기 전이나 재개될 때, 다음 절차에 따라 처리하여야 한다.
(1) 플레이어가 볼을 집어 올렸으면 그는 규칙 제6조 8항 1)에 의해 집어 올릴 자격이 있어야 하고, 최초의 볼을 집어 올렸던 지점에 볼을 플레이스 하여야 한다. 그렇지 않으면, 최초의 볼은 리플레이스 되어야 한다.
(2) 규칙 제6조 8항 1)에 의해 볼을 집어 올릴 권리가 있는 플레이어가 그렇게 하지 않았을 경우, 그는 볼을 집어 올려 닦을 수 있으며, 또한 최초의 볼을 집어 올려 닦을 수 있으며, 또한 최초의 볼을 집어 올린 지점에 리플레이스 하거나 다른 볼로 교체할 수 있다. 볼을 집어 올리기 전에 반드시 그 위치를 마크해야 한다.
(3) 플레이가 중단된 사이에(바람이나 물의 영향을 포함해) 볼 또는 볼마커가 움직였을 경우, 볼 또는 볼마커는 최초의 볼이나 볼마커가 움직인 지점에 플레이스 하여야 한다(위치를 결정할 수 없을 때 – 규칙 제20조 3항 3)을 참조).
본 규칙 제6조 8항 4)의 반칙 시,
매치 플레이는 홀의 패.
스트로크 플레이는 2벌타.
– 플레이어가 규칙 제6조 8항 4)위반에 의해 일반의 벌타를 적용받았을 때, 규칙 제6조 8항 3)에 따른 추가적인 벌타는 적용되지 않는다.

제7조 연습(Practice)

코스는 플레이가 허용된 모든 구역을 뜻한다(규칙 제 33조 2항을 참조).

1항 라운드 전 혹은 라운드 간의 연습 (Before or Between Rounds)

1) 매치 플레이
플레이어는 매치 플레이 경기가 있는 어느 날이라도 라운드 전에 그 경기가 있는 코스에서 연습할 수 있다.
2) 스트로크 플레이

경기자는 스트로크 플레이 경기 또는 플레이 오프가 있는 어느 날도 라운드 또는 플레이 오프 전에 그 경기가 열리는 코스에서 연습하거나 퍼팅 그린 면을 테스트하여서는 안 된다. 경기가 연일 2라운드 이상으로 스트로크 경기가 열릴 때 경기자는 남은 경기가 벌어지는 어떤 코스에서도 라운드 사이에 연습을 하거나, 그 코스 안의 그린 면을 테스트할 수 없다.
-예외 : 1라운드 또는 플레이 오프의 스타트 전에 최초의 티잉 그라운드 위나 근처에서의 퍼팅과 칩핑 연습은 허용된다.
본 항 2)의 반칙은 경기 실격.
-주 : 위원회는 경기 조건(규칙 제33조 1항) 중에 매치 플레이 경기가 있는 날의 경기 코스에서 연습을 금지하거나 또는 스트로크 경기가 있는 날 또는 라운드와 라운드 간에 경기 코스와 그 코스의 일부(규칙 제33조 2항 3))에서의 연습을 허용할 수 있다.

2항 라운드 중의 연습(During Round)

플레이어는 한 홀의 플레이 도중은 물론 홀과 홀 사이에서 연습 스트로크를 해서는 안된다. 그러나 홀과 홀 사이, 방금 끝낸 퍼팅 그린, 모든 연습 그린 위나 그 근처, 다음 홀의 티잉 그라운드 위나 그 근처에서 퍼팅 또는 칩핑 연습은 허용된다. 다만 해저드로부터의 연습 스트로크나 또는 부당한 플레이의 지연(규칙 제6조 7항)이 되어서는 안 된다.
한 홀의 결과가 정해진 후 그 홀의 플레이를 계속하는 것은 연습 스트로크가 아니다.
-예외 : 위원회가 플레이를 일시 중지한 때 플레이어는 플레이 속개 전에 ① 본 규칙에 규정한 연습 ② 경기가 있는 코스 이외의 장소에서의 연습 ③ 별도로 위원회가 허용한 장소에서 연습을 할 수 있다.
본 항의 반칙은,
매치 플레이는 그 홀의 패.
스트로크 플레이는 2벌타.
홀과 홀 간에서의 반칙의 벌은 다음 홀에 부가한다.
-주1 : 연습 스윙은 연습 스트로크가 아니므로 규칙에 위반하지 않는 한 어디에서나 할 수 있다.
-주2 : 위원회는 홀 아웃을 방금 끝낸 퍼팅 그린 위 또는 그 근처에서의 연습을 금지할 수도 있다.

제8조 어드바이스 ; 플레이선의 지시
(Advice ; Indicating Line of Play)

– 어드바이스
어드바이스란 플레이어가 플레이의 결단, 클럽의 선택 또는 스트로크의 방법에 영향을 주는 조언이나 시사를 말한다. 규칙이나 공지사항, 예를 들면 해저드나, 퍼팅 그린상의 깃대의 위치 등을 알리는 것은 어드바이스가 아니다.
– 플레이의 선
플레이의 선은 플레이어가 스트로크 후 볼이 가기를 원하는 방향과 그 방향의 양쪽 적절한 거리도 포함한다. 플레이의 선은 지면에서 수직상향으로 연장되나 홀을 넘어서는 연장되지 않는다.

1항 어드바이스(Advice)
정규 라운드 동안, 플레이어는 그의 파트너를 제외한, 경기에 참가한 어느 누구에게도 어드바이스를 주어서는 안 된다. 플레이어는 정규 라운드 동안 자기의 캐디, 파트너 및 그의 캐디에게서만 어드바이스를 구할 수 있다.

2항 플레이선의 지시(Indicating Line of Play)
1) 퍼팅 그린 위 이외
볼이 퍼팅 그린 위에 있는 경우를 제외하고 플레이어는 누구로부터도 플레이의 선에 대하여 지시를 받을 수 있다. 그러나 스트로크가 진행되는 중에는 그 선상 또는 그 선 가까이 또는 홀을 넘어 그 선의 연장선상에 누구도 세워두지 못한다. 한 홀의 플레이 중 플레이어가 또는 그의 승인 하에 놓아 둔, 선을 표시하는 마크는 스트로크 전에 제거하지 않으면 안 된다.
–예외 : 사람이 붙어 서있거나 들어올린 깃대(제17조 1항)
2) 퍼팅 그린 위
볼이 퍼팅 그린 위에 있을 때는 플레이어의 캐디, 파트너 또는 그의 캐디는 스트로크 전에 한하여 퍼팅 선을 시사할 수 있으나 그때 퍼팅 그린 면에 접촉해서는 안 된다. 퍼팅 그린 위 어느 장소에도 퍼팅 선을 가리키는 마크를 놓아서는 안 된다.
본 조의 반칙은,
매치 플레이는 그 홀의 패.
스트로크 플레이는 2벌타.

−주 : 위원회는 팀 경기의 조건(규칙 제33조 1항)에서 각 팀에게, 팀 멤버 전원을 어드바이스(퍼팅선의 지시를 포함)할 수 있는 1명의 지명을 허용할 수 있다. 위원회는 그러한 지명과 그에게 허용된 행동 범위에 관한 조건을 규정할 수 있으며, 지명된 사람은 어드바이스를 하기 전에 위원회에 그 신분확인을 하여야 한다.

제9조 타수의 보고 (Information as to Strokes Taken)

1항 통칙(General)

플레이어의 타수는 벌타를 가한 것이어야 한다.

2항 매치 플레이(Match Play)

벌타가 부가되는 규칙에 따라 처리하는 것이 분명하고 또 그 장면을 상대방이 보았을 때를 제외하고는, 플레이어는 벌타가 발생하면 상대방에게 되도록 빨리 통보하여야 한다. 만일 상대방에게 통보하지 않은 경우는 비록 그가 벌이 부가된 것을 몰랐다고 하더라도 오보를 제공한 것으로 간주된다. 상대방은 한 홀에서의 플레이 중 플레이어의 타수를, 또 한 홀의 플레이가 끝난 후에는 방금 끝난 그 홀에서의 타수를 플레이어로부터 확인할 권리가 있다. 만일 한 홀에서의 플레이 중 플레이어가 스트로크 수에 관하여 오보를 하였거나 또는 했다고 간주되었을 경우일지라도 상대방이 다음 스트로크를 하기 전에 그 잘못을 시정하면 벌은 부가되지 않는다. 또, 한 홀에서의 플레이가 끝난 후 플레이어가 스트로크수를 오보하였거나 또한 했다고 간주되었을 때에도 다음 티잉 그라운드에서 아무도 플레이하기 전, 또는 매치의 최종 홀에서는 전 플레이어가 그 퍼팅 그린을 떠나기 전에 그 잘못을 정정하면 벌은 없다. 이것을 이행하지 않으면 그 홀은 패가 된다.

3항 스트로크 플레이(Stroke Play)

경기자는 벌이 발생하였을 때에는 되도록 빨리 자기의 마커에게 통고하여야 한다.

제10조 플레이 시 순서(Order of Play)

1항 매치 플레이(Match Play)

1) 티잉 그라운드
최초의 티잉 그라운드에서 오너를 하는 사이드는 조편성표의 순서에 의하여 결정되어야 한다. 조편성표가 없을 때에는 오너는 제비뽑기로 정하여야 한다. 한 홀에서 이긴 사이드는 다음 티잉 그라운드에서 오너를 하고, 한 홀에서 동점인 때에는 전 티잉 그라운드의 오너가 그대로 계속하여야 한다.

2) 티잉 그라운드 이외
볼이 인플레이일 때 홀에서 먼 곳의 볼이 먼저 플레이되어야 한다. 2개 이상의 볼이 그 홀로부터 등거리에 있을 경우 먼저 플레이할 볼은 제비뽑기로 정하여야 한다.
-예외 : 제30조 3항 3)(베스트 볼과 포볼의 매치 플레이)

3) 순서를 잘못한 플레이
만약 플레이어가 그의 상대방이 플레이해야 할 순서에 플레이한 경우, 그 상대방은 즉시 그 스트로크를 취소할 것을 요구, 그로 하여금 바른 순서에 따라 앞서 플레이한 원구가 있던 지점에 되도록 가까운 곳에서 벌타 없이 플레이하게 한다(규칙 제20조 5항 참조).

2항 스트로크 플레이(Stroke Play)

1) 티잉 그라운드
최초의 티잉 그라운드에서 오너를 하는 경기자는 조편성표의 순서에 의하여 결정되어야 한다.
조편성표가 없을 때에는 오너는 제비뽑기로 결정되어야 한다. 한 홀에서 가장 최소의 스코어의 경기자가 다음 티잉 그라운드에서 오너를 하게 하여야 한다. 그리고 두번째로 적은 스코어의 경기자가 다음 플레이를 하며 이하 순서대로 플레이하여야 한다. 만일 한 홀에서 2인 이상이 같은 스코어인 경우 그 경기자들은 다음 티잉 그라운드에서 그 전 티잉 그라운드에서의 순서와 동일하게 플레이하여야 한다.

2) 티잉 그라운드 이외
볼이 인 플레이일 때 홀로부터 가장 먼 곳에 있는 볼이 먼저 플레이되어야 한다. 2개 이상의 볼이 그 홀로부터 등거리에 있을 경우 먼저 플레이할 볼은 제비뽑기로 결정하여야 한다.

-예외 : 제22조(플레이의 방해 또는 원조가 되는 볼), 제31조 5항(포볼의 스트로크 플레이 순서)

3) 순서를 잘못한 플레이
경기자가 타순을 잘못했어도 벌은 없으며 그 볼은 있는 상태 그대로 플레이하여야 한다. 그러나 만일 경기자 중의 1인에게 편의를 제공하기 위하여 경기자들이 본 조 2항 1)과 2)에 규정하고 있는 이외의 순서로 플레이할 것을 동의한 것으로 위원회가 판단할 경우 전 경기자들은 전원 실격이 된다(스리섬과 포섬의 스트로크 플레이에서의 잘못된 순서의 플레이에 관하여는 규칙 제29조 3항 참조).

3항 티잉 그라운드에서의 잠정구 또는 제2의 볼 (Provisional Ball or Second Ball from Teeing Ground)

플레이어가 티잉 그라운드에서 잠정구 또는 제2구를 플레이하는 경우에는 상대방 또는 동반 경기자가 첫번째 스트로크를 한 다음에 하여야 한다. 만일 플레이어가 타순을 지키지 않고 잠정구 또는 제2구를 플레이한 경우에는 본 조 1항 3)과 2항 3)을 적용하여야 한다.

4항 측정 중에 움직인 볼(Ball Moved in Measuring)

어느 쪽 볼이 그 홀에서 먼가를 결정하기 위하여 측정 중에 볼이 움직여진 경우에는 벌이 없으며 그 볼은 리플레이스 되어야 한다.

제11조 티잉 그라운드(Teeing Ground)

- 티잉 그라운드
플레이할 홀의 출발장소를 말한다. 이것은 2개의 티 마크의 외측을 경계로 하여 전면과 측면이 한정되며 측면의 길이가 2클럽 길이인 장방형의 구역이다. 볼 전체가 이 티잉 그라운드 구역 밖에 있을 때에는 티잉 그라운드의 밖에 있는 볼이다.

1항 티잉(Teeing)

볼을 티잉할 때는 그 티잉 그라운드 위에 그냥 놓든가, 플레이어가 만든 성토, 티, 모래 또는 그 지면으로부터 볼을 높이 놓기 위하여 다른 물건 위에 볼을 놓을 수 있다. 플레이어는 티잉 그라운드 내에 있는 볼을 플레이할 때 티잉 그라운드 외에 설 수 있다.

2항 티 마커(Tee-Markers)
플레이어가 현재 플레이하는 홀의 티잉 그라운드에서 최초의 스트로크를 하기 전까지 티 마커는 고정물이다. 그러한 경우 자기의 스탠스, 의도하는 스윙 구역 또는 플레이선의 방해를 피할 목적으로 플레이어가 티 마커를 움직이거나, 움직이게 한다면 플레이어는 제13조 2항의 반칙으로 벌타를 부가 받는다.

3항 티에서 떨어지는 볼(Ball Falling Off Tee)
인 플레이가 되기 이전의 볼이 티에서 떨어지거나 플레이어가 어드레스 중에 떨어뜨렸으면 벌 없이 다시 티잉을 할 수 있다. 만일 그러한 상태에서 볼에 스트로크가 행해졌다면 그 볼이 움직이고 있었건 멎어 있었건간에 불구하고 그 스트로크는 1타로 계산할 뿐 벌은 없다.

4항 티잉 그라운드 구역 밖에서의 플레이(Playing from Outside Teeing Ground)
1) 매치 플레이
플레이어가 한 홀의 출발에 있어서 티잉 그라운드의 구역 밖에서 볼을 플레이한 때에는 상대방은 즉시 그 플레이어에게 그 스트로크를 취소하고 티잉 그라운드 구역 내에서 벌 없이 다시 플레이할 것을 요구할 수 있다.
2) 스트로크 플레이
경기자가 한 홀에서 출발할 때 티잉 그라운드 구역 밖에서 볼을 플레이 하였을 경우에는 2타 부가하고 그 티잉 그라운드 구역 내에서 다시 스트로크하지 않으면 안 된다. 만일 그 경기자가 다음 티잉 그라운드에서 스트로크하기 전 첫 잘못을 정정하지 않거나 또는 라운드의 최종 홀에서는 퍼팅 그린을 떠나기 전에 그의 잘못을 정정할 의사를 선언하지 않으면 경기에 실격된다. 경기자가 티잉 그라운드 구역 밖에서 플레이한 스트로크 수와 그의 잘못을 시정하기 전에 그 홀에서의 계속한 스트로크수는 그의 스코어에 가산하지 않는다.

5항 틀린 티잉 그라운드에서의 플레이
규칙 제11조 4항을 적용한다.

제12조 볼의 수색과 식별
(Searching for and Identifying Ball)

- 해저드
모든 벙커 또는 워터 해저드를 말한다.
- 벙커
대개의 경우 오목한 지역으로 풀과 흙이 제거되고 그 대신 모래 또는 모래와 같은 것을 넣어서 지면에 조성한 구역으로 된 해저드이다. 벙커 안이나 가일 지라도 풀로 덮인 부분은 벙커의 일부가 아니다. 벙커의 한계는 수직아래쪽으로 연장될 뿐 위쪽으로는 아니다. 볼이 벙커 안에 놓여 있거나 볼의 일부라도 벙커에 접촉하고 있을 때 벙커안의 볼이다.
- 워터 해저드
모든 바다, 호수, 못, 하천, 도랑, 배수구의 표면 또는 뚜껑이 없는 수로(물의 유무를 불문한다) 및 이와 유사한 수역을 말한다.
워터 해저드 구역 경계 내의 모든 지면 또는 수면은 그 워터 해저드의 일부분이다. 워터 해저드의 경계선은 수직으로 그 위아래까지 연장 적용된다. 워터 해저드 구역의 경계를 표시하는 말뚝과 선은 해저드 내로 된다. 그러한 말뚝은 장해물이다. 볼이 워터 해저드 안에 놓여 있거나 볼의 일부라도 워터 해저드에 접촉하고 있을 때 워터 해저드의 볼이다.

1항 볼의 수색(Searching for Ball ; Seeing Ball)

코스상의 자기 볼을 찾기 위하여 긴 풀, 골 풀, 관목 또는 이와 유사한 것들을 만지거나 구부릴 수 있지만 그것은 볼의 라이, 의도하는 스윙 구역과 플레이의 선을 개선함이 없이 볼의 소재와 자기 볼을 확인하는 한도 내이어야 한다. 플레이어가 스트로크를 할 때 반드시 볼이 보이는 상태이어야 한다고 주장할 권리를 갖지 않는다.

해저드 내에서는 볼이 루스 임페디먼트 또는 모래에 덮여져 있을 때 볼의 일부가 보일 한도까지 이를 후비거나 고무래로 긁어 헤치거나 다른 방법으로 제거할 수 있다. 이 경우 볼이 움직이면 벌 없이 리플레이스 하여야 하고 필요하면 다시 덮어야 한다. 해저드 외의 루스 임페디먼트의 제거는 규칙 제23조 참조.

비정상적인 코스 상태 내에 정지된 볼이 수색 중에 움직여져도 벌은 없고 제25조 1항 2)에 의한 처리를 선택하지 않았을 때는 그 볼은 리플레이스 하여야 한다. 플레이어는 그 볼을 리플레이스 하였더라도 규칙을 적용할 수 있으면 제25조 1항 2)에 의한 처리를 할 수 있다.
볼이 워터 해저드 내의 물 속에 들어갔다고 믿어질 때는 클럽 기타 물건으로 볼을 수색할 수 있다. 이로 인하여 볼이 움직여져도 벌은 없으며 제26조 1항에 따른 처리를 선택하지 않는 한 그 볼은 리플레이스 하여야 한다.
본 항의 반칙은,
매치 플레이는 그 홀의 패.
스트로크 플레이는 2타 부가.

2항 볼의 식별(Identifying Ball)

정당한 볼을 플레이할 책임은 플레이어 자신에게 있다. 각 플레이어는 자기 볼을 식별할 수 있는 표시를 해두어야 한다. 해저드 내를 제외하고 벌 없이 자기 볼이라고 믿어지는 볼을 식별하기 위하여 집어 올려 식별에 필요한 한도까지 볼을 닦을 수 있다. 그리고 그 볼이 자기의 볼이면 리플레이스 하여야 한다.
플레이어는 볼을 집어 올리기 전에 매치 플레이 시는 상대방에게, 스트로크 플레이 시는 마커나 동반 경기자에게 자신의 의사를 통고하고 그 볼의 위치를 마크해야 한다. 그 후 그의 상대방이나 마커 혹은 동반 경기자에게 볼을 집어 올리는 것과 리플레이스 하는 것을 감시할 기회를 주어야 한다. 만일 플레이어가 사전에 의사를 통고하지 않고 볼을 집어올리고, 볼의 위치를 마크하지 않거나, 상대방이나 마커 혹은 동반 경기자에게 감시할 기회도 주지 않고, 또는 해저드 내에서 식별을 위하여 볼을 집어 올리거나 식별의 필요 이상 볼을 닦는 경우 등에는 1벌타를 부가하고 그 볼은 리플레이스 하여야 한다.
볼의 리플레이스를 요구받은 플레이어가 리플레이스를 이행하지 않았을 때는 제20조 3항 1)의 반칙의 벌이 과하여지나 제12조 2항에 의한 벌은 가산 적용되지 않는다.

제13조 볼은 있는 상태 그대로 플레이 ; 볼의 라이, 의도하는 스윙의 구역 및 플레이의 선 ; 스탠스
(Ball Played As It Lies ; Lie, Area of Intended Stance Swing and Line of Play ; Stance)

1항 통칙(General)

볼은 규칙에서 따로 정한 경우를 제외하고는 있는 상태 그대로 플레이하여야 한다(정지된 볼이 움직여진 경우는 제18조 참조).

2항 볼의 라이, 의도하는 스탠스 스윙의 구역 또는 플레이선의 개선 (Improving Lie, Area of Intended Swing or Line of Play)

규칙에서 정한 경우를 제외하고, 경기자는 다음의 것을 개선하거나, 개선시켜서는 안 된다.
(1) 자기 볼의 위치 또는 라이
(2) 의도하는 스윙구역
(3) 자기의 플레이 선 또는 그 홀을 넘은 건너편의 그 선의 적절한 연장부분
(4) 자기의 볼을 드롭하거나 플레이스 하고자 하는 지역
즉, 이러한 상기목적을 위한 다음과 같은 행위를 하여서는 안 된다.
(5) 생장물 또는 고정물(움직일 수 없는 장해물과 아웃 오브 바운드를 표시하는 물건 포함)을 움직이거나 구부리거나 꺾는 행위
(6) 지면이 울퉁불퉁한 곳을 고르게 하거나, 지면을 돋우는 행위
(7) 모래, 흩어진 흙, 메워진 디보트, 새로 깐 잔디, 기타 표면이 고르지 못한 곳 등을 제거하거나 누르는 행위
다만 다음과 같은 경우는 제외된다.
(1) 바른 스탠스를 취하는 과정에서 일어난 경우
(2) 스트로크를 할 때 또는 스트로크를 하기 위하여 클럽을 후방으로 움직일 경우
(3) 티잉 그라운드에서 지면을 고르게 할 경우
(4) 퍼팅 그린 위의 모래와 흩어진 흙을 제16조 1항 1)의 규정에 따라 제거할 때
(5) 제16조 1항 3)의 규정에 따라 손상된 곳을 수리할 경우
클럽은 지면에 가볍게 놓을 수 있으나 그것으로 지면을 눌러서는 안 된다.
−예외 : 볼이 해저드 내에 있는 경우는 제13조 4항 참조

3항 스탠스의 장소를 만드는 것(Building Stance)

플레이어는 스탠스를 취할 때에 지면을 힘껏 밟을 수는 있으나 스탠스의 장소를 특별히 만들지는 못한다.

4항 볼이 해저드 내에 있을 경우(Ball in Hazard)

규칙에서 정한 경우를 제외하고, 해저드 내에 정지하고 있거나 또는 해저드 (벙커 또는 워터 해저드) 내에서 집어 올려서 해저드에 드롭 또는 플레이스 할 볼을 스트로크 하기 전에 플레이어는 다음의 행동을 해서는 안 된다.
1) 그 해저드 또는 다른 유사한 해저드의 상태를 테스트하는 것
2) 해저드 내의 지면, 워터 해저드 내의 물에 클럽 또는 다른 것을 접촉하는 것
3) 그 해저드 내에 있거나 또는 접촉되어 있는 루스 임페디먼트에 접촉하거나 움직이는 것
-예외 :
(1) 해저드의 상태를 테스트하거나 볼의 라이를 개선시키기 위한 행동을 하지 않았다면 플레이어가 ① 넘어져서 또는 넘어지지 않기 위해서, 또는 장해물을 제거하거나, 거리를 재거나, 규칙에 의거 볼을 회수하거나 집어 올리다가 해저드 내의 지면이나 워터 해저드 내의 물에 접촉하거나, ② 해저드 내에 클럽을 놓는 행위에 벌타가 부가되지 않는다.
(2) 플레이어가 스트로크를 한 후, 그의 캐디는 언제든지 플레이어의 승인 없이 그 해저드 내의 모래 또는 흙을 정지할 수 있다. 그러나 볼이 아직 해저드 내에 정지되어 있는 경우는 라이의 개선이 되거나 그 홀의 계속되는 플레이에서 플레이어를 원조하는 행위를 해서는 안 된다.
-주 : 어드레스 시나 스트로크를 위한 백 스윙 동작을 위하여 어떤 경우라도 플레이어는 클럽 등으로 장해물 또는 위원회가 코스의 일부라고 선언한 구축물, 풀, 관목 숲, 수목, 기타 생장하고 있는 물건에 접촉할 수 있다.
본 조의 반칙,
매치 플레이는 그 홀의 패.
스트로크 플레이는 2타 부가(볼의 수색은 제12조 1항).

제14조 볼을 치는 방법(Striking the Ball)

- 스트로크
볼을 올바르게 쳐서 움직일 의사를 가지고 행하는 클럽의 전방향으로의 동작을 말한다. 그러나 클럽 헤드가 볼에 도달하기 전에 플레이어가 다운 스윙을 자발적으로 중지했을 경우 플레이어는 스트로크를 하지 않은 것으로 친다.

1항 볼은 바르게 칠 것(Ball to be Fairly Struck At)

볼은 클럽의 헤드로 바로 쳐야 하며, 밀어 내거나 끌어당기거나 또는 떠올려서는 안 된다.

2항 원조(Assistance)

플레이어는 스트로크를 할 때
1) 어떤 종류의 물리적인 원조 또는 풍우로부터의 방호를 받아서는 안 된다.
2) 그의 캐디, 파트너 또는 그의 파트너의 캐디를 볼 후방, 플레이 선 또는 퍼트 선의 연장선상이나, 이에 가까운 위치에 세워서는 안 된다.
본 조 1항 또는 2항의 반칙은,
매치 플레이는 그 홀의 패.
스트로크 플레이는 2벌타.

3항 인공의 장치와 비정상 용구(Artificial Devices and Unusual Equipment)

플레이어는 어떤 용구의 사용이 규칙 제14조 3항에 위반되는지 여부가 의심스러울 때 R&A에 문의하여야 한다. 제조업자는 어떤 품목을 생산하고자 할 때, 플레이어가 정규 라운드 동안 그것을 사용할 때 규칙 제14조 3항 위반이 되지 않는지 판정받기 위하여 R&A에 견본을 제출해야 한다. 그러한 견본은 참고의 목적으로 R&A의 자산이 된다. 제조업자가 생산, 판매하기 전에 견본을 제출하지 않은 경우 그 제품의 사용이 골프 규칙에 위반될 수 있는 위험을 부담하게 된다.
규칙에 정한 경우를 제외하고, 정규 라운드 도중에 플레이어는 인공의 장치와 비정상적인 용구를 사용하여서는 안 된다.
1) 즉, 플레이어가 스토로크 또는 플레이를 함에 있어 그에게 원조가 될 수 있는 물건
2) 플레이에 영향을 줄 수 있는 거리와 상황을 측정 또는 계량하는 목적의 물건
3) 클럽을 그립할 때 원조가 될 수 있는 물건
다만, 다음의 경우는 허용된다.
(1) 평범한 장갑을 끼는 것
(2) 송진, 파우더, 건습제, 가습제 등을 사용하는 것
(3) 타월, 손수건을 그립에 감는 것
본 항의 반칙은 경기 실격.

4항 두 번 이상 치기(Striking the Ball More than Once)

만일 1스트로크 중에 플레이어의 클럽이 1회 이상 볼에 맞았을 때 그 스트로크를 1타로 하고 벌 1타를 부가하여 합계 2타로 한다.

5항 움직이고 있는 볼을 플레이한 경우 (Playing Moving Ball)

플레이어는 볼이 움직이고 있는 동안에 플레이 하여서는 안 된다.
예외 :
1) 티에서 떨어지고 있는 볼(제11조 3항)
2) 두 번 치는 볼(제14조 4항)
3) 물 속에서 움직이고 있는 볼(제14조 6항)
스트로크를 시작한 때 또는 스트로크를 하기 위하여 클럽을 후방으로 움직인 때 움직이기 시작한 볼을 쳤을 때 본 항에 의한 벌은 없으나 다음의 규칙들에 의한 벌은 면할 수 없다.
(1) 정지하고 있는 볼을 플레이어가 움직인 경우-제18조 2항 1)
(2) 정지하고 있는 볼을 어드레스 후에 움직인 경우-제18조 2항 2)
(3) 정지하고 있던 볼이 루스 임페디먼트에 닿은 후에 움직인 경우-제18조 2항 3) (볼이 플레이어, 파트너, 캐디에 의하여 고의적으로 방향이 바뀌거나 정지된 경우-규칙 제1조 2항 참조)

6항 물 속에서 움직이는 볼(Ball Moving in Water)

볼이 워터 해저드 안의 물 속에서 움직이고 있을 때에는 플레이어는 벌 없이 스트로크를 할 수 있다. 그러나 바람 또는 물의 흐름에 의하여 볼의 위치를 개선시키기 위하여 스트로크를 지체하여서는 안 된다.
워터 해저드 내의 물 속에서 움직이고 있는 볼은 플레이어가 제26조의 적용을 선택한 경우에는 집어 올릴 수 있다.
본조 5항 또는 6항의 반칙은,
매치 플레이는 그 홀의 패.
스트로크 플레이는 2벌타.

제15조 오구 : 교체된 볼
(Wrong Ball : Substituted Ball)

- 오구

다음에 명시한 플레이어의 볼 이외의 모든 볼을 말한다.
① 인 플레이 볼
② 잠정구
③ 스트로크 플레이에 있어서 제3조 3항 또는 제20조 7항 2)에 의하여 플레이한 제2의 볼
-주 : 인 플레이의 볼 중에는 볼의 교체가 허용되든지 안 되든지에 상관없이 인 플레이 볼과 교체된 제2의 볼도 포함된다.

1항 통칙(General)

플레이어는 규칙에서 다른 볼과 교체하는 것이 허용되지 않는 한 티잉 그라운드에서 플레이한 볼로 홀 아웃 하여야 한다.

볼의 교체가 허용되지 않음에도 플레이어가 다른 볼로 교체했을 경우 교체된 볼은 오구가 아니다. 즉 그 볼은 인 플레이의 볼이 되며 플레이어가 제20조 6항의 규정에 따라 그 잘못을 정정하지 않았을 때 매치 플레이에서는 그 홀의 패, 스트로크 플레이에서는 2타가 부가된다.
(오소에서의 플레이-규칙 제 20조 7항 참조)

2항 매치 플레이(Match Play)

플레이어가 해저드 이외의 장소에서 오구로 스트로크한 경우 그 홀은 패이다. 해저드 안에서는 오구를 몇 번 치더라도 벌은 없다. 해저드 안에서 오구를 플레이한 타수는 플레이어의 스코어에 가산하지 않는다. 오구가 다른 플레이어의 소유일 경우 그 소유주는 최초로 오구의 플레이가 생긴 지점에 다른 볼을 플레이스해야 한다.

만일 플레이어와 상대방이 한 홀의 플레이 중에 볼을 교환하여 플레이한 경우 해저드 이외에서 먼저 플레이한 편이 그 홀의 패가 되고 그 전후가 확정되지 않을 때는 그 홀은 볼이 교환된 그대로 끝마쳐야 한다.

3항 스트로크 플레이(Stroke Play)

해저드 내의 경우를 제외하고, 경기자가 오구로 한 스트로크 또는 여러 스트로크를 한 경우 그 경기자는 2타의 벌을 부가한다. 경기자는 정구를 플레이함으로써 잘못을 정정해야 한다.

만일 경기자가 해저드 내에서 오구를 몇 번 치더라도 벌은 없다. 이 경우 오

구를 친 타수는 스코어에 가산하지 않는다.
경기자가 다음 티잉 그라운드로부터 스트로크를 하기 전에 잘못을 정정하지 않거나 또는 그 라운드의 최종 홀에서의 경우 그 퍼팅 그린을 떠나기 전에 잘못을 시정할 의사를 선언하지 않으면 경기실격이 된다.
경기자가 오구로 플레이한 타수는 그의 스코어에 계산되지 않는다. 오구가 타 경기자의 볼이었을 경우 그 볼의 소유자는 최초로 오구 플레이가 생긴 지점에 다른 볼을 플레이스해야 한다.
−주 : 플레이스 또는 리플레이스한 볼의 라이가 변경되었을 경우, 제20조 3항 2) 참조.

제16조 퍼팅 그린(The Putting Green)

− 퍼팅 그린
현재 플레이를 하고 있는 홀의 퍼팅을 위하여 특별히 정비한 전 구역을 말한다. 볼의 일부가 퍼팅 그린에 접촉하고 있으면 퍼팅 그린 위의 볼이다.
− 퍼트의 선
퍼팅 그린에서 플레이어가 스트로크 후에 볼이 가기를 원하는 선을 말한다. 규칙 제16조 1항 5)에 관한 것만 제외하고 퍼트의 선은 의도했던 선의 양쪽 방향의 적절한 거리도 포함한다. 퍼트의 선은 홀을 넘어서는 연장되지 않는다. 볼이 홀의 원통 내에 정지했을 때 그리고 볼의 전부가 홀의 가보다도 아래에 있을 때 그 볼은 홀에 들어간 볼이다.

1항 통칙(General)
1) 퍼트의 선에의 접촉
다음의 경우를 제외하고 퍼트의 선에 접촉해서는 안 된다.
(1) 플레이어는 손 또는 클럽으로 모래, 흩어진 흙 또는 루스 임페디먼트를 집어 올리거나 옆으로 쓸어낼 수 있으나 이때 어떤 것도 눌러서는 안 된다.
(2) 볼에 어드레스할 때 플레이어는 클럽을 볼 전방에 놓을 수 있으나 아무것도 누르지 않아야 한다.
(3) 어떤 볼이 먼가를 측정할 때−제10조 4항
(4) 볼을 집어 올릴 때−제16조 1항 2)
(5) 볼 마크를 눌러 꽂을 때

(6) 이미 사용했던 홀을 메운 자국과 볼의 낙하충격으로 인한 퍼팅 그린 위의 손상을 수리할 때-제16조 1항 3)
(7) 움직일 수 있는 장해물을 제거할 때-제24조 1항(퍼팅 그린 위의 퍼팅선 지시에 관하여는-제8조 2항 2) 참조)

2) 볼을 집어 올리는 것
퍼팅 그린 위의 볼을 집어 올릴 수 있고 닦을 수 있다. 집어 올린 볼은 원위치에 리플레이스 하여야 한다.

3) 홀 컵 자리, 볼 마크 및 다른 손상의 수리
홀 컵을 메운 자국과 볼의 낙하 충격으로 인한 퍼팅 그린 위의 손상은 플레이어의 볼이 그 퍼팅 그린 위에 있으나 없으나 상관없이 수리할 수 있다. 볼이나, 볼 마크가 수리 과정에서 움직여지면 벌 없이 리플레이스 하여야 한다. 퍼팅 그린의 다른 어떠한 손상도 그 홀에서의 계속되는 플레이에 도움이 될 수 있는 경우 수리되어서는 안 된다.

4) 그린면의 테스트
한 홀의 플레이 중에는 플레이어는 퍼팅 그린 위에서 볼을 굴리거나 그린의 면을 문지르거나 긁어서 그린 면을 테스트하지 못한다.

5) 퍼트의 선을 걸터 서거나 밟고 서는 것
플레이어는 퍼팅 그린 위에서 퍼트의 선 또는 볼 후방 연장선을 걸터 서거나 밟는 스탠스로 스트로크 해서는 안 된다.

6) 다른 볼이 움직일 때의 플레이 금지
플레이어는 퍼팅 그린 위에서 스트로크한 다른 플레이어의 볼이 움직이고 있는 동안은 스트로크를 해서는 안 된다. 단, 그 때가 그 플레이어가 플레이할 순서일 경우는 예외이며 이때 벌은 부가되지 않는다(타인의 볼이 움직이고 있는 동안 플레이의 방해나 원조가 되는 볼의 집어 올리기-제22조 참조).
본 항의 반칙은,
매치 플레이에서는 그 홀의 패.
스트로크 플레이에서는 2벌타.
(파트너 또는 캐디의 위치 - 규칙 제14조 2항을 참조)
(목적 외 퍼팅 그린 - 규칙 제25조 3항을 참조)

2항 홀에 걸려 있는 볼(Ball Overhanging Hole)
볼의 일부가 홀의 가장자리에서 걸려 있는 상태일 때 플레이어는 볼의 정지 여부를 확인하기 위하여 부당한 지연 없이 홀까지 가기 위한 충분한 시간에 추가하여 볼의 정지여부를 확인하기 위하여 다시 10초의 시간이 허용된다. 만일 그래도 볼이 떨어져 들어가지 아니한 때에는 정지한 볼로 간주한다. 그래도 그 시한 후에 볼이 홀에 떨어졌을 때 플레이어는 최후의 스트로크로 홀 아웃한 것으로 간주하고 그 홀의 스코어에 벌 1타를 부가해야 한다. 이밖에 본 조항에 의한 벌은 없다(부당한 지연-제6조 7항 참조).

제17조 깃대(The Flag-stick)

깃대는 홀의 위치를 가리키기 위해 깃발이 붙어있거나 깃발이 없이 다른 물건이 붙어 있는 수직의 이동할 수 있는 표지물이다. 그것의 단면은 원형이어야 한다.

1항 깃대에 시중들기, 제거 또는 들어올리기 (Flag-stick Attended, Removed or Held Up)

플레이어는 스트로크 전이나 스트로크 중 깃대에 사람을 시중들게 하거나 깃대를 제거시키거나 또는 홀의 위치를 표시하기 위하여 들어 올리게 할 수 있다. 이것은 스트로크를 하기 전의 플레이어의 권한에 의하여서만 할 수 있다. 만일 스트로크 전에 누군가 깃대에 붙어 서 있거나 깃대를 제거하는 것을 알고도 제지하지 아니한 경우 플레이어가 그 사실을 승인한 것으로 간주한다. 스트로크를 하고 있는 동안에 누구라도 깃대에 붙어 서 있거나 깃대를 제거하거나 또는 홀 가까이에 서 있으면 그 사람은 볼이 정지할 때까지 깃대에 붙어 서 있는 것으로 간주한다.

2항 무단히 깃대에 시중들기(Unauthorised Attendance)

1) 매치 플레이
매치 플레이에서 상대방 또는 그의 캐디는, 플레이어가 스트로크를 하고 있는 동안 또는 플레이어의 볼이 움직이고 있는 동안 무단히 혹은 플레이어가 인지하기 전에 깃대에 붙어 서거나 깃대를 제거하지 못한다.

2) 스트로크 플레이
경기자가 스트로크를 하고 있든가 그 볼이 움직이고 있는 동안에 동반 경기자 또는 그의 캐디가 경기자의 승인이나 사전 인지 없이 깃대에 붙어 서거나 제거한 경우 동반 경기자에게 이 규칙위반의 벌이 과하여진다. 이 경우 경기자의 볼이 깃대, 붙어 서 있는 사람 또는 그의 휴대품에 맞으면 경기자에게는 벌이 없고 그 볼은 정지한 위치에서 플레이되어야 한다.
다만, 그 스트로크가 퍼팅 그린 위에서 플레이 된 것은 그 스트로크는 취소되어야 하며 볼은 리플레이스 하여 다시 스트로크 하여야 한다.
본 조 1항 또는 2항의 반칙은,
매치 플레이는 그 홀의 패.
스트로크 플레이는 2타 부가.

3항 볼이 깃대 또는 깃대에 시중들고 있는 사람에 맞은 경우 (Ball Striking Flagstick or Attendant)

플레이어는 다음의 것에 볼을 맞혀서는 안 된다.
1) 플레이어, 파트너, 그들의 캐디 또는 플레이어가 승인 또는 인지한 사람이 붙어 서 있거나 또는 제거한 때의 깃대.
2) 깃대에 붙어 서 있는 플레이어의 캐디, 파트너와 그의 캐디 또는 깃대에 붙어 서 있는 그 이외의 사람으로 플레이어가 승인 또는 인지한 사람 및 위의 사람들이 그 때 휴대하고 있는 모든 물건.
3) 퍼팅 그린 위에서 볼이 플레이된 경우, 사람이 붙어 서 있지 아니한 홀에 꽂힌 깃대.
본 항의 반칙은,
매치 플레이는 그 홀의 패.
스트로크 플레이는 2타 부가하고 볼이 정지한 곳에서 플레이를 계속하여야 한다.

4항 깃대에 기대어 있는 볼(Ball Resting Against Flag-stick)

플레이어의 볼이 홀에 꽂힌 깃대에 기대어 정지한 때에 플레이어 또는 플레이어가 승인한 사람이 깃대를 움직이든가 빼낼 수 있다. 이때 볼이 홀에 들어가면 플레이어의 마지막 스트로크로써 홀 아웃한 것으로 하며, 볼이 움직여서 홀에 들어가지 않으면 벌 없이 볼을 홀의 가장자리에 플레이스하여야 한다.

제18조 정지된 볼이 움직여진 경우(Ball at Rest Moved)

- 움직인 것

볼이 정지하고 있는 위치에서 다른 위치로 옮겨가서 정지한 때 그 볼은 "움직인 것"으로 간주한다.

- 국외자

매치 플레이에서는 매치에 관계없는 사람과 사물을 말하며, 스트로크 플레이에서는 그 경기자의 사이드에 속하지 않는 사람과 사물을 말한다. 심판원, 마커, 업저버 또는 포어캐디는 국외자이며, 바람과 물은 국외자가 아니다.

- 휴대품

플레이어가 사용, 착용 혹은 휴대하는 물건을 말하며, 플레이어가 플레이 중의 볼, 혹은 볼의 위치나 볼을 드롭할 구역을 마크할 때 사용하는 동전이나 티와 같은 작은 물건은 휴대품이 아니다.

휴대품 중에는 수동, 자동의 골프 카트도 포함된다. 골프 카트를 두 명 또는 그 이상의 플레이어가 공동 사용할 경우 그 골프 카트와 그 안에 실린 모든 것은 볼이 관련된 플레이어의 휴대품으로 본다. 다만, 그 카트를 공동으로 사용하는 경우 플레이어 중 한 사람에 의하여 이동될 경우 그 카트 및 그것에 실린 모든 것들은 그 플레이어의 휴대품으로 간주한다.

-주 : 현재 플레이 중인 홀에서 플레이되었던 볼이 집어 올려진 후 다시 플레이되지 않았을 경우 그 볼은 휴대품이다.

플레이어가 스탠스를 취하고 클럽을 지상에 대었을 때 어드레스한 것으로 친다. 단, 해저드에서는 스탠스를 취한 때에 어드레스한 것이 된다. 플레이어가 스트로크를 하기 위하여 발을 제 위치에 정하고 섰을 때 스탠스를 취한 것으로 한다.

1항 국외자에 의하여 움직여진 경우(By Outside Agency)

정지하고 있는 볼이 국외자에 의하여 움직여졌을 때 플레이어는 벌 없이 다음 스트로크를 하기 전에 리플레이스 하여야 한다(플레이어의 정지된 볼이 다른 볼에 의하여 움직여졌을 경우-제18조 5항 참조).

2항 플레이어, 파트너, 캐디 또는 휴대품에 의하여 움직여진 경우 (By Player, Partner, Caddie or Equipment)

1) 통칙

플레이어의 볼이 인 플레이인 때

(1) 규칙에서 허용하는 경우를 제외하고 플레이어, 그의 파트너와 그들의 캐디가 볼을 집어 올리거나, 움직이거나, 고의로 접촉하거나(어드레스 동작 중

에 클럽으로 한 것은 제외) 움직여지는 원인이 되는 일을 한 때.
(2) 플레이어 또는 그의 파트너의 휴대품이 볼을 움직이게 한 원인으로 된 때. 그 플레이어에게 1타의 벌이 과하여진다. 플레이어가 스윙을 시작한 후에 볼이 움직여졌고 그 스윙을 중지하지 않는 경우 이외에는 움직여진 그 볼은 리플레이스 하여야 한다.

플레이어가 다음의 경우에 실수로 자기 볼을 움직여도 본 규칙에 의한 벌은 없다.
① 어느 볼이 홀로부터 먼가를 결정하기 위한 측정을 하던 중-제10조 4항
② 해저드 내에 매몰된 볼, 캐주얼 워터, 수리지 등의 안에 있는 볼을 찾던 중-제12조 1항
③ 홀을 메운 자리 또는 볼 마크의 수리 중-제16조 1항 3)
④ 퍼팅 그린 위의 루스 임페디먼트를 제거 중-제18조 2항 3)
⑤ 규칙에 따라 볼을 집어 올리는 동작 중-제20조 1항
⑥ 규칙에 따라 볼을 플레이스 또는 리플레이스 하는 동작 중-제20조 3항 1)
⑦ 움직일 수 있는 장해물의 제거 중-제24조 1항

2) 어드레스 후에 움직여진 볼
어드레스 후 스트로크의 결과 이외의 원인으로 플레이어의 인 플레이 볼이 움직여진 때에는 플레이어가 그 볼을 움직인 것으로 간주하고 1타 부가한다. 플레이어가 스윙을 시작한 후에 볼이 움직여졌고 그 스윙을 중지하지 않았을 경우 이외에는 움직인 그 볼은 리플레이스 하여야 한다.

3) 루스 임페디먼트에 접촉한 후에 움직여진 볼
스루 더 그린에서 플레이어, 그의 파트너 또는 그들의 캐디가 볼에서 1클럽 길이 이내에 있는 루스 임페디먼트에 접촉한 후에 볼이 움직인 때에는 플레이어가 볼에 어드레스하기 전이라도 볼을 움직인 것으로 간주되어 1타의 벌이 부가된다. 플레이어가 스윙을 시작한 후에 볼이 움직여졌고, 그 스윙을 중지하지 않았을 경우 이외에는 그 볼은 리플레이스 하여야 한다.

퍼팅 그린 위에서 루스 임페디먼트를 제거하는 동작 중에 볼 또는 볼 마커가 움직여진 경우, 그 볼이나 볼 마커는 리플레이스 되어야 한다. 볼이나 볼 마커가 움직인 것이 오직 루스 임페디먼트의 제거에 기인할 경우 벌은 없다. 그 밖의 경우는 규칙 제18조 2항 1) 혹은 제20조 1항에 의하여 1타의 벌이 부가된다.

3항 매치 플레이에서 상대방, 캐디 또는 휴대품에 의하여 움직여진 볼
(By Opponent, Caddie or Equipment in Match Play)

1) 수색 중에 움직여진 볼
만일 플레이어의 볼을 찾는 동안 상대방, 그의 캐디 또는 그의 휴대품에 의하여 볼이 움직여져도 벌은 없고, 플레이어는 그 볼을 리플레이스 하여야 한다.

2) 수색 중 이외에서 움직여진 볼
볼 수색 중 이외의 경우 상대방, 그의 캐디 또는 그의 휴대품이 볼에 접촉하거나 또는 볼이 움직여졌을 때는 따로 규칙에서 정하는 경우를 제외하고 그 상대방에게 1타의 벌이 부가된다. 플레이어는 움직인 볼을 리플레이스 하여야 한다(어느 볼이 홀에서 먼가를 결정하기 위하여 측정하던 중 움직여진 볼-제10조 4항 참조)(오구의 플레이-제15조 2항 참조).

4항 스트로크 플레이에서 동반 경기자, 캐디 또는 휴대품에 의하여 움직여진 볼(By Fellow-Competitor, Caddie or Equipment in Stroke Play)

경기자의 볼이 동반 경기자, 그의 캐디 또는 휴대품에 의하여 움직여져도 벌은 없으며, 경기자는 그 볼을 리플레이스 하여야 한다.
(오구의 플레이 -제15조 3항 참조)

5항 다른 볼에 의하여 움직여진 볼(By Another Ball)

정지한 인 플레이의 볼이 움직이는 다른 볼에 의하여 움직여진 경우 움직여진 그 볼은 리플레이스 하여야 한다.
본 조의 반칙은,
매치 플레이는 그 홀의 패.
스트로크 플레이는 2벌타.
볼의 리플레이스를 요구받은 플레이어가 이를 이행하지 않으면 그 플레이어는 본 제18조의 위반으로 일반의 벌이 과하여지며 본 제18조에 의한 추가의 벌은 부가되지 않는다.

-주1 : 본 조항에 의하여 리플레이스 되어야 할 볼이 곧 회수되지 못하는 경우는 다른 볼로 교체할 수 있다.
-주2 : 볼을 플레이스 하는 지점의 결정이 불가능한 경우는 제20조 3항 3) 참조.

제19조 움직이고 있는 볼이 방향 변경 또는 정지되는 경우
(Ball in Motion Deflected or Stopped)

1항 국외자에 맞은 경우(By Outside Agency)

움직이고 있는 볼이 우연히 국외자에 의하여 정지되거나 방향을 바꾼 때에는 러브 오브 더 그린이며, 벌 없이 그 볼은 있는 상태 그대로 플레이되어야 한다. 다만, 다음의 경우는 제외한다.

1) 퍼팅 그린 위 이외에서 스트로크 되어 움직이고 있는 볼이 움직이거나 살아 있는 국외자의 안이나 위에 멎었을 경우는 그때 국외자가 있었던 위치에 가능한 한 가까운 곳에 볼을 스루 더 그린 또는 해저드에서는 드롭하고 퍼팅 그린 위에서는 플레이스하여야 한다.

2) 퍼팅 그린 위에서 스트로크한 후 움직이고 있는 볼이 살아 움직이는 국외자(단, 벌레나 곤충 제외)에 의하여 방향이 변경되거나 정지되거나 또는 국외자의 안 또는 위에 멎었을 경우에는 그 스트로크를 취소하고 그 볼은 리플레이스 되어 다시 스트로크 하여야 한다.

만일 그 볼을 즉시 회수하지 못할 경우는 다른 볼로 교체할 수 있다(플레이어의 볼이 정지하고 있는 다른 볼에 의하여 방향이 변경되거나 정지되는 경우 제19조 5항 참조).

-주 : 심판원 또는 위원회가 판정하여 경기자의 볼이 국외자에 의하여 고의로 방향이 변경되었거나 정지됐다고 판정하는 때 그 경기자에 대해서는 제1조 4항이 적용되고 그 국외자가 동반 경기자 또는 그의 캐디인 때 동반 경기자에 대해서는 제1조 2항이 적용된다.

2항 플레이어, 파트너, 캐디 또는 휴대품에 맞은 경우
  (By Player, Partner, Caddie or Equipment)

1) 매치 플레이

플레이어가 친 볼이 그 자신, 그의 파트너, 그들의 캐디나 그들의 휴대품에 의하여 우연히 정지되거나 방향을 바꾼 때에는 플레이어는 그 홀에서 패한다.

2) 스트로크 플레이

경기자의 볼이 그 자신, 그의 파트너, 그들의 캐디나 그들의 휴대품에 의하여 우연히 정지되거나 방향을 바꾼 때에는 경기자에게 2타의 벌을 부가하고 볼은 있는 그대로의 상태에서 플레이되어야 한다.

단, 볼이 그 자신, 그의 파트너, 그들의 캐디의 의복이나 휴대품에 들어갔거나, 위에 멎었을 경우에는 볼이 들어갔거나 멎은 때의 위치에 되도록 가까운 곳에, 스루 더 그린 또는 해저드에서는 드롭, 퍼팅 그린 위에서는 플레이스 하여야 한다.
-예외 : 드롭한 볼-제20조 2항 1) 참조(볼이 플레이어 또는 그의 파트너나 캐디에 의하여 고의로 방향이 바뀌거나 정지되었을 경우-제1조 2항 참조).

3항 매치 플레이에서 상대방, 캐디 또는 휴대품에 맞은 경우 (By Opponent, Caddie or Equipment in Match Play)

플레이어가 친 볼이 상대방, 그의 캐디 또는 그들의 휴대품에 의하여 우연히 정지되거나 방향을 바꾼 때에는 벌은 없다. 플레이어는 볼이 있는 라이 그대로 플레이 하든가 어느 사이드가 다음 스트로크하기 전에 그 스트로크를 취소하고 벌 없이 앞서 플레이된 볼의 지점과 되도록 가까운 곳에서 다시 플레이를 할 수 있다(규칙 제20조 5항 참조).

만일, 볼이 상대방, 그의 캐디의 의복이나 휴대품 안 또는 위에 멎었을 경우 그 볼이 그 물건 안이나 위에 멎었던 때의 위치에 되도록 가까운 곳에 스루 더 그린 또는 해저드에서는 그 볼을 드롭, 퍼팅 그린 위에서는 플레이스 할 수 있다.

-예외 : 깃대에 붙어 서 있는 사람에 맞은 볼에 관하여는 제17조 3항 2) 참조 (상대방 또는 그의 캐디에 의하여 고의로 방향이 변경되거나 정지된 볼-제1조 2항 참조).

4항 스트로크 플레이에서 동반 경기자, 캐디 또는 휴대품에 맞은 경우 (By Fellow-Competitor, Caddie or Equipment in Stroke Play)

국외자에 의하여 방향이 변경된 경우에 관한 제19조 1항 참조.

5. 다른 볼에 맞은 경우(By Another Ball)

1) 정지한 볼에 의하여

스트로크 후 움직이는 플레이어의 볼이 정지한 다른 인 플레이 볼에 의하여 방향을 바꾸거나, 정지하였을 때에는 플레이어는 볼을 있는 그대로의 상태에서 플레이 하여야 한다.

매치 경기에서는 벌이 없다. 스트로크 플레이에서 스트로크를 하기 전에 만일 쌍방의 볼이 퍼팅 그린 위에 있었을 경우는 그 플레이어에게 2타의 벌이 부가되며 기타의 경우에는 벌이 없다.

2) 움직이는 다른 볼에 의하여

스트로크 후 움직이는 플레이어의 볼이 움직이는 다른 볼에 의하여 방향을 바꾸거나 정지되었을 경우 그 플레이어는 벌 없이 자기 볼을 있는 그대로의 상태에서 플레이 하여야 한다. 이때 그 플레이어는 제16조 1항 6)의 위반이 있었을 경우 소정의 벌을 부가 받으며 기타의 경우에는 벌이 없다.

-예외 : 스트로크 후 움직이고 있는 플레이어의 볼이 퍼팅 그린 위에 있고 다른 움직이고 있는 볼이 국외자일 경우-제19조 1항 2) 참조.

본 조의 반칙은,
매치 플레이는 그 홀의 패.
스트로크 플레이는 2벌타.

제20조 볼의 집어 올리기, 드롭 및 플레이스, 오소에서의 플레이(Lifting, Dropping and Placing; Playing from Wrong Place)

1항 볼의 집어 올리기와 마크하기(Lifting and Marking)

규칙에 의한 볼의 집어 올리기는 플레이어, 그의 파트너 또는 플레이어가 인정한 타인이 할 수 있다. 이 경우에 플레이어는 모든 규칙 위반에 대하여 그 책임을 져야 한다.

볼의 리플레이스를 요구하는 규칙에 의하여 집어 올릴 때는 사전에 그 볼의 위치를 마크해 두어야 한다. 만일 마크를 하지 않으면 그 플레이어에게 벌 1타가 부가되며 그 볼은 리플레이스 하여야 한다. 만일 그 볼을 리플레이스하지 않으면 그 플레이어는 본 규칙 위반에 대한 일반의 벌이 과해지나 본 조항 위반에 대한 추가의 벌은 적용하지 않는다.

규칙에 의한 볼의 집어 올리기 과정 혹은 볼의 위치를 표시하는 과정에서 우연히 볼이나 볼 마커가 이동된 경우에는 그 볼이나 볼마커는 리플레이스 되어야 한다. 그러한 볼의 이동이 위치의 표시 또는 볼을 집어 올리는 특정한 동작에 전적으로 기인할 경우 벌은 없다.

그렇지 않은 경우에 그 플레이어에게는 규칙 제18조 2항 1)에 의하여 1타의 벌이 부가된다.

-예외 : 만일 플레이어가 규칙 제5조 3항 혹은 규칙 제12조 2항대로 이행을

준수하지 못하여 벌을 받은 경우 본 항에 의한 추가 벌은 부가되지 않는다.
-주 : 집어 올리는 볼의 위치는 가능하면 볼 마크, 작은 동전 또는 기타 작은 물건으로 볼 바로 뒤에 마크하여야 한다. 볼 마크가 다른 플레이어의 플레이, 스탠스 또는 스트로크를 방해할 때에는 그 마크는 클럽 헤드의 길이 하나 또는 그 이상 한쪽 옆에 놓아야 한다.

2항 드롭과 재드롭(Dropping and Re-dropping)

1) 드롭하는 사람과 방법
드롭되어야 하는 볼은 규칙에 따라서 플레이어 자신에 의하여 드롭되어야 한다. 플레이어는 똑바로 서서 볼을 들고 어깨 높이에서 팔을 완전히 펴서 드롭하여야 한다. 만일 다른 사람 또는 다른 방법으로 볼을 드롭하였을 때에는 그 잘못을 제20조 6항에서 규정한 대로 시정하지 않는 경우 1타의 벌이 부가된다. 드롭한 볼이 코스의 일부에 떨어지기 전 또는 후에 플레이어, 파트너, 그들의 캐디 또는 휴대품에 접촉하면 그 볼은 벌없이 재드롭하여야 한다. 이런 상황에서 재드롭할 때에는 횟수에는 제한이 없다(볼의 위치 또는 움직임에 영향을 주는 동작을 한 것-제1조 2항 참조).

2) 드롭하는 장소
특정 지점에 되도록 가깝게 볼을 드롭할 경우, 이때 드롭은 특정 지점과 비교하여 홀과 가깝지 않아야 하며 플레이어가 정확한 지점을 알지 못할 경우는 플레이어의 추정에 의한다.
볼을 드롭할 때는, 적용 규칙이 요구하는 드롭 지점인 코스의 일부에 볼이 먼저 떨어져야 한다. 만일 이와 같이 드롭된 것이 아닐 경우 규칙 제20조 6항과 7항이 적용된다.

3) 재드롭의 경우
드롭한 볼이 다음 상태로 되는 때는 벌 없이 다시 드롭하여야 한다.
(1) 해저드에 굴러 들어가거나 해저드 안에 멎는 경우
(2) 해저드에서 굴러 나오거나 해저드 외부에 멎는 경우
(3) 퍼팅 그린 위에 굴러 들어가거나 해저드 외부에 멎는 경우
(4) 아웃 오브 바운드에 굴러 들어가서 멎는 경우
(5) 규칙 제24조 2항(움직일 수 없는 장해물) 또는 규칙 제25조 1항(비정상적인 코스 상태)에 의하여 구제를 받았으나 방해가 있는 위치로 굴러들어가는 때, 또는 규칙 제25조 2항 2)(지면에 박힌 볼)에 의하여 집어 올렸던 바로 그 볼 자국에 다시 굴러 들어간 때

(6) 볼이 처음 떨어진 코스의 부분에서 2클럽 길이 이상 굴러서 정지한 때.
(7) 규칙으로 허용되어 있는 경우가 아니면 원위치나 또는 추정된 위치(규칙 제20조 2항 2) 참조)보다 그 홀에 가깝게 굴러 정지하였을 때
① 규칙에서 허용된 경우가 아닐 때의 원위치 또는 추정위치(규칙 제20조 2항 2) 참조)
② 가장 가까운 구제지점 또는 최대한 가용한 구제지점(규칙 제24조 2항, 제25조 1항, 제25조 3항)
③ 원구가 워터 해저드 또는 래터럴 워터 해저드 경계를 최후로 넘어간 지점(규칙 제26조 1항)
(8) 원구가 해저드나 그 구역 경계를 최후로 넘어간 지점보다 홀에 가까운 곳(규칙 제25조 1항 3) (1) (2))이나 워터 해저드(규칙 제26조 1항 2)), 래터럴 워터 해저드(규칙 제26조 1항 3))의 경계를 최후로 넘어간 지점보다 홀에 가까운 곳에 굴러서 정지하였을 때

재드롭한 볼이 상기와 같은 장소에 굴러간 경우에는 재드롭 시 처음 떨어진 코스의 일부인 지점에 가능한 한 가까운 곳에 플레이스하여야 한다.
본 조항에 의하여 재드롭 또는 플레이스해야 될 볼이 곧 회수되지 못하는 경우는 다른 볼로 교체할 수 있다.
-주 : 만약 드롭 또는 재드롭한 볼이 정지한 후에 움직였을 경우 다른 규칙의 규정이 적용되지 않는 한 그 볼은 있는 그대로의 상태로 플레이되어야 한다.

3항 플레이스와 리플레이스(Placing and Replacing)
1) 플레이스하는 사람과 장소
규칙에 의하여 플레이스하는 볼은 플레이어 또는 그의 파트너가 플레이스하여야 한다.
볼을 리플레이스 할 경우, 그 플레이어나 그의 파트너 혹은 그 볼을 집어 올렸거나 움직인 사람이 집어 올려졌거나 움직여진 지점에서 플레이스 하여야 한다. 이 모든 경우에도 규칙위반에 대한 책임은 그 플레이어가 져야 한다.
볼을 플레이스 또는 리플레이스 하는 과정에서 볼이나 볼 마커가 우연히 움직여진 경우 그 볼이나 볼 마커는 리플레이스 되어야 한다.
볼이나 볼 마커의 움직임이 볼을 플레이스 혹은 리플레이스 하는 행위 혹은 볼 마커를 치우는 등의 특정행위에 전적으로 기인했을 경우 벌은 부가되지 않는다. 그렇지 않은 경우는 규칙 제18조 2항 1) 또는 제20조 1항에 의거 1타의 벌이 플레이어에게 부가된다.

2) 플레이스 또는 리플레이스를 요하는 볼의 라이가 변경되었을 때
(1) 해저드 이외의 장소에서는, 홀에 접근하지 않고 원위치에서 1클럽 길이 이내의 해저드 이외의 장소에 원 라이에 가장 유사하고 가장 가까운 라이에서 플레이스해야 한다.
(2) 워터 해저드 안에서는 볼을 그 워터 해저드 내에 플레이스해야 한다는 것을 제외하고 상기(1)에 따라서 플레이스해야 한다.
(3) 벙커 내에서는 원 라이와 되도록 비슷한 상태로 복원하고 그 라이에 플레이스하여야 한다.

3) 위치가 불분명한 경우 : 볼을 플레이스하거나 리플레이스 할 지점을 결정하지 못한 경우,
(1) 스루 더 그린에서는 원위치에 되도록 가깝고 해저드 또는 퍼팅 그린 위가 아닌 장소에 드롭해야 한다.
(2) 해저드 내에서는, 해저드 내로서 원위치에 가장 가까운 장소에 드롭해야 한다.
(3) 퍼팅 그린 위에서는, 해저드 아닌 장소로 원위치에 가장 가까운 장소에 플레이스를 해야 한다.

4) 정지하지 않는 볼 : 플레이스한 볼이 플레이스되어야 할 지점에 정지하지 않을 때에는 그 볼을 벌 없이 다시 플레이스하여야 한다. 그래도 볼이 그 지점에 정지하지 않을 때에는,
(1) 해저드 이외의 장소에서는, 홀에 접근하지 않고 해저드 아닌 장소로 볼이 플레이스 될 수 있는 곳에 가장 가까운 지점에 플레이스해야 한다.
(2) 해저드 내에서는, 그 해저드 내로써 홀에 접근하지 않고 볼이 플레이스 될 수 있는 곳에 가장 가까운 지점에 플레이스해야 한다.
만일 볼이 플레이스 되어야 할 지점에 플레이스 되어 정지한 이후, 그 볼이 움직이면 벌은 없으며, 다른 적용할 조항이 없는 한 그 볼은 있는 그대로 플레이하여야 한다.
본 조 1항, 2항 또는 3항의 반칙은,
매치 플레이는 그 홀의 패.
스트로크 플레이는 2타 부가.

4항 드롭 또는 플레이스 하였을 때가 인 플레이 볼
(When Ball Dropped or Placed Is in Play)
플레이어의 인 플레이 볼이 집어 올려졌으면 그 볼은 드롭 또는 플레이스 되었을 때 다시 인 플레이가 된다. 교체된 다른 볼은 드롭 또는 플레이스 되었을 때 인 플레이의 볼이 된다.
(잘못 교체된 볼-규칙 제15조 1항 참조)
(교체나 드롭 또는 플레이스를 잘못한 볼의 집어 올리기-규칙 제20조 6항 참조)

5항 전 스트로크를 한 곳에서 다음 스트로크의 플레이를 하는 경우 (Playing Next Stroke from Where Previous Stroke Played)

규칙에 의하여, 플레이어가 전 스트로크를 플레이 한 곳에서 다음 스트로크의 플레이를 선택할 때, 또는 하지 않으면 안 될 때 플레이어는 다음과 같은 처리를 하여야 한다.

스트로크를 티잉 그라운드에서 플레이할 경우는 티잉 그라운드 구역 내에서 플레이하여야 하며 티 업 할 수도 있다. 스루 더 그린 또는 해저드에서 플레이하는 경우에는 드롭하여야 한다. 퍼팅 그린 위에서 스트로크를 할 경우에는 플레이스하여야 한다.

본 항의 반칙은,
매치 플레이는 그 홀의 패.
스트로크 플레이는 2타 부가.

6항 부정확하게 교체나 드롭 또는 플레이스한 볼의 집어 올리기 (Lifting Ball Incorrectly Substituted, Dropped or Placed)

본 규칙에 반하여 부정확하게 교체되었거나 오소에 드롭하였거나 또는 플레이스 되어도 아직 플레이하지 않은 볼은 벌없이 집어 올릴 수 있다.

7항 오소에서의 플레이(Playing from Wrong Place)

티잉 그라운드의 구역 외, 혹은 다른 티잉 그라운드에서의 플레이는 규칙 제11조 4항과 5항 참조
1) 매치 플레이
플레이어가 오소에 드롭 또는 플레이스한 볼을 스트로크하면 그 홀의 패가 된다.
2) 스트로크 플레이
경기자가 (1) 오소에 드롭 또는 플레이스 하였거나 (2) 규칙에 의거, 리플레이스가 요구되었음에도 움직여진 볼을 리플레이스 하지 않은 자기의 인 플

레이 볼을 스트로크 했을 때에는 중대한 위반이 없는 한 해당되는 조항에 규정된 벌을 과한 후 그 볼로 그 홀을 끝내야 한다.
오소로부터 플레이한 후 경기자가 그 사항을 인지하여 중대한 위반을 범했다고 믿는 경우 다음 티잉 그라운드에서 아직 스트로크를 행하기 전에, 한 라운드 최종 홀에서는 퍼팅 그린을 떠나기 전에 한하여 경기자는 제2의 볼을 규칙에 따라 드롭 또는 리플레이스 하여 그 볼로 그 홀을 종료할 뜻을 선언할 수 있다.
경기자는 스코어 카드를 제출하기 전에 그 사실을 위원회에 보고해야 하며 만일 이를 이행하지 않을 경우 경기에 실격하게 된다. 위원회는 중대한 위반이 있었는지 여부를 재정해야 한다. 중대한 위반이 있다고 재정되는 경우 제2의 볼의 스코어가 채택되며 경기자는 그 볼의 스코어에 2벌타를 가산해야 한다. 중대한 위반이 있고 경기자가 상기의 조치대로 정정하지 않았을 경우 그 경기자는 실격된다.
-주 : 경기자가 제2의 볼을 플레이했을 경우 채택 않기로 재정된 볼의 플레이에 부가된 벌타 및 그 볼로 얻은 타수는 스코어에 가산되지 않는다.
본 항의 반칙은,
매치 플레이는 그 홀의 패.
스트로크 플레이는 2벌타.

제21조 볼을 닦는 일(Cleaning Ball)

퍼팅 그린 위의 볼은 제16조 1항 2)에 따라 집어 올렸을 경우 닦을 수 있다. 기타의 장소에서는 다음 경우를 제외하고 집어 올려진 볼을 닦을 수 있다.
1) 플레이에 적합한 볼인가 아닌가를 결정하기 위하여 집어 올렸을 때(제5조 3항)
2) 식별을 위하여 볼을 집어 올렸을 경우 단, 이 경우 식별에 필요한 한도만큼 닦는 것이 허용(제12조 2항)
3) 플레이의 방해 또는 원조가 되기 때문에 볼을 집어 올렸을 경우(제22조)
이 규칙에 의하여 허용되는 경우를 제외하고 한 홀에서 플레이 중에 플레이어가 자기의 볼을 닦으면 1타의 벌이 부가되며 집어 올린 볼은 리플레이스 하여야 한다.
볼을 리플레이스 하여야 할 때 리플레이스를 이행하지 않으면 그 플레이어는 제20조 3항 1)의 반칙에 대한 벌이 부가된다. 그러나 제21조에 의한 벌은 추가되지 않는다.
−주 : 플레이어가 규칙 제5조 3항, 제12조 2항, 제22조의 반칙으로 벌이 부가되었을 경우, 본 조에 의한 추가벌은 적용되지 않는다.

제22조 플레이의 방해 또는 원조가 되는 볼
(Ball Interfering with or Assisting Play)

플레이어는 다음의 행동을 할 수 있다.
1) 자기의 볼이 다른 플레이어의 원조가 된다고 생각할 경우 그 볼을 집어 올리거나
2) 다른 볼이 자기의 플레이에 방해가 되거나, 다른 플레이어의 플레이에 원조가 된다고 생각하는 경우에는 그 볼을 집어 올리게 할 수 있다. 단, 다른 볼이 움직이고 있는 동안은 이 처리를 하는 것이 허용되지 않는다.
스트로크 플레이에서는 자기 볼을 집어 올릴 것을 요구 당한 플레이어는 집어 올리기보다 오히려 먼저 플레이할 수 있다. 본 조에 의하여 집어올린 볼은 리플레이스 하여야 한다.
본 조의 반칙은,
매치 플레이는 그 홀의 패.
스트로크 플레이는 2타 부가.
−주 : 퍼팅 그린에 있는 경우 이외에 본 조에 의하여 집어 올린 볼은 닦을 수 없다(규칙 제21조 참조).

제23조 루스 임페디먼트(Loose Impediments)

− 루스 임페디먼트
자연물로써 고정되어 있지 않거나 또는 생장하지 않고, 땅에 단단히 박혀 있지 않으며, 볼에 부착되어 있지 않은 돌, 나뭇잎, 나뭇가지 같은 것들과 동물의 분, 벌레들과 그들의 배설물 및 이것들이 쌓여 올려진 것들을 말한다. 모래 및 흩어진 흙은 퍼팅 그린 위에 있는 경우에 한하여 루스 임페디먼트이다. 서리 이외의 눈과 천연얼음 등은 캐주얼 워터 또는 루스 임페디먼트로 치는

데 이는 플레이어의 선택에 따른다. 인공의 얼음은 장해물이다.
이슬과 서리는 루스 임페디먼트가 아니다.

1항 구제(Relief)
루스 임페디먼트와 볼이 동일 해저드 내에 정지하고 있거나 접촉되어 있는 경우를 제외하고, 모든 루스 임페디먼트는 벌 없이 제거할 수 있다. 볼이 움직여진 때에는 제18조 2항 3) 참조.
플레이어의 볼이 움직이고 있을 때는 볼의 이동에 영향을 줄만한 루스 임페디먼트를 제거해서는 안 된다.
본 조의 반칙은,
매치 플레이는 그 홀의 패.
스트로크 플레이는 2타 부가.
(해저드 내의 볼의 수색-제12조 1항 참조)
(퍼트의 선에 접촉하는 것-제16조 1항 1) 참조)

2항 잠정구(Provisional Ball)
1) 처 리
볼이 워터 해저드 밖에서의 분실 또는 아웃 오브 바운드의 염려가 있는 때에는 시간절약을 위하여 그 볼을 플레이한 원위치에 가능한 한 가까운 곳에서 잠정적으로 다른 볼을 플레이 할 수 있다(제20조 5항 참조). 플레이어는 매치 플레이에서는 상대방, 스트로크 플레이에서는 자기의 마커 또는 동반 경기자에게 잠정구를 플레이할 의사를 통고하고 플레이어 또는 파트너가 원구를 찾으러 나가기 전에 플레이 하여야 한다. 이것을 진행하지 않고 다른 볼을 플레이 하면 그 볼은 잠정구가 아니고 스트로크와 거리의 벌에 의하여 인 플레이 볼이 되며(제27조 1항) 원구는 분실구로 친다.

2) 잠정구가 인플레이의 볼이 되는 경우
플레이어는 원구가 있다고 생각하는 곳에 도달할 때까지는 그 잠정구를 몇 번이라도 플레이 할 수 있다.
만일 플레이어가 원구가 있다고 생각하는 곳으로부터 또는 그 곳보다 홀에 가까운 지점으로부터 잠정구를 플레이한 경우 원구는 분실로 간주되며 잠정구는 스트로크와 거리의 벌에 의하여 인 플레이 볼이 된다(제27조 1항).
원구가 워터 해저드 밖에서 분실 또는 아웃 오브 바운드가 된 경우 잠정구는 스트로크와 거리의 벌에 의하여 인 플레이 볼이 된다(제27조 1항).

3) 잠정구를 포기할 때

원구가 워터 해저드 밖에서 분실되지 않았고 또는 아웃 오브 바운드도 아니면 플레이어는 잠정구를 포기하고 원구로 플레이를 계속하여야 한다. 만일 이것을 불이행한 때에는 잠정구로 스트로크한 그 이후의 플레이는 오구의 플레이로 간주하여 제15조 규정이 적용된다.

-주 : 원구가 워터 해저드 내에 있을 때 플레이어는 그 볼을 있는 상태 그대로 플레이하든가 제26조에 의한 처리를 하여야 한다. 원구가 워터 해저드 내에서 분실 또는 언플레이어블이 되면 제26조 또는 제28조 중에서 적용할 수 있는 규칙에 의하여 처리하여야 한다.

제24조 장해물(Obstructions)

- 가장 가까운 구제 지점

움직일 수 없는 장해물 규칙 제24조 2항, 비정상적인 코스 상태 규칙 제25조 1항 또는 목적 이외의 퍼팅 그린 규칙 제25조 3항에 의한 방해로부터 벌 없이 구제 받을 수 있는 기점을 말한다. 이 지점은 볼이 놓여 있는 곳에 가장 가까운 지점으로 홀에 더 가깝지 않고, 볼이 그 지점에 정지해 있으면 방해(정의한 바와 같은)가 없는 지점이다

-주 : 플레이어는 다음 스트로크를 할 때 사용하려고 생각한 클럽을 가지고 어드레스를 취하여 스트로크를 위한 스윙을 해 보고 그의 가장 가까운 구제 지점을 결정해야 한다.

- 장해물

모든 인공의 물건으로써, 도로와 통로의 인공의 표면과 측면 및 인공의 얼음 등을 포함한다. 단, 다음의 것은 제외된다.
① 아웃 오브 바운드를 표시하는 벽, 담, 말뚝 및 울타리
② 아웃 오브 바운드에 있는 움직이지 못하는 인공 물건의 모든 부분
③ 코스와 불가분한 것이라고 위원회가 지정한 모든 구축물

움직일 수 있는 장해물은 무리한 노력을 들이지 않고 플레이를 지연시키지 않으며, 손상을 입히지 않고 옮겨질 수 있는 장해물을 말한다. 그렇지 않을 경우는 움직일 수 없는 장해물이다.

-주 : 위원회는 움직일 수 있는 장해물을 움직일 수 없는 장해물로 선언하는 로컬 룰을 만들 수 있다.

1항 움직일 수 있는 장해물(Movable Obstruction)

플레이어는 아래와 같이 움직일 수 있는 장해물로부터의 구제를 받을 수 있다.
1) 볼이 그 장해물의 안 또는 위에 있지 않을 때에는 그 장해물을 제거할 수 있다. 만일 볼이 움직인 경우 리플레이스하여야 하며 그러한 이동이 장해물의 제거에 전적으로 기인한 경우 벌은 부가되지 않는다. 그 밖의 경우는 규칙 제18조 2항 1)이 적용된다.
2) 볼이 장해물의 안 또는 위에 있을 때에는 벌 없이 볼을 집어 올려 장해물을 제거할 수 있다. 그 볼은 장해물의 안 또는 위에 있던 곳의 바로 밑의 지점에 가능한 한 가깝고 홀에 가깝지 않은 지점에, 스루 더 그린 또는 해저드에서는 드롭, 퍼팅 그린 위에서는 플레이스하여야 한다.
제24조 1항에 의하여 집어 올린 볼은 닦을 수 있다.
볼이 움직이고 있을 때는 사람이 붙어서 있는 깃대 또는 플레이어들의 휴대품 이외에 볼의 이동에 영향을 줄만한 장해물을 제거하여서는 안 된다.
-주 : 본 항에 의하여 드롭 또는 플레이스 되어야 할 볼을 곧 도로 찾을 수 없을 때는 다른 볼로 교체할 수 있다.

2항 움직일 수 없는 장해물(Immovable Obstruction)

1) 방 해
볼이 장해물의 안 또는 위에 있든가, 볼이 이에 접근한 곳에 정지하여 플레이어의 스탠스 또는 의도하는 스윙의 구역을 방해할 정도일 때는 움직일 수 없는 장해물에 의한 방해가 생긴 것으로 한다.
플레이어의 볼이 퍼팅 그린 위에 있고 퍼팅 그린 위에 움직일 수 없는 장해물이 있어서 플레이어의 퍼트의 선을 방해할 경우에도 방해가 생긴 것으로 한다. 위의 경우 이외에 플레이의 선상에 있는 장해물 그 자체는 본 항에서 말하는 방해가 아니다.

2) 구 제
볼이 워터 해저드 또는 래터럴 워터 해저드 내에 있을 때를 제외하고 플레이어는 다음과 같이 움직일 수 없는 장해물에 의한 방해로부터의 구제를 벌 없이 받을 수 있다.
(1) 스루 더 그린
볼이 스루 더 그린에 정지하고 있을 때, 해저드 또는 퍼팅 그린이 아닌 곳으로 가장 가까운 구제 지점을 결정하여야 한다. 플레이어는 볼을 집어 올려서 움직일 수 없는 장해물로부터 방해를 피하고, 해저드나 퍼팅 그린이 아닌 코스상의 한 지점에, 가장 가까운 구제 지점으로부터 1클럽 길이 이내에 홀에 가깝지 않게 드롭 하여야 한다.

(2) 벙커 내

볼이 벙커 내에 또는 있을 때 플레이어는 그 볼을 집어 올려 상기 (1)의 조항에 의하여 드롭하여야 한다. 단, 가장 가까운 구제 지점은 벙커 안에 있어야 하며 반드시 그 벙커 내에 드롭하여야 한다.

(3) 퍼팅 그린 위

볼이 퍼팅 그린 위에 정지하고 있을 때 플레이어는 그 볼을 집어 올려 해저드 내가 아닌 가장 가까운 구제지점에 플레이스 하여야 한다. 가장 가까운 구제지점은 퍼팅 그린을 벗어나도 된다.

제24조 2항 2)에 의한 구제를 위하여 집어 올린 볼은 닦을 수 있다(볼이 방해에 의한 구제를 받았던 장소로 다시 굴러 들어간 경우는 제20조 2항 3) (5) 참조).

-예외 : 플레이어는 ① 그의 스트로크의 방해가 움직일 수 없는 방해물 이외의 물건에 의한 것임이 분명한 때 ② 장해물에 의한 방해가 불필요한 비정상적인 스탠스, 스윙 또는 플레이 방향을 취할 때에만 생기는 경우는 제24조 2항 2)에 의한 구제를 받을 수 없다.

-주1 : 볼이 워터 해저드(래터럴 워터 해저드 포함) 내에 있는 경우 그 플레이어는 벌 없이 움직일 수 없는 장해물에 의한 방해로부터의 구제를 받을 수 없다. 그 플레이어는 볼이 정지한 그대로 플레이하든가 제26조 1항에 의한 처리를 하여야 한다.

-주2 : 본 조항에 의하여 드롭 또는 플레이스 되어야 할 볼을 곧 도로 찾을 수 없을 때는 다른 볼로 교체할 수 있다.

-주3 : 위원회는 플레이가 그 장해물의 위를 넘어가거나, 안 또는 아래를 통과하지 않고 가장 가까운 구제지점을 결정하여야 한다고 명시하는 로컬 룰을 만들 수 있다.

3) 분실된 볼

움직일 수 없는 장해물 쪽으로 볼을 친 후 분실된 볼이 그 장해물 안에서 분실되었는지의 여부는 사실입증에 관한 문제가 된다. 볼이 그 장해물 안에서 분실된 것으로 처리하기 위해서는 그런 취지의 합리적인 증거가 있어야 한다. 그러한 증거가 없을 때에는 그 볼을 분실구로 처리하여야 하며, 규칙 제27조를 적용한다.

볼이 움직일 수 없는 장해물 안에서 분실된 경우 볼이 장해물에 최후로 들어간 지점이 결정되어야 하며, 본 규칙의 적용 목적상 볼이 그 지점에 있었던 것으로 간주하여야 한다.

(1) 스루 더 그린

볼이 움직일 수 없는 장해물에 최후로 들어간 곳이 스루 더 그린의 한 지점인 경우 플레이는 벌 없이 다른 볼로 교체할 수 있으며, 규칙 제24조 2항 2) (1)에 규정된 바에 따라 구제를 받을 수 있다.

(2) 벙커 안

볼이 움직일 수 없는 장해물에 최후로 들어간 곳이 벙커 안의 한 지점인 경우 플레이어는 벌 없이 다른 볼로 교체할 수 있으며, 규칙 제24조 2항 2) (2)에 규정된 바에 따라서 구제를 받을 수 있다.

(3) 해저드 안(래터럴 워터 해저드 포함)

볼이 움직일 수 없는 장해물에 최후로 들어간 곳이 그린 위의 한 지점인 경우 플레이어는 벌 없이 구제를 받을 수 없다. 플레이어는 규칙 제26조 1항에 의하여 처리하여야 한다.

(4) 퍼팅 그린 위

볼이 움직일 수 없는 장해물에 최후로 들어간 곳이 그린 위의 한 지점인 경우 플레이어는 벌 없이 다른 볼로 교체할 수 있으며, 규칙 제24조 2항 2) (3)에 규정된 바에 따라서 구제를 받을 수 있다.

본 조의 반칙은,

매치 플레이는 그 홀의 패.

스트로크 플레이는 2벌타.

제25조 비정상적인 코스의 상태 및 목적 외의 퍼팅 그린 (Abnormal Ground Conditions and Wrong Putting Green)

- 비정상적인 코스상태

캐주얼 워터, 수리지 또는 구멍 파는 동물이나 파충류, 새들에 의해 코스 상에 만들어진 구멍, 배설물, 통로를 말한다.

- 구멍 파는 동물

토끼, 두더지, 마멋, 뒤쥐 및 도룡농과 같이 주거(住居)나 은신처를 위하여 구멍을 파는 동물을 말한다.

- 주 : 개와 같은 구멍 파는 동물이 아닌 동물이 만든 구멍은 수리지로 표시하거나 수리지로 선언하지 않는 한 비정상적인 코스상태가 아니다.
- 캐주얼 워터

플레이어가 스탠스를 취하기 이전 또는 이후에 볼 수 있는 코스 상에 일시적으로 고인 물을 말하며 워터 해저드 내에 있지 않다. 서리 이외의 눈과 천연 얼음 등은 캐주얼 워터 또는 루스 임페디먼트로 치는데 이는 플레이어의 선택에 따른다. 인공의 얼음은 장해물이다. 이슬과 서리는 캐주얼 워터가 아니다. 볼이 캐주얼 워터 안에 놓여 있거나 볼의 일부라도 캐주얼 워터에 접촉하고 있으면 캐주얼 워터의 볼이다.

- 수리지

위원회의 지시로 혹은 그 대행자에 의하여 수리지로 선언된 코스 내의 구역이다. 수리지에는 표시가 없어도 다른 곳으로 옮기기 위하여 쌓아 올려놓은 물건과 그린 키퍼가 만든 구멍도 포함된다. 수리지의 경계를 표시하는 말뚝 또는 선은 수리지에 포함된다.

수리지 안의 모든 지면과 잔디, 관목, 나무 또는 기타 생장물은 수리지의 일부분이다. 수리지 구역의 한계는 수직 아래쪽으로 연장될 뿐 위쪽으로는 아니다. 수리지 경계를 표시하는 말뚝 또는 선은 수리지에 포함된다. 수리지를 표시하는 말뚝은 장해물이다. 볼이 수리지 안에 놓여있거나 볼의 일부분이라도 수리지에 접촉하고 있을 때 수리지 안의 볼이다.

-주1 : 코스에 남겨 놓은 깎아 놓은 풀이나 기타 물건으로써 다른 곳으로 옮길 의사가 없이 방치되어 있는 것들은 수리지 표시가 없는 한 수리지에 포함되지 않는다.

-주2 : 위원회는 수리지에서나, 수리지로 지정된 환경보호 구역에서의 플레이를 금지하는 로컬 룰을 제정할 수 있다.

- 목적 외 퍼팅 그린

현재 플레이되는 홀의 그린 이외의 모든 퍼팅 그린을 말한다. 위원회가 별도로 사전에 정하지 않는 한 이 용어에는 코스상의 연습 그린과 피칭 그린을 포함한다.

1항 비정상적인 코스 상태 (Abnormal Ground Conditions)

1) 방 해

비정상적인 코스 상태 내에 볼이 들어가 있거나 접촉하고 있을 때 또는 그러한 코스의 상태가 플레이어의 스탠스나 의도하는 스윙의 구역을 방해할 경우에는 방해가 생긴 것으로 한다.
만일 플레이어의 볼이 퍼팅 그린 위에 있고 퍼팅 그린 위에 그러한 상태가 플레이어의 퍼트의 선상에 있을 경우도 방해가 생긴 것으로 한다. 그러나 플레이의 선상의 방해는 그 자체로써 본 규정에 의한 방해는 아니다.
-주 : 위원회는 본 조항에 규정된 모든 상태나 또는 일부에 대하여 플레이어의 스탠스가 방해가 되어도 구제를 인정하지 않는 로컬 룰을 제정할 수 있다.

2) 구제

볼이 워터 해저드 또는 래터럴 워터 해저드 내에 있는 경우를 제외하고 플레이어는 비정상적인 코스 상태로 인한 방해로부터 다음과 같이 구제 받을 수 있다.

(1) 스루 더 그린

볼이 스루 더 그린에 있는 경우 해저드 안 혹은 퍼팅 그린 위가 아닌 곳으로 가장 가까운 구제 지점을 결정하여야 한다.
플레이어는 볼을 집어 올려서 가장 가까운 구제 지점보다 홀에 더 가깝지 않고, 해저드 안 혹은 퍼팅 그린 위가 아닌 곳으로 그 상태에 의한 방해(정의한 바와 같은)를 피할 수 있는 코스상의 일부 지점에서 1클럽 길이 이내에 벌 없이 드롭하여야 한다.

(2) 벙커 안

볼이 벙커 안에 있는 경우 플레이어는 볼을 집어 올려서 다음의 한 지점에 드롭하여야 한다.
① 벌 없이 위의 (1)에 따라서 결정한 지점 다만 다음의 경우는 위의 (1)에서 제외한다. 즉, 가장 가까운 구제 지점은 벙커 안이어야 하며, 볼도 벙커 안에서 드롭하여야 한다. 완전한 구제가 불가능할 경우에는 홀에 더 가깝지 않고, 그 상태에서 최대한 구제를 받을 수 있는 코스상의 일부 지점으로 볼이 놓여 있었던 곳에 될수록 가까운 벙커 안에 드롭하여야 한다.
② 1벌타를 받고 벙커 바깥에 홀과 볼이 놓여 있었던 지점을 연결한 후방 선상의 지점, 이때 그 지점이 벙커 후방이면 아무리 멀리 떨어져도 그 거리에는 제한이 없다.

(3) 퍼팅 그린 위

볼이 그린 위에 있는 경우 플레이어는 벌 없이 그 볼을 집어 올려서 해저드 안이 아닌 곳으로 가장 가까운 구제 지점에 플레이스 하거나, 만일 완전한 구제가 불가능하면 홀에 더 가깝지 않고 그 상태에서 최대한의 구제를 받을 수 있는 곳으로 볼이 놓여 있었던 곳에 가장 가까운 장소에 플레이스 하여야 한다. 가장 가까운 구제 지점 혹은 최대한의 구제 지점은 그린 밖이 될 수도 있다.

본 제25조 1항 2)에 의하여 집어 올린 때는 그 볼을 닦을 수 있다(구제처리를 취한 결과 방해 상태의 지점으로 다시 볼이 굴러 들어간 경우에는 제20조 2항 3) (5) 참조)
-예외 :
① 제25조 1항 1)에 명시된 조건 이외의 상태로 인하여 스트로크에 분명하게 방해가 된 때, 또는
② 방해가 불필요한 비정상적인 스탠스, 스윙 또는 플레이 방향을 취할 때에 생기는 경우는 플레이어는 제25조 1항 2)에 의한 구제를 받을 수 없다.
-주1 : 볼이 워터 해저드(레터럴 워터 해저드 포함) 안에 있는 경우 플레이어는 비정상적인 코스 상태에 의한 방해로부터 벌 없이 구제를 받을 수 없다. 플레이어(로컬 룰에 의하여 금지되지 않는 한)는 볼을 있는 그대로의 상태로 플레이하거나, 규칙 제26조 1항에 의하여 처리하여야 한다.
-주2 : 본 조항에 의하여 드롭 또는 플레이스 되어야 할 볼이 곧 도로 찾을 수 없을 때에는 다른 볼로 교체할 수 있다.

3) 분실구
볼이 비정상적인 코스 상태로의 방향으로 맞고 난 후에 분실되었을 때에는 그러한 상태로 인하여 분실되었는가의 여부는 사실입증에 관한 문제가 된다. 그 볼이 비정상적인 코스 상태에서 분실된 것이라고 처리하기 위하여서는 그런 취지의 합리적인 증거가 있어야 한다. 그러한 증거가 없을 경우 그 볼은 분실구로 처리하여야 하고 제27조를 적용한다.
볼이 비정상적인 코스 상태에서 분실되었다면, 볼이 그 코스 상태에 최후로 들어간 지점을 결정하여야 하며, 본 규정을 적용하기 위해 그 볼은 이러한 지점에 놓여 있는 것으로 간주되어야 한다.
(1) 스루 더 그린
볼이 비정상적인 코스 상태에 최후로 들어간 곳이 스루 더 그린의 한 지점인 경우 플레이어는 벌 없이 다른 볼로 교체할 수 있으며, 규칙 제25조 1항 2) (1)에 규정된 바에 따라서 구제를 받을 수 있다.
(2) 벙커 안
볼이 비정상적인 코스 상태에 최후로 들어간 곳이 벙커 안의 한 지점인 경우 플레이어는 벌 없이 다른 볼로 교체할 수 있으며, 규칙 제25조 1항 2) (1)에 규정된 바에 따라서 구제를 받을 수 있다.
(3) 워터 해저드 안(래터럴 워터 해저드 포함)
볼이 비정상적인 코스 상태에 최후로 들어간 곳이 워터 해저드 안의 한 지

점인 경우 플레이어는 벌 없이 구제를 받을 수 없다. 플레이어는 규칙 제26조 1항에 의하여 처리 하여야 한다.

(4) 퍼팅 그린 위

볼이 비정상적인 코스 상태에 최후에 들어간 곳이 그린 위의 한 지점인 경우 플레이어는 벌 없이 다른 볼로 교체할 수 있으며, 규칙 제25조 1항 2) (3)에 규정된 바에 따라서 구제를 받을 수 있다.

2항 지면에 박힌 볼(Embedded Ball)

스루 더 그린의 짧게 깎은 구역 내에 낙하의 충격으로 자체의 피치 마크에 박힌 볼은 벌 없이 집어 올려 닦은 후 원위치에 가장 가깝고 홀에 접근하지 않는 지점에 드롭할 수 있다. 드롭할 때는 볼은 스루 더 그린 내 코스의 일부에 먼저 닿아야 한다.

"짧게 깎은 구역"이라 함은 러프를 건너가는 통로를 포함하여 페어웨이의 잔디 높이 이하로 깎은 코스 상의 모든 구역을 의미한다.

3항 목적 외의 퍼팅 그린(Wrong Putting Green)

1) 방 해

볼이 목적 외의 퍼팅 그린 위에 있을 때 목적 외의 퍼팅 그린에 의한 방해가 생긴 것으로 한다. 플레이어의 스탠스나 의도하는 스윙 구역에 대한 방해 그 자체는 규칙에서 취급하는 방해가 아니다.

2) 구 제

플레이어가 목적 외 퍼팅 그린에 의한 방해를 받았을 때, 다음과 같이 벌 없이 구제 조치를 취하여야 한다. 가장 가까운 구제 지점은 해저드 안이나 그린 위가 아닌 곳으로 결정되어야 한다. 플레이어는 볼을 집어 올려 가장 가까운 구제 지점은 해저드 안이나 그린 위가 아닌 곳으로 결정되어야 한다. 플레이어는 볼을 집어 올려 가장 가까운 구제 지점보다 홀에 가깝지 않게 1클럽 길이 이내에 드롭하여야 한다. 이 지점은 해저드나 퍼팅 그린이 아닌 곳으로서 목적 외 퍼팅 그린에 의한 방해를 피하는 코스상의 일부분에 있는 곳이어야 한다.

본 조의 반칙은,

매치 플레이는 그 홀의 패.

스트로크 플레이는 2벌타.

제26조 워터 해저드(래터럴 워터해저드 포함)
(Water Hazards Including Lateral Water Hazards)

1항 워터 해저드에 들어간 볼(Ball in Water Hazard)

볼이 워터 해저드 방향으로 간 후에 분실된 때 그 해저드에서 분실되었는가 그 밖에서 분실되었는가의 여부는 사실입증에 관한 문제가 된다. 그 볼이 해저드 내에서 분실된 것이라고 처리하기 위하여서는 그 볼이 해저드 안에 들어갔다는 합리적인 증거가 있어야 한다. 그러한 증거가 없을 경우에는 그 볼은 분실구로 처리하여야 하며 제27조를 적용한다.

볼이 워터 해저드 내에 있든가 또는 분실된 경우(볼이 수중에 있고 없고에 불구하고)는 플레이어는 1벌타의 벌을 부가하고 다음 처리 중 하나를 할 수 있다.

1) 원구를 앞서 플레이한 장소에 되도록 가까운 지점에서 다음 스트로크를 한다(제20조 5항 참조).

2) 볼이 최후에 워터 해저드 구역의 경계를 넘어선 지점과 홀을 연결하는 직선상으로 그 워터 해저드 후방에 드롭한다. 볼을 드롭할 수 있는 워터 해저드의 후방의 거리에는 제한이 없다.

3) 볼이 래터럴 워터 해저드의 경계를 최후로 넘었을 때 추가로 행사할 수 있는 선택은 홀에 가깝지 않게 다음 지점으로부터 2클럽 길이 이내에서 워터 해저드 밖에 드롭한다.

(1) 원구가 워터 해저드의 경계를 최후로 넘은 지점

(2) 홀로부터 등거리에 있는 워터 해저드 건너편 대안의 경계상의 지점

본 조에 의한 집어 올린 볼은 닦을 수 있다(워터 해저드의 수중의 움직이는 볼 – 제14조 6항 참조).

2항 워터 해저드 내에서 플레이한 볼
(Ball Played Within Water Hazard)

1) 볼이 해저드 밖으로 나가지 않은 경우

워터 해저드 내에서 플레이한 볼이 스트로크 후에도 동일한 해저드의 구역을 벗어나지 못할 경우 플레이어는,

(1) 규칙 제 26조 1항에 의해 처리하거나

(2) 1벌타를 추가하고 해저드 밖에서 볼을 앞서 플레이한 곳에 되도록 가까운 지점에서 다음 스트로크를 할 수 있다(규칙 제20조 5항 참조). 플레이어가 규칙 제26조 1항 1)에 의해 처리할 경우 드롭한 볼을 치지 않아도 좋다.

그럴 경우,
① 추가로 1벌타를 부가하고 규칙 제26조 1항 2)에 의거 조치하거나
② 적용 가능할 경우 추가로 1벌타를 부가하고 규칙 제26조 1항 3)에 의거하여 처리하거나,
③ 추가로 1벌타를 부가하고 해저드 밖에서 앞서 플레이한 곳에 가장 가까운 지점에서 플레이(규칙 제20조 5항 참조)

2) 해저드 밖에서 분실 또는 언플레이어블 혹은 아웃 오브 바운드 된 볼
워터 해저드 내에서 플레이한 볼이 그 해저드 밖에서 분실되거나 언플레이어블이 되거나 또는 아웃 오브 바운드가 된 경우 규칙 제27조 1항 또는 제28조 1항에 의하여 1벌타를 부가한 후에,
(1) 해저드 내에서 원구를 앞서 플레이한 곳에 되도록 가까운 지점에서 플레이하거나(규칙 제20조 5항 참조)
(2) 규칙 제26조 1항 2)에 따라 혹은 적용 가능할 경우 규칙 제26조 1항 3)에 따라 1벌타를 부가하고 볼이 해저드에 들어오기 전에 해저드의 경계선을 최후로 넘은 지점을 기준으로 하여 규칙에 의거 처리하거나
(3) 1벌타를 추가로 부가하고 해저드 밖에서 앞서 플레이 되었던 지점과 되도록 가까운 곳에서 플레이 한다(규칙 제20조 5항 참조).
-주1 : 규칙 제26조 2항 2)에 의거 처리할 경우 플레이어는 규칙 제27조 1항 또는 제28조 1항에 따라 볼을 드롭할 필요는 없다. 그가 볼을 드롭하더라도 꼭 그 볼을 플레이할 필요는 없다. (2) 혹은 (3)을 선택하여 처리하여도 된다.
-주2 : 워터 해저드 내에서 플레이하여 해저드 밖으로 나온 볼을 언플레이어블로 선언할 때 본 항 2)의 규정은 플레이어가 제28조 2) 또는 3)에 따라 처리하는 것을 방해하지 않는다.
본 조의 반칙은,
매치 플레이는 그 홀의 패.
스트로크 플레이는 2벌타.

제27조 분실구 또는 아웃 오브 바운드 : 잠정구
(Ball Lost or Out of Bounds : Provisional Ball)

- 분실구
다음의 경우는 "분실구"이다.

① 플레이어, 그의 사이드 또는 이들의 캐디가 찾기 시작하여 5분 이내에 발견하지 못하거나 자기의 볼임을 플레이어가 확인하지 못한 때
② 원구를 찾지 않고 본 규칙에 따라 다른 볼을 플레이한 때
③ 원구가 있을 것으로 생각되는 장소로부터 또는 그 장소보다 홀에 가까운 지점에서 잠정구를 플레이한 때 – 이 이후는 잠정구가 인 플레이의 볼이 된다. 오구의 플레이에 소비한 시간은 수색을 위하여 부여된 5분간에 산입하지 않는다.

- 아웃 오브 바운드

코스의 경계선을 넘어선 장소 또는 위원회가 그렇게 표시한 코스의 일부를 말한다. 아웃 오브 바운드가 말뚝이나 울타리를 기준으로 표시할 경우나 또는 볼이 말뚝이나 울타리를 넘었는가를 문제로 할 때 그 아웃 오브 바운드의 선은 말뚝이나 울타리(지주를 포함하지 않은) 기둥의 지면에 접한 가장 가까운 안쪽 점에 의하여 결정된다. 아웃 오브 바운드가 지상의 선으로 표시되었을 때 그 선 자체는 아웃 오브 바운드이다. 아웃 오브 바운드의 선은 수직으로 상하에 연장된다. 볼의 전체가 아웃 오브 바운드에 있을 때는 아웃 오브 바운드의 볼이 된다. 플레이어는 코스 내에 있는 볼을 플레이하기 위하여 아웃 오브 바운드에 설 수 있다.

- 잠정구

제27조 2항에 의하여 볼이 워터 해저드 이외에서 분실 또는 아웃 오브 바운드의 염려가 있을 때 플레이하는 볼을 말한다.

1항 분실구 또는 아웃 오브 바운드의 볼
(Ball Lost or Out of Bounds)

볼이 워터 해저드 밖에서 분실되거나 아웃 오브 바운드에 들어간 때에는 플레이어는 1타 벌을 받고 그 볼을 앞서 플레이한 지점 또는 되도록 그 곳에 가까운 지점에서 볼을 플레이하여야 한다(규칙 제20조 5항 참조).

-예외 :

1) 원구가 워터 해저드에서 분실되었다는 합리적인 증거가 있는 경우 플레이어는 규칙 제26조 1항에 의거 처리하여야 한다.
2) 원구가 움직일 수 없는 장해물(규칙 제24조 2항 3)) 또는 비정상적인 코스 상태(규칙 제25조 1항 3)) 내에서 분실되었다는 합리적인 증거가 있는 경우 플레이어는 적용할 수 있는 규칙에 의하여 처리할 수 있다.

본 제27조 1항의 반칙은,

매치 플레이는 그 홀의 패.
스트로크 플레이는 2벌타.

2항 잠정구(Provisional Ball)
1) 처 리
볼이 워터 해저드 밖에서의 분실 또는 아웃 오브 바운드의 염려가 있는 때에는 시간절약을 위하여 그 볼을 플레이한 원위치에 가능한 한 가까운 곳에서 잠정적으로 다른 볼을 플레이 할 수 있다(제20조 5항 참조).
플레이어는 매치 플레이에서는 상대방, 스트로크 플레이에서는 자기의 마커 또는 동반 경기자에게 잠정구를 플레이할 의사를 통고하고 플레이어 또는 파트너가 원구를 찾으러 나가기 전에 플레이하여야 한다. 이것을 이행하지 않고 다른 볼을 플레이하면 그 볼은 잠정구가 아니고 스트로크와 거리의 벌에 의하여 인 플레이 볼이 되며(제27조 1항) 원구는 분실구로 친다.
2) 잠정구가 인 플레이의 볼이 되는 경우
플레이어는 원구가 있다고 생각하는 곳에 도달할 때까지는 그 잠정구를 플레이할 수 있다. 만일 플레이어가 원구가 있다고 생각하는 곳으로부터 또는 그 곳보다 홀에 가까운 지점으로부터 잠정구를 플레이한 경우 원구는 분실로 간주되며 잠정구는 스트로크와 거리의 벌에 의하여 인 플레이 볼이 된다(제27조 1항).
원구가 워터 해저드 밖에서 분실 또는 아웃 오브 바운드가 된 경우 잠정구는 스트로크와 거리의 벌에 의하여 인 플레이 볼이 된다(제27조 1항).
3) 잠정구를 포기할 때
원구가 워터 해저드 밖에서 분실되지 않았고 또는 아웃 오브 바운드도 아니면 플레이어는 잠정구를 포기하고 원구로 플레이를 계속하여야 한다. 만일 이것을 불이행한 때에는 잠정구로 스트로크한 그 이후의 플레이는 오구의 플레이로 간주하여 제15조의 규정이 적용된다.
-주 : 규칙 제27조 2항 3)에 의거 잠정구를 포기 하였을 때, 그 잠정구를 친 타수와 그 잠정구를 칠 때 발생한 벌타 등은 모두 무시되어야 한다.

제28조 언플레이어블의 볼(Ball Unplayable)

볼의 언플레이어블 여부는 그 볼의 소유자인 플레이어만이 결정할 수 있으며 워터 해저드 내에 있는 경우를 제외한 코스 위 어느 곳에서나 언플레이어블을 선언할 수 있다. 플레이어는 자기 볼이 언플레이어블인가 아닌가를 결정할 유일한 사람이다.

만일 플레이어가 자기의 볼을 언플레이어블로 정할 때에는 1타 벌을 부가하고 다음 각 항의 처리 중 하나를 택하여야 한다.

1) 볼을 앞서 플레이한 곳에 되도록 가까운 장소에서 다음 스트로크를 한다 (제20조 5항 참조).
2) 볼이 있는 곳에서 2클럽 길이 이내로 홀에 접근하지 않는 지점에 드롭한다.
3) 홀과 볼이 있었던 지점을 연결하는 직선상으로 전위치보다 후방에 거리의 제한 없이 볼을 드롭할 수 있다.

만일 언플레이어블의 볼이 벙커 내에 있을 경우에도 플레이어는 1), 2), 3)에 의하여 처리할 수 있다. 다만 2)나 3)을 선택한 경우 볼은 벙커 내에서만 드롭되어야 한다. 본 조에 의하여 집어 올린 볼은 닦을 수 있다.

본 조의 반칙은,
매치 플레이는 그 홀의 패.
스트로크 플레이는 2벌타.

제29조 스리섬과 포섬(Threesomes and Foursomes)

'스리섬'이란 1명의 플레이어가 다른 2명에 대항하여 각 사이드가 1개의 볼을 플레이하는 매치이다. '포섬'이란 2명이 2명에 대항하여 각 사이드가 1개의 볼을 플레이하는 매치이다.

1항 통칙(General)

스리섬 또는 포섬의 매치에서는 정규의 라운드 중 파트너들은 각 티잉 그라운드에서 교대로 플레이하며 또 각 홀에서의 플레이도 교대로 플레이하여야 한다. 벌타가 있을 때에도 플레이의 순서에는 영향을 미치지 않는다.

2항 매치 플레이(Match Play)

자기의 파트너의 타순일 때 플레이어가 플레이하면 그 사이드는 그 홀의 패.

3항 스트로크 플레이(Stroke Play)

파트너가 타순을 잘못하여 1타 또는 그 이상 플레이한 때는 그러한 스트로크는 취소되고 그 사이드는 2타의 벌이 부가되며 잘못된 타순으로 플레이를 시작한 가능한 한 가까운 지점에 되돌아가 볼을 플레이함으로써 그 잘못을 정정해야 한다(규칙 제20조 5항 참조).

사이드가 잘못을 정정하지 않고 다음 티잉 그라운드에서 스트로크하거나 또는 그 라운드의 최종 홀의 경우는 퍼팅 그린을 떠나기 전에 처음 잘못을 정정할 의사를 선언하지 않을 경우 그 사이드는 실격이 된다.

제30조 스리볼, 베스트볼 및 포볼의 매치 플레이 (Three Ball, Best-Ball and Four-Ball Match Play)]

- 스리볼

3명이 서로 대항하여 각자의 볼을 플레이하는 매치이다.

- 베스트볼

1명의 플레이어가 2명 또는 3명으로 된 사이드에 대항하여, 2명 이상의 사이드는 각자의 볼을 플레이하되 그 중 각 홀마다의 최소 스코어를 그 사이드의 스코어로 하는 매치이다.

- 포볼

2명이 2명에 대항하여 각 플레이어는 각자의 볼을 플레이하며 각 홀마다 그 사이드의 적은 스코어를 그 사이드의 스코어로 하는 매치이다.

1항 골프 규칙의 적용(Rules of Golf Apply)

다음의 특별 규칙에 저촉하지 않는 한, 골프 규칙은 스리볼, 베스트볼 및 포볼의 각 매치에도 적용된다.

2항 스리볼의 매치 플레이(Three Ball Match Play)

1) 정지하고 있는 볼을 상대방이 움직인 경우

규칙에서 따로 정한 경우를 제외하고 만일 플레이어의 볼이 수색 중 이외의 경우에 상대방, 그의 캐디 또는 그들의 휴대품에 의하여 움직여지거나 또는 접촉되었을 때에는 제18조 3항 2)를 적용한다. 그 상대방은 그 볼의 소유자와의 매치에서 1타의 벌이 부가된다. 그러나 다른 상대방과의 매치에서는 벌은 없다.

2) 우연히 상대방에 맞은 볼

플레이어의 볼이 우연히 상대방, 그의 캐디 또는 그들의 휴대품에 의하여 정지하거나 또는 방향이 변경되어도 벌은 없다.

플레이어는 그 상대방과의 매치에서 그 볼을 있는 상태 그대로 플레이하든가 어느 쪽 사이드든 다음 스트로크를 하기 전에 그 스트로크를 취소하고 벌 없이 원구를 앞서 플레이 하였던 지점에 되도록 가까운 곳에서 볼을 플레이 할 수 있다(제20조 5항 참조).

다른 상대방과의 매치에서는 볼은 있는 상태 그대로 플레이되어야 한다.

-예외 : 사람이 붙어 서 있는 깃대에 맞은 볼에 관하여는 제17조 3항 2) 참조 (상대방에 의하여 고의로 방향이 변경되거나 정지된 볼에 관하여는-제1조 2항 참조).

3항 베스트볼과 포볼의 매치 플레이
(Best-Ball and Four-Ball Match Play)

1) 사이드의 대표자

한 사이드는 1명의 파트너에 그 매치의 전부 또는 그 일부를 대표시킬 수 있으며 꼭 파트너 전원이 출장할 필요는 없다. 출장하지 않았던 파트너는 홀과 홀 사이에서 매치에 참가할 수 있지만 한 홀의 플레이 중에는 안 된다.

2) 클럽은 14개가 한도

어느 파트너든 제4조 4항을 위반한 때에는 그 사이드에게 벌이 부가된다.

3) 플레이의 순서

같은 사이드의 볼은 그 사이드의 임의의 타순으로 플레이할 수 있다.

4) 오 구

해저드 내인 경우를 제외하고 한 플레이어가 오구를 플레이한 때에는 그 플레이어만이 그 홀에서 실격된다. 그러나 그 플레이어의 파트너에 대해서는 비록 그 오구가 그 파트너의 볼일 경우에도 벌은 없다. 만일 그 오구가 다른 플레이어의 것이라면 그 볼의 소유주는 처음에 그 오구가 플레이 되었던 지점에 플레이스 하여야 한다.

5) 사이드의 경기실격

⑴ 파트너 중의 한 사람이 다음 각항에 위반한 때는 그 사이드는 경기 실격이 된다.

    제1조 3항-합의의 반칙

    제4조 1항, 2항 또는 3항 – 클럽

제5조 1항 또는 2항 – 볼
제6조 2항 – 핸디캡(높은 핸디캡으로 플레이한 때)
제6조 4항 – 캐디
제6조 7항 – 부당한 지연(거듭되는 반칙)
제14조 3항 – 인공의 장치 및 비정상 용구
(2) 파트너의 전원이 다음 각 항에 위반한 때는 그 사이드는 경기 실격이 된다.
제6조 3항 – 스타트 시간 및 조
제6조 8항 – 플레이의 중단

6) 기타 벌의 파트너에의 영향
한 플레이어의 규칙 위반이 자기 파트너의 플레이를 원조하는 경우 또는 한 상대방의 플레이에 영향을 미쳤을 때는 그 플레이어에 과하여지는 어떤 벌은 그 파트너에게도 병과된다. 기타 경우에는 플레이어에게 규칙 위반의 벌을 과하더라도 그 벌은 그 파트너에게 병과되지 않는다. 플레이어에 대한 벌이 그 홀의 패로 규정되어 있는 경우는 그 플레이어만을 그 홀에서의 실격으로 하여야 한다.

7) 다른 방식의 매치를 동시에 플레이하는 때
베스트볼 또는 포볼의 매치를 하면서 동시에 다른 방식의 매치를 하는 때에는 상기 특별 규칙을 적용하여야 한다.

제31조 포볼 스트로크 플레이(Four-Ball Stroke Play)

포볼 스트로크 플레이에서는 2명의 경기자가 파트너로서 플레이하며 각자의 볼로 플레이한다. 파트너 중의 적은 스코어가 그 홀의 스코어가 된다. 파트너의 1명이 한 홀의 플레이를 끝내지 않아도 벌은 없다.

1항 골프 규칙의 적용(Rules of Golf Apply)
다음의 특별 규칙에 저촉하지 않는 한 골프 규칙은 포볼 스트로크 플레이에도 적용한다.

2항 사이드의 대표자(Representation of Side)
한 사이드는 어느 파트너든 한 파트너가 정규의 라운드 전부 또는 일부를 대표할 수 있으며, 파트너 전원의 출장이 필요한 것은 아니다. 출장하지 않았던 경기자는 홀과 홀 사이에서 자기 파트너와 합류할 수 있지만 한 홀의 플레이 중에는 안 된다.

3항 클럽은 14개가 한도(Maximum of Fourteen Clubs)
어느 파트너든 제4조 4항을 위반한 때에는 그 사이드에게 벌이 부가된다.

4항 스코어의 기록(Scoring)
마커는 각 홀마다 그 파트너들의 스코어 중에서 채택이 되는 그로스 스코어만을 기록하면 된다. 채택하는 그로스 스코어는 개인별로 확인될 수 있어야 하며 그렇게 되지 않으면 그 사이드는 경기 실격이 된다. 파트너 중의 1명만이 제6조 6항 2)에 의한 책임을 지면 된다(스코어의 오기 – 제31조 7항 1) 참조).

5항 플레이의 순서(Order of Play)
같은 사이드의 볼은 그 사이드가 타순을 임의로 플레이할 수 있다.

6항 오구(Wrong Ball)
해저드 안인 경우를 제외하고 경기자가 오구를 한 번 또는 여러 번 스트로크한 때에는 2타의 벌을 부가하고 다시 정구를 플레이하여야 한다. 그 오구가 파트너의 볼이라 하여도 그 파트너에게는 벌이 없다. 만일 그 오구가 다른 플레이어의 것이라면 그 볼의 소유주는 그 오구가 처음 플레이되었던 지점에 플레이스하여야 한다.

7항 경기 실격(Disqualification Penalties)의 벌
1) 1명의 파트너에 의한 반칙
다음 각항에 대하여 어느 파트너가 위반하여도 그 사이드는 경기 실격이 된다.
제1조 3항 – 합의의 반칙
제3조 4항 – 규칙 이행의 거부
제4조 1항, 2항 또는 3항 – 클럽
제5조 1항 또는 2항 – 볼
제6조 2항 2) – 핸디캡(높은 핸디캡으로 플레이 ; 핸디캡의 불기입)
제6조 4항 – 캐디
제6조 6항 2) – 스코어의 서명 및 제출
제6조 6항 4) – 홀의 스코어의 오기

즉 파트너가 실제보다 낮게 스코어를 기록했을 경우이다. 만일 그 파트너의 기록된 스코어가 실제보다 높게 기록되었을 경우는 그대로 채택한다.

제6조 7항 – 부당한 지연(거듭되는 반칙)
제7조 1항 – 라운드 전 또는 라운드 간의 연습
제14조 3항 – 인공의 장치 및 비정상 용구
제31조 4항 – 개인별로 확인할 수 없는 그로스 스코어의 기록

2) 파트너 전원의 반칙
다음 각항에 대하여 파트너 전원이 위반한 때는 그 사이드는 경기 실격이 된다.
(1) 제6조 3항 – 스타트 시간과 조 혹은 제6조 8항 – 플레이의 중단
(2) 각 파트너가 동일 홀에서 그 경기에 실격 또는 1홀의 실격이 되는 규칙을 위반한 때.

3) 그 홀만의 실격
반칙이 경기 실격인 경우에도 상기 경우를 제외하고 경기자는 반칙한 그 홀에서만 실격된다.

8항 기타 벌의 파트너에의 영향(Effect of Other Penalties)

1명의 경기자의 규칙 위반이 자기 파트너의 플레이를 원조한 때에는 그 파트너에게도 경기자에게 부가한 벌과 동일한 벌이 병과된다.
기타의 경우는 1명의 경기자의 규칙 위반에 대한 벌을 그 파트너에게 적용해서는 안 된다.

제32조 보기, 파와 스테이블포드 경기
(Bogey, Par and Stableford Competitions)]

1항 조건(Conditions)

보기, 파 및 스테이블포드 경기는 스트로크 경기방식이며 각 홀에 정해져 있는 스코어를 기준으로 하여 플레이한다.
본 특별 규칙에 저촉되지 않는 한 스트로크 플레이의 규칙이 적용된다.

1) 보기와 파 경기
보기와 파 경기의 승패를 계산하는 방법은 매치 플레이와 같다. 경기자가 스코어를 제출하지 않은 홀은 패가 된다. 각 홀을 종합하여 최고의 성적을 낸 경기자가 승자이다. 마커는 경기자의 각 홀의 네트 스코어가 정해진 스코어

보다 동일하든가 또는 적은 경우에 한하여 그로스 스코어를 기록할 책임이 있다.

-주1 : 클럽은 14개가 한도 – 벌은 매치 플레이와 같다. 제4조 4항 참조.

-주2 : 부당한 지연 : 지연 플레이(규칙 제6조 7항) – 경기자의 스코어는 총 결과에서 1홀을 감하여 조정한다.

2) 스테이블포드 경기

스테이블포드 경기의 승패를 계산하는 방식은 각 홀에 미리 정해진 스코어에 대하여 다음과 같이 채점한다.

플레이한 홀에서	점수
정해진 스코어보다 2스트로크 이상 많거나 제출없을 때	0점
정해진 스코어보다 1스트로크 많은 때	1점
정해진 스코어와 같은 때	2점
정해진 스코어보다 1스트로크 적은 때	3점
정해진 스코어보다 2스트로크 적은 때	4점
정해진 스코어보다 3스트로크 적은 때	5점
정해진 스코어보다 4스트로크 적은 때	6점

최고의 점수를 얻은 경기자가 승자가 된다. 마커는 경기자의 네트 스코어가 1점 이상의 득점이 된 각 홀의 그로스 스코어만을 기입할 책임이 있다.

-주1 : 클럽은 14개가 한도(제4조 4항).

-주2 : 부당한 지연 ; 지연 플레이(규칙 제6조 7항)-경기자의 스코어는 그 라운드의 총 스코어에 의한 점수에서 2점을 감점하여 조정한다.

제 벌칙은 아래와 같이 적용한다.

한 라운드의 총 득점수에서 반칙을 한 각 홀마다 2점을 감하되 1라운드에 대하여 최고 4점을 감점 한도로 한다.

2항 경기 실격의 벌(Disqualification Penalties)

1) 경기의 실격

경기자가 다음 각항에 위반하면 경기 실격이 된다.

제1조 3항 – 합의의 반칙

제3조 4항 – 규칙 이행의 거부

제4조 1항, 2항 또는 3항 – 클럽
제5조 1항 또는 2항 – 볼
제6조 2항 2) – 핸디캡(높은 핸디캡으로 플레이 ; 핸디캡의 불기입)
제6조 3항 – 스타트시간과 조
제6조 4항 – 캐디
제6조 6항 2) – 스코어의 서명 및 제출
제6조 6항 4) – 홀 스코어의 오기
단, 본 규칙의 위반이 그 홀의 결과에 영향을 미치지 않을 때는 벌이 부가되지 않는다.
제6조 7항 – 부당한 지연(거듭되는 반칙)
제6조 8항 – 플레이의 중단
제7조 1항 – 라운드 전 또는 라운드 간의 연습
제14조 3항 – 인공의 장치 및 비정상 용구

2) 한 홀만의 실격
반칙이 경기 실격인 경우에도 상기 경우를 제외하고 그 경기자는 반칙한 그 홀에서만 실격이 된다.

제33조 위원회(The Committee)

1항 경기 조건 ; 규칙적용의 배제(Conditions ; Waiving Rule)

위원회는 경기에 관한 제조건을 제정하여야 한다. 위원회는 골프 규칙을 배제할 권리를 갖지 않는다. 스트로크 플레이에 관한 규칙 중에는 매치 플레이의 규칙과는 본질적으로 다른 것이 있으므로 양자를 혼합한 플레이는 실행할 수 없고 인정되어서도 안 된다. 그러한 조건하에서 플레이된 경기의 결과 또는 스코어는 수리되어서는 안 된다.

스트로크 플레이에 있어서 위원회는 심판원의 임무를 제한할 수 있다.

2항 코스(The Course)

1) 경계와 한계의 명시
위원회는 다음의 것에 대한 경계와 한계를 분명하게 표시하여야 한다.
(1) 코스 및 아웃 오브 바운드
(2) 워터 해저드와 래터럴 워터 해저드의 한계

(3) 수리지
(4) 장해물 및 코스와 불가분의 부분

2) 새로운 홀
새로운 홀은 스트로크 경기가 시작되는 날 또는 위원회가 필요하다고 인정한 때에 설치되어야 한다. 단, 한 라운드에서 모든 경기자는 동일한 위치에 파여 있는 각 홀을 플레이할 수 있도록 하여야 한다.
−예외 : 손상된 홀을 정의에 적합하게 수리할 수 없을 때에는 위원회는 그 홀 부근의 유사한 위치에 새로운 홀을 설치할 수 있다.
−주 : 한 라운드가 하루 이상 걸리게 될 때 위원회는 각 경기 일자별로 다른 홀과 티잉 그라운드를 준비할 수 있다고 경기 조건상에 정할 수 있다. 다만 이때 어느 날에나 모든 경기자가 동일한 위치에 있는 각 홀과 티잉 그라운드에서 플레이할 수 있도록 하여야 한다.

3) 연습장
위원회는 경기가 열리는 코스 구역 외에 연습장이 없을 때에는 플레이어들이 경기일 중 언제라도 연습을 할 수 있는 구역을 가능한 한 설치하여야 한다. 스트로크 경기일 중에는 경기가 있을 코스의 퍼팅 그린 위나 그 그린을 목표로 한 연습 혹은 해저드 내에서의 연습은 통상 허가하지 말아야 한다.

4) 플레이가 불가능한 코스
위원회 또는 그 대행자는 어떤 사정에 의하여 코스가 플레이를 할 수 없는 상태 또는 정상적인 게임이 불가능한 상황이라고 판단한 때에는 매치 플레이든 스트로크 플레이든 경기를 일시 중단하도록 명령하거나 또는 스트로크 플레이에서는 문제된 그 라운드의 플레이를 무효로 선언하고 스코어 전부를 취소할 수 있다. 플레이가 일시중지되었을 경우 후일의 속개일지라도 중단한 곳에서 속개되어야 한다. 한 라운드의 경기가 취소된 때는 그 라운드 중에 받은 모든 벌도 취소된다.
(플레이의 중단의 처리에 관하여는 제6조 8항 참조)

3항 스타트 시간과 조(Times of Starting and Groups)
위원회는 경기 참가자의 스타트 시간을 정하고 스트로크 플레이에서는 경기자가 함께 플레이 할 조를 편성하여야 한다. 매치 플레이의 경기가 장기간에 걸쳐서 플레이 될 때에는 위원회는 각 라운드를 끝마쳐야 할 시한을 정하여야 한다.
플레이어들이 위의 시한 내에서 매치 플레이 할 일시를 선택할 수 있도록 허용된 경우 위원회는 플레이어들이 최종일 하루 전까지 플레이할 것에 합의하지 않는 한 그 기간의 최종일의 지정시간에 그 매치를 플레이하여야 한다는 것을 고지하여야 한다.

4항 핸디캡 스트로크 일람표(Handicap Stroke Table)
위원회는 핸디캡 스트로크를 주고 받을 홀의 순서를 명시하는 일람표를 공표하여야 한다.

5항 스코어 카드(Score Card)
위원회는 스트로크 플레이의 경우 각 경기자에게 일자와 경기자의 성명, 혹은 포섬 또는 포볼 스트로크 플레이의 경우 경기자 전원의 성명이 기재된 스코어 카드를 발급하여야 한다.

스트로크 플레이에서 각 홀의 스코어의 합계와 카드에 기입된 핸디캡의 적용은 위원회의 책임사항이다. 포볼 스트로크 플레이에서 위원회는 각 홀의 베터볼 스코어를 기록하여 스코어 카드에 기입되어 있는 핸디캡을 적용, 가산하는 등의 책임을 진다.

보기, 파 및 스테이블포드 경기에서 위원회는 스코어 카드에 기입되어 있는 핸디캡을 적용, 각 홀 마다의 승패 및 종합득점 등의 산출에 관한 책임을 진다.

6항 타이의 결정(Decision of Ties)
위원회는 핸디캡 적용의 경기인가 아닌가에 상관없이 동점이 된 매치 플레이 또는 타이가 된 스트로크 경기의 우승자를 결정하는 방법과 일시를 고지하여야 한다. 동점이 된 매치 플레이를 스트로크 플레이로 또는 타이가 된 스트로크 플레이를 매치 플레이로 결정지어서는 안 된다.

7항 경기 실격의 벌 ; 위원회의 재량권
(Disqualification Penalty ; Committee Discretion)
위원회는 예외적인 개별적 사정에 따라 조치가 정당하다고 인정될 때 경기 실격의 벌을 면제 또는 수정 또는 과할 수 있다. 경기 실격보다 가벼운 벌은 면제되거나 수정되어서는 안 된다.

8항 로컬 룰(Local Rule)
1) 제정의 방침

위원회는 비정상적인 코스 상태에 대하여 본 규칙의 부칙 I 에 기재된 대한 골프협회의 방침에 부합되는 한에서 로컬 룰을 제정, 공표할 수 있다.

2) 규칙의 배제 또는 수정

골프 규칙은 로컬 룰에 의해 배제 되어서는 안 된다. 그러나 위원회가 어떤 코스의 비정상적인 상태가 적정한 골프 경기를 방해하여 골프 규칙을 수정한 로컬 룰을 제정하는 것이 필요할 정도라고 생각한 경우, 그 로컬 룰은 R&A의 승인을 받아야 한다.

제34조 분쟁과 재정(Disputes and Decisions)

1항 클레임과 벌(Claims and Penalties)

1) 매치 플레이

매치 플레이에서 제2조 5항에 의하여 위원회에 클레임이 제출되었을 때에는 필요한 경우 그 매치 상황이 조정될 수 있도록 가능한 한 빨리 재정을 해주어야 한다.

클레임이 제2조 5항에 규정되어 있는 시한 내에 제출되지 않았을 경우에는 그 클레임은 플레이어가 클레임을 제기할 수 있는 사실을 사전에 몰랐을 때, 또는 상대방이 오보(제6조 2항 1) 및 제9조)를 제공한 경우가 아니면 수리되어서는 안 된다. 어떠한 경우에도 상대방이 고의로 오보하였다는 것을 위원회가 인정하는 경우 이외에는, 매치 결과가 공식으로 발표된 후에 제출된 클레임은 수리하여서는 안 된다.

규칙 제1조 3항의 위반에 따른 실격의 벌을 적용하는 데는 시한이 없다.

2) 스트로크 플레이

하기의 경우를 제외하고, 스트로크 플레이에서는 경기가 끝난 후 벌이 취소되거나, 변경되거나 부가될 수 없다. 경기는 그 결과가 공식으로 발표되었을 때 또는 매치 경기를 위한 스트로크 경기 예선에 있어서는 그 플레이어가 그의 첫 매치 경기의 티 오프를 했을 때 종료된 것으로 간주된다.

-예외 : 실격의 벌은 다음과 같은 경우 경기 종료 후에도 부가되어야 한다.

⑴ 경기자가 규칙 제1조 3항(합의의 반칙)을 위반했을 때

⑵ 경기 종료 전에 플레이어가 자신의 핸디캡보다 높은 수치를 카드에 적어내어 그 결과로 플레이어에게 주어지는 핸디캡 스트로크 타수에 영향을 받은 경우(규칙 제6조 2항 2))

(3) 경기 종료 전에 어느 홀에서든지 자신이 반칙한 사실을 모르고 벌을 부가하지 않은 경우를 제외하고 어떤 이유에서든지 어느 홀에서나 실제의 스코어보다 낮은 스코어가 기록된 카드를 제출한 때(규칙 6조 6항 4))
(4) 경기 종료 전에, 벌칙이 실격으로 규정된 어떤 규칙이라도 자신이 위반한 사실을 알았을 때

2항 심판원의 재정(Referee's Decision)
위원회가 임명한 심판원의 재정은 최종적인 것이다.

3항 위원회의 재정(Committee's Decision)
심판원이 부재중일 때에는 플레이어는 어떠한 분쟁이나 규칙에 관한 의문점도 위원회에 조회해야 하고 그 재정은 최종적인 것이다. 위원회가 재정할 수 없을 때에는 R&A의 골프규칙위원회에 그 분쟁 또는 의문점의 재정을 청구하여야 한다. 이 경우 골프규칙위원회의 재정은 최종적인 것이다.
만일 분쟁 또는 의문점이 규칙위원회에 문의되어 있지 않을 때에는 그 플레이어는 클럽의 대표자가 동의한 진정서로서 그에 대한 재정의 정당성 여부에 대한 R&A 골프규칙위원회의 견해를 문의할 권리가 있다. 이 회답은 당해 클럽의 대표자에게 송달한다.
만일 플레이가 본 규칙에 의하여 행해진 것이 아닐 경우 골프규칙위원회는 어떠한 문제에 대하여서도 재정을 하지 않는다.
–주 : 의문점은 첫 단계로서 우선 대한골프협회에 직접 제출되어야 하며, 협회가 의문이 있는 경우에만 R&A에 문의하기를 권장한다.

규칙 제33조 8항에서 "위원회는 비정상적인 코스 상태에 대하여 본 규칙의 부칙Ⅰ에 기재된 대한골프협회의 방침에 부합되는 한 로컬 룰을 제정하여 공표할 수 있다." "본 규칙에 의하여 과하여지는 벌을 로컬 룰로 배제하여서는 안 된다."라고 규정하고 있다. 그러한 비정상적인 상태는 하기의 상황들을 포함한다. 그 외의 로컬 룰의 허용과 불용에 관한 자세한 자료는 규칙 제33조 8항에 의거, "골프 규칙 판례집"에 나와 있다. 만일 지역조건이, 올바른 골프 경기를 저해하고 골프 규칙을 수정해야 할 필요가 있는 것으로 생각되면 대한골프협회의 승인을 받아야 한다.

제4장
부칙 I

제1조 로컬 룰

1항 경계 또는 구역 한계의 표시

아웃 오브 바운드, 해저드, 워터 해저드, 래터럴 워터 해저드, 수리지, 장해물 및 코스와 불가분의 부분을 한정하기 위한 구체적인 방법을 명시한다(규칙 제33조 2 1)).

2항 워터 해저드

- 래터럴 워터 해저드

래터럴 워터 해저드가 될 수도 있는 워터 해저드의 취급을 명확히 한다(규칙 제26조).

- 잠정구

원구가 발견되지 않고, 워터 해저드 안에서 분실된 합리적인 증거가 있으나, 그 해저드 안에 볼이 있는지의 여부를 결정할 수 없고 또 그렇게 하는 것은 플레이를 부당하게 지연시키게 되는 상황에서는 워터 해저드에 들어갔을 염려가 있는 볼에 대해서 잠정구의 플레이를 허용한다.

그 볼은 규칙 제26조 제1항 혹은 적용할 수 있는 로컬 룰에 따른 가능한 선택사항에 의하여 잠정적으로 플레이되어야 한다. 이때 잠정구를 플레이했는데 원구가 워터 해저드 안에 있는 경우, 플레이어는 원구에 관해서는 규칙 제26조

1항에 의하여 처리해서는 안 된다.

3항 보호가 필요한 코스 지역 : 환경 상 취약지역

잔디 육성지, 어린 나무의 식수지 및 기타 코스안의 재배지를 포함하여 이 지역을 플레이가 금지된 수리지로 정함으로써 코스의 보호에 협조한다.
위원회는 코스 내에 있거나, 코스에 인접해 있는 환경 상 취약지역에서 플레이를 금지시킬 필요가 있을 때 구제 절차에 명시한 로컬 룰을 제정하여야 한다.

4항 일시적인 조건 – 진흙, 극도의 습기, 불량한 상태 및 코스의 보호

1) 지면에 박힌 볼의 집어 올리기와 닦기
진흙과 극도의 습기를 포함하여 스루 더 그린의 모든 곳에서 지면에 박힌 볼을 집어 올리도록 하고, 스루 더 그린의 모든 곳에서 또는 스루 더 그린의 잔디를 짧게 깎은 지역 위에서 볼을 집어 올리고, 닦고, 리플레이스 하도록 허용하는 일시적인 조건들은 정당한 경기를 해치는지도 모른다.

2) 프리퍼드 라이와 윈터 룰
코스의 불량한 상태나 진흙 등이 깔려 있는 것을 포함한 악조건은 특히 겨울철에 수시로 나타나기 때문에 위원회는 코스를 보호하며, 공정하고 유쾌한 플레이를 위하여 임시 로컬 룰에 의한 구제를 인정하도록 결정할 수 있다. 그러나 그와 같은 로컬 룰은 상대가 개선되면 곧 철회되어야 한다.

5항 장애물

1) 통칙
장해물이 될 수 있는 물체에 대하여 그 취급을 명확히 해둔다(규칙 제24조). 모든 구축물은 코스와 불가분의 부분이며, 따라서 장애물이 아니라고 선언한다. 예를 들면 티잉 그라운드, 퍼팅 그린, 벙커 등에 구축된 측면 등이다 (규칙 제24조 및 제33조 2항 1)).

2) 벙커 안에 있는 돌
벙커 안에 있는 돌을 움직일 수 있는 장애물로 선언함으로써 그 돌의 제거를 허용한다(규칙 제24조 1항).

3) 도로와 통로
(1) 도로와 통로의 인공 표면과 측면을 코스와 불가분의 부분으로 선언한다. 혹은,
(2) 인공 표면과 측면을 가지고 있지 않은 도로와 통로가 부당하게 플레이에

영향을 미칠 수 있는 경우 이 도로와 통로로부터, 규칙 제24조 2항 2)에 의하여 받을 수 있는 구제의 형태를 규정한다.

4) 고정된 스프링클러 헤드

볼이 스프링클러 헤드에서 2클럽 길이 이내에 있을 경우로 그린에서 2클럽 길이 이내에 있는 고정된 스프링클러 헤드에 의한 방해로부터의 구제를 규정한다.

5) 어린나무의 보호

어린 나무의 보호를 위하여 구제 조치를 규정한다.

6) 임시 장애물

임시 장애물(예를 들어 관람석, TV케이블 및 그 장비 등)에 의한 방해로부터 구제 조치를 규정한다.

6항 드롭 지역(볼 드롭 지역)

규칙 제24조 2항 2) 혹은 2항 3)(움직일 수 없는 장애물), 규칙 제25조 1항 3)(비정상적인 코스의 상태), 규칙 제25조 3항(목적 외의 퍼팅 그린), 규칙 제26조 1항(워터 해저드와 래터럴 워터 해저드) 또는 규칙 제28조(언플레이어블의 볼)에 따라 정확히 처리할 수 없거나 실행 불가능한 경우 볼을 드롭할 수 있거나 드롭해야 할 특정 지역을 설정한다.

제2조 로컬 룰의 실례(Specimen Local Rules)

본 부칙 제1조에서 설명된 방침 안에서 위원회는 아래에 제시한 예문들을 참조하여 로컬 룰의 실례를 채택하고, 이를 스코어 카드에 나타내거나, 게시판에 게시할 수 있다. 그러나 로컬 룰 실례의 3항 1), 2), 3), 6항 1), 2)는 모두 제한된 기간에 적용되기 때문에 스코어 카드 상에 인쇄되거나 나타내서는 안 된다.

1항 보호가 필요한 코스지역 ; 환경 상 취약 지역

1) 수리지 : 플레이 금지

위원회가 코스의 어느 지역을 보호하고자 할 경우 그 지역을 수리지로 선언하여야 하고, 그 지역 안에서 플레이를 금지시켜야 한다. 다음과 같은 로컬 룰을 권장한다.

"_____으로 표시된 _____은 플레이가 금지된 수리지이다. 플레이어의 볼이 그 지역 안에 있는 경우 그 지역이 플레이어의 스탠스나 의도하는 스윙 구역을 방해할 경우 플레이어는 규칙 제25조 1항에 의하여 구제를 받아야 한다.
본 로컬 룰의 위반에 대한 벌은,
매치 플레이 – 그 홀의 패.
스트로크플레이 – 2벌타.

2) 환경 상 취약 지역

관계당국(예를 들어 정부기관이나 이와 유사한 기관)이 환경 상의 이유로 그 지역에 들어가는 것과(들어가거나) 그 곳이나 코스에 인접한 곳에서 플레이하는 것을 금지할 경우 위원회는 그 구제 절차를 명확히 하는 로컬 룰을 제정하여야 한다. 위원회는 그 지역을 수리지나 워터 해저드 혹은 아웃 오브 바운드로 정할 수 있는 재량권을 갖는다. 그러나 그 곳이 "워터 해저드"의 정의에 부합되지 않는데 그 지역을 간단히 워터 해저드로 정해서는 안 되며, 그 홀의 특성을 유지하도록 노력하여야 한다.
다음과 같은 로컬 룰을 권장한다.

(1) 정 의
환경 상 취약 지역이란 환경 상의 이유로 그 곳에 들어가는 것과(들어가거나) 그 곳에서 플레이하는 것이 금지되어 있으며, 관계당국에서 그와 같이 선언한 지역을 말한다. 그와 같은 지역은 위원회의 재량으로 수리지나, 워터 해저드나, 래터럴 워터 해저드 혹은 OB로 정할 수 있다. 다만 어떤 환경 상 취약 지역이 워터 해저드나 래터럴 워터 해저드로 정해져 있는 경우에는 정의상으로도 그 지역이 워터 해저드에 해당되어야 한다.

(2) 환경 상 취약 지역 안에 있는 볼

① 수리지
볼이 수리지로 정해진 환경 상의 취약 지역 안에 있는 경우, 그 볼은 규칙 제25조 1항 2)에 따라서 드롭 하여야 한다. 볼이 수리지로 정해진 환경 상 취약 지역 안에서 분실되었다는 합리적인 증거가 있는 경우 플레이어는 규칙 제25조 1항 3)에 규정된 바에 따라 벌 없이 구제를 받을 수 있다.

② 워터 해저드와 래터럴 워터 해저드
볼이 워터 해저드나 래터럴 워터 해저드로 정해진 환경 상 취약 지역 안에서 분실되었다는 합리적인 증거가 있는 경우 플레이어는 1벌타를 받고, 규칙 제26조 1항에 의하여 처리하여야 한다.
－주 : 규칙 제26조에 따라서 드롭한 볼이 환경 상 취약지역으로 인하여 플레

이어의 스탠스나 의도하는 스윙 구역에 방해가 되는 위치로 굴러 들어간 경우 플레이어는 본 로컬 룰의 (3)에 규정된 바에 따른 구제를 받아야 한다.

③ 아웃 오브 바운드

볼이 OB로 정해진 환경 상 취약 지역 안에 있는 경우 플레이어는 원구를 최후로 플레이한 지점(규칙 제20조 5항)에 될수록 가까운 곳에서 1벌타를 받고 볼을 플레이하여야 한다.

(3) 스탠스나 의도하는 스윙 구역에 방해가 되는 경우

환경 상 취약 지역이 플레이어의 스탠스나 의도하는 스윙 구역에 방해가 되는 경우에는 이러한 상태에 의한 방해가 생긴 것으로 한다. 방해가 있는 경우 플레이어는 다음과 같이 구제를 받아야 한다.

① 스루 더 그린

볼이 스루 더 그린에 있을 때에는 ㉠ 홀에 더 가깝지 않고 ㉡ 그 상태에 의한 방해를 피하고 ㉢ 해저드 안 혹은 그린 위가 아닌 곳으로, 볼이 정지하고 있는 곳에서 가장 가까운 코스 상의 지점을 결정하여야 한다. 플레이어는 그 볼을 집어 올려서 그와 같이 결정한 위의 지점으로부터 1클럽 길이 이내로 위의 ㉠, ㉡ 및 ㉢의 요건을 충족시킬 수 있는 곳에 벌 없이 드롭 하여야 한다.

② 해저드 안

볼이 해저드 안에 있는 경우 플레이어는 그 볼을 집어 올려서 다음의 한 지점에 드롭하여야 한다.

㉠ 벌 없이, 그 해저드 안에, 볼이 있었던 지점에 될수록 가까우나, 홀에 더 가깝지 않으며, 그 상태에서 완전히 구제를 받을 수 있는 코스 상 일부의 한 지점 혹은

㉡ 1벌타를 받고, 그 해저드 밖에 홀과 볼을 연결한 직후방의 지점이며 그 거리에는 제한이 없다. 이에 부가하여 플레이어는 적용할 수 있으면 규칙 제26조 혹은 제28조에 의하여 처리할 수 있다.

③ 그린 위

볼이 그린 위에 있는 경우 플레이어는 벌 없이 그 볼을 집어 올려서 그 상태에서 완전한 구제를 받을 수 있으며, 홀에 더 가깝지 않고 또 해저드 안이 아닌 곳으로 볼이 정지해 있었던 곳에서 가장 가까운 위치에 플레이스 하여야 한다. 본 로컬 룰의 (3)에 의하여 집어 올린 볼은 닦을 수 있다.

-예외 : 플레이어는 다음의 경우에 본 로컬 룰의 (3)에 의한 구제를 받을 수 없다.

㉠ 본 로컬 룰에 기재된 상태 이외의 다른 것에 의한 방해 때문에 그가 스트

로크 하기에 분명히 무리한 경우, 또는

ⓒ 이러한 상태에 의한 방해가 다만 불필요하게 비정상적인 스탠스, 스윙 혹은 플레이 방향을 취할 때에만 생기는 경우

본 로컬 룰의 위반에 대한 벌은,

매치 플레이는 그 홀의 패.

스트로크 플레이는 2벌타.

-주 : 본 로컬 룰의 중대한 위반의 경우에 위원회는 경기 실격의 벌을 과할 수 있다.

2항 어린 나무의 보호

어린 나무에 대한 손상을 방지하고자 할 경우 다음과 같은 로컬 룰을 권장한다. "___로 표시된 어린 나무의 보호."

그러한 나무가 플레이어의 스탠스나 의도하는 스윙 구역을 방해할 경우 벌 없이 볼을 집어 올려서 규칙 제24조 2항 2)(움직일 수 없는 장애물)에 규정된 처리 절차를 따라 드롭하여야 한다. 볼이 워터 해저드 안에 있는 경우 플레이어는 규칙 제24조 2항 2) (1)에 따라서 볼을 집어 올려 드롭 하여야 한다. 다만 이때에 가장 가까운 구제 지점은 워터 해저드 안에 있어야 하며, 볼은 반드시 워터 해저드 안에 드롭 하여야 한다. 혹은 규칙 제26조에 의하여 처리할 수도 있다. 이 때 집어 올린 볼은 닦을 수 있다.

-예외 : 플레이어는 다음의 경우 본 로컬 룰에 의한 구제를 받을 수 없다. ① 나무가 아닌 다른 것에 의한 방해 때문에 스트로크 하기에 분명히 무리한 경우 ② 이러한 나무에 의한 방해가 다만 불필요한 비정상적인 스탠스, 스윙 혹은 플레이 방향을 취할 때에만 생기는 경우.

본 로컬 룰의 위반에 대한 벌은,

매치 플레이는 그 홀의 패.

스트로크 플레이는 2벌타.

3항 일시적인 조건 - 진흙, 극도의 습기, 불량한 상태 및 코스의 보호

1) 지면에 박힌 볼에 대한 구제 : 볼을 닦기

규칙 제25조 2항은 스루 더 그린의 잔디를 짧게 깎은 지역에서 볼 자체의 피치 마크 안에 박힌 볼에 대하여 벌 없이 구제 받는 것을 규정하고 있다. 그린 위에서는 볼을 집어 올릴 수 있으며, 볼의 충격으로 입은 손상은 수리할 수 있다(규칙 제16조 1항 2) 및 3)). 스루 더 그린에서 지면에 박힌 볼에 대하여

그 구제를 허용할 경우 다음과 같은 로컬 룰을 권장한다.

"스루 더 그린에서 모래 이외의 지면에 볼 자체가 만든 피치 마크 안에 박힌 볼은 벌 없이 집어 올려서 닦을 수 있으며, 볼이 있었던 지점에 될수록 가까우나 홀에 더 가깝지 않은 곳에 드롭할 수 있다. 드롭할 때 볼은 스루 더 그린에 있는 코스의 일부에 먼저 떨어져야 한다.

-예외 : 플레이어는 본 로컬 룰에 기재된 상태 이외의 다른 것에 의한 방해 때문에 스트로크하기에 분명히 무리한 경우 본 로컬 룰에 의한 구제를 받을 수 없다.

본 로컬 룰의 위반에 대한 벌은,

매치 플레이는 그 홀의 패.

스트로크 플레이는 2벌타.

그렇지 않으면 그 대안으로 볼을 집어 올려 닦고, 리플레이스 하도록 허용하는 조건이면 충분할 수도 있다. 이러한 상황에서는 다음과 같은 로컬 룰을 권장한다.

"(지역을 명시)에서 벌 없이 볼을 집어 올려 닦고, 리플레이스 할 수 있다."

-주 : 본 로컬 룰에 의해 볼을 집어 올릴 때는 볼의 위치를 반드시 마크하여야 한다(규칙 제20조 1항 참조).

본 로컬 룰의 위반에 대한 벌은,

매치 플레이는 그 홀의 패.

스트로크 플레이는 2벌타.

2) "프리퍼드 라이"와 "윈터 룰"

R&A는 "프리퍼드 라이"나 "윈터 룰"을 보증하지 않으며, 한결같이 골프 규칙을 준수하도록 권장한다. 수리지는 규칙 제25조에 규정되어 있으며, 공정한 플레이를 방해할 수도 있으나, 광범위하게 있는 것이 아니고 수시로 발생하는 지역적으로 비정상적인 상태는 수리지로 정해져야 한다. 그러나 악조건들이 코스에서 전반적으로 나타나기 때문에 위원회는 "프리퍼드 라이"나 "윈터 룰"이 공정한 플레이를 향상시키고, 코스 보호에 도움이 된다고 생각하게 된다. 폭설, 봄철의 해빙, 장마 또는 혹서가 페어웨이를 불만족스럽게 만들고 때로는 대형 잔디 깎는 장비 사용을 방해할 수 있다.

위원회가 "프리퍼드 라이"나 "윈터 룰"을 채택했을 경우 "윈터 룰"에 대한 규칙이 설정되어 있는 것이 없기 때문에 위원회는 이를 자세히 제시하고, 해석하여야 한다. 상세한 로컬 룰 없이 다만 "오늘은 윈터 룰"이라고 게시문을 부착하는 것은 의미가 없는 일이다.

다음과 같은 로컬 룰은 문제가 된 상황에 적절한 것 같다. 그러나 R&A는 이에 대한 해석을 하지 않는다.

"스루 더 그린의 잔디를 짧게 깎은 지역에 있는 볼은 벌 없이 움직일 수 있거나, 집어 올려서 닦을 수 있으며, 그 볼이 최초에 놓여 있었던 곳에서(지역을 명시, 예를 들어 6인치, 1클럽 길이, 기타) 이내에 플레이스 할 수 있으나 홀에 더 가깝지 않으며, 해저드 안이나 퍼팅 그린 위가 아닌 곳이어야 한다. 플레이어는 그의 볼을 한번 움직이거나 플레이스 하고 나면 그 후에 그 볼은 인플레이의 볼이다."

본 로컬 룰의 위반에 대한 벌은,

매치 플레이는 그 홀의 패.

스트로크 플레이는 2벌타.

위원회는 "프리퍼드 라이" 혹은 "윈터 룰"을 허용하는 로컬 룰을 채택하기 전에 다음과 같은 사실을 고려하여야 한다.

(1) 그러한 로컬 룰이 골프 규칙과 볼 있는 그대로의 상태로 플레이하라는 기본 원칙에 상충된다.

(2) "윈터 룰"은 어떤 경우 사실은 실제 효과가 정반대인데, 코스 보호를 가장하여 채택된다. 즉 그들은 상태가 아주 좋은 잔디 쪽으로 볼을 움직이도록 허용하여 그 곳에 디보트(divot)를 만들어 코스에 더 손상을 주게 된다.

(3) "프리퍼드 라이"나 "윈터 룰"은 일반적으로 스코어와 핸디캡을 낮추는 경향이 있다. 그러므로 골프 규칙에 의하여 작성된 핸디캡에 대한 스코어를 가진 플레이어와 가진 경기에서는 플레이어를 벌주게 되는 결과가 된다.

(4) "프리퍼드 라이"나 "윈터 룰"을 연장해서 사용하거나, 무분별하게 사용하는 것은 볼은 반드시 있는 그대로의 상태에서 플레이하도록 되어 있는 코스에서 경쟁할 때에 불리하게 된다.

3) 에어레이션을 할 때 생긴 구멍

코스에서 에어레이션을 한 경우, 에어레이션을 할 때 생긴 구멍으로부터 벌 없이 구제 받는 것을 허용하는 로컬 룰이 승인될 수 있다. 다음과 같은 로컬 룰을 권장한다.

"스루 더 그린에서 볼이 에어레이션을 할 때 생긴 구멍 속이나 위에 정지할 경우 그 볼은 벌 없이 집어 올려 닦을 수 있으며, 볼이 있었던 곳에 될수록 가까운 지점에 볼을 드롭하여야 하나 그 지점은 홀에 더 가깝지 않아야 한다. 드롭 했을 때 스루 더 그린의 코스 상의 일부에 먼저 떨어져야 한다. 그린 위에서 플레이어는 그러한 상황을 피하여 홀에 더 가깝지 않은 가장 가까운 지점에 플레이스 하여야 한다.
본 로컬 룰의 위반에 대한 벌은,
매치 플레이는 그 홀의 패.
스트로크 플레이는 2벌타.

4항 벙커 안의 돌

용어의 정의에 의하면 돌은 루스 임페디먼트이며, 플레이어의 볼이 해저드 안에 있는 경우 해저드 안에 있거나 해저드에 접촉하고 있는 돌은 접촉하거나 움직여서는 안 된다(규칙 제13조 4항). 그러나 벙커 안에 있는 돌은 플레이어에게 위험이 될 수 있으며(플레이어가 볼을 플레이하기 위하여 클럽으로 돌을 칠 때 다칠 수 있다) 정당한 경기를 방해할 수도 있다.
"벙커 안에 있는 돌은 움직일 수 있는 장애물이다(규칙 제24조 1항 적용)."

5항 고정된 스프링클러 헤드

규칙 제24조 2항은 움직일 수 없는 장애물에 의한 방해로부터 벌 없이 구제 받는 것을 규정하고 있다.
그러나 그린 위를 제외하고 플레이 선상에 개재(介在)하는 것 그 자체는 본 규칙에서 취급하는 방해가 아니라는 것도 역시 규정하고 있다. 그러나 어떤 코스에서는 그린의 에이프런에 있는 잔디를 너무 짧게 깎아 놓았기 때문에 플레이어들이 그린 밖에서 퍼팅하기를 원할 수도 있다. 이러한 상황에서는 에이프런에 있는 고정된 스프링클러 헤드는 정당한 경기를 방해할 수 있으며, 고정된 스프링클러 헤드에 의한 개재로부터 벌 없이 추가적으로 구제 받는 것을 규정한 다음과 같은 로컬 룰의 도입은 승인 될 수 있을 것이다.
"모든 고정된 스프링클러 헤드는 움직일 수 없는 장애물이며, 그것으로 인한 방해로부터의 구제는 규칙 제24조 2항에 의하여 받을 수 있다. 더욱이 볼이 그린 밖에 있으나 해저드 안이 아니며 그린 위나 그린에서 2클럽 길이 이내에 있는 장애물과 볼에서 2클럽 길이 이내에 있는 장애물이 볼과 홀 사이의 플레이 선상에 개재해 있는 경우 플레이어는 다음과 같이 구제를 받을 수 있다. 즉 볼을 집어 올려서 ① 홀에 더 가깝지 않고 ② 그러한 방해를 피하고 ③ 해저드 안이나 그린 위가 아닌 곳으로 볼이 정지해 있었던 가장 가까운 지점에 드롭하여야 한다. 그렇게 집어 올린 볼은 닦을 수 있다.
본 로컬 룰의 위반에 대한 벌은,
매치 플레이는 그 홀의 패.

스트로크 플레이는 2벌타.

6항 임시 장애물

코스 위나 코스에 인접해서 임시 장애물이 설치될 경우 위원회는 그러한 장애물은 움직일 수 있는 장애물인가 움직일 수 없는 장애물인가 혹은 임시 장애물인가를 규정해야 한다.

1) 임시 움직일 수 없는 장애물
위원회가 그러한 장애물을 임시로 움직일 수 없는 장애물로 정할 경우 다음과 같은 로컬 룰을 권장한다.

(1) 정의
임시 움직일 수 없는 장애물이란 때때로 경기와 관련하여 세우게 되며, 고정되어 있거나 쉽게 움직일 수 없는 비영구적인 인공물체를 말한다. 임시 움직일 수 없는 장애물의 예로는 천막 스코어판, 관람석, TV녹화용 탑 및 화장실이 포함되나 이것으로 한정되는 것은 아니다. 보조 당김 밧줄을 위원회가 그것을 고가 동력선이나 케이블로 선언하지 않는 한 임시 움직일 수 없는 장애물의 일부분이다.

(2) 방해
임시 움직일 수 없는 장애물에 의한 방해는 다음과 같은 경우에 생긴다.
① 볼이 장애물의 앞에 있고, 또 너무 가까이 있어서 그 장애물이 플레이어의 스탠스나 그의 의도하는 스윙 구역에 방해가 되는 경우
② 볼이 장애물 안이나, 위나 뒤에 있기 때문에 장애물의 모든 부분이 플레이어의 볼과 홀 사이에 일직선으로 개재한 경우 : 또 볼이 그러한 방해가 있는 지점에서 1클럽 길이 이내에 있는 경우에도 역시 방해가 있는 것으로 한다.
-주 : 볼이 장애물 외부의 맨 끝 가장자리 밑에 있는 경우 그 가장자리가 지면 밑으로는 연장되지 않을지라도 그 볼은 임시 움직일 수 없는 장애물 아래에 있는 것이다.

(3) 구제
플레이어는 임시 움직일 수 없는 장애물이 아웃 오브 바운즈에 있는 경우를 포함하여 임시 움직일 수 없는 장애물로부터 다음과 같이 구제를 받을 수 있다.
① 스루 더 그린
볼이 스루 더 그린에 있는 경우 볼이 놓여 있는 곳에 가장 가까운 코스상의 지점을 결정하여야 하는데 그 지점은 ㉠ 홀에 더 가깝지 않고 ㉡ (2)항에서 정한 바와 같은 방해를 피하고 ㉢ 해저드 안이 아니고 그린 위가 아닌 곳이

어야 한다.
플레이어는 그 볼을 집어 올려서 그와 같이 결정한 지점으로부터 1클럽 길이 이내로 위의 ㉠, ㉡ 및 ㉢의 요건을 충족시킬 수 있는 코스상의 일부에 벌 없이 볼을 드롭 하여야 한다.

② 해저드 안
볼이 해저드 안에 있는 경우 플레이어는 그 볼을 집어 올려서 다음의 한 지점에 드롭하여야 한다.

㉠ 벌 없이 해저드 안으로 위에 (3) ①에 명시된 제한 사항의 범위 내에서 완전한 구제를 받을 수 있는 가장 가까운 코스 상 일부의 한 지점 혹은 완전한 구제가 불가능할 경우에는 해저드 안에서 최대한 구제를 받을 수 있는 코스 상 일부의 한 지점.

㉡ 1벌타를 받고 그 해저드 밖에 다음과 같은 지점, 즉 볼이 놓여 있는 지점에서 가장 가까운 코스 상의 지점을 결정하여야 하는데 그 지점은 ⓐ 홀에 더 가깝지 않고 ⓑ (2)에서 정한 바와 같은 방해를 피하고 ⓒ 해저드 안이 아닌 곳이어야 한다.

플레이어는 그 볼을 집어 올려서 그와 같이 결정한 위의 지점으로부터 1클럽 길이 이내로 위의 ⓐ, ⓑ 및 ⓒ의 요건을 충족시킬 수 있는 곳에 드롭 하여야 한다.

(3)에 의하여 집어올린 볼은 닦을 수 있다.

-주1 : 본 로컬 룰은 볼이 해저드 안에 있는 경우, 적용할 수 있으면 플레이어가 규칙 제26조 혹은 제28조에 의하여 처리하는 것을 방해하지 않는다.

-주2 : 본 로컬 룰에 의하여 드롭한 볼을 곧 회수할 수 없는 경우, 다른 볼로 교체할 수 있다.

-주3 : 위원회는 ⓐ 임시 움직일 수 없는 장애물에서 구제를 받은 때, 드롭 구역이나 볼 드롭 지역의 사용을 허용 또는 요구하거나 ⓑ 추가적인 구제의 선택사항으로 플레이어가 (3)항에 의하여 설정한 지점에서 장애물 반대편에 드롭 하거나 그렇지 않으면 (3)항에 따라 드롭 하는 것을 허용하는 로컬 룰을 제정할 수 있다.

-예외 : 만일 플레이어의 볼이 임시 움직일 수 없는 장애물(장애물 안이나, 위나 아래가 아닌) 앞이나, 뒤에 있을 때 다음과 같은 경우에는 (3)항에 의한 구제를 받을 수 없다.

● 임시 움직일 수 없는 장애물이 아닌 다른 것에 의한 방해 때문에 플레이어가 스트로크 하는 것이 분명히 무리한 경우 혹은 홀을 향한 직선상으로 볼

을 보내려고 스트로크 하는 것이 확실히 무리한 경우
● 임시 움직일 수 없는 장애물에 의한 방해가 불필요하게 비정상적인 스탠스, 스윙 혹은 플레이 방향을 취할 경우에만 생기는 경우 혹은
● 플레이어가 임시 움직일 수 없는 장애물에 도달하기 위하여 홀을 향해 충분히 멀리 볼을 치는 것을 기대하는 것이 분명히 무리한 경우
-주 : 이 예외사항들로 당연히 구제를 받을 수 없는 플레이어는 적용할 수 있는 경우 규칙 제24조 2항에 의하여 처리할 수 있다.

(4) 분실구
볼이 임시 움직일 수 없는 장애물 안이나, 위에서 분실되었다는 합리적인 증거가 있는 경우, 적용할 수 있으면 그 볼을 (3) 혹은 (5)의 적용 목적상 볼은 그 장애물에 최후로 들어갔던 지점에 놓여 있는 것으로 간주되어야 한다(규칙 제24조 2항 3)).

(5) 드롭 구역(볼 드롭 지역)
플레이어가 임시 움직일 수 없는 장애물로부터 방해를 받은 경우 위원회는 드롭 구역이나 볼 드롭 지역의 사용을 허용하거나 요구할 수 있다. 만일 플레이어가 구제를 받을 때 드롭 구역을 사용하면 그는 볼이 최초에 놓여 있었던 곳이나 (4)에 의하여 놓여 있었다고 간주한 곳에(가장 가까운 드롭 구역이 홀에 더 가까울지라도) 가장 가까운 드롭 구역 안에 볼을 드롭하여야 한다.
-주1 : 위원회는 홀에 더 가까운 드롭 구역이나 볼 드롭 지역의 사용을 금지하는 로컬 룰을 제정할 수 있다.
-주2 : 볼이 드롭 구역에 드롭 된 경우, 그 볼이 코스의 일부에 처음 떨어진 곳에서 2클럽 길이 이내에 가서 정지하거나 드롭 구역 경계 밖에 가서 정지할지라도 볼을 재 드롭해서는 안 된다.
본 로컬 룰의 위반에 대한 벌은,
매치 플레이는 그 홀의 패.
스트로크 플레이는 2벌타.

2) 임시 동력선과 케이블

임시 동력선, 케이블 또는 전화선이 코스 위에 가설된 경우 다음과 같은 로컬 룰을 권장한다.
(1) 이것들을 쉽게 움직일 수 있으면 규칙 제24조 1항이 적용된다.
(2) 이것들이 고정되어 있거나 쉽게 움직일 수 없으면 플레이어는 볼이 스루 더 그린에 있거나 벙커 안에 있는 경우, 규칙 제24조 2항 2)에 규정된 바와 같이 구제를 받을 수 있다. 볼이 워터 해저드 안에 있는 경우 플레이어는 규

칙 제24조 2항 2) (1)에 의하여 구제를 받을 수 있다. 다만 이때에 가장 가까운 구제 지점은 워터 해저드 안에 있어야 하며, 볼은 워터 해저드 안에 드롭되어야 한다. 또는 규칙 제26조에 의하여 처리할 수 있다.
(3) 볼이 고가동력선이나 케이블에 가서 맞은 경우, 그 스트로크는 취소되어야 하며, 벌 없이 다시 플레이하여야 한다(규칙 제20조 5항 참조).
볼이 곧 회수될 수 없는 경우 다른 볼로 교체할 수 있다.
-주 : 임시 움직일 수 없는 장애물을 받치기 위한 당김 밧줄은 로컬 룰에 의하여 위원회가 그것들을 고가동력선이나 케이블로 취급한다는 선언을 하지 않는 한 그것들은 임시 움직일 수 없는 장애물의 일부분이다.
-예외 : 볼이 지상에서 올라가는 케이블의 고가 교차점 부분에 가서 맞은 경우 다시 플레이 해서는 안 된다.
(4) 풀로 덮인 케이블의 도랑은 표시되지 않았을지라도 그것은 수리지이며, 규칙 제25조 1항 2)가 적용된다.

3) 경기 조건(Conditions of the Competition)

규칙 제33조 1항에 "위원회는 경기에 관한 조건들을 제정하여야 한다."라고 규정되어 있다. 이러한 조건에는 참가방법, 참가자격, 플레이 할 라운드 수, 동점의 경우 순위의 결정 방법 등과 같이 골프 규칙이나 본 부속 규칙에서 취급하기에 적절하지 못한 많은 사항들이 포함되어야 한다. 이와 같은 조건들에 관한 상세한 자료는 규칙 제33조 1항에 의한 "골프 규칙 제정" 속에 수록되어 있다. 그리고 경기 조건에 수록될 수 있는 7가지 사항이 있는데 그것은 특히 해당 규칙의 주에 의하여 항상 위원회의 주의를 끌고 있는 사항들이다. 그것은 다음과 같은 사항들이다.

(1) 볼의 규격(규칙 제5조 1항의 주)
다음의 2가지 조건은 숙련된 플레이어들의 경기에만 적용하도록 권장한다.
① 적격 골프 볼 리스트
R&A는 테스트를 받고 적격으로 판정된 볼을 열거한 적격 골프 볼 리스트를 주기적으로 발행한다. 위원회는 그 리스트에 등재된 상표의 골프 볼 사용을 요구하려고 할 경우 그 일람표를 게시하여야 하며, 다음과 같은 경기조건이 사용된다.
"플레이어가 사용하는 볼은 R&A에서 발행하는 현행 적격 골프 볼 리스트에 등재된 것이어야 한다. 본 조건의 위반에 대한 벌은 경기 실격."
② 한 가지 볼을 사용하는 조건(One Ball Condition)
정규 라운드 중에 상표와 형이 다른 볼로 교체하는 것을 금지하려고 할 경우

다음과 같은 조건의 제정을 권장한다.
"라운드 중 사용하는 볼에 관한 제한 사항(규칙 제5조 1항의 주)"
㉠ 한 가지 볼을 사용하는 조건(원볼 조건)
정규 라운드 중에 플레이어가 사용하는 볼은 적격 골프 볼 리스트에 한 종류로 등재된 것과 같은 상표와 형의 볼이어야 한다.
본 조건의 위반에 대한 벌은,
매치 플레이는 규칙위반이 발견된 홀을 끝마친 시점에 반칙이 있었던 각 홀에 1개 홀의 패를 과하여 매치의 상태를 조정하여야 한다. 다만, 패로 하는 홀수는 1라운드에 최고 2개 홀까지로 한다.
스트로크 플레이는 규칙위반이 있었던 각 홀에 2벌타를 과한다. 다만 벌타 수는 1라운드에 최고 4타까지로 한다.
㉡ 위반을 발견했을 때의 처리절차
플레이는 그가 본 조건에 위반된 볼을 사용하고 있었던 것을 알게 된 경우 그는 다음 티잉 그라운드에서 플레이하기 전에 그 볼을 포기하고 조건에 적합한 볼을 사용하여 그 라운드를 끝마쳐야 한다. 그렇지 않을 경우 플레이어는 경기 실격이 된다. 그러한 위반이 한 홀의 플레이 도중에 발견되어 플레이어가 그 홀을 끝마치기 전에 조건에 적합한 볼로 교체하기로 선택한 경우 플레이어는 조건을 위반하여 사용해 온 볼이 정지해 있었던 지점에 적합한 볼을 플레이스 하여야 한다.
(2) 출발시간(규칙 제6조 3항의 1)의 주)
위원회가 주에 따라서 조치를 취하고자 할 경우 다음과 같은 문구를 권장한다.
"규칙 제33조에 7항에 규정된 바와 같은 경기 실격의 벌을 면제해 줄만한 정당한 사유가 없는 상황이지만 플레이어가 자기의 출발 시간 후 5분 이내에 플레이 할 준비를 마치고, 출발 지점에 도착하면 이에 대한 지각의 벌은 매치 플레이에서는 플레이할 1번 홀의 해, 스트로크 플레이에서는 2벌타이다. 5분이 넘는 지각에 대한 벌은 경기 실격이다."
(3) 플레이 속도
위원회는 규칙 제6조 7항의 주에 따라 지연 플레이를 예방하기 위하여 플레이 진행 속도에 대한 지침을 제정할 수 있다.
(4) 위험한 상황으로 인한 플레이의 일시 중지(규칙 제6조 8항 2)의 주)
골프 코스에서 낙뢰로 인한 많은 사상자가 발생해 왔기 때문에 골프 경기의 모든 클럽과 스폰서들은 낙뢰로부터 사람을 보호하기 위하여 특별한 주의가 요망된다. 그 대처방법에 대해서는 규칙 제6조 8항과 제33조 제2항 4)를 참조한다. 위원회가 규칙 제6조 8항 2)의 주에 따라서 조치를 취하고자 할 경우 다음과 같은 문구를 권장한다.

"위험한 상황 때문에 위원회의 지시로 플레이가 일시 중지되었을 때 매치 또는 조의 플레이어들이 홀과 홀 사이에서 플레이 중에 있는 경우 플레이어들은 위원회가 플레이의 재개를 지시할 때까지 플레이를 재개해서는 안 된다. 또 만일 그들이 1개 홀을 플레이 도중일 때에도 즉시 플레이를 중단하여야 하며, 그 후에는 위원회가 플레이의 재개를 지시할 때까지 플레이를 재개해서는 안 된다. 플레이어가 즉시 플레이를 중단하지 않았을 경우 규칙 제33조 7항에 규정된 바와 같이 그 벌을 면제해 줄 만한 정당한 상황이 아닌 한 그는 경기 실격이 된다. 위험한 상황으로 인한 플레이의 일시 중지를 위한 신호는 사이렌이 길게 울리는 소리로 할 것이다."

다음 신호는 일반적으로 사용되는 신호이며, 모든 위원회도 이와 유사하게 할 것을 권장한다.

– 즉시 플레이의 중단 : 사이렌이 한 번 길게 울리는 소리
– 플레이의 일시 중지 : 사이렌이 3번 연속 울리는 소리를 반복
– 플레이의 재개 : 사이렌이 2번 짧게 울리는 소리를 반복

(5) 연속
① 통칙
위원회는 규칙 제7조 1항의 주, 제7조 2항의 예외 (3) 및 제33조 2항 3)에 따라서 연습에 관한 규정을 제정할 수 있다.

② 홀과 홀 사이의 연습(규칙 제7조의 주2)
방금 끝난 홀의 퍼팅 그린 위에서나 그 근처에서 연습 퍼팅이나 연습 칩핑을 금지하는 경기 조건은 스트로크 플레이에만 도입할 것을 권장한다. 다음과 같이 문구를 권장한다.

"플레이어는 방금 끝난 홀의 퍼팅 그린 위에서나 그 근처에서 어떤 연습 스트로크도 해서는 안 된다. 만일 방금 끝난 홀의 그린 위에서나 그 근처에서 연습 스트로크를 하면 그 플레이어는 다음 홀에서 2벌타를 받게 된다. 다만 그 라운드에서 최후의 홀인 경우에는 그 홀에서 벌을 받게 된다."

(6) 팀 경기에서의 어드바이스
위원회가 규칙 제8조의 주에 따라서 조치를 취하고자 할 경우 다음과 같은 문구를 권장한다.

"골프 규칙 제8조의 주에 따라서 각 팀은 그 팀 요원에게 어드바이스(동 규칙에 의하여 어드바이스를 구할 수 있는 사람 이외에)를 줄 수 있는 한 사람

을 임명할 수 있다. 다만 그와 같은 사람(임명될 사람에 대한 어떤 제한 사항을 삽입하고자 할 경우 그러한 제한 사항을 여기에 삽입한다.)은 어드바이스를 주기 전에 위원회의 확인을 받아야 한다."

(7) 새로운 홀
위원회는 규칙 제33조 2항 2)의 주에 따라서 2일 이상 열리는 단일 라운드 경기의 홀과 티의 위치를 날마다 다르게 설치할 수 있다는 것을 규정할 수 있다.

(8) 기타의 경기 조건들
① 이동 수단
경기에서 선수들이 걸어서 플레이하는 것이 요구되는 경우 다음과 같은 조건을 권장한다. "플레이어는 정규 라운드를 하는 전 구간을 걸어서 가야 한다." 본 조건의 위반에 대한 벌은,
매치 플레이는 규칙위반이 발견된 홀을 끝마친 시점에 규칙위반이 있었던 각 홀에 1개 홀의 패를 관하여 매치의 상태를 조정하여야 한다. 다만 패로 하는 홀 수는 1라운드에 최고 2개 홀까지로 한다.
스트로크 플레이는 규칙위반이 있었던 각 홀에 2벌타를 과한다. 다만 벌타 수는 1라운드에 최고 4타까지로 한다. 규칙위반이 2홀 사이에서 있었다면 그 벌을 다음 홀에 적용한다.
매치 혹은 스트로크 플레이는 인가되지 않는 형태의 모든 수송 수단의 사용은 규칙위반이 발견된 즉시 그 사용을 중단하여야 한다. 그렇지 않을 경우 플레이어는 경기 실격이 된다.

② 동점의 결정 방법
규칙 제33조 6항은 합의가 된 매치 혹은 스트로크 플레이의 타이를 어떻게 그리고 언제 결정해야 하는가에 대한 권한을 위원회에 부여하였다. 이 결정은 사전에 공표되어야 한다. 그리고 R&A는 다음과 같이 권장한다.

㉠ 매치 플레이
올 스퀘어로 끝난 매치는 한 사이드가 한 홀을 이길 때까지 한 홀씩 연장하여 플레이 하여야 한다. 그 플레이 오프(Play off)는 매치를 시작한 홀에서 출발하여야 한다. 핸디캡 적용 매치에서 핸디캡 스트로크는 이미 정해진 라운드에서와 똑같이 받아야 한다.

㉡ 스트로크 플레이
● 스크래치 스트로크 플레이 경기에서 동점의 경우 플레이 오프를 권장한다. 그러한 플레이 오프는 위원회가 명시한 바에 따라 18홀 이상 혹은 그 이

하의 홀이 될 수도 있다. 그것이 불가능하거나 아직도 동점인 경우 한 홀씩 플레이 오프를 행하도록 권장한다.
● 핸디캡 적용 스트로크 플레이에서 타이의 경우 핸디캡 적용 플레이 오프를 행하도록 권장한다. 이러한 플레이 오프는 위원회가 명시한 바에 따라 18홀 이상 혹은 그 이하의 홀이 될 수도 있다. 플레이 오프가 18홀 보다 더 적은 경우 플레이어들의 플레이 오프 핸디캡을 결정하기 위하여 플레이 할 홀수의 18홀에 대한 비율을 각 플레이어들의 핸디캡에 적용하여야 한다. 핸디캡이 1/2타 이상은 1타로 카운트하고 그 이하의 분수는 무시되어야 한다.
● 스트래치 혹은 핸디캡 적용 스트로크 플레이 경기의 어느 쪽이든 어떤 형태의 플레이 오프도 할 수 없는 경우에는 매칭 스코어 카드방식을 추천한다. 이 매칭 카드방식은 사전에 고지되어야 한다. 그리고 수용할 수 있는 이 매칭 카드방식은 최종 9홀 스코어에서 가장 좋은 스코어를 근거로 하여 우승자를 결정하는 방법이다. 그런데 타이가 된 플레이어들이 최종 9홀에서도 동일한 스코어를 낸 경우에는 최종 6홀에서, 그 다음에는 최종 3홀에서 그리고 최종적으로는 18번 홀에서 낸 스코어를 근거로 하여 우승자를 결정한다. 만일 이와 같은 방법이 핸디캡 적용 스트로크 플레이 경기에 사용된다면 플레이어들 핸디캡의 1/2, 1/3, 1/6 등이 각각 공제되어야 한다. 이때 소수점 이하는 무시되어서는 안 된다. 다수의 티에서 출발하는 경기에 이 방법이 사용될 경우 "최종 9홀, 최종 6홀 등"은 10-18번 홀, 13-18번 홀 등으로 간주할 것을 권장한다.
● 경기 조건에, 타이가 되었을 때 최종 9홀, 최종 6홀, 최종 3홀 그리고 최종 홀 순으로 낸 스코어를 근거로 하여 승자를 결정한다는 것이 규정되어 있는 경우에는 이러한 결정 절차로도 우승자를 배출하지 못할 경우에 대비한 조치도 역시 규정해 놓아야 한다.

③ 매치 플레이를 위한 조편성
매치 플레이를 위한 조편성은 완전한 제비뽑기 추첨이나 또는 다른 1/4 편성 방법, 1/8 편성 방법으로 배치될 수 있으며, 매치가 예선에 의하여 결정될 경우 일반 숫자 추첨 방식을 권장한다.

④ 일반 숫자 추첨
조 편성에 있어서 플레이어의 위치 결정 목적 상, 최종 예선 순위를 위한 라운드가 아닌 예선에서의 동점은 스코어를 제출한 순위에 따라서 결정되어야 하며, 첫번째로 스코어를 제출한 사람이 가장 낮은 번호를 받게 된다. 만일

스코어를 제출한 순위로도 결정할 수 없을 때에 그 동점은 제비뽑기에 의하여 결정되어야 한다.

상위 1/2	하위 1/2	상위 1/2	하위 1/2
예선 합격자 64명의 경우		예선 합격자 32명의 경우	
1 vs 64	2 vs 63	1 vs 32	2 vs 31
32 vs 33	31 vs 34	16 vs 17	15 vs 18
16 vs 49	15 vs 50	8 vs 25	7 vs 26
17 vs 48	18 vs 47	9 vs 24	10 vs 23
8 vs 57	7 vs 58	4 vs 29	3 vs 30
25 vs 40	26 vs 39	13 vs 20	14 vs 19
9 vs 56	10 vs 55	5 vs 28	6 vs 27
24 vs 41	23 vs 42	12 vs 21	11 vs 22
4 vs 61	3 vs 62	16명	예선 통과
29 vs 36	30 vs 35	1 vs 16	2 vs 15
13 vs 52	14 vs 51	8 vs 9	7 vs 10
20 vs 45	19 vs 46	4 vs 13	3 vs 14
5 vs 60	6 vs 59	5 vs 12	6 vs 11
28 vs 37	27 vs 38	8명	예선 통과
12 vs 53	11 vs 54	1 vs 8	2 vs 7
21 vs 44	22 vs 43	4 vs 5	3 vs 6

제5장
부칙 Ⅱ

제4조 및 제5조와 부칙 Ⅱ 및 Ⅲ에 포함되어 있지 않든가 또는 게임의 본질을 현저하게 변경하는 결과를 초래할 수 있는 클럽 또는 볼의 모든 디자인에 관하여는 R&A 및 USGA가 정한 규격에 의거하여 규제된다.

부칙 Ⅱ 및 Ⅲ에 나와 있는 치수는 영국 표준 도량형으로 표시되어 참조하게 된다. 미터법으로 환산된 치수도 역시 참고용으로 표시되어 참조하게 되며 이때 1인치=25.4밀리미터(mm)의 환산률을 이용하여 계산한다. 클럽이나 볼의 적합성에 관한 분쟁이 야기될 경우 영국 표준 도량형에 의한 치수가 우선한다.

제1조 클럽의 디자인(Design of Clubs)

클럽의 적합성에 관하여 의문이 있는 플레이어는 대한골프협회에 문의하여야 한다. 제조업자는 제조하고자 하는 클럽이 규칙에 적합한지 아닌지의 여부에 관한 재정을 구하기 위하여 그 클럽의 견본을 대한골프협회에 제출하여야 한다. 대한골프협회는 필요하다고 판단될 경우 그 클럽의 견본을 R&A에 보내서 이에 대한 재정을 받을 수 있다.

만일 제조업자가 클럽을 제조하거나 판매하기 전에 견본을 제출하지 않을 경우 그 제조업자는 클럽이 골프 규칙에 부적합하다는 재정을 받을 위험을 지게 된다. 대한골프협회에 제출된 견본은 대조용으로 대한골프협회의 소유물이 된다.

다음 항목은 그 규격 및 해석과 함께 클럽 설계에 관한 일반적인 규정을 정한 것이다. 어떤 클럽이나 그 일부분이 어떤 특성을 갖도록 요구되었다는 의미는 그러한 특성을 갖도록 의도적으로 설계, 제조되어야 한다는 것이다. 완성된 클럽이나 그 일부분은 사용된 소재에 적합한 생산허용 오차 범위 내에서 그러한 특성을 나타내어야 한다.

1항 클럽

1) 통칙

클럽은 볼을 치기 위하여 설계된 용구이며 일반적으로 우드, 아이언 및 그 모양과 사용 목적에 의하여 구분된 퍼터의 3가지 형태로 되어 있다. 퍼터는 주로 그린 위에서 사용하기 위하여 설계된 로프트가 10도 이하인 클럽이다. 클럽은 본질적으로 전통과 관습에서 벗어난 형태와 구조여서는 안 된다. 클럽은 한 자루의 샤프트와 한 개의 헤드로 구성되어 있어야 한다. 클럽의 모든 부분은 클럽이 단일체가 되도록 고정되어 있어야 하며 규칙에서 따로 허용된 경우를 제외하고 어떤 외부 부착물도 부착되어서는 안 된다.

2) 조절성

우드와 아이언은 그 무게를 제외하고 조절할 수 있도록 설계되어서는 안 된다. 퍼터는 그 무게를 조절할 수 있도록 설계될 수 있으며 다소 다른 형태의 조절성도 역시 허용된다. 규칙에서 허용된 모든 조절 방법은 다음 사항을 만족시켜야 한다.

(1) 그 조절성이 쉽게 될 수 있는 것이 아닐 때
(2) 조절할 수 있는 부분들이 모두 견고히 부착되어 있고 라운드 중 느슨해질 수 없게 되어 있을 때
(3) 조절성의 구조가 규칙에 적합한 때

정규의 라운드(규칙 제4조 2항) 도중 퍼터를 포함한 모든 클럽 중에 어느 것이든 의도적으로 그 클럽의 특성을 변조할 경우 실격의 벌이 주어진다.

3) 길이

클럽의 전체 길이는 그립의 맨 윗부분에 샤프트축을 따라 또는 그 직선을 연장하여 클럽의 솔까지 457.2㎜(18inch) 이상이어야 한다.

4) 정렬

클럽으로 정상적인 어드레스 위치를 취했을 때 샤프트는 다음과 같이 정렬

되어야 한다.
(1) 샤프트의 직선부분 연장선이 토우와 힐을 연결하는 선에 수직으로부터 최소 10°이상 벗어나 있어야 한다.
(2) 샤프트의 직선부분 연장선이 플레이선의 수직으로부터 20°이상 벗어나면 안 된다.
퍼터를 제외하고 모든 클럽의 힐 부분은 샤프트의 직선축과 플레이선(수평)을 포함하는 면의 15.88㎜(0.625inch) 이내에 들어 있어야 한다.

2항 샤프트

1) 직선
샤프트는 그립의 맨 윗부분에서부터 그 샤프트의 축선과 네크 또는 소켓을 따라 측정한 그 솔 위쪽으로 127㎜(5inch)를 초과하지 않는 점까지 직선이어야 한다.

2) 굽히기와 꼬임의 특성
샤프트는 그 길이에 따라서 어느 부분이나 다음과 같이 디자인하여 만들어진 것이어야 한다.
(1) 샤프트는 그 종축에 따라서 어떻게 반복하여 굽혀도 그 휨이 균등하게 굽혀져야 한다.
(2) 샤프트는 양방향에 동등한 각도로 꼬이는 특성을 갖는 것이어야 한다.

3) 클럽 헤드의 부속물
샤프트는 힐에 직접 부착되거나, 네크 또는 소켓을 통하여 클럽 헤드에 부착하여야 한다. 네크 또는 소켓의 맨 윗부분에서 클럽의 솔까지의 길이는 축을 따라 굴곡 부위를 지나 재어서 127㎜(5inch)를 초과해서는 안 된다.
-퍼터는 예외 : 퍼터의 샤프트 및 네크 및 소켓은 헤드의 어느 부분에 부착하여도 무방하다.

3항 그립

그립은 플레이어가 꼭 쥘 수 있도록 하기 위하여 샤프트에 부착된 재료로 되어 있다. 그립은 똑바르고 그 형태가 단순해야 하며 샤프트의 끝까지 연장되어 있어야 하고 손의 어느 부분도 본을 떠서 부착되어서는 안 된다. 재료가 부착되어 있지 않더라도 플레이어가 잡도록 설계된 샤프트 부분은 그립으로 간주되어야 한다.
(1) 퍼터 이외의 클럽의 그립은 절이 없고, 곧바르고 그 그립의 길이에 따라

서 약간 덧붙인 그립을 제외하고 그 횡단면은 거의 원형이어야 한다. 감은 그립이나 그 유사제품에 있어 약간의 톱니모양의 나선형을 허용한다.
(2) 퍼터의 그립은 횡단면이 안쪽에의 오목한 곳이 없고 좌우대칭이며 그립의 길이 전체에 걸쳐서 유사한 형태로 있는 한 그 횡단면은 원형이 아니라도 무방하다.
(3) 그립은 선단으로 가면서 가늘게 할 수는 있지만 그 사이에 불룩하게 하거나 조임을 가할 수 없다. 그립의 횡단면 규격은 어느 방향으로나 44.45㎜ (1.75inch)를 초과해서는 안 된다.
(4) 그립의 축선은 퍼터를 제외하고 샤프트의 축선과 일치되어야 한다.
(5) 퍼터는 그립의 단면이 원형이고 그 축선이 샤프트의 축선과 일치하며 최소한 38.1㎜(1.5inch) 떨어져 있으면 2개의 그립을 결합해도 된다.

4항 클럽 헤드

1) 단순한 형상
클럽 헤드의 형상은 대개 단순한 것이어야 한다. 또한 모든 부분은 견고한 것이고, 헤드의 실질적인 구성부분으로 기능적이어야 한다. 형태상의 단순함을 정밀하게 또한 포괄적으로 정의하는 것은 어렵지만, 본 요구조건에 위반되어 허용할 수 없는 형태로는 규격에 맞추기 위해, 또는 조준 기타 목적으로 만든 다음 것들이 포함된다.
(1) 헤드를 통과하는 구멍
(2) 장식 또는 구조상의 목적과는 별도로 부착된 투명한 물질
(3) 헤드의 본체에 부착된 마디, 판, 봉, 지느러미 등 부속물
단, 퍼터에 대하여는 약간의 예외가 인정된다. 솔의 모든 고랑 형상의 홈 또는 런너(미끄럼판)의 부분이 타면까지 연장되어서는 안 된다.

2) 규격
클럽 헤드의 규격은 통상의 어드레스 위치에서 솔 할 때 ① 힐과 토우, ② 페이스와 백 사이의 가장 바깥쪽을 수직으로 연장한 길이를 수평으로 측정한다. 힐의 가장 바깥쪽 지점이 불분명할 때는 클럽의 정상적인 어드레스 위치에서 수평면이 수직으로 16㎜(0.625inch) 지점으로 간주한다.

3) 타면
클럽 헤드는 타면이 1면뿐이어야 한다. 다만 커터에 한하여 양면의 성능이 동일하고 대칭이면 2면이어도 된다.

5항 클럽의 타면

1) 통칙

클럽 타면이나 클럽 헤드의 재료와 구조 또는 클럽 헤드를 다루는 어떤 방법도 임팩트 시 스프링 효과를 갖게 하거나 표준 철제타면이 만드는 것보다 임팩트에서 훨씬 많은 스핀을 내게 하거나 기타 볼의 이동에 과도하게 영향을 미칠만한 작용을 하여서는 안 된다(R&A 내규에 의한 테스트).

클럽 타면은 단단하고 견고하여야 하며(퍼터에는 예외가 인정된다) 아래에 기록된 마킹을 제외하고는 매끄러워야 하고 조금도 오목한 곳이 있어서는 안 된다.

2) 임팩트면의 거칠음과 재료

하기에 기술한 마킹을 제외하고, 임팩트면의 표면의 거칠음은 분사기(모래 뿜이) 정도의 장식, 또는 섬세한 밀링(플레이즈 깎기) 정도 이상을 초과해서는 안 된다. 임팩트면은 단일재료이어야 한다. 단, 나무로 만든 클럽은 예외이다. 임팩트 부분 전체는 동일한 재료로 되어 있어야 한다.

3) "임팩트면"의 마킹

임팩트면의 마킹에는 손가락 시험으로도 측정되는 날카로운 엣지나 솟아오른 가장자리 등이 없어야 한다. 임팩트면의 홈과 펀치 마크는 다음 규격에 적합해야 한다.

(1) 홈

상부가 넓게 좌우동형의 단면을 가진 여러 개의 직선 홈을 붙일 수 있으나, 홈의 폭과 횡단면은 클럽 페이스 전면 혹은 홈의 길이 전체에 걸쳐 일정한 것이어야 한다. 홈의 가장자리의 둘레부분은 반경 0.508mm(0.020inch) 이내이어야 한다. 또한 홈의 폭은 R&A의 내규(30도 측정법)에 의거하여 측정, 0.9mm(0.035inch) 이내이어야 한다. 또한 인접한 홈의 가장자리와 가장자리의 간격은 홈의 폭의 3배 이상으로, 1.905mm(0.075inch) 이상이어야 한다. 홈의 깊이는 0.508mm(0.020inch) 이내이어야 한다.

(2) 펀치 마크

펀치 마크도 채택할 수 있다. 하나의 펀치 마크의 넓이는 2.84평방 밀리미터를 초과하여서는 안 된다. 마크와 마크의 간격은 그 중심에서 다음 중심까지 재서 4.27mm(0.168inch) 이상이어야 한다. 펀치 마크의 깊이는 1.02mm(0.04inch)를 초과해서는 안 된다. 만일 펀치 마크를 홈과 병용하여 채택하는 경우, 펀치 마크는 각각의 중심에서 중심까지를 재서 4.27mm(0.168inch) 이상이어야 한다.

4) 장식적인 마킹

임팩트 에어리어의 중심을 가리키기 위하여 각변 9.53㎜(0.375inch)의 정방형의 범위 내에 디자인된 것을 1개 설정할 수 있다. 이러한 디자인은 볼의 움직임에 부당한 영향을 미치게 하는 것이어서는 안 된다. 장식 마킹은 임팩트면의 바깥쪽으로도 허용된다.

5) 비금속 클럽의 타면의 마킹

상기 규격은 타면의 임팩트면이 금속 또는 그와 유사한 경도의 소재로 된 클럽에만 적용된다. 로프트 각도가 24°이거나 그 이하인 경우의 클럽과 다른 소재로 타면이 만들어진 클럽에는 적용되지 않지만 볼의 움직임에 과도하게 영향을 미칠만한 마킹은 금지되어 있다. 이런 종류의 타면과 로프트 각도가 24°를 초과하는 클럽은 홈폭의 최대 넓이가 1.02㎜(0.040inch), 최고 깊이는 홈폭의 1.5배까지로 한다.

단, 그 마킹은 상기 규격기준에 적합한 것이어야 한다.

6) 퍼터의 타면마킹

클럽 타면마킹과 표면의 거칠음, 재료에 관한 상기 규격들은 퍼터의 경우에는 적용되지 않는다.

제6장 부칙 Ⅲ

제1조 볼(The Ball)

1항 중량

볼의 중량은 45.93g(1.620oz.)보다 무겁지 않는 것이어야 한다.

2항 사이즈

볼의 직경은 42.67㎜(1.68inch)보다 적지 않은 것이어야 한다. 만일 임의로 선택한 100개의 볼을 온도 23±1°C의 조건하에서 테스트하여 볼 자체의 무게에 의하여 직경 42.67㎜(1.68inch)의 링 게이지를 통과한 볼이 25개 이하의 경우를 본 규격기준에 적합한 것이라고 한다.

3항 구면의 조화성

볼이 구상대칭형의 다른 볼과는 다른 특성을 갖도록 설계 제조되거나 의도적으로 조정되어서는 안 된다.

4항 초속

볼의 비행속도는 R&A가 인정한 측정 장치로 측정하였을 때 초속 76.2m(250ft.)를 초과하여서는 안 된다. 최대오차허용치는 2%, 볼의 테스트시의 온도는 23±1℃로 한다.

5항 총거리기준

R&A 목록에 기록되는 골프 볼에 대한 총거리기준의 규정에 명시된 조건하에 R&A가 인정한 장치에 의하여 테스트하였을 때 평균 비행거리와 굴러간 거리를 합한 평균 거리가 256m(280yd.), 오차 6% 허용을 초과하는 상표의 볼은 적격으로 하여서는 안 된다.

제2조 핸디캡(HANDICAPS)

골프 규칙은 핸디캡의 조정과 산정에 관하여는 규정하지 않는다. 이와 관련된 사항들은 대한골프협회에서 직접 관장하며 지도 감독한다.

Part 4

부록 2 골프 용어 사전
(알파벳 순)

[A]

A average(에이 애버리지)_ 샤프트의 경도를 나타내는 기호. 'A'는 약간 부드러운 샤프트를 표시한다. 그외에 L,R,S,X 등이 있다.

Accending shot(어센딩 샷)_ 될 수 있는 한 큰 모양이 되게끔 볼을 치는 것을 말한다.

Ace(에이스)_ 티 위에 공을 올려 놓고 단 한 번 쳐서 구멍에 넣는 것. 홀인원이라고도 알려져 있다. 만약 공이 깃대에 기대어져 있을 때는 깃대를 조심스레 움직여서 공이 구멍 안으로 들어갈 수 있게 치워줄 수 있다. 빌리 조우 페턴은 1954년 마스터즈에서 어거스타 내셔널 코스의 6번째 홀에서 그러한 방법으로 에이스를 기록하였다.

Address(어드레스)_ 공을 치는 자리에 서서 공을 치기에 앞서 클럽을 조정하는 것을 말한다.

Advice(어드바이스)_ 플레이어에 대한 결단, 클럽의 선택, 스트로크(샷)의 방법에 대해서 조언하는 것을 말한다. 가령 쇼트 아이언을 쓰는 것이 좋다든가 콤팩트한 스윙을 하라든가 또는 그린 위에서의 볼의 라인 등을 가르쳐 주면 안 된다. 스트로크 플레이에서 어드바이스를 할 수 있는 것은 자신의 캐디뿐이다. 그러나 공지된 사실은 누가 가르쳐 주어도 상관없다.

Against bogey(어게인스트 보기)_ 보기에 대항하여 승패를 정하는 경기. 방법은 어게인스트 파와 같다.

Against par(어게인스트 파)_ 각 홀의 파에 대항하여 플레이 하는 것. 매치 플레이와 마찬가지로 업(up)과 다운(down)을 상쇄해서 업이 많은 사람이 우승한다.

Against wind(어게인스트 윈드)_ 앞에서 불어오는 바람. 즉, 바람이 불어오는 쪽을 향해서 플레이 하는 것을 말한다. 비거리도 떨어지고 볼에 사이드 스핀이 걸리면 좌우로 휘어지기 쉽다.

Age shoot(에이스 슛)_ 1라운드를 자신의 나이 또는 그 이하의 타수(그로스)로 골프를 하는 것. 에이지 슛을 이룩한 사람을 에이지 슈터라고 한다. 남자는 18홀 6,000야드 이상, 여자는 18홀 5,400야드 이상의 코스 규모라는 규정이 있다.

Air shot(에어 샷, 공중타격)_ 공을 맞히지 못하고 완전히 빗나가서 바람만 이는 것. 골프 경기 중 가장 부끄러운 타격이다. 특히 첫 번째 티에서 관중이 보고 있을 때가 가장 부끄럽다.

Airline distance(에어라인 디스턴스)_ 코스 레이팅을 기록할 때 홀의 거리를 재는 방법. 티에서 그린 중앙까지를 이어 측정한 직선거리.

Albatross(앨버트로스)_ 규정 타수보다 3타 적은 수로 홀인하는 경우를 말한다. 가령 파5의 홀을 2타로 넣었을 경우가 이에 해당한다.

All square(올 스퀘어)_ 호각의 성적. 승패가 결정되지 않은 무승부란 뜻.

Altermate stroke(얼터메이트 스트로크)_ 공을 칠 때 두 명의 파트너가 서로 번갈아 가면서 치는 것으로 골프 게임의 변화이다. 오래된 방식의 골프 게임이나, 아직까지 현대에서도(옛 전통적인 골프를 지지하는 많은 골프 클럽에 못지 않게) 인터네셔널 라이더 컵(International Ryder Cup)-(프로), 워커(Walker) 그리고 커티스컵(Curtis Cup)-(아마추어) 경기에서도 많이 사용하고 있다.

Amateur side(아마추어 사이드)_ 비탈진 퍼팅 상태에서는 홀 컵의 아래쪽을 지나가는 볼의 경우 100%로 컵에 명중된다는 가능성이 없다. 이것을 아마추어 사이드라고 한다. 이것과는 대조적으로 위쪽으로 지나가는 볼을 프로 사이드라고 한다.

Amen corner(아멘 코너)_ 골프의 제전 마스터즈가 열리는 오거스터 내셔널 코스의 11번, 12번, 13번을 '아멘 코너'라고 한다. 전략성이 높은 코스이므로 누구나 무의식 중에 '아멘'이라고 기도하고 싶을 정도로 난홀이므로 그 이름이 붙었다.

Annual fee(애뉴얼 피)_ 연회비를 말한다. 연회비는 회원들에게는 계약상의 의무이므로 혹시 미납이 계속되면 계약 불이행의 이유로 제명을 당하기도 한다.

Apporach(어프로치)_ 어프로치 샷. 어프로치의 구역이라고도 한다. 어프로치는 '접근한다'는 뜻으로 가까운 거리에서 핀을 명중시켜 치는 것을 어프로치 샷이라고 한다. 1000야드를 비롯해서 그린 가장자리까지 그 거리는 다양하다. 또한 그린 주변에는 그린에서 빗나가 볼을 핀에다 붙여대는 비교적 치기 좋은 지대가 있다. 그것을 어프로치 구역이라고 한다.

Approach play(어프로치 플레이)_ 홀의 가까운 곳에서 하는 플레이로써 가까이서 치는 묘기, 어프로치 샷을 말한다. 여기에는 칩(chip), 피치(pitch), 러닝(running), 어프로치(apporach) 등이 있다.

Approach putt(어프로치 퍼트)_ 볼을 핀(표지 또는 깃대)에 가까이 가도록 하는 롱 퍼트.

Apron(에이프론)_ 그린의 입구를 말하는 것으로 잔디를 가지런하게 다듬은 구역.

Army(아미)_ 골프에서는 전반 9홀의 성적으로 핸디를 정하는 것을 말한다.

Attest(어테스트)_ 플레이 종료 후 동반 경기자가 기입한 각 홀의 스코어를 체크하고 틀린 것이 없으면 동반 경기자의 서명란에 사인하는 것. 플레이어는 반드시 확인하고 나서 경기자 서명란에 사인을 하고 제출한다. 사인을 하지 않으면 경기 실격이 된다. 사인하는 것은 '마커' 또는 '어테스터'라고도 한다.

Average(애버리지)_ 플레이어의 평균 타수.

Average golfer(애버리지 골퍼)_ 중간 정도의 기술을 가진 일반 골퍼. 핸디캡이 18~15정도의 사람을 말한다.

Average score(애버리지 스코어)_ 스트로크 플레이로 각 홀의 합계타수를 평균해서 1홀의 스코어를 정하는 것.

Away(어웨이)_ 처음 티로부터 타격을 한 후, 홀로부터 멀리 떨어져 먼저 치는 사람을 가리켜서 표현하는 말이다. 그를 바로 「어웨이」라고 부른다. 한 경기자의 공이 골프 코스 안에 있고, 또 다른 경기자의 공이 벙커(장애)에 있어도 마찬가지이다. 이것은 또한, 벤 호건이 가장 즐겨하는 표현이었다.

[B]

Back door entrance(백 도어 엔트런스)_ 그린 뒤의 가장자리(에지)에서 퍼팅하는 것.

Back nine(백 나인)_ 18홀 골프 코스에서 두 번째의 코스를 말한다. 대부분의 골프 코스에서 첫 번째 9홀은 클럽하우스로부터 곧바로 펼쳐져 있다. 그리고 나서 플레이어는 방향을 바꿔 다시 돌아 들어온다.

Back spin(백 스핀)_ 볼의 역회전. 언더 스핀이라고도 한다. 로프트가 있는 클럽으로 올바르게 친 볼은 백 스핀으로 나간다.

Back spin mashine(백 스핀 매쉰)_ 나무로 된 헤드 클럽으로 5번 아이언 로프트(loft)이며, 깊숙이 홈이 파인 표면을 갖고 있다.

Back swing(백 스윙)_ 클럽을 후방으로 들어 올리는 동작. 옳은 백 스윙은 좋은 샷의 원동력도 된다.

Back tee(백 티)_ 티 라운드에는 프론트 티, 미들 티와 백 티 및 레이디스 티 등이 있다. 코스의 정규 거리는 이 백 티로부터 계산되며 프론트 티보다 5260야드 뒤쪽이다.

Back weight(백 웨이트)_ 우드 채의 헤드 뒷면에 부착되어 있는 금속성의 추. 사이드 메탈, 사이드 솔이라고도 한다. 중심 심도가 크기 때문에 볼을 잘 띄울 수가 있다.

Bad luck(배드 럭)_ 운이 없는 것. 하드 럭이라고도 한다. 상대편의 볼이 운이 없다 싶게 튀어 구르거나 휘어 나갔을 때 '배드 럭' 이라고 큰 소리를 지른다.

Baffy(베피)_ 옛날 골프에서의 나무 헤드(우드 클럽)로 스푼(3번 우드)보다 더 큰 로프트를 가지고 있다. 요즈음 게임에서는 4번 내지 5번 우드 정도로 분류되는 것으로 간주한다.

Bail out(베일 아웃)_ 긴 거리를 퍼트해서 컵에 명중시키고는 그 홀의 패배를 면하는 것

Balata(발라타)_ 최고 수준의 골프 공의 외피에 쓰이는 천연 또는 인공 소재. 부드럽고 탄성이 커서 스핀이 많이 걸리며 프로들이 많이 선호한다.

Banana ball(바나나 볼)_ 슬라이스 볼의 미국식 용어.

Bare ground(베어 그라운드)_ 나지. 잔디나 풀이 나지 않은 곳으로 흙이 나와 있는 곳.

Bare patch(베어 패치)_ 맨땅. 베어 그라운드라고도 한다. 잔디가 드물어서 땅이 드러난 부분. 해저드가 아니므로 구제가 안 되고 그대로 칠 수밖에 없으며 상황에도 따르지만 타면의 각도가 적은 아이언 채로 동작을 작게 해서 치는 것이 무난하다.

Beginner(비기너)_ 초보자. 골프를 처음 시작한 사람.

Bend point(벤드 포인트)_ 우리나라에서는 샤프트의 구부러지는 정도를 킥 포인트라고 하는데, 옳은 표현은 Bend point(벤드 포인트)이다.

Best ball(베스트 볼)_ 보통은 최소 다수의 볼을 베스트 볼이라고 한다. 경기에서는 1인이 2인 이상의 사이드와 대항해서 상대방 사이드의 각 홀의 최소 타수를 얻은 사람과 대항하는 것을 베스트 볼 매치라 한다.

Best ball and aggregate(베스트 볼 앤드 어그리게이트)_ 포어 볼 매치인 경우, 상수 플레이어와 하수 플레이어가 일조가 되는 방법.

Bet(베트)_ 승부 또는 도박. 플레이어끼리 승부를 걸고 다투는 일.

Better ball(베터 볼)_ 2인조 경기 중 그 한 홀에서 나온 두 득점 중 적게 나온 득점을 선택하는 것이다. 베터 볼은 항상 2인조 경기에 사용되고 베스트 볼은 4인조 경기에서 사용된다.

Between the markers(전치사구)_ 볼을 치기 시작하는 구역은 언제든지 두 표적에 의해서 지적되고 경기선과 수직이 되는 선에 위치한다. 경기자는 표적을 사의 선에서 직접 볼을 칠 수 있고, 또는 표적들로부터 직선으로 두 개의 클럽으로 만들어지는 직사각형안 어디에서든지 볼을 칠 수 있다. 만약 그가 표적 앞에 다 볼을 놓고 경기를 시작하면 그 타격은 치지 않고 다시 티로 돌아와 경기를 시작해야 한다.

Bevel sole(베벨 솔)_ 골프채의 밑바닥 모양. 아이언 채의 경우는 맨 앞과 끝 쪽의 밑바닥이 리딩 에지를 중심으로 양쪽이 똑같이 경사져 있는 모양. 우드의 경우는 맨 앞과 끝 쪽이 크게 깎여진 상태로 타면에서 보아 밑바닥이 지붕 모양으로 경사져 있다.

Birdie(버디)_ 한 홀의 규정 타수보다 하나 적은 타수로 홀인하는 것.

Bisk(비스크)_ 사전상으로는 약한 쪽에 주는 1점(1스트로크)의 핸디캡이라는 뜻으로 골프에서는 핸디캡 홀을 스스로 선택할 경우에 이것을 비스크(bisk)라고 한다.

Bite(바이트)_ 스핀을 볼에 세게 대는 것으로, 바이트(bite)는 능숙한 아이언 샷에 의해서 나타난다. 클럽 헤드의 평평한 부분이 아래로 향하도록 볼을 쳐서 볼이 볼 아래로부터 뒤로 뒤집어져 위로 올라가는 회전을 일으킨다. 이러한 볼이 바닥에 떨어지면 대개의 경우 볼의 반동력으로 앞으로 한 걸음 정도 나아가다 백 스핀에 의해 정지하게 된다.

Black shaft(블랙 샤프트)_ 검은색 샤프트 총칭.

Blade(블레이드)_ 아이언 클럽의 칼날형으로 된 부분.

Blade lenge(블레이드 렝스)_ 클럽 헤드의 맨 앞에서 맨 뒤까지의 길이.

Blade one(블레이드 원)_ 아이언 클럽 헤드의 아래 가장자리 쪽으로 볼의 중간을 치는 것.

Blade putter(블레이드 퍼터)_ 평평한 면의 금속으로 된 경타용 골프채.

Blast(블래스트)_ 벙커에서 모래를 폭발시키듯 크게 치는 것으로 익스플로우전 샷과 같다.

Blind(블라인드)_ 타 조에 있는 사람과 스코어의 결과만으로 승부를 겨루는 경기. 코스에서는 지형의 기록, 숲 등으로 타구의 목표점이 보이지 않는 경우.

Blind hole(블라인드 홀)_ 티 그라운드에서 그린이 가리워져 보이지 않는 홀.

Blow(블로우)_ 강타. 힘을 넣어 치는 것.

Blow up(블로우 업)_ 만회를 못할 만큼으로 플레이가 엉망이 되는 것.

Bogey(보기)_ 사전 상으로는 기준 타수보다 하나 많은 타수를 뜻한다. 미국에서는 파보다 하나 더 친 타수로 홀 인하는 것을 말하며, 영국에서는 스크래치 플레이어가 낼 수 있다고 생각되는 기준 타수를 말하는 것으로 우리나라에서 말하는 파와 같다.

Bogey player(보기 플레이어)_ 1홀 평균 스코어가 보기로서 오르는 골퍼를 말한다. 즉 1라운드 90전후의 사람으로 애버리지 골퍼와 같은 뜻이다.

Bone(본)_ 골프채의 헤드를 보호하는 데 사용한 상아.

Booby maker(부비 메이커)_ 최하위자.

Borrow(보로우)_ 비탈진 그린에서 구멍의 오른쪽으로 또는 왼쪽으로 거리가 비탈에 좌우될 경우에 마치 비탈의 정도를 보충하고, 구멍에 적당한 선을 그리는 것과 같이 볼을 겨누는 것을 말한다. 발로서 또는 인치로서 그 정도를 파악하는 것.

Box toe(박스 토우)_ 아이언 채의 헤드 맨 뒤가 직각으로 되어 있는 형태.

Brassie(브래시)_ 우드 2번 클럽. 드라이버보다 1인치쯤 짧고 조금 무거우며, 로프트도 많다.

British open(브리티시 오픈)_ 전영오픈을 말함. 1860년에 개설했으며, 세계에서 가장 오래된 역사를 자랑하는 오픈 선수권.

Brog hair(개구리 머리카락)_ 초기 TV 골프 캐스터 지미 데마렛이 지칭한 프린지의 별칭.

Brother in law act(브라더 인 로우 액트)_ 2구(two ball) 종목에서 두 사람이 파

트너에 의해 훌륭히 조화된 득점수를 설명하는 데 쓴다.

Buffy(버피)_ 우드 클럽의 4번. 스푼보다 헤드가 조금 작고 또 로프트는 크다. 보통 로프트는 74, 길이 41, 무게 14온스가 기준이다.

Bulger face(벌저 페이스)_ 우드채 타면의 경우, 맨 앞에서 맨 끝에 걸쳐 둥글게 모양져 있는 것.

Bull's-eye putter(불스아이 퍼터)_ 색다른 곡선 모양의 굽이 있고 놋쇠로 된 면이 있는 퍼터(putter)를 말한다. 거의 중심이 잡혀 있어 뛰어난 균형을 준다. 40년 전쯤 어큐쉬넷트 회사에서 개발했다.

Bunker(벙커)_ 웅덩이를 파놓아 흙 또는 모래 등을 깔아 놓은 장애물. 경우에 따라서는 잡초류가 깔려있는 웅덩이도 이 범위에 속하며 그라스 벙커(Grass Bunker)라고 부른다. 벙커는 모양, 깊이 그리고 크기에 커다란 변화를 준다. 보통 벙커에는 페어웨이에 있는 크로스 벙커, 사이드 벙커와 그린 주변에 있는 그린 벙커의 3종류가 있다.

Bunker rake(벙커 레이크)_ 벙커를 고르게 하는 고무래.

Bunker shot(벙커 샷)_ 벙커 안에 떨어진 볼을 그린 또는 페어웨이로 쳐 내는 타법. 벙커에서 샷을 할 때에는 클럽이 모래에 닿게(Sole) 되면 벌타가 부과된다.

Buried lie(베리드 라이)_ 볼이 부드러운 잔디나 모래에 떨어져 거의 시야에서 사라져 버렸을 때에 일어나는 불운한 상황.

Butt(버트)_ 그립쪽의 샤프트 맨 앞.

Butt dia(버트 다이어)_ 샤프트 몸통의 그립 끝 쪽을 가리키는 것인데, 제조업체, 경도에 따라 다름.

Butt section(버트 섹션)_ 샤프트 끝 쪽의 그립을 끼우는 공간.

Button hook(버튼 훅)_ 구멍을 향해 가볍게 친 볼이 구멍의 한쪽 면을 치고 그 주위를 뱅뱅 돌다가 구멍의 앞쪽 가장자리로부터 다시 튕겨 나와 플레이어에게 돌아왔을 때.

[C]

Caddie(캐디)_ 플레이의 진행을 돕는 사람. 룰 상으로는 플레이어의 유일한 원조자가 되는 셈이며, 캐디의 조언을 받아도 무방하다.

Caddie Cart(캐디 카트)_ 캐디백을 싣고 다니는 소형 자동차.

Caddie master(캐디 마스터)_ 코스의 종업원으로 캐디의 배속, 교양을 담당하고 그 양성을 책임지는 사람.

Camber sole(캠버 솔)_ 아이언 채의 밑바닥이 리딩 에지에서 트레이딩 에지에 걸쳐 볼록하게 지어진 형태. 잔디의 저항이 적어서 밑바닥이 매끄럽게 나간다.

Card(카드)_ 스코어를 기입하는 카드. 카드에는 동반 경기자의 이름. 홀 넘버(1번~18번), 각 홀의 기준 타수, 각 홀의 거리, 각 홀의 난이도를 보여주는 홀 핸디캡, 어테스터의 서명, 플레이어의 서명 등 적도록 되어 있고 로컬 룰도 인쇄되어 있다. 플레이 전에 반드시 로컬 룰을 읽는다. 플레이어는 홀마다의 스코어를 기입하고 경기에서는 마커의 사인과 본인의 사인을 하여 경기위원회에 제출한다.

Carried honor(캐리드 오너)_ 1홀에서 동점이 된 경우, 다음 홀에서도 이전 오너가 우선권을 갖고 있는 것.

Carry(캐리)_ 사전 상으로는 볼이 날아간 거리, 사정거리라는 뜻으로 골프에서는 볼이 공중을 나는 거리를 말한다.

Carry over(캐리 오버)_ 플레이어가 규정된 홀 수에서 승부가 나지 않아 다시 하는 것을 말한다. 또 1홀에서 동점일 때 승패를 다음 홀에서 정하는 것을 말한다.

Cart(카트)_ 캐디 백을 실어 나르는 수레를 캐디 카트 또는 골프 카트라고 한다. 1백용,

2백용의 손으로 끌고 다니는 수레, 4백용의 전동 캐디 카트도 있고, 타고 다니는 캐디 카트도 있다.

Cash in putter(캐쉬 인 퍼터)_ 헤드 중앙에다 샤프트를 붙인 이른바 T형의 퍼터를 가리킴. 일명 센터 샤프트 퍼터라고도 함.

Casual water(캐주얼 워터)_ 사전상의 의미는 코스의 장애로써 일부러 만든 것이 아니고 비 따위로 괸 물이라는 뜻. 골프에서는 코스 내에 우연히 생긴 일시적인 습지로 워터 해저드와는 구별된다.

Center of gravity(센터 오브 그라비티)_ 골프채의 헤드 무게를 배분한 중심점. 그 위치가 낮고 깊을수록 볼은 잘 떠오른다.

Center weight(센터 웨이트)_ 뒤쪽과 앞쪽의 중심 이론과는 전혀 반대가 되는 입장을 주장하는 골프 이론으로 헤드의 중심을 센터에 집중시킨다. 중심으로 명중시켰다면 힘이 최대한으로 발휘되지만 명중이 안 되면 관성 모멘트가 작기 때문에 큰 미스 샷을 내게 된다.

Champion course(챔피언 코스)_ 공식 선수권 경기를 할 수 있는 정규의 설비를 갖춘 코스로 홀 수는 18홀. 전장은 6,500야드 이상으로 규정되어 있다.

Chee(치)_ 나무 손잡이로 된 4번이나 5번 아이언 클럽

Chip and run(칩 앤드 런)_ 4, 5번 아이언과 같은 짧은 로프트를 가진 클럽으로 치는 샷. 그린의 가장자리나 러프에서 주로 사용하며, 칩 샷으로 꺼낸 볼은 연이은 퍼팅으로 홀 컵에 집어 넣는다. 대체로 그 비율은 1/3은 칩 샷에, 2/3는 퍼팅 즉, 런(run)에 할애된다.

Chip in(칩 인)_ 칩 샷으로 볼이 홀에 들어가는 것.

Chip shot(칩 샷)_ 사전상으로는 손목만 사용해 볼을 짧게 친다는 뜻. 어프로치 샷의 일종으로 단거리에서 핀을 치는 샷.

Choice score(초이스 스코어)_ 동반자끼리 조를 짜서 스트로크 플레이를 할 때 조원 중에서 가장 좋은 스코어를 선택하여 계산하는 것.

Choke(초크)_ 맥을 못추다. 압박에 약하다는 뜻. 클럽을 짧게 잡는 것도 초크한다고 함.

Circuit(서킷)_ 각 국의 여러 코스를 정해진 일정과 순서로 돌면서 플레이하는 순회경기를 뜻함. 즉 아시안 서킷은 아시아 지역을 돌며 라운딩을 하는 대회를 말한다.

Claim(클레임)_ 상대방이 반칙을 범할 경우 또는 협의가 생긴 경우에 하는 항의.

Clean(클린)_ 아이언으로 잔디나 흙을 치지 않고 볼만을 치는 것.

Closed face(클로즈드 페이스)_ 어드레스 했을 때 골프채의 타면 방향이 왼쪽일 때. 스윙 도중 톱 스윙에서 골프채의 타면이 거의 곧장 위로 향할 때. 우드 클럽으로 슬라이스를 막기 위해 헤드를 직각보다 좌측으로 향하게 할 때.

Closed stance(클로즈드 스탠스)_ 기본이 되는 스탠스의 일종으로 볼의 비행선과 평행한 가정선에서 오른발을 약간 뒤쪽으로 끌어 딛고 서는 스탠스.

Club(클럽)_ 골퍼가 볼을 치기 위해 사용하는 골프채의 머리 부분. 골프용구일 경우 14개 이상의 클럽을 가지고 라운드하는 것은 허용되지 않는다.

Club face(클럽 페이스)_ 클럽 헤드의 볼을 치는 면. 타구면.

Club head(클럽 헤드)_ 클럽의 선단을 말함. 클럽 헤드의 볼을 치는 면, 타구면.

Club house(클럽 하우스)_ 골퍼가 식사, 옷 갈아입기, 목욕, 휴식 등을 하는 건물.

Club length(클럽 랭스)_ 클럽의 길이. 리플레이스(볼을 옮기는 것)하는 경우 그 한도를 클럽의 길이로 규정.

Cock(콕)_ 손목의 꺾임.

Coil(코일)_ 백 스윙 시 상체를 코일처럼 돌려 트는 것. 다운 스윙은 돌려 튼 코일을 단숨에 되푸는 것. 그 축적된 힘으로 볼을 친다.

Comming in(커밍 인)_ 코스 후반의 9홀. 인(in)과 같음.

Committee(커미티)_ 위원, 위원회 또는 골프장을 운영하는 위원을 가리킴.

Compact(콤팩트)_ 빈틈없는 완전한 스윙.

Competition(콤페티션)_ 경기. 사적인 경기라면 프라이빗 콤페티션이라고 한다.

Compression(콤프레션)_ 골프 볼의 경도. 얼마나 단단한가를 나타내는 말로 일반적으로 가장 딱딱한 콤프레션 100의 볼은 흑색, 90이 적색, 80이 청색으로 표시되어 있다.

Concave(컨케이브)_ 골프채의 타면이나 밑바닥이 움푹한 상태.

Concede(컨시드)_ 매치 플레이 시 상대방 볼을 원 퍼트로 넣을 수 있다고 생각되는 경우, 홀을 주는 것.

Control(콘트롤)_ 샷의 제어력

Control shot(콘트롤 샷)_ 짧은 거리의 어프로치 샷으로 톱을 약간 낮게 해서 친다.

Correct lie(컬렉터 라이)_ 골프채의 라이 각도가 이상적인 각도로 되어있는 상태. 골프채를 휘둘러보면 밑바닥에 생기는 긁힌 자국이 중심에서 바로 밑에 있는 것.

Country club(컨트리 클럽)_ 골프 코스를 포함한 농장 및 전원 휴식 공간을 포함하고 있는 장소를 말하며 골프 코스만을 갖고 있는 골프 클럽과는 차이를 두고 있다. 그러나 요즈음은 회원제 골프 클럽의 명칭으로 사용되고 있다.

Course(코스)_ 골프 코스의 생략, 골프 플레이를 위해 만든 지역 전체를 말한다. 코스에는 퍼블릭 코스(Public course), 컨트리 클럽 멤버십 코스(Country club membership course), 리조트 코스(Resort course), 세미퍼블릭 코스(Semi-public course) 등

이 있다.

Course lating(코스 레이팅)_ 코스에서 쉬운 코스와 어려운 코스를 나타내는 난이도를 말함.

Course management(코스 매니지먼트)_ 스코어와 홀의 공략법을 조절하는 것. 어느 방향에서 공략하면 좋은지, 제2타의 볼을 어디로 보내야 하는지에 대해 생각한다.

Course rate(코스 레이트)_ 기준이 되는 플레이어의 플레이를 기준으로 해서 그 코스의 여러 가지 조건을 고려해서 정한 코스의 난이도.

Course record(코스 레코드)_ 각 코스에서 공식으로 인정한 최저 스코어의 기록. 프로와 아마추어를 구분하여 표시하도록 되어 있다.

Creek(크리크)_ 대개 5번 우드를 말하고 있지만 그것은 틀린 것이다. 원래는 로프트가 적은 아이언을 말하는 것으로, 베터는 배팅 크리크.

Cross bunker(크로스 벙커)_ 페어웨이 옆으로 비스듬하게 끊어 만든 벙커.

Cross hand grip(크로스 핸드 그립)_ 퍼팅의 그립 시 오른손을 위로, 왼손을 아래로 하고 클럽을 잡는 것.

Cross wind(크로스 윈드)_ 옆에서 부는 바람.

Crown(크라운)_ 골프채의 헤드 맨 앞과 톱 라인이 엇갈리는 부분.

Cup(컵)_ 그린 뒤에 있는 홀 또는 우승컵.

Cuppy lie(커피 라이)_ 컵처럼 생긴 구덩이에 들어가 버린 볼의 위치. 보통 2개의 러프 지역의 다듬지 않은 코스에 많고 대부분 샷이 곤란한 경우가 많다.

Cut(커트)_ 볼을 깎아 친다는 뜻. 필드가 좁은 곳에서 하는 토너먼트에서 게임 이틀이 지난 후에 집계한 점수.

Cut in(커트 인)_ 코스의 순위를 무시하고 도중에서부터 플레이하는 것.

Cut shot(커트 샷)_ 4번부터 웨지에 이르는 모든 아이언 클럽을 사용해 치는 샷.

Cut up(커트 업)_ 볼을 높이 때리는 것.

[D]

Dafault(디폴트)_ 기권. D.F라고 쓴다.

Dance floor(댄스 플로어)_ 티 그라운드와 그린 사이의 잔디 구역.

Dawn patrol(돈 패트롤)_ 이른 아침에 골프를 치는 사람(새벽 순찰대).

Dead(데드)_ 볼이 홀에 곧바로 명중하는 것 또는 바로 옆에 바짝 붙는 것.

Decending blow(디센딩 블로)_ 클럽을 스윙해서 내리는 것. 다운 블로와 같다.

Decision(디시전)_ 재정 규칙의 이의나 논쟁에 대한 결정.

Dimple(딤플)_ 볼 표면에다 꾸민 움푹한 모양. 볼을 떠올리는 힘이나 방향을 잡아 날아가는 데 크게 작용을 한다. 딤플이 없으면 볼 뒤에서 공기의 소용돌이가 생겨 속도가 줄게 된다.

Disqualify(디스퀄리파이)_ 실격. 반칙이나 부진한 성적으로 인해 경기 계속의 자격이 상실되는 것.

Distance(디스턴스)_ 거리. 티에서 그린까지의 거리.

Divot(디보트)_ 볼을 쳤을 때 잔디나 흙이 클럽 헤드에 닿아 파여진 곳.

Dog leg(도그 래그)_ 좌우로 굽어 펼쳐 나가는 모습의 홀을 말함.

Dormie(도미)_ 매치 플레이에서 비겨도 이길 수 있는 것으로 남은 홀의 수와 업수가 같은 것을 말한다. 15번 홀의 티 그라운드에 왔을 때 이미 4업을 했으면 15번이 도미 홀이 된다.

Dot(도트)_ 볼의 표면에 칠한 표시의 점.

Double bogey(더블 보기)_ 어떤 홀에서 파보다 2타 많은 타수.

Double eagle(더블 이글)_ 파5홀을 2타로 넣을 때를 말하며, 앨버트로스와 같다

Down(다운)_ 지는 것을 말함. 플레이어가 상대방에게 지고 있는 홀수 또는 스트로크수.

Down blow(다운 블로)_ 톱 오브 스윙에서 내려친 클럽 헤드의 중심이 최저점에 이르기 전에 볼을 치는 것.

Down hill lie(다운 힐 라이)_ 내려가는 사면에 볼이 정지해 있는 상태.

Down swing(다운 스윙)_ 톱 스윙에서 임팩트까지 쳐 내리는 스윙.

Draw(드로우)_ 조를 짜다. 무승부가 되다. 샷이 떨어지는 순간에 왼쪽으로 볼이 흐르는 것.

Draw ball(드로우 볼)_ 오른쪽으로 꺾어 나간 볼이 떨어지는 단계에서 왼쪽으로 꺾이는 것.

Dribble putt(드리블 퍼트)_ 퍼팅 때 쇼트 퍼트를 계속 하는 것.

Driver(드라이버)_ 최장거리를 치기 위해 클럽에서도 가장 길고 수직에 가까운 로프트의 페이스를 갖고 있는 우드 1번 클럽.

Driver shot(드라이버 샷)_ 1번 우드로 치는 샷. 주로 티샷 시 사용. 우드채의 스윙

기본이 되는 샷.

Driving(드라이빙)_ 드라이브로 친 볼.

Driving contest(드라이빙 콘테스트)_ 페어웨이로 누구의 볼이 제일 멀리 날아갔는지를 다투는 경기. 약자로 '드라콘'이라고 한다.

Driving distance(드라이빙 디스턴트)_ 드라이버로 친 공이 멈춘 지점과 티 그라운드 간의 거리를 말함.

Driving iron(드라이빙 아이언)_ 헤드가 무겁고 로프트가 매우 작아 장타를 칠 때 주로 사용하는 손잡이가 긴 아이언 클럽.

Driving range(드라이빙 레인지)_ 드라이버에 의한 타구 범위 또는 200야드 이상이 넘는 연습장.

Drop(드롭)_ 경기 중 볼을 잃어버렸거나 장애지역 또는 도저히 경기가 불가능한 위치에 볼이 놓여있을 때, 경기가 가능한 위치에 볼을 옮겨 놓거나 새로운 볼을 다시 놓는 것.

Drop heel(드롭 힐)_ 골프채의 윗부분 능선(아이언 최상단의 라인)이 맨 앞에서 맨 뒤로 향해 심한 각도로 내려간 타입. 맨 앞쪽으로 비중이 쏠려 있기 때문에 슬라이스를 막기가 좋다.

Dual wedge(듀얼 웨지)_ 피칭 웨지와 샌드 웨지 양쪽으로 사용할 수 있는 웨지. 11번 아이언. 50~60야드의 어프로치, 거리가 꽤 되는 벙커 샷에 사용.

Dub(더브)_ 실책 투성이인 서투른 골퍼.

Duck hook(더크 훅)_ 치자마자 볼이 왼쪽으로 휘어지는 타구로 슬라이스나 바나나볼보다도 더 위협적이다.

Ducking(더킹)_ 솟아 오른 볼이 갑자기 떨어져서 굴러가는 것.

Duff(더프)_ 실패한 타격. 타구 시 볼 뒤의 지면을 때리는 것.

Duffer(더퍼)_ 실책이 잦은 엉터리 골퍼로 실력이 없는 골퍼. 골프를 배운 지 얼마되지 않은 초보자.

Duffer's delight(초보자의 골프채)_ 초보자가 가장 무리 없이 사용할 수 있는 5번 아이언을 말한다. 이것은 적당한 손잡이 자루(샤프트)와 중간 정도의 로프트(골프채 頭部의 경사)를 지녀 초보자가 마음 놓고 이용할 수 있는 클럽이다. 다른 클럽으로 고전하던 초보자가 5번 아이언만 보면 선머슴 물찬 제비 보듯 기뻐한다고 해서 '초보자의 골프채'라고 한다.

Dunch shot(던치 샷)_ 푹석푹석 발이 빠지는 모래 구덩이에서 볼을 가격할 때 '퍽(dunch)' 소리 나는 짧은 샷.

Dying put(다잉 퍼트)_ 볼이 홀 컵 가까이에 이르러 볼의 속도가 사그러져 컵 속에 빠지거나 아니면 컵의 근접 지역에서 멈추도록 하는 퍼팅.

Dynamite(다이나마이트)_ 샌드 웨지의 호칭.

[E]

Eagle(이글)_ 파(기준타수)보다 2개 적은 타수로 홀인하는 것.

Eclectic match(에크레틱 매치)_ 두 차례 이상 골프를 하고 그 중에서 가장 좋은 1라운드를 가려서 겨루는 경기방법.

Edge(에지)_ 홀, 그린, 벙커 등 홀의 요소들의 구획을 결정짓는 가장자리. 그린 둘레에 그린보다 길게 잔디가 뻗어 있는 곳을 그린 에지라고 하고 아이언의 가장자리를 리딩 에지라고 한다.

Entry(엔트리)_ 경기에 참가하는 것. 경기 참가자는 엔트리 피.

Epoxy resin(에포시 레진)_ 골프채의 샤프트와 헤드, 타면이 인서트 접착에서 사용되는 수지를 말함.

Even(이븐)_ 스트로크 수가 같을 때 또는 승패가 서로 우열을 가리기 어려울 때를 말한다. 이븐파라고 하면 파와 동수인 것이다.

Explosion shot(익스플로젼 샷)_ 볼이 벙커에 떨어졌을 때 모래와 함께 강타해서 그 압력으로 볼을 모래와 함께 벙커로부터 탈출시키는 샷.

Extra hole(엑스트라 홀)_ 정규의 홀에서 승부가 나지 않고 연장전에서 겨루는 홀을 말함. 스트로크 플레이에서는 18홀을 연장하는 방식과 어느 한쪽이 이긴 홀에서 끝내는 서든 데스 방식이 있다.

Eye O matic(아이 오 매틱)_ 1952년 맥그리거의 우드가 전성기를 자랑하던 시절에 채용된 페이스 인서트의 종류. 볼을 치는 순간의 범위가 좁고 독특한 색깔로 꾸민 것이 특징.

Eye off(아이 오프)_ 볼을 맞힐 때 눈이 볼에서 떨어지는 것. 머리를 들게 되면 눈이 볼에서 멀어지기 때문에 옳지 못한 샷의 원인이 된다. 시선을 든다는 look up도 같은 의미이다.

[F]

Face(페이스)_ 골프채의 타면.

Face grooves(페이스 그루브)_ 볼에 스핀을 줄 수 있도록 밑바닥과 평행하게 클럽 페이스에 파 놓은 홈.

Face insert(페이스 인서트)_ 우드채의 타면에 부착한 판.

Face progression(페이스 프로그레션)_ 샤프트의 중심선과 클럽 타면의 밑바닥에서 생기는 간격.

Fade(페이드)_ 볼이 떨어지기 직전에 속도가 둔해지면서 오른쪽으로 커브하는 것.

Fairway(페어웨이)_ 티 그라운드와 퍼팅 그린 사이에 놓여진 잔디.

Fairway wood(페어웨이 우드)_ 우드 클럽의 3, 4, 5번을 페어웨이 우드라고 한다. 최근에는 메탈 우드가 많아져서 6번이나 7번도 사용한다.

Fairway wood shot(페어웨이 우드 샷)_ 페어웨이에서 우드 3~5번으로 치는 샷.

Fast green(페스트 그린)_ 볼의 미끄러짐이 빠른 그린.

Fat(펫)_ 볼 대신 볼 앞의 그라운드를 치는 것.

Feather(페더)_ 그린의 왼쪽을 향해 쳐낸 정교한 페더를 말한다.

Feather ball(새털공)_ 초창기 1800년대의 골프공은 거위털을 다져 꿰맨 것이었다. 골프공 제조수공업자는 거위털을 모아 푹 삶은 다음 공 모양의 작은 구멍에 집어넣고 압착기로 눌러 만들었다고 한다. 그러므로 새털공은 손이 많이 가야 했고, 값 또한 터무니없이 비쌀 수밖에 없어 부호들만이 골프를 즐길 수 있었다. 그러던 것이 1870년대 구타페르카 골프공이 발명되면서 비로소 대중화가 가능해졌다.

Fellow competitor(펠로 콤페티터)_ 동반 경기자, 상대방 적이나 파트너와는 다르다. 스트로크 플레이에서 같은 조인 플레이어.

Final(파이널)_ 마지막의 결정적이란 뜻. 경기에서는 결승전.

Finger grip(핑거 그립)_ 양손의 손가락으로 클럽을 감아쥐는 방법.

Finish(피니시)_ 타구 완료의 자세 또는 경기 최후의 홀을 끝내는 것.

Flag(플래그)_ 깃대 상단에 붙어있는 깃발 또는 홀에 꽂혀 있는 핀.

Flag sole(플래그 솔)_ 아이언 헤드의 밑바닥 뒷부분이 불룩하게 된 모양.

Flag tournament(플래그 토너먼트)_ 스트로크 플레이로 코스의 파에 자기 핸디캡을 가한 것을 자기 점수로 가하여 그 점수의 스트로크를 다 써 버린 지점에 자기 이름을 적은 깃발을 세우는 경기 방법.

Flange sole(플랜지 솔)_ 아이언 클럽의 솔이 둥글고 두터운 면을 하고 있는 것.

Flash trap(플래쉬 트랩)_ 얕은 벙커. 미국에서는 벙커를 트랩이라고 한다.

Flat(플래트)_ 클럽의 샤프트와 지면이 만드는 각도가 적은 것 또는 지면이 평탄한 것.

Flat course(플래트 코스)_ 평탄한 지형에 꾸며 놓은 골프장.

Flat swing(플래트 스윙)_ 스윙의 면이 보다 지면에 가까운 각도로 쳐 돌려지는 것.

Flex(플렉스)_ 골프채의 샤프트가 휘는 정도.

Flier(플라이어)_ 너무 날아간 것. 러프에서 쳤을 때나 비 오는 날에 볼이 엉뚱한 방향으로 갈 때가 있다. 볼과 타면 사이에 잔디나 물이 끼이기 때문에 생기는 현상이다.

Flier lie(플라이어 라이)_ 크로바나 밀생한 잔디 위에 정지한 볼 또는 러프에 있어서도 떠 있는 상태의 볼을 말한다.

Floater(플로터)_ 물에 뜨는 공.

Fluffy lie(솜털 라이)_ 잔디 위에 아슬아슬 놓여 있어 샷이 용이치 못한 공의 위치. 이 위치는 볼에 스핀도 줄 수 없고 뜻대로 임팩트도 되지 않아 샷을 하면 주저앉을 것만 같아 솜털 라이라고 한다.

Fluke(플루크)_ 우연히 맞는 것. 예기치 못했던 행운의 샷 등을 말한다.

Follow through(폴로 스루)_ 타구 때 클럽 헤드의 움직임이 정지되지 않고 비구선을 따라서 스윙되는 것.

Follow wind(폴로 윈드)_ 볼이 날아가는 방향으로 부는 바람. 추풍 페이버라고도 한다. 이 바람이 불 때는 좀 늦게 티 오프해서 충분히 이 바람을 이용해야 한다.

Foot action(풋 액션)_ 스윙을 행하기 위한 발의 움직임.

Foot work(풋 워크)_ 골프 스윙에 따르는 양 발, 양 무릎의 동작.

Fore(포어)_ 앞쪽의 플레이어나 코스의 인부 등에게 지금부터 볼을 친다고 하는 것을 알리기 위해 지르는 구호

Fore caddie(포어 캐디)_ 티 샷을 관장하기 위하여 볼의 낙하지점에 서서 티 샷된 볼로부터 상해를 입지 않도록 감시하는 캐디.

Foreteen club rule(포틴 클럽 룰)_ 골프 경기에서 14개 이내의 클럽만을 갖고 쓸 수 있게 된 현행의 규칙.

Four some(포 섬)_ 4명이 2명씩 조를 짜되 각 팀이 하나의 공을 가지고 교대로 스트로크한다. 플레이를 시작할 때 누가 먼저 티 샷을 할 것인지 결정하고 그 뒤에는 교대로 티샷을 한다.

Four-ball(포 볼 매치 플레이)_ 4명 모두의 점수를 적용하여 승부를 가리는 포 볼 홀 매치 플레이를 말한다. 또한 이것의 경기 운영은 쌍방의 최고 득점자의 점수로 승부를 가리는가 하면 최저 득점으로 승부를 결정하기도 하며 때에 따라서 최고와 최저의 점수를 합한 종합 점수로 승부를 판가름하는 등 다양하게 운영되고 있다.

Forward pressing(포워드 프레싱)_ 백 스윙을 행하기 직전에 탄력을 갖도록 하는 예비동작

Freid egg(프라이드 에그)_ 벙커에 빠진 볼이 모래 속으로 파고 들어서 눈알같은 상태가 된 것.

Friendly match(프렌들리 매치)_ 골프장 간의 친선 경기.

Fringe(프린지)_ 그린에 인접해 있는 외곽 지역의 짧은 잔디.

Front nine(프론트 나인)_ 아웃 코스와 같은 의미. 18홀 중에서 전반의 9홀을 프론트 라인이라고도 한다.

Front tee(프론트 티)_ 백 티에 대해서 전방에 있는 티 또는 보통 플레이어와 여성이 경기를 행하는 티.

Full set(풀 세트)_ 클럽을 14개 갖추는 것. 보통 우드 3개, 아이언 10개, 퍼터 1개이다.

[G]

Gallery(갤러리)_ 골프 시합을 관전하러 온 관중.

Gear effect(기어 이팩트)_ 볼을 쳤을 때, 스위트 스폿에서 어긋나면 타면과 볼이 톱니바퀴끼리 얽힌 것 같은 상태가 되어 변칙적인 역회전이 걸리는 것.

General rule(제너럴 룰)_ 공동의 룰. 골프협회가 정한 룰.

Ginty(긴티)_ 그립이 용이하도록 V자형 바닥판(밑판)을 첨부하여 최근에 새로이 보안된 우드 클럽.

Give(기브)_ 쌍방의 볼이 홀 가까이 비슷한 지점에 놓여 있을 때 상대방에게 컨시드를 요구하는 소리로서 주로 쇼트 퍼팅에 약한 골퍼들이 자주 쓰는 말이다.

Give me(기브 미)_ 퍼팅 때 OK라는 뜻. 홀컵까지 더말할 여지없이 1퍼트로 성공시키는 거리일 때 상대가 허용하는 상황.

Give up(기브 업)_ 경기를 포기한다는 뜻이다. 스트로크 플레이에서는 경기 자체를, 매치 플레이에서는 해당 홀을 포기하는 일을 말한다.

Glass fiber(그라스 파이버)_ 유리를 가늘게 실모양으로 뽑은 섬유로서 골프채의 샤프트의 강도를 높이는 보조재로써 이용된다.

Glove(글로브)_ 골프용 장갑. 미끄러운 것을 방지하고 손을 보호하는 역할을 한다. 겨울에는 방한용도 된다.

Gobble(고블)_ 그린 위에서 과감히 볼을 홀에 강타해서 넣는 것.

Going out(고잉 아웃)_ 일반적으로 생략해서 아웃이라고 한다. 코스 전반의 9홀을 말하며, 클럽 하우스로부터 출발해 나가는 방향의 홀.

Golden eagle(골든 이글)_ 앨버트로스를 말하는 것. 파5홀을 2타로 명중시키는 것.

Golf course(골프 코스)_ 골프 경기를 할 수 있도록 조성된 경기장. 정식 골프 코스인 경우는 18홀 이상으로 되어 있고 규정 타수는 70-73타 정도가 대부분이다.

Golf fanatic(골프 패너틱)_ 골프광.

Gooseneck putter(거위목 퍼터)_ 샤프트로부터 L자로 굽은 매듭에 거위목처럼 헤드가 부착된 퍼터.

Grain(그레인)_ 그린 위에서 자라는 잔디의 방향 또는 잔디결. 이것은 퍼팅에 있어서 홀컵에 접근시키는 데 막대한 영향을 미친다.

Grand slam(그랜드 슬램)_ 원래는 압승 또는 대승을 뜻하는 말로서 골프에서는 특별히 한 해 동안 US오픈, 브리티시 오픈, 마스터즈, 미국 PGA선수권 등 4개 주요 경기의 챔피언을 모두 따내는 압승을 말한다.

Grass bunker(그라스 벙커)_ 벙커의 모양을 한 구덩이로써 모래는 없고 길게 자란 풀이 덮혀 있다. 룰에서는 모래가 깔린 벙커가 아니기 때문에 해저드가 안 된다. 따라서 어드레스 때 클럽의 바닥을 땅이나 풀에 대도 위반이 아니다.

Grass cutter(그라스 커터)_ 쳐낸 볼이 낮게 직선으로 잔디 위를 스치듯 날아가는 것. 힘 있게 굴러 튀어가는 것.

Green(그린)_ 보통은 퍼팅을 하는 장소. 경기 규정에서는 플레이하는 홀에서 해저드를 제외하고 20야드 이내의 퍼팅을 하기 위해 정비되어 있는 구역을 말한다.

Green fee(그린 피)_ 플레이어가 지불하는 코스 사용료.

Green jacket(그린 재킷)_ 마스터즈 우승자에게 주어지는 웃옷. 마스터즈 경기는 이 색적으로 우승자에게 우승컵 대신 재킷을 수여하고 있다.

Green keeper(그린 키퍼)_ 코스를 정비하는 사람.

Green some(그린 섬)_ 4인으로 플레이할 때 2인씩 1조가 되어 티 그라운드에서 각자의 볼로 티샷을 한다. 그래서 유리한 볼을 채용해서 그 이후는 각 조 한 개의 볼로 플레이하는 경기 방법.

Greenie(그리니, 내기 경기)_ 그린 위에 먼저 볼을 올려놓은 자가 이기게 되는 내기 경기. 기준 타수가 3인 홀에서는 티 샷을 한 이후 홀 컵에 가장 가까이 볼을 날린 자가 이기게 된다.

Grip(그립)_ 샤프트의 윗부분으로 가죽이나 고무로 감겨져 있어 양손으로 쥐게 되는 부분 또한 샤프트를 쥐는 동작. 기본적으로는 3가지가 있으며 일반적인 것은 오버래핑 그립으로 왼손의 인지와 중지 사이에 오른손의 새끼손가락을 얹고 쥔다. 인터로킹 그립은 왼손의 인지와 오른손의 새끼 손가락을 얽어 쥐는 방법으로 손이 작은 사람에게 편리하다. 베이스볼 그립은 왼손 인지의 측면에 오른손 새끼손가락의 측면을 붙여 쥔다. 또 클럽을 양손으로 쥐는 그립도 있다. 편의상 합성 고무로 되어 있다.

Groove(그루브)_ 스윙의 옳은 궤도 또는 골프채의 타면에 새겨진 홈

Gross(그로스)_ 핸디캡 수를 계산치 않은 실제의 타수. 핸디캡 경기에서는 네트로 경기한다.

Gross score(그로스 스코어)_ 핸디캡을 고려하지 않고 실제 경기의 결과로 나온 타

수를 말한다. 그냥 단순히 토털이라고도 부른다.

Guard(가드)_ 방어. 골프장에서는 가드벙커처럼 볼을 치는 방향으로 방어적인 위치로 설계된 곳을 말한다.

Guiding post(가이딩 포스트)_ 가이드 포스트라고도 한다. 전방이 차단돼 안 보이는 홀에서 방향을 표시하기 위해 세워진 말뚝이나 막대기 등을 말한다. 미국에서는 개별의 백이 많아서 각 홀의 티에다 안내판을 세워서 홀의 도형을 그려놓고 표시한다.

[H]

Half(하프)_ 스코어가 동수로 되는 것 즉 홀이 동수의 스트로크 또는 핸디캡에 의해 양자가 동점이 되는 것을 말한다.

Half shot(하프 샷)_ 풀 스윙의 반 정도의 힘으로 치는 샷. 거리에 따라 백 스윙을 줄여서 타구하는 것.

Halve(해브)_ 스코어가 동수인 것, 즉 경기의 결과가 같은 수의 타수이거나 핸디캡 적용 후 동타로 되었을 경우 "비김"이 되는 것을 말한다.

Hand action(핸드 액션)_ 스윙 때의 양손을 쓰는 방법.

Hand down(핸드 다운)_ 어드레스할 때 손으로 누르는 듯한 자세.

Hand mashie(핸디 매시)_ 스윙이 아닌 손으로 볼을 쳐 내는 속임수를 말한다. 미국이나 유럽의 골프 코스는 방대하고 해저드도 깊은 곳이 다반사여서 벙커 속에 들어가면 상대편의 눈에 띄지 않는 경우가 많다. 이럴 경우 플레이어가 볼을 집어 들고 있다가 스윙을 하는 것처럼 손에 쥔 볼을 벙커 밖으로 밀어 올리는 속임수.

Hand up(핸드 업)_ 어드레스 때 양손의 그립을 손목꺾기를 하지 않고서 들듯이 차리는 것.

Handicap(핸디캡)_ 실력이 다른 두 플레이어가 동등한 조건에서 경기를 할 수 있도록 배려하는 허용 타수. 이것은 각자의 기량과 코스의 기준 타수와의 평균치로 정해지며, 보통 1개월 사이에 있는 3~5회의 경기성적을 핸디캡 위원에게 제출하면 위원회에서 이것을 기초로 핸디캡을 산출한다. 핸디캡에는 공인과 비공인 2가지가 있다.

Handicap differential(핸디캡 디퍼렌셜)_ 10매의 베스트 스코어 카드에서 야디지 레이팅을 뺀 것의 85/100를 핸디로 정하는 것.

Hanging lie(행잉 라이)_ 아래로 기울어진 경사면에 볼이 있는 것.

Hard luck(하드 럭)_ 악운. 배드럭과 같은 말이다.

Harvard match(하바드 매치)_ 승부가 나지 않고 무승부로 된 경기.

Haskell(해스켈 고무공)_ 1898년 커번 해스켈이 발명한 고무공을 말한다. 이 해스켈 고무공은 골프에 일대 혁명을 가져왔으며, 이 저렴한 골프공의 생산으로 비로소 골프 대중화가 가능하게 되었다.

Hazard(해저드)_ 벙커나 바다, 못, 내, 연못, 개울 등의 워터 해저드를 포함한 장애물. 래터럴 워터 해저드란 플레이선에 병행해 있는 워터 해저드. 벙커의 주변 벙커 안의 풀이 자란 곳 등은 해저드가 아니다.

Heaby rule(헤비 룰)_ 아이언채의 헤드 위 능선이 비교적 두껍게 되어 있는 것. 골든 램 핀이 대표적이다.

Head(헤드)_ 머리. 플레이어의 두뇌. 골프채의 머리 부위.

Head cover (헤드 커버)_ 목재 클럽의 머리부분을 상하지 않도록 하기 위해 헝겊이나 가죽 등으로 입힌 커버.

Head still(헤드 스틸)_ 스윙을 할 때 머리의 위치를 움직이지 않는 것.

Head up(헤드 업)_ 골프 스윙에서 임팩트가 끝나기 전에 머리를 드는 것. 미스 샷의 원인.

Heel(힐)_ 플레이어의 발꿈치. 또는 클럽 헤드의 뒷부분을 지칭하기도 한다.

Heel down(힐 다운)_ 발뒤꿈치를 착지시키는 것. 다운 스윙은 힐 다운부터 시작.

Heel and toe(힐 앤드 토우)_ 뒤꿈치와 맨 앞. 중량분포를 뒤쪽과 앞쪽 두 곳에 집중시킴으로써 히팅 에리어(hitting area)를 넓게 하고 방향성을 정확하게 하는 장점이 있다.

Hi finish(하이 피니시)_ 피니시가 머리 위보다 높은 것.

High crown deep back(하이 크라운 디프 백)_ 우드채의 헤드 모양을 말하는 것으로 앞면(타면쪽)이 높고 뒷면까지 불룩하게 된 모양.

High finish(하이 피니쉬)_ 스윙의 피니쉬를 왼쪽 어깨 위가 아니라 머리 위로 높이 이루는 자세.

Hit(히트)_ 골프채로 볼을 치는 것.

Hitting area(히팅 에리어)_ 다운 스윙으로 볼을 히트하는 단계의 위치, 히팅 존이라고도 한다.

Holable(홀러블)_ 홀에 명중시킬 수 있는 거리가 퍼트 길이라는 뜻. 1퍼트권내와 같은 의미.

Holable distance(홀러블 디스턴스)_ 단 한번의 퍼팅으로 볼을 홀 컵 속에 넣을 수 있는 거리.

Hole(홀)_ 그린에 만들어진 볼을 넣는 구멍과 코스의 한 구역을 말함.

Hole cutter(홀 커터)_ 홀을 파는 기구.

Hole in one(홀인원)_ 티 그라운드에서 1타로 볼이 홀에 들어가는 것. 에이스라고도 한다.

Hole match(홀 매치)_ 각 홀마다 승부를 정하는 경기로 공식으로는 매치 플레이라고 한다.

Hole out(홀 아웃)_ 볼이 홀 속에 명중하고 그 홀의 경기를 끝내는 것.

Home(홈)_ 18번 홀의 퍼팅 그린을 말한다.

Home course(홈 코스)_ 자기가 소속한 클럽의 골프 코스.

Home hole(홈 홀)_ 18번 홀을 말하는 것. 마지막 홀이라는 뜻. 18번 홀의 그린을 홈 그린이라고도 한다.

Honor(오너)_ 티 그라운드에서 제일 먼저 볼을 칠 권리를 오너 또는 타격 우선권이라고 한다. 이것은 이전 홀에서 가장 좋은 점수를 기록한 자에게 주어지게 된다.

Honourable member(오너러블 멤버)_ 명예회원.

Hook(훅)_ 시계 반대방향으로 도는 볼의 회전으로 오른쪽에서 왼쪽으로 휘어지는 좌곡구를 말한다. 오른손잡이인 경우 타구가 볼의 비행선보다 왼쪽으로 커브하는 것을 말한다.

Hook ball(훅 볼)_ 쳐 날린 볼이 도중에서 좌측으로 크게 꺾어 나가는 볼의 궤도를 말한다.

Hook spin(훅 스핀)_ 좌회전. 볼이 우측에서 좌측으로 되는 옆회전이 걸리는 것. 볼의 궤도는 좌측으로 꺾어 나가는 훅볼이 된다.

Horse shoes(호스 슈즈)_ 두 플레이어가 각기 두 개의 볼을 사용하여 각기 두 번의 퍼팅으로 승부를 겨루는 퍼팅 게임. 홀인원은 3점, 가장 가까이 홀 컵에 근접한 볼에 1점씩을 각기 부과하여 종합 21점을 먼저 따내는 사람이 승리하게 된다.

Hosel(호젤)_ 아이언 클럽 헤드를 샤프트에 고정할 때에 가운데 공간 부분.

House(하우스)_ 골프장의 주된 건물은 클럽하우스. 캐디의 대기실을 캐디하우스이다.

House caddie(하우스 캐디)_ 골프장의 전속 캐디. 정식 캐디. 아르바이트 캐디와 구분하기 위해 부르는 이름이다.

[I]

Imaginary cup(이미지너리 컵)_ 퍼팅의 최고 일인자로 불리우던 호돈 스미스가 만들어낸 말로 훌륭한 퍼팅은 마음 속에 그려진 상상의 홀컵을 쳐내야 한다는 그의 말에서 유래됐다. 그는 이것이 훌륭한 퍼팅을 좌우하는 결정적인 요소라고 했다.

Imaginary line(이미지너리 라인)_ 퍼팅을 할 때 볼로부터 홀 컵에 이르는 상상속의 가상 퍼팅 라인.

Impact(임팩트)_ 클럽 헤드를 볼에 접촉시켜 가격하는 것.

Impossible lie(임파서블 라이)_ 타격이 불가능한 곳에 놓인 볼의 위치.

In(인)_ 커밍 인(comming in)의 약칭. 18홀 중 후반의 10번부터 18번까지의 9홀을 말함. 이것은 출발지점을 향해 돌아오도록 되어 있기 때문이다.

In bound(인 바운드)_ 플레이가 가능한 구역, 즉 경기가 가능한 지역을 IB라 한다. 반면 그라운드에 표시는 흰색표식을 경계로 외곽을 플레이 금지 구역, 즉 OB라고 한다.

In course(인 코스)_ 18홀 중 후반의 9홀을 가르키는 말. '인' 이라고도 함.

In jail(인 제일)_ 경기 중 볼의 타격이 불가능한 라인에 떨어지거나 그린 선상에 우뚝 서 완전히 볼의 비행을 가로막고 있는 나무 뒤에 놓여 있을 때, 이것을 두고 '올가미에 걸렸다' 고 한다.

In play(인 플레이)_ 플레이어가 티 그라운드에서 볼을 최초로 스트로크하기 시작해서 홀에 넣을 때까지의 볼의 상태.

In the hosel(인 더 호젤)_ 골프채의 샤프트와 헤드를 붙인 부분을 호젤(목)이라고 한다.

Indoor golf (인도어 골프)_ 실내에서 치는 골프. 실내의 골프 연습장을 말한다.

Inland course(인랜드 코스)_ 육지 안에 만든 골프 코스.

Inside out(인사이드 아웃)_ 클럽 헤드를 볼의 비행선 안쪽으로부터 볼에 닿도록 바깥쪽으로 스윙해서 쳐내는 것을 말함.

Instructer(인스트럭터)_ 골프를 지도하는 사람. 레슨프로.

Instruction(인스트럭션)_ 의식적으로 공을 갈라치는 것. 의식적으로 슬라이스를 걸게 되면 인턴셔널 슬라이스가 된다.

Insurance for hole(인슈어런스 포 홀)_ 골프 보험의 일종. 가입자가 홀인원을 하면 계약금 내에서 축하의 비용을 준비해 주는 보험.

Interclub match(인터클럽 매치)_ 클럽간의 대항경기 또는 각 클럽의 선수가 한 코스에 모여서 하는 경기.

Interlocking grip(인터로킹 그립)_ 오른손 새끼손가락과 왼손 두번째 손가락을 겹쳐 죄어 쥐는 그립 방식으로 손이 적은 사람이나 비교적 힘이 약한 사람이 사용한다.

Invitation match(인비테이션 매치)_ 초대경기.

Iron(아이언)_ 클럽 헤드가 쇠로 만들어진 골프 클럽의 총칭.

Iron play(아이언 플레이)_ 아이언 클럽을 사용해서 플레이를 하는 것.

Iron shot(아이언 샷)_ 아이언 클럽으로 친 샷. 아이언은 비거리보다도 정확성을 기하는 무기이다.

[J]

Jerk(저크)_ 타이밍, 리듬이 맞지 않은 채 급격한 스윙으로 클럽 헤드를 휘두름으로써 볼이 올바른 궤도에서 벗어나는 것.

Jigger(지거)_ 러닝 샷용의 클럽으로 어프로치에 쓰이는 아이언의 일종. 4~5번 아이언의 로프트를 가진 아이언 클럽의 일종으로 크리크라고도 한다.

[K]

Kick(킥)_ 볼이 떨어졌을 때 튀어서 제자리로 돌아오는 것.

Kick point(킥 포인트)_ 골프채가 휠 때 가장 많이 굽어지는 부분.

Kleenex shot(클리넥스 샷)_ 어프로치 샷이 부드럽게 날아가는 것.

Knee action(니 액션)_ 샷을 할 때의 무릎 동작을 말한다. 이것은 강한 볼을 치는데 필수적인 요소이다. 백 스윙에서는 왼쪽 무릎이 오른쪽으로 움직이고 다운 스윙에서는 오른쪽 무릎이 왼쪽으로 움직인다. 니 액션이 너무 크면 스윙축이 흔들려 미스 샷의 원인이 된다.

Knicker bocker(니커 보커)_ 바지자락 부분을 무릎 밑에서 잡아 맨 골프용 바지의 일종.

Kolven(콜벤)_ 골프의 기원이라고도 하는 폴란드 놀이. 골프와 마찬가지로 가죽으로 만든 볼을 나무채(콜프, kolf)로 치고 그 타수를 겨루었다고 한다.

[L]

Ladies tee(레이디스 티)_ 여성전용의 티 그라운드. 일반적으로 티 마크로 표시한다.

Lag(래그)_ 조심스럽게 퍼팅하다. 볼이 홀을 벗어나 홀컵을 지나쳐 버리지 않도록 신중하게 퍼팅한다는 뜻으로 퍼팅 시 무리한 욕심을 내지 말고 안전한 전략으로 조심스럽게 퍼팅을 구사하라는 말.

Lag up(래그 업)_ 먼 거리의 퍼트를 확실하게 1퍼트 권내로 붙여 대는 것.

Last call(라스트 콜)_ 한해에 마지막으로 벌이는 클럽 경기.

Last goal(라스트 골)_ 1년 중 가장 마지막으로 하는 경기. 대부분 그 해의 최후 일요일에 행하며 그 해 경기의 우승자는 참가할 수 없다.

Last hole(라스트 홀)_ 경기하는 마지막 홀. 피니싱 홀이라고도 한다. 매치 플레이 때는 승부가 판명된 홀을 말함.

Late hit(레이트 히트)_ 다운 스윙 때 클럽 헤드의 되돌아오는 동작을 늦춰서 순발력을 폭발시키는 타법.

Lateral water hazard(래터럴 워터 해저드)_ 홀이 병행해 있는 물 웅덩이 등 장애지역. 적색 말뚝으로 표시한다.

Lay off(레이 오프)_ 플레이어가 백 스윙의 톱 동작에서 그만 실수로 손목 관절을 다쳤을 때 출입 골프장으로부터 손목이 나을 때까지 일시 해고 당했다고 한다.

Lay out(레이 아웃)_ 코스의 설계.

Leader board(리더 보드)_ 스코어 보드와는 별도로 파를 기준으로 각 경기 선수 그룹 선수들의 성적을 표시하는 게시판.

Leading edge(리딩 에지)_ 골프채 헤드의 타면과 밑바닥의 경계선 즉 날. 골프채

타면의 맨 끝의 가장자리

Leave it(비켜라)_ 비켜라. 홀 컵의 깃대 주위에 있는 캐디나 경기자에게 다음 경기자가 퍼팅을 구사할 수 있도록 그 지역에서 벗어나라는 말.

Left handed golfer(레프트 핸디드 골퍼)_ 왼손잡이 골퍼로 '레프티'라고 한다.

Left hand below right(레프트 핸드 벨로우 라이트)_ 이른바 크로스 핸드 그립을 말하는 것. 왼손이 오른손 보다도 밑으로 가는 것이 특징. 주로 퍼팅 그립에서 사용.

Length(랭스)_ 거리.

Lie(라이)_ 낙하된 볼의 상태나 위치.

Lie angle(라이 앵글)_ 골프채를 땅에다 어드레스 했을 때, 샤프트와 선과 지면과의 사이에서 생기는 뒤쪽의 각도.

Lift and clean(리프트 앤 클린)_ 볼이 페어웨이에 틀어 박혔거나 진흙탕에 빠졌을 때 집어 닦는 것.

Like(라이크)_ 두 사람의 골퍼가 낸 타수가 같을 때.

Line(라인)_ 목표물에 공을 보내기 위해 정해 놓은 송구선.

Line of flight(라인 오브 플라이트)_ 볼의 비행선. 볼의 위치에서 판단하여 볼과 목표점을 연결한 직선 및 연장선.

Line up(라인 업)_ 퍼팅으로 볼과 홀을 연결하는 선을 눈으로 정하는 것. 흔히 그라운드를 읽는다고 한다.

Links(링크스)_ 해변을 끼고 늘어져 있는 골프 코스를 말하며, 일반적으로 홀의 방향이 한쪽 또는 정반대의 양방향으로 향해 있다. 바람의 영향을 많이 받으며, 코스의 대부분이 자연 그대로를 활용하는 경향이 다분하다.

Lip(리프)_ 흙의 초록빛 또는 벙커의 경계선. 모래 위에 바깥에서부터 풀이나 흙이 덮여 있는 부분.

Liquid ball(리퀴드 볼)_ 볼 심지에 액체를 넣어서 만든 볼.

Local knowledge(로컬 놀리지)_ 각 코스 특유의 지형적인 조건이나 풍향, 기후 등의 자연적인 조건 그리고 각 코스가 지니는 특수성을 알고 있는 것.

Local rule(로컬 룰)_ 각 코스의 특수조건에 맞게 각 코스별로 설정하는 특수규칙. 일반적으로 스코어 카드에 기재되어 있다.

Loft(로프트)_ 샤프트와 클럽 페이스가 이루는 각도로 일반적으로 번호가 클수록 이 각도 커진다.

Lone some(론 섬)_ 혼자서 코스를 플레이하는 골퍼.

Long hitter(롱 히터)_ 장타자.

Long hole(롱 홀)_ 파 5이상의 홀. 남자는 471야드 이상, 여자는 401~5750야드가 파이고 5760야드 이상은 파6이 된다.

Long iron(롱 아이언)_ 보통 1, 2, 3번 아이언. 샤프트가 길고 로프트가 낮아 다루기가 힘든 만큼 긴 비거리를 낼 수 있다.

Long thumb(롱 섬)_ 왼손 그립을 할 때 왼손 엄지를 길게 앞으로 내밀어 준다.

Look up(룩 업)_ 볼을 친 순간에 얼굴을 들어 목표 방향을 보는 것. 헤드 업과 같다.

Loop(루프)_ 스윙의 톱 동작에서 지나치게 클럽을 젖힌 나머지 톱 동작에서의 클럽이 볼의 뒤에까지 오는 만곡 스윙 동작을 말한다.

Loose grip(루즈 그립)_ 단정하지 못하게 클럽을 느슨하게 쥐는 것을 말한다. 이것은 톱 스윙 동작의 불안으로 정확한 샷을 할 수 없는 요인이 되기도 한다.

Loose impediment(루스 임페디먼트)_ 코스 내에 있는 자연적인 장애물, 홀에 부착해 있지 않은 것으로 땅 속에 박혀 있지 않은 돌, 나뭇잎, 나뭇가지를 말한다. 이것은 플레이할 때 제거해도 좋은 것으로 되어 있다.

Lost ball(로스트 볼)_ 분실구. 경기 중 잃어버린 볼.

Lost hole(로스트 홀)_ 진 홀. 매치 플레이어의 용어.

Low handicap(로우 핸디캡)_ 핸디캡이 적은 상급 플레이어.

Low side(로우 사이드)_ 홀 컵 주변의 지형이 고르지 않을 때 다른 쪽보다 낮은 쪽을 말한다.

line(라인 또는 선)_ 방향을 정하기 위하여 볼과 목표물을 연결하는 가상선을 말한다. 예) 퍼팅선, 슬라이스선, 훅선 등

[M]

Make the cut(메이크 더 커트)_ 토너먼트 경기에서 성적이 저조한 일련의 플레이어를 탈락시키는 것.

Mallet putter(맬리트 퍼터)_ 헤드가 장도리 모양을 한 퍼터를 말하는 것.

Marker(마커)_ 스트로크 플레이에서 플레이어의 스코어를 기록하기 위해 위원으로 선임된 자. 마커는 심판이 아니다. 흔히 캐디나 동반 플레이어가 채점자가 되는 경우가 많다. 볼을 집어들 때 볼의 위치를 표시하기 위해서 놓게 되는 동전이나 동전과 유사한 표식을 말하기도 한다.

Marshall(마샬)_ 갤러리들의 경기 진행 방해를 감독하는 경기 진행요원.

Mashie(매시)_ 아이언 클럽 중 5번 아이언에 해당하는 클럽을 말한다.

Mashie iron(매시 아이언)_ 4번 아이언의 옛 명칭. 타면각도 28도.

Mashie niblick(매시 니블릭)_ 7번 아이언의 애칭.

Master eye(주로 쓰는 눈)_ 경기를 할 때 주로 많이 쓰는 쪽의 눈을 말한다.

Masters(마스터즈)_ 1934년 어거스타 내셔널 토너먼트 초청 경기로 시작하여 최초, 최장수 토너먼트 경기. 로버트 존스의 제안으로 골프의 명수(masters)가 되자는 뜻에서 '마스터즈'라고 불리게 되었다. 1934년 제1회 대회는 호톤 스미스가 우승을, 크제이그 우드가 준우승을, 2회 대회에서는 쟝 사라센이, 3회는 다시 호톤 스미스, 4회에는 바이론 넬슨 등이 차지하면서 그야말로 세계 골프의 금자탑으로서 골프 역사를 장식해 오고 있다. 이 대회 최다 우승은 잭 니클로스가 기록한 5회(63, 65, 66, 72, 75년)이며 미국인이 아닌 외국인 우승자를 보면 게리 플레이어(61, 74, 78년), 시베리아도 발레스테로스(80년), 그리고 85년도 우승자인 버나드 랭거가 있다. 특히 이 대회는 우승컵 대신 그린 재킷을 주어 '그린 마스터즈'라고도 불린다.

Match play(매치 플레이)_ 경기의 일종으로 홀 매치라고도 한다. 2인 또는 2조로 나뉘어 각 홀별 타수로 승패를 정한다.

Meat off my fork(먹다 뱉은 경기)_ 한 경기자의 홀 아웃이 확실시 되고 다른 경기자의 패배가 확실할 때, 예기치 못한 퍼팅이나 벙커 샷 또는 칩 샷으로 패배가 확실시 되던 경기자가 홀 아웃을 하여 이기게 되는 경우가 가끔 있다. 이때 상대편이 운 좋게 홀 아웃을 한 경기자에게 "당신은 다 이긴 내 경기를 빼앗아 갔소(=you took the meat off my fork)."라고 말하며, 이럴 경우를 먹다 뱉은 경기라고 한다.

Medal play(메달 플레이)_ 스트로크 플레이와 같은 말이다. 2인 또는 2조로 각 홀별 스트로크 수로 승패를 정하는 것. 즉 규정된 홀의 라운드에서 기록한 타수를 종합하여 가장 적은 점수를 기록한 플레이어가 우승을 하게 된다.

Medal score(메달 스코어)_ 스트로크 수. 페널티가 있으면 이것도 가산해야 한다.

Medalist(메달리스트)_ 매치 플레이의 예선 경기는 스트로크 플레이에서 상위 16명으로 제한하는데 그 수위에 있는 사람을 메달리스트라고 한다.

Medium iron(미디엄 아이언)_ 4, 5, 6번 아이언. 러프, 숲 속, 맨땅에서 탈출할 때 또는 페어웨이의 패인 홈에 있는 볼을 칠 때에도 미들 아이언을 사용한다. 안전하고 거리를 어느 정도 잘 낼 수 있는 편리한 골프채이다.

Member(멤버)_ 골프장의 회원. 경기대회에 등록한 선수.

Mental hazard(멘탈 해저드)_ 아무리 해도 빠져 나가기 힘든 심리적인 장애물을 말한다. 대부분 어려운 벙커나 수면 장애물에 오면 샷이 잘 되지 않는 지역.

Mental side(멘탈 사이드)_ 심리면. 골프 스윙에서는 기술 이외에 심리적인 작용이 크게 영향을 끼친다.

Method(메서드)_ 골프 스윙을 하는 방법.

Midget-killer(미드젯 킬러, 아주 낮게 날리는 드라이버)_ 지면으로부터 채 1도 안되는 볼을 날리는 낮은 드라이버를 말한다.

Middle hole(미들 홀)_ 파 4의 홀을 가리킨다. 남자는 251~470야드의 홀이며, 여자는 210~400야드의 홀이다.

Miniature golf(미니어추어 골프)_ 퍼팅을 중심으로 한 작은 코스.

Miss the cut(탈락하다)_ 토너먼트의 마지막 둘째 날 예선에서 탈락하는 것을 말한다.

Mix(믹스)_ 남녀가 짝을 이루어 1개의 볼로 번갈아서 치는 경기.

Mixed four somes(믹스트 포 섬)_ 남녀 혼합 4조 4인 경기. 투 볼 포섬과 같지만 반드시 남녀가 각기 혼합하여 조를 짜야 한다.

Moment of inertia(모멘트 오브 이널티어)_ 골프채의 경우에는 스윙을 했을 때 샤프트, 그립, 클럽의 헤드 3가지에서 관성 모멘트가 생긴다. 중요한 것은 헤드의 무게가 중심으로 작용하는 관성 모멘트인데 헤드가 길죽하고 둥글수록 관성 모멘트가 커지고 따라서 잘 날리게 된다.

Monthry cups(먼트리 컵)_ 클럽의 월례경기 또는 그 우승자에게 주어지는 컵을 말함.

Morning out(모닝 아웃)_ 친선경기에서 성적이 동점이 됐을 때 오전의 경기에서 좋은 스코어를 낸 사람을 사위로 뽑는 순위 결정의 한 방법.

Mound(마운드)_ 코스 안에 있는 동산, 둔덕, 흙 덩어리 등. 볼을 멎게 하거나 이웃 홀과 구별.

Move your mark(표식 또는 동전을 치워달라)_ 경기 중 경기자의 퍼팅선상에 놓인 상대편의 볼의 위치를 표시한 표식을 경기에 지장이 있으므로 치워달라는 요구. 이때 이 도구를 들은 경기자는 클럽 헤드의 하나 길이의 좌우측에 동전을 옮겨주어야 한다. 단 홀로부터의 거리가 똑같은 지점에 놓을 것. 상대의 퍼팅이 끝나면 원위치시켜야 한다.

Mulligan(멀리건)_ 최초의 샷이 잘못되어 벌타 없이 주어지는 세컨드 샷.

[N]

Narrow blade(페이스의 폭이 좁은 아이언 클럽)_ 아이언 클럽의 일종으로 페이스의 폭이 좁은 아이언 클럽을 말한다. 옛날 아이언의 블레이드는 지금 것에 비해 폭이 좁았다.

Nassau(낫소)_ 도박의 일종으로 아메리카의 낫소 골프 클럽에서 시작되었기 때문에 이렇게 부른다. 친한 플레이어끼리 매치 플레이를 할 때 잘 쓰인다.

Natural grip(내추럴 그립)_ 양쪽 손가락을 모두 샤프트에다 대고 쥐는 식. 야구 배트를 쥐듯이 쥐는 방법으로 베이스 볼 그립이라고도 한다.

Near pin(니어 핀)_ 누구의 볼이 핀에 가까운가를 다투는 경기. 쇼트 홀에서 행해지는 경우가 많다. 프로의 토너먼트에서는 제2타 니어 핀(파 4의 홀)이나 제3타 니어 핀(파 5의 홀)도 있다.

Neck(넥)_ 클럽 헤드가 샤프트와 연결되는 부분.

Net(네트)_ 그로스에서 핸디캡을 뺀 스코어.

Net score(네트 스코어)_ 1라운드 타수의 총계에서 자기 핸디캡을 뺀 스트로크 수.

Never up never in(네버 업 네버 인)_ 홀에 오지 않은 볼은 홀에 결코 들어가지 않는다는 뜻으로 퍼트는 홀에 가고도 남도록 볼을 쳐야 한다는 말이다.

Niblick(니블리크)_ 9번 아이언 클럽.

Nice shot(나이스 샷)_ 근사한 샷으로 뷰티풀 샷, 굿 샷, 파인 샷이라고도 한다.

Nineteenth(19th) hole(나인틴스 홀)_ 골프장의 식당. 18홀을 끝낸 다음 한잔하는 장소를 말함.

No return(노우 리턴)_ 플레이어가 경기를 포기하고 스코어 카드를 제출치 않는 것. NR로 표기.

Normal loft(노말 로프트)_ 아이언 채의 영국식 로프트 게이지 수치인데 1940년대까지는 표준 로프트로서 통용되었다. 수치는 다음과 같다. 3번-24도, 4번-28도, 5번-32도, 6번-36도, 7번-40도, 8번-44도 9번-48도, PW-52도, SW-58도 최근에는 스트롱 로프트라고 부르며 거리를 멀리 내기 위해서 타면의 각도를 얕게 하는 경향이 있는데 노말 로프트는 거리보다도 볼을 높이 띄워 보내서 잘 멈추게 하는 목적으로 이용되었다.

Nose(노즈)_ 골프채 헤드의 맨 앞.

[O]

OB(오비)_ Out of bounds(아웃 오브 바운드)의 약자. 코스 밖 또는 안에서 플레이하는 것을 금지하고 있는 지역. 룰에서는 아웃 오브 바운드로 표현. 볼이 OB로 날아가 빠졌을 때는 1벌타이고 전의 위치에서 다시 치게 된다. 다시 치는 타수는 제3타가 된다. OB말뚝은 보통 흰 것으로 표시를 한다.

Obstruction(옵스트럭션)_ 장애물. 인공적으로 장애물을 만들어 코스에 설치 또는 방치된 것. 움직일 수 있는 것과 움직일 수 없는 것이 있다. 지면에 고정되어 있는 것은 움직일 수 없는 장해물이고 벙커 레이크, 깃대, 빈 깡통 등은 움직일 수 있는 장해물이다.

Odds(오즈)_ 이긴 수. 게임을 할 경우 약한 상대방에게 주는 핸디캡.

Off set(오프 셋)_ 아이언채의 헤드가 샤프트의 선보다 약간 뒤로 굽어있는 클럽.

Official(공인 또는 공식)_ 협회로부터 공개적으로 인정된 경우를 의미한다. 예를 들면 공인 핸디캡, 공식 경기 등

Official handicap(오피셜 핸디캡)_ 협회로부터 공식적으로 인정받은 핸디캡.

On(온)_ 볼이 그린 위에 있는 것. 볼의 일부가 그린 면에 닿으면 온 그린의 볼이 된다.

On green(온 그린)_ 볼이 그린에 이르는 것.

One iron(원 아이언)_ 볼을 낮게, 멀리 날리는 드라이브용 클럽으로 곧은 클럽 페이스를 갖는 아이언 클럽(1번 아이언)이다. 특히 정확성이 높은 것으로 유명하며 그런 이유로 '드라이빙 아이언' 으로 불린다.

One on(원 온)_ 1타로 볼을 그린에 올려놓는 것.

One piece swing(원 피스 스윙)_ 전체 기능이 일체화된 백 스윙.

One putt(원 퍼트)_ 그린에 한 번 쳐서 퍼팅을 명중시키고 끝내는 것.

One round(원 라운드)_ 코스를 한바퀴 도는 것. 18홀을 플레이 하는 것.

One shot hole(원 샷 홀)_ 티에서 1타로 볼을 그린 위에 올려 놓을 수 있는 거리의 홀을 말함. 보통 250yd까지의 파3인 홀.

Open championship(오픈 챔피언십)_ 각기 남녀별로 나뉘어 프로, 아마추어 구별 없이 누구든 일정한 출전자격이 있으면 참가할 수 있는 선수권 경기.

Open face(오픈 페이스)_ 클럽 페이스를 수직보다 조금 벌어진 기분으로 놓아 두는 것.

Open game(오픈 게임)_ 아마추어와 프로가 라운드를 해서 기술을 겨루게 되는 경기.

Open stance(오픈 스탠스)_ 기본적으로 3가지 스탠스 중 하나로 오른발을 왼발보다 조금 볼 쪽으로 내놓고 목표를 향해 취하는 발 자세. 오픈 스탠스로 서면 스윙 궤도가 아웃 사이드 인이 되기 쉽고 슬라이스하는 경향이 있다.

Open tournament(오픈 토너먼트)_ 지역적으로 열리는 오픈 경기.

Opponent(어포우넌트)_ 매치 플레이에서 함께 경기하는 상대.

Out(아웃)_ going out(고잉 아웃)의 줄임말. 18홀 전반 1번부터 9번까지 홀. 아웃코스 라고도 함.

Out drive(아웃 드라이브)_ 상대방보다 멀리 드라이브 하는 것. 오버 드라이브와 같다.

Outside agency(아웃사이드 에이전시)_ 플레이어측에 관계가 없는 국외자, 마커, 심판원, 위원이 고용한 포어 캐디 등을 말함.

Outside in(아웃사이드 인)_ 타구 시 클럽 헤드가 볼이 날아가는 선의 바깥쪽으로부터 안쪽으로 비스듬하게 들어가는 것.

Oval neck(오벌 넥)_ 티를 출발하여 홀을 마치기까지의 정해진 기준 타수.

Oval sole(오벌 솔)_ 아이언 채의 밑바닥(솔)이 맨 앞에서 맨 뒤에 걸쳐 둥글게 모양 진 상태. 땅과의 접촉면이 적고 라이 각도의 조정도 하기가 좋기 때문에 헤드의 작동이 잘 되고 헤드의 속도가 빨라진다.

Over(넘어가다)_ 볼이 목표한 그린 또는 홀을 넘어서 멀리 떨어지는 것을 말한다. 또는 타수가 기준 타수 보다 많을 때에도 사용한다. 후자일 경우에는 몇 오버 파라고 한다.

Over clubbing(오버 클러빙)_ 목표의 거리에다 날려 보낼 때 필요한 골프채보다도 약간 높은 번호의 골프채를 선택하는 것

Over hosel(오버 호젤)_ 샤프트를 헤드 목에다 끼워 넣는 것이 아니라 덮어서 접합하는 완성법.

Over spin(오버 스핀, 역회전 시키다)_ 볼에 역회전을 주어 볼이 날아가는 방향으로 회전하게 하는 것. 볼의 중심부보다 조금 위를 치면 오버 스핀이 된다. 반대는 백 스핀.

Over swing(오버 스윙)_ 스윙의 톱 동작에서 지나치게 클럽을 휘둘러 필요 이상 치켜드는 것.

Overlapping grip(오버래핑 그립)_ 가장 흔히 사용하는 그립 방법으로 오른손의 새끼 손가락을 왼손의 집게 손가락 위에 칼퀴와 같이 걸어잡는 방법을 말한다. 해리 바든이 고안하여 보급시켰다고 해서 '바든 그립' 이라고도 한다.

[P]

PGA(피쥐에이)_ 프로골프협회(Pro Golf Association)의 약자.

Paddle grip(패들 그립)_ 평편한 퍼터를 잡기 위한 그립. 탁구를 하듯 평편한 그린 위에서 홀을 향해 무난한 퍼팅을 쳐내기 위해 이 그립을 사용한다.

Palm grip(팜 그립)_ 샤프트를 손바닥으로 쥐는 것과 같이 양손의 손바닥으로 쥐게 되는 그립. 내추럴 그립이라고도 한다.

Par(파 또는 기준 타수)_ 티를 출발하여 홀을 마치기까지의 정해진 기준 타수를 말한다. 이때 그린 위에서의 퍼팅은 2번으로 기준하였다. 보통 3, 4, 5타를 기준 타수로 정하고 있으며 여성 골퍼의 경우 6타의 홀까지 있다. 홀당 남녀별 정확한 거리 및 기준 타수를 보면 다음과 같다. 파3 : (남)~250야드 (여)~210야드, 파4 : (남) 251~470야드 (여) 211~400야드, 파5 : (남) 471야드 이상, (여) 401~575야드, 파6 : (여)576야드 이상

Par break(파 브레이크)_ 버디 이상의 스코어를 내는 것.

Partner(파트너 또는 짝)_ 포 섬 경기에서 한편이 되는 경기자. 현재는 동반 경기자라는 의미로도 쓰이고 있다.

Pass(앞서 보내다)_ 앞선 경기자들의 그룹이 뒤에 오는 경기자들을 먼저 통과시키는 것. 가령 볼이 벙커 등 장애 지역에 들어가서 잘 나오지 않아 시간이 걸리거나 앞 그룹과의 간격이 1홀 이상 차이가 날 때는 뒷 그룹을 먼저 패스시키는 것이 에티켓으로 되어 있다.

Peg(페그 또는 나무 티)_ 나무 티가 처음 선을 보였을 때 그것을 부르던 이름이다. 나무 티가 개발된 1920년대 이전까지만 해도 골퍼들은 젖은 모래나 진흙 등을 사용하여 티 모양으로 만들어 놓고 티 샷을 했었다.

Penalty(페널티)_ 벌타 또는 벌칙. 규칙에 의하여 부과된다.

Penalty stroke(페널티 스트로크)_ 규칙 위반에 대하여 타수로 벌을 주는 것.

Peoria method(페오리아 메서드)_ 핸디가 없는 사람이 경기 참가시 경기위원이 경기전 극비리에 18홀 중 임의의 6홀을 정하여 두고 경기 후 이를 토대로 핸디캡을 산출한다. 즉 해당 6홀의 합계를 산출하여 3배 한 수에서 72를 빼고 다시 0.8를 곱한 수가 핸디캡이 된다.

Peoria system(페오리아 시스템)_ 1라운드의 홀부터 파의 합계가 24가 되도록 숨기기 홀의 6개홀을 선정한다. 라운드를 끝낸 후 숨긴 홀인 6개 홀의 타수 합계를 3으로 곱한 숫자에서 그 코스의 파를 빼고 8을 곱한 것을 핸디캡으로 산출한다.

Pick and shovel(픽 앤 셔블)_ 웅덩이에 들어간 볼을 쳐 올려서 위기를 탈출시키는

타법.

Pick up(픽 업)_ 볼을 주어 올리는 것.

Pin(핀)_ 홀을 표시하기 위해 꽂혀지는 깃대 또는 핀.

Pin putter(핀 퍼터)_ 중량을 헤드의 양쪽으로 두고 스위트 스폿을 크게 하는 퍼터로 가장 인기가 많다.

Ping(핑)_ 넓은 클럽 페이스를 가져 효과적인 퍼팅을 할 수 있으며 널리 이용되고 있다.

Pipe(파이프)_ 아이언 클럽의 목이나 호젤의 별칭.

Pistol grip(피스톨 그립)_ 권총을 잡듯이 퍼터의 윗부분을 잡는 그립 방법을 말한다.

Pitch(피치)_ 그린 근처에서 또는 그린으로부터 얼마 떨어져 있지 않은 지점으로부터 볼을 공중에 띄워 그린으로 쳐 보내는 것으로 어프로치 샷의 일종.

Pitch and run(피치 앤 런)_ 볼이 낙하 후에 구르도록 치는 타법으로 어프로치 샷의 일종.

Pitch shot(피치 샷)_ 타면의 각도가 큰 쇼트 아이언으로 볼을 높이 날려서 그린이나 핀을 겨냥하는 것. 연못 넘기기, 벙커 넘기기에 잘 이용되는 샷이다.

Pitching iron(피칭 아이언)_ 8번 아이언의 옛 명칭. 로프터 또는 피칭 니브릭이라고도 한다.

Pitching wedge(피칭 웨지)_ 피치 샷용으로 만들어진 웨지로 로프트가 많고 무게도 가장 무겁다.

Pivot(피보트)_ 허리의 회전 및 허리를 비트는 허리틀기.

Place(플레이스)_ 볼을 들어 다시 제자리에 놓는 것.

Plain back(플레인 백)_ 아이언의 뒷면에다 아무런 장식도 하지 않은 것.

Plam grip(팜 그립)_ 샤프트를 손바닥으로 쥐는 그립.

Plateau(플레튜)_ 그린의 모양이 사발을 엎어 놓은 것처럼 가운데가 불룩하게 솟은 것.

Plateau green(플레튜 그린)_ 포대그린. 포대그린을 겨냥할 때는 부드러운 피치 샷으로 볼을 떠올리든가 러닝으로 튀어 오르게 하는 방법이 있다. 어떤 방법으로 할 것인지는 그린 주변의 상황에 따른다.

Play off(플레이 오프)_ 연장전. 성적이 동점일 때 몇 홀 또는 18개 홀을 연장해서 승부를 내는 방법.

Play through(플레이 스루)_ 앞선 그룹의 골퍼들이 뒷팀을 먼저 보내기 위해 그라운드의 한쪽으로 비켜주는 것.

Playing the odd(플레잉 더 오드)_ 상대보다 먼저 자신이 경기를 한 후에 상대로 하여금 샷을 하게 하는 행위.

Plugged lie(플러그드 라이)_ 그라운드의 디보트 자국에 박힌 볼.

Plumb bob(플럼 봅)_ 퍼터의 샤프트를 그라운드에 수직으로 세워 들고 퍼팅선을 측정하는 행위.

Plus player(플레이어나 핸디캡 0이상의 플레이어)_ 핸디캡이 0보다 위인 경기자를 말하며 플러스 10이라든가 플러스 2의 플레이라고도 한다.

Point tourney(포인트 터니)_ 득점경기. 파 1점, 버디 2점, 이글 3점 등으로 각기 몇 점으로 정하고 그 합계 점수가 많은 자가 이기는 경기.

Pot bunker(팟 벙커)_ 작고 독처럼 생긴 벙커.

Power golf(파워 골프)_ 잘 날리는 장타자의 골프를 말함.

Practice tee(프랙티스 티)_ 골퍼들이 백에 있는 모든 클럽을 가지고 샷 연습을 할 수 있는 연습 그라운드.

Pressure(프레져)_ 승부를 결판내는 중요한 순간에 심리적으로 받게 되는 압박감.

Private competition(프라이비트 콤페티션)_ 친구들끼리 모인 사적인 경기.

Pro(프로 골퍼)_ 직업적으로 돈을 벌기 위해 골프를 치거나 가르치는 골퍼를 말한다. 이때 골프를 치는 쪽을 투어 프로라고 하고 가르치는 쪽을 레슨 프로라고 한다. 반대말은 아마추어.

Professional(프로페셔널)_ 골프를 직업으로 하는 사람. 남녀 모두가 협회에서 인정한 프로테스트에 합격한 사람을 정회원으로 가입한다. 그 외에 레슨부회원, 준회원도 있다.

Pronation(프로네이션)_ 임팩트 후 왼손이 제쳐지는 것. 잘못된 왼손의 내전은 좌측으로 꺾어 나가는 샷이나 더 심한 훅 볼이 난다.

Protest(프로테스트)_ 프로로서 기량을 인정하기 위해서 시행하는 테스트.

Provisional ball(프로비저널 볼)_ 볼이 분실되었거나 OB, 워터 해저드에 들어갔다고 생각될 때 플레이어가 동반 경기자에게 말하고 그 위치에서 대신 치는 볼로 잠정구라고 한다.

Public course(퍼블릭 코스)_ 컨트리 클럽이나 골프 코스처럼 회원제가 아니고 일반 대중에게도 개방된 코스. 골프 대중화에 있어서 가장 필연적으로 따라야 할 시설이기도 하다. 87년 현재 국내에는 마사회에서 운영하는 퍼블릭의 코스를 제외하고는 전무한 상태여서 이것의 신설이 시급한 실정이다.

Pull(풀)_ 바깥쪽에서 안쪽으로 스윙을 하여 그 결과 볼이 왼쪽으로 날아가는 샷.

Pull angle(풀 앵글)_ 타면의 앵글을 말함. 곧게 클럽을 세트했을 때 페이스가 왼쪽으로 향하면 훅 페이스, 오른쪽으로 향하면 슬라이스 페이스, 정면을 향하면 스퀘어 페이스라고 한다.

Punch(펀치)_ 주먹으로 치다, 힘을 말함. 손목을 잘 써서 치는 것을 펀치 샷이라고 한다. 약간 우측으로 보낸 볼을 누르듯이 위로부터 골프채로 쳐 내리고 폴로 스루를 없애는 샷. 쳐 날린 볼은 낮게 튀어나가고 땅에 떨어진 다음에 바로 멎는다. 아이언의 컨트롤 샷 때 잘 이용된다.

Push(푸시)_ 목표를 향해 볼을 밀어치는 것. 왼쪽 손목은 이용하지 않은 채 낮게 클럽을 가져다 대면서 백 스윙을 먹이게 되는 샷.

Push shot(푸시 샷)_ 다운 블로로 볼을 낮게 뜨게 치는 방법. 아이언에 의한 타법의 일종으로 역풍에 효과가 있다.

Putt(퍼트)_ 그린 위에서 볼을 홀로 향해서 굴려 치는 플레이.

Putter(퍼터)_ 퍼트용의 아이언 클럽 그린 위에서 직접 핀을 쏘는 클럽으로 T.D.L형의 3종이 있다. L형 퍼트는 클럽 헤드의 모양이 L형인 것이고, D형은 주먹형, T형은 페이스의 방향을 정하기 쉽게 만든 것.

Putting(퍼팅)_ 그린 위에서 볼을 홀에 넣기 위해 퍼터로 스트로크를 하는 것.

Putting line(퍼팅 라인)_ 그린 위의 볼과 홀을 직선으로 이은 선으로 퍼팅 시 공격선을 말함.

[Q]

Qualify(퀄리파이)_ 예선을 통과하는 것. 미국에서 말하는 커트 라인(cut line)과 같은 뜻이다.

Qualify round(퀄리파이 라운드)_ 참가자 중에서 결승전에 진출하는 사람을 뽑기 위해 벌이는 경기.

Quarter final(쿼터 파이널)_ 8강이 4강 진출을 놓고 겨루게 되는 준준결승. 세미 파이널이라고도 함.

Quarter swing(쿼터 스윙)_ 백 스윙을 풀 스윙의 1/4 정도로 하는 것.

[R]

R & A(알앤에이)_ 영국 골프협회(Royal and Ancient golf club)의 약자.

R regular(알 레귤러)_ 샤프트의 경도를 나타내는 기호로써 표준적인 경도. 레귤러 샤프트를 말함.

Range(레인지)_ 타석을 가지런히 해 놓고 치는 드라이빙 연습장.

Rap(랩)_ 퍼팅 때 톡 때리듯이 치는 것.

Reading the green(리딩 더 그린)_ 퍼팅할 때 볼을 홀 컵에 정확히 홀 인시킬 수 있도록 퍼팅의 방향 및 거리 속도 등을 결정하기 위하여 그린의 경사나 지형 등 그린의 상태를 가늠하는 것.

Ready golf(레디 골프)_ 앞선 플레이어가 페어웨이의 어디쯤 가고 있는가를 살피는 대신에 타격 자세를 갖추고 곧바로 플레이를 속행하는 것.

Recall(리콜)_ 규정을 위반한 상대방에게 수정을 요구하는 것.

Recovery shot(리커버리 샷)_ 실책을 한 후 그것을 만회하기 위한 샷.

Red grange(레드 그렌지)_ 투어에서 기록한 77타의 성적.

Red numbers(레드 넘버스)_ 언더파 이내의 성적을 기록한 플레이어들의 타수를 표시한 득점판.

Referee(레프리)_ 심판원. 토너먼트에서 트러블이 일어났을 때 그것을 해결하기 위하여 위원회가 선임한 사람. 골프에서는 원칙적으로 플레이어 자신이 심판원이다.

Regan ball(리건 볼)_ 슬라이스 볼을 말하는 것.

Regular tee(레귤러 티)_ 보통 사용하는 티. 백 티 또는 프론트 티가 있다.

Relax(리렉스, 긴장을 풀다)_ 심신의 긴장을 풀고 천천히 여유있게 경기를 하는 것을 말한다.

Release(릴리스)_ 골프 스윙에서 백 스윙에서 다운 스윙, 임팩트, 폴로 스루에 걸쳐서 풀어 놓는 것. 콕된 리스트를 푸는 것. 백 스윙에서 콕되지만 다운에서 임팩트에 걸쳐 콕은 풀린다.

Reminder grip(리마인더 그립)_ 골프채의 그립에서 왼쪽 손바닥이 닿는 부분이 단단히 쥘 수 있게 편편하게 된 것.

Repair(리페어)_ 코스나 그린 등을 손질하는 것.

Replace(리플레이스)_ 볼을 주워 본래 있던 곳에 다시 놓는 것.

Rhythm(리듬)_ 스윙의 리듬.

Ring mashie(링 매시)_ 물속에 있는 공을 치는데 쓰기 위해서 채의 타면에 구멍을 뚫은 것. 언틱 채의 일종. 워터 매시라고도 함

Roll(롤)_ 쳐 날린 볼이 떨어진 다음에 굴러가는 것.우드채의 타면에 꾸민 둥근 것.

Roll over(롤 오버)_ 볼을 친 후 클럽을 쥔 양손을 앞으로 돌리는 것.

Rottem steady(로튼 스테디)_ 코스 상태가 나쁘거나 그 밖의 어려운 사태에 직면하더라도 일단 시작한 코스는 끝까지 라운딩 하는 것.

Rough(러프)_ 그린 및 해저드를 제외한 코스 내의 페어웨이 이외의 부분. 풀이나 나무 등이 그대로 있는 지대.

Round(라운드)_ 코스를 도는 것.

Round robin(라운드 로빈)_ 매치 플레이의 일종. 각 홀에서 낸 승패를 득점으로 환산하고 그 합계 점수로 겨루는 방법.

Rounders(라운더스)_ 볼과 홀 사이에 놓여진 캐주얼 워터를 피하기 위하여 홀로부터 동일한 거리를 유지한 채 그린의 왼쪽 또는 오른쪽으로 볼을 옮기는 행위. 규칙은 이를 허용하며, 벌타는 부과되지 않는다.

Route(루트)_ 순로. 플레이의 루트, 공략의 루트.

Rub of the green(러브 오브 더 그린)_ 움직이고 있는 볼이 국외자에 의해서 정지되었거나 움직이는 방향이 바뀐 경우 및 그 행위.

Rubber tee(러버 티)_ 고무로 만든 티 팩.

Run(런)_ 볼이 굴러가는 것. 투피스 볼은 고무실로 말아서 만든 볼보다 땅에 떨어진 후 굴러가는 거리가 멀다.

Run up(런 업)_ 경기의 차점자. 제2착.

Runner type sole(런너 타입 솔)_ 퍼터나 메탈 헤드채의 밑바닥에 늑골이나 밭고랑 모양으로 홈을 새겨놓은 형식. 밑바닥이 잘 미끄러져 나가게 한다.

Running approach(러닝 어프로치)_ 어프로치 샷의 한 방법으로 비교적 로프트가 적은 아이언으로 볼을 멀리 구르게 해서 홀에 접근시키는 것.

Rut iron(럿 아이언)_ 수레바퀴 자국이나 발자국에 놓인 볼을 치기 위해 개발된 클럽 헤드가 짧은 클럽.

Ryder cup(라이더 컵)_ 한해 걸러 거행되는 미·영 프로 대항전

[S]

Safari tour(사파리 투어)_ 겨울에서 이른 봄에 아프리카 여러 곳에서 겨루는 프로골퍼의 순회경기.

Sand(샌드)_ 샌드 그린, 샌드 트랩(벙커). 샌드 웨지 등 모래에 연유되는 말이 많다.

Sand box(샌드 박스)_ 티잉 그라운드 옆에 흔적을 메우는 용도의 흙으로 모래통이 준비되어 있다.

Sand green(샌드 그린)_ 모래로 대용한 그린. 그린의 바탕을 모래로 깔아서 꾸민 것.

Sand iron(샌드 아이언)_ 다이나마이트라고 하며 벙커에서 치기 쉽게 만들어져 있는 아이언 클럽.

Sand trap(샌드 트랩)_ 흔히 벙커라고 하는 샌드 해저드를 말한다.

Sand wedge(샌드 웨지)_ 벙커 샷 용으로 특별히 고안된 클럽. 로프트를 크게 가지기 위하여 낮은 각도의 클럽 페이스와 볼 아래에 있는 모래와 함께 클럽이 미끄러지도록 클럽 바닥에 플랜지를 가진 클럽.

Sandy(샌디)_ 샌드 벙커를 오르락내리락 하다가 결국 벗어나 원 퍼트로 홀인 시키는 것.

Sandy bagger(샌디 배거)_ 토너먼트나 내기 경기에서 이기기 위하여 임의적으로 핸디캡을 올리는 플레이어

Satin finish(새틴 피니시)_ 아이언 헤드의 광택을 흐리게 죽인 표면가공의 한 방법

Save(세이브)_ 볼이 그린을 벗어나 벙커나 그린 옆의 러프 지역에 떨어졌기 때문에 파

플레이가 의심스러운 경기

Scalp(스칼립)_ 볼을 가격하기 전에 볼 뒷부분의 지면을 타격하는 행위.

Scoop(스쿠프)_ 아이언 클럽으로 볼을 높이 떠내듯이 쳐 올리는 것. 벙커에서 높은 그린으로 쳐 올리는 것.

Scoop sole(스쿠프 솔)_ 아이언채의 밑바닥을 이루는 모양의 한 가지.

Score(스코어)_ 각 홀의 타수 혹은 총 타수.

Score card(스코어 카드)_ 라운딩을 위한 홀의 기초 정보와 로컬 룰 등을 참조할 수 있고 자신 및 동반자의 경기의 결과를 체계적으로 기록할 수 있는 작은 종이 카드.

Scoring(스코어링)_ 골프채의 타면에 새겨진 홈.

Scotch blade(스카치 블래이드)_ 아이언 헤드의 여러 모양 중의 하나. 밑바닥의 모양과 맨 앞의 모양이 각형으로 되어있는 것이 특징이다.

Scotch four some(스카치 포 섬)_ 4인이 각 2명씩 팀을 나눠 경기를 하게 되는데 최초 티 샷은 각자의 볼로 경기를 하지만 티샷 이후에는 자기편에 유리한 드라이빙 샷을 택해 번갈아가면서 경기를 이끌어 승패를 결정하는 경기로 베스트 포섬경기라고도 한다.

Scramble(스크램블)_ 스코틀랜드식 포섬경기. 멤버 4명 전원이 티 샷을 하고 이 중 세컨 샷이 가장 유리한 티 샷을 선택하여 그 볼을 그 위치에서 다시 4명 전원이 세컨 샷을 하고, 다시 서드 샷에 유리한 볼을 택해 다시 공격하는 방식.

Scratch(스크래치)_ 상대편에게 핸디캡을 붙이지 않는 것 또는 핸디캡이 0인 것.

Scratch player(스크래치 플레이어)_ 핸디캡이 0인 플레이어.

Scratch system(스크래치 시스템)_ 핸디캡 인정없이 동열로 하는 경기.

Scuff(스커프)_ 볼 바로 뒤의 땅을 치는 것.

Seaside course(시사이드 코스)_ 해안에 위치한 코스.

Selected score(셀렉티드 스코어)_ 하루 2라운드를 돈 다음 스코어가 좋은 것으로 1라운드의 타수합계를 낸 것.

Set(세트)_ 일체의 클럽 전용품 또는 경기가 끝난 것.

Set up(셋 업)_ 어드레스와 같은 뜻. 볼을 치기 위해 자세를 잡는 것.

Shaft(샤프트)_ 골프 클럽의 자루. 현재는 거의 스틸이나 합금의 샤프트이며 경도도 몇 개의 단계가 있다.

Shallow face(샐로 페이스)_ 페어웨이 우드처럼 클럽 헤드의 폭이 좁고, 높이가 낮은 타면을 말하는 것. 중심위치가 낮기 때문에 볼이 잘 떠오른다.

Shank(섕크)_ 샷 할 때 볼이 클럽 샤프트의 목 부분에 맞는 것으로 실패타의 하나.

Shant(섄트)_ 드라이빙 지역으로 날린 볼을 다시 회수하는 것.

Shape(샤프)_ 골프채의 헤드 모양.

Short(쇼트)_ 볼이 목표한 곳까지 가지 않을 때 사용하는 말.

Short cut(쇼트 컷)_ 홀 순위를 무시하고 가까이 있는 다른 홀로 옮기는 것. 복잡한 코스에서는 허용되지 않는다.

Short game(쇼트 게임)_ 어프로치에 속한 단거리 플레이 방법. 6번 이하의 아이언 클럽 사용.

Short hole(쇼트 홀)_ 거리가 짧은 250yd 이하 즉 파 3홀을 말함. 여자는 210야드 이하의 홀.

Short iron(쇼트 아이언)_ 7, 8, 9번의 짧은 아이언 클럽의 총칭. Shot(샷) 클럽으로 볼을 치는 것.

Shot(샷)_ 클럽으로 공을 치는 행위. 퍼터로 공을 치는 것은 퍼팅이라고 한다.

Shot approach(샷 어프로치)_ 가까운 거리의 어프로치. 웨지나 샌드의 최대 비거리 이내의 거리로 힘 조절에 의한 테크닉이 필요한 경우.

Shot brust (샷 브러스트)_ 샌드 브러스트라고도 하며, 아이언채의 타면이 빛을 반사하지 않도록 타면에 쇠가루나 수지 분말을 바르는 것.

Shot face(샷 페이스)_ 골프채의 타면이 엎어지는(닫히는) 것.

Shot gun(샷 건)_ 수많은 총알이 한꺼번에 발사된다는 뜻에서 티잉 그라운드에서 일제히 시작하는 방식. 여러 사람의 플레이어가 단시간에 할 수 있는 이점이 있다.

Shank(섕크)_ 공이 클럽 페이스의 중앙에 맞지 않고 앞쪽이나 뒤쪽에 맞아 낮게 깔리며 급하게 우측 또는 좌측으로 꺾이며 곤두박질하는 실패타.

Side(사이드)_ 투 볼 포섬 또는 베스트 볼 매치인 경우, 같은 조로서 경기를 하게 되는 편을 말하며, 플레이하는 조는 두 개의 사이드로 성립된다.

Side blow(사이드 블로)_ 볼 옆을 쳐서 튕겨 보내듯이 치는 것.

Side bunker(사이드 벙커)_ 페어웨이 옆에 있는 벙커.

Side spin(사이드 스핀)_ 볼이 옆으로 회전하는 것.

Side wind(사이드 윈드)_ 공략하는 방향에 대해 좌측이나 우측에서 부는 바람. 크로스 윈드(cross wind)라고도 함.

Side hil down(사이드 힐 다운)_ 앞이 내려간 곳에서 발끝이 내려가 있는 것.

Side hill lie(사이드 힐 라이)_ 볼이 날아가는 선과 평행한 사면에 떨어진 볼의 위치.

Side hill up(사이드 힐 업)_ 미국식 용어로 발끝 쪽이 오르막 상태라는 표현.

Sign(사인)_ 스코어 카드에 자신의 스코어를 확인했다는 사인. 상대편의 스코어를 입회했다는 사인 필요. 사인이 없으면 스코어는 무효가 되고 경기실격.

Single(싱글)_ 경기에서 2인이 라운드하는 것 또는 핸디캡이 9이하 1까지의 골퍼를 의미함.

Sitting down(시팅 다운)_ 다운 스윙의 시작에서 하반신이 의자에 앉은 것 같은 자세가 되는 것.

Six point match(식스 포인트 매치)_ 3인 1조로 라운딩 할 때 채택되는 경기방식으로 각 홀당 6점씩의 스코어를 놓고 라운딩하는 경기.

Skins game(스킨스 게임)_ 3~4명의 골퍼들이 경기를 하여 가장 낮은 스코어를 기록한 플레이어가 이기게 되는 내기 경기.

Skins match(스킨스 매치)_ 상금을 각 홀에 걸어서 베스트 스코어인 플레이어를 정하여 상금을 준다. 베스트 스코어의 플레이어가 2명 이상인 경우에는 상금은 다음 홀로 넘어간다.

Sky(스카이)_ 볼의 밑부분을 가격하여 볼을 가까운 거리로 높이 쳐 올리는 것.

Slice(슬라이스)_ 오른손잡이 골퍼의 경우 볼이 오른쪽으로 스핀해서 전체적으로 비구선보다 오른쪽으로 휘는 볼을 말하며 3종류가 있다.
1. 볼이 왼쪽으로 날아가다가 힘이 없어지면서 오른쪽으로 휘어진다.
2. 볼이 직선적으로 날아가다가 힘이 없어지면서 오른쪽으로 휘어진다.
3. 처음부터 볼이 오른쪽으로 날아가서 계속 오른쪽으로 휘어진다.
1은 스윙궤도가 아웃사이드 인으로 볼에 맞는 순간 페이스가 비구선과 직각으로 된 것이 원인이며, 2는 스윙궤도가 스트레이트로 볼에 맞는 순간 페이스가 비구선 오른쪽을 향하는 것이 원인이다. 3은 스윙궤도가 인사이드 아웃으로 볼에 맞는 순간 페이스는 스윙궤도보다 약간 오른쪽으로 향하고 있는 것이다.

슬라이스 라인(slice line)_ 그린 위에서 오른쪽으로 굽은 경사 또는 잔디의 라인.

Slope(슬로프)_ 비탈진 곳.

Slope angle(슬로프 앵글)_ 아이언 헤드의 윗부분(가장자리)의 경사진 각도를 말하는 것. 맨 앞이 높고 뒤쪽이 낮고 비스듬하다.

Slow back(슬로우 백)_ 여유있게 서서히 클럽을 들어 올리는 것.

Smother(스머더)_ 임팩트시 클럽을 닫아주는 일련의 동작

Snake(스네이크)_ 최소한 30피트 이상의 거리를 이리저리 그린의 각기 다른 굽이를 따라 굴러 와 홀컵에 들어가는 롱 퍼팅을 말함.

Snap(스냅)_ 볼을 친 순간에 손목에 힘을 세게 주어 탄력을 갖게 한다.

Socket(소켓)_ 샤프트와 클럽 헤드가 연결되는 부분.

Soft steel(소프트 스틸)_ 탄소를 함유한 쇠의 합금. 연철.

Sole(솔)_ 클럽 헤드에서 지면에 닿는 부분.

Sole inversion(솔 인버전)_ 샤프트의 축과 채의 바닥이 이루는 각도. Sole angle(솔 앵글)과 같다. 각도가 크면 수직적으로 보이고 작으면 평면적으로 보인다.

Sole plate(솔 플레이트)_ 우드채의 밑바닥에 단 금속판. 밑바닥의 보호와 아울러 중심을 밑으로 가게 함으로써 볼을 잘 떠올릴 수 있게 하는 효과를 낸다.

Spade mashie(스페이드 매시)_ 6번 아이언 클럽.

Spare shot(스페어 샷)_ 약하게 치는 샷.

Spec(스펙)_ Specification의 약자. 골프채의 타면 각도, 무게, 균형 등 자세한 사항을 말하는 것.

Spin(스핀)_ 볼을 날린 결과 볼에서 생기는 회전.

Spoon(스푼)_ 3번 우드 클럽.

Spot(스팟)_ 볼 뒤에 동전 등의 마크를 놓아 그린 위 볼의 위치를 표시하는 것.

Spot putting(스팟 퍼팅)_ 퍼팅 그린의 불완전한 상태나 바탕색과 다른 빛깔을 식별하여 퍼팅선을 가늠한 다음 그 일정 지점을 퍼팅 공략에 이용하는 퍼팅.

Spotted(스포티드)_ 핸디캡을 정할 때 타수가 아니라 홀의 수를 주는 방법. 매치 플레이에 사용.

Sprit sole(스프리트 솔)_ 아이언 헤드의 솔 중에서 트레이딩 에지(뒷부분의 날)의 반이 한 단계 낮게 된 타입. 흔히 2단 바닥이라고 부르며 반동을 막는다.

Square face(스퀘어 페이스)_ 어드레스 했을 때 채의 타면이 비구선에 대해 직각이 되게 치는 페이스.

Square grip(스퀘어 그립)_ 목표 방향과 왼손이 직각이 되도록 쥐는 그립. 왼손에 붙이는 오른손도 목표 방향과 직각이 된다.

Square stance(스퀘어 스탠스)_ 스탠스(자세)의 기본이 되는 3가지 중의 하나로 양쪽의 발끝이 비구선과 평행이 되도록 발의 위치를 정하는 것.

Stable ford(스테이블 포드)_ 각 홀의 파에 대하여 더블 이글을 냈을 때는 5점, 이글은 4점, 버디는 3점, 파는 2점, 보기는 1점, 더블보기 보다 나쁘게 냈을 때는 0점을 주고 그 합계 점수로 겨루는 경기 방법.

Stadium course(스타디움 코스)_ 관중석을 자연적인 지형 또는 계단식으로 꾸며 만든 시설이 있는 골프장.

Stance(스탠스)_ 볼을 향해서 위치를 정하고 타구의 자세를 취하는 것 즉 발을 놓는 위치, 스퀘어, 클로즈드, 오픈의 세 기본 스탠스가 있다.

Start(스타트)_ 경기의 시작. 이 시간은 미리 정해져 있으며 공식경기에서 시작 시간을 어기면 실격이 된다. 티 오프라고도 한다.

Steady player(스테디 플레이어)_ 변화가 적은 플레이어.

Steer(스티어)_ 긴장을 풀고 자연스럽게 스윙을 행하는 대신 가파른 손목 동작을 이용하여 볼을 돌려치는 것.

Stiff(스티프)_ 힘이 들어간 자세 또는 클럽 샤프트의 경도가 높은 경우를 지칭할 때

Stimp meter(스팀프 미터)_ 그린의 빠르기를 재는 기구. 길이 1미터 정도의 막대기를 30도의 각도로 기울이고 막대기 위에서 볼을 굴리면 편편한 그린 위를 얼마나 빠르게 굴러가는지 측정.

Stipulated round(스티플레이티드 라운드)_ 정규의 라운드 위원회에 따라 허용한 경우를 제외하고 홀의 순서에 따라 플레이를 하게 되는 라운딩을 말하며 그 홀의 수는 위원회에서 정한 경우를 제외하고는 18홀이다.

Stroke play(스트로크 플레이)_ 정해진 홀수를 플레이해서 각 홀의 타수를 총 합계한 것 또는 그 총 타수에서 핸디캡이 있는 경우는 그 수를 제하고 그 수를 비교해서 수가 가장 적은 사람이 승자가 되는 경기.

Strong grip(스트롱 그립)_ 왼손을 깊이 쥐고, 오른손은 얕게 샤프트 밑으로부터 쥐는 그립 방법.

Stymie(스타이미)_ 볼과 목표한 곳 사이에 있는 장해물, 나무 등

udden death(서든 데스)_ 메달 토너먼트나 2인 이상의 동점자가 나와 토너먼트를 치러야 할 때 채택하는 연장전의 한 방식.

Sway(스웨이)_ 스윙할 때 몸 중심선을 좌우 또는 상하로 이동시키는 것.

Swaying(스웨잉)_ 스윙에서 스윙 축이 좌우로 요동하는 것. 뒤땅치기나 슬라이스, 훅 같은 미스 샷이 생긴다.

Sweep off(스위프 오프)_ 클럽 헤드의 원심력을 써서 쓸어 내듯이 볼을 치는 것.

Sweet spot(스위트 스팟)_ 클럽 페이스에서 볼을 쳐야 하는 중심점.

Swing balance(스윙 밸런스)_ 클럽이 좋고 나쁜 것은 이 밸런스의 좋고 나쁨에 관계가 있다. 밸런스의 좋고 나쁨은 클럽의 좋고 나쁨을 결정하는 중요점이다.

Swing plane(스윙 플레인)_ 스윙 시 클럽과 손과 팔 그리고 히프 등이 그리게 되는 궤적을 말하며 이는 스윙 포물선과 함께 스윙을 좌우하는 중요한 열쇠가 된다.

Swing through(스윙 스루)_ 클럽을 중도에 멈추지 않고 완전히 흔들어 치는 것.

Swing weight(스윙 웨이트)_ 스윙할 때 느끼는 클럽 무게.

[T]

Take away(테이크 어웨이)_ 백 스윙의 시작부분.

Take back(테이크 백)_ 클럽을 치켜 드는 것. 백 스윙과 같다.

Take it(테이크 잇)_ 원 퍼팅이 확실해질 때 퍼팅의 인정 또는 컨시드

Tap in(탭 인)_ 홀로부터 불과 몇 인치 밖에 떨어져 있지 않아 툭 건드려서 홀에 집어 넣는 매우 짧은 거리의 퍼팅.

Taper(테이퍼)_ 샤프트가 앞으로 갈수록 가늘게 만들어지는 것.

Target line(타겟 라인)_ 목표로 향한 방향 또는 골프채의 타면 방향.

Tee(티)_ 티잉 그라운드의 줄임말. 각 홀에서 1타를 치는 장소 또는 볼을 놓는 자리.

Tee ground(티 그라운드)_ 각 홀의 제1구를 치기 위해 설치된 지역.

Tee mark(티 마크)_ 볼의 타격 지점을 표시하는 표식.

Tee marker(티 마커)_ 티 그라운드의 구역을 표시하는 것. 흑색 티 마커는 공식 경기. 청색 티 마커는 백 티. 흰색 티 마커는 프런 티, 적색 티 마커는 레이디스 티를 나타낸다.

Tee peg(티 페그)_ 티 업할 때 볼을 올려 놓은 곳.

Tee shot(티 샷)_ 티에서 볼을 치는 것.

Tee up(티 업)_ 볼을 치기 위해 티 위에 볼을 올려 놓는 것.

Tempo(템포)_ 스윙의 빠르기, 페이스. 일반 아마추어는 백 스윙, 다운 스윙 모두 천천히 페이스하는 것이 좋다.

Temporary green(템포러리 그린)_ 겨울이나 초봄 또는 그린을 수리할 때 임시로 사용하는 그린.

Test(테스트)_ 프로 자격을 심사하는 프로 테스트 등을 말함. 그린의 상태를 살피는 것.

Texas wedge(텍사스 웨지)_ 그린 밖에서 퍼터를 써서 어프로치 하는 것.

Thin role(신 롤)_ 아이언 헤드의 윗부분 모양이 얇고 단순하게 보이는 타입.

Three ball match(스리 볼 매치)_ 3인의 플레이어가 각자의 볼로 서로 대항해서 플레이하는 매치 플레이.

Three quarter shot(스리 쿼터 샷)_ 최대한의 샷이 채 안되는 크기로 치는 것. 최대의 샷은 그 스윙의 정상이 우측 어깨보다 약간 위가 될 때를 말함.

Threesome(스리섬)_ 1인 대 2인의 매치 플레이로 2명씩 짝을 지은 쪽은 9개의 볼을 번갈아 가며 친다. 대부분 상급자와 초보자가 한 조가 되고 중급자가 이에 대항해서 플레이 한다.

Through the green(스루 더 그린)_ 티잉 그라운드, 해저드 및 그린을 제외한 코스 내의 모든 지역을 말함.

Tie(타이)_ 동점. 경기에서는 최소 타수의 사람이 2인 이상 일 때.

Tiger tee(타이거 티)_ 홀로부터 가장 멀리 떨어져 있는 티.

Tight lie(타이트 라이)_ 잔디가 전혀 없는 지점에 놓인 볼의 위치.

Tip(팁)_ 골프채 샤프트에서 가장 가는 부분.

Toe(토우)_ 발끝. 클럽 헤드의 끝부분.

Tomb stone(툼 스톤)_ 1번(또는 10번) 홀에서 스타트해서 기준 타수에 자신의 핸디수를 더한 수를 친 지점에 깃대를 세우고 제일 먼저 깃대를 세운 플레이어가 이기는 경기. 즉 1번 홀에서 스타트한 플레이어가 88회를 친 지점에 깃대를 세운다. 누가 먼저 깃대를 세우느냐로 승패를 정한다.

Top(탑)_ 볼의 윗부분을 치는 것. 백 스윙의 정상, 헤드 업을 한 것.

Top line(탑 라인)_ 아이언 헤드의 맨 앞에서 뒤에 걸쳐 윗부분의 능선.

Top of swing(탑 오브 스윙)_ 백 스윙의 최정점이자 다운 스윙의 시발점이 되는 일련의 동작.

Torque(토크)_ 샤프트가 비틀어지는 것. 비틀어지는 힘. 샤프트를 붙인 부분과 헤드의 중심 위치는 어긋나 있기 때문에 클럽을 쳐 돌리면 당연히 샤프트는 비틀어진다.

Total weight(토탈 웨이트)_ 헤드, 샤프트, 그립을 달아서 완성한 모양의 골프채 무게.

Tournament director(토너먼트 디렉터)_ 토너먼트에 대한 모든 일을 행하는 사람. 코스, 스폰서, 방영, 경기의 진행이나 관리 등 토너먼트의 총지휘자.

Trailing edge(트레이링 에지)_ 아이언 헤드의 타면 뒤와 밑바닥이 접하고 있는 부분 선.

Trap(트랩)_ 코스 설계자가 설치한 함정. 드라이버 샷이 떨어진 장소에 워터 해저드나 크로스 벙커가 가로질러 있는 경우를 트랩이라고 한다.

Trick shot(트릭 샷)_ 꺾어 쳐 날리는 것.

Triple bogey(트리플 보기)_ 홀의 기준 타수보다 3타 많은 수로 홀 인 하는 것.

Trouble shot(트러블 샷)_ 곤란한 타구. 치기 나쁜 러프에서 치는 것.

True(트루)_ 잔디결이 부드럽고 감촉이 다시없이 좋은 상태를 말하는 것.

Turf(터프)_ 페어웨이의 잔디

Turn(턴)_ 전반 9홀에서 10홀로 가기 위해 돌아 나오는 것.

Turn over(턴 오버)_ 클럽을 쥔 양손을 왼쪽에서 오른쪽으로 돌릴 때.

Turn to the left(턴 투 더 레프트)_ 퍼팅에 볼이 홀에 가까이 가면서 심하게 좌측으로 꺾이는 것.

Two ball four some(투 볼 포 섬)_ 2명이 팀을 되어 한 홀씩 번갈아 가며 치면서 다른 팀과 매치 플레이를 하는 것.

Two club wind(투 클럽 윈드)_ 볼의 주행 거리에 심각한 영향을 미치는 시속 20마일의 강풍.

Two go(투 고)_ 홀 매치의 경우, 플레이어가 끝나지 않은 홀수를 셀 때.

[U]

U.S. Open(전미오픈 골프 선수권)_ 전미오픈 골프 선수권 경기.

U.S.G.A(미국 골프 협회)_ 미국 골프 협회(United State Golf Association)의 약자.

Un cock(언 콕)_ 스윙 시 굽게 한 손목을 펴서 원상태로 돌아가게 하는 것.

Un coil(언 코일)_ 스윙에서 틀어 돌린 상체를 다시 원상태로 푸는 것.

Under clubbing(언더 클럽잉)_ 필요로 하는 클럽보다 하위 클럽(짧은 클럽)을 사용하는 것.

Under handicap(언더 핸디캡)_ 핸디캡을 산출하여 붙이는 것.

Under par(언더 파)_ 파보다 적은 타수.

Under repair(언더 리페어)_ 코스 개량이나 변경을 위해서 수리하고 있는 구역(수리지)를 말한다. 파란 말뚝(또는 백선)으로 표시되어 있으며 말뚝과 페어웨이 쪽을 연결한 라인 위나 백선 위는 수리지안이 된다. 또 코스 안에 나무를 심기 위해서 파홀은 구멍이나 다른 장소로 옮기기 위해서 쌓아둔 잔디 등도 비록 표시가 없어도 수리지가 된다. 볼이 수리지 안에 있을 때는 홀에 가까이 가지 않고 1클럽렝스 이내의 장소에서 무벌로 드롭한다.

Under slung(언더 슬렁)_ 아이언 헤드의 목 부분의 밑면이 뒤쪽으로 불룩하게 된 상태. 샤프트 축과 헤드 중심이 가깝기 때문에 방향성이 좋아진다.

Under spin(언더 스핀)_ 볼의 역회전. 백 스핀과 같다.

Undulation(언듀레이션)_ 코스의 높고 낮은 기복 상태를 말하는데 변화가 업 앤 다운(up and down)보다 미묘하고 울퉁불퉁한 정도 뿐일 때만 쓰인다.

Unplayable(언플레이어블)_ 공이 치기 불가능한 지역에 들어간 경우나, 플레이를 하기 힘든 상태에 놓였을 때에 선언을 하고 규정에 따라 경기를 속개할 수 있는 상황을 말함.

Unplayable lie(언플레이어블 라이)_ 볼이 치기에 불가능한 지역에 들어간 경우나 플레이를 하기 힘든 상태에 놓았을 때 볼의 위치.

Up(업)_ 각 홀마다 승부를 정하는 매치 플레이의 용어로 상대에게 이기는 것. 한 홀에서 이기면 1업, 지면 1다운이 된다.

Up and down(업 앤 다운)_ 코스의 지형에서 오르막과 내리막의 변화가 심한 경우.

Up hill(업 힐)_ 홀의 고저가 그린으로 가까울수록 높게 구성되어 있을 때를 부르는 말이다.

Up hill lie(업 힐 라이)_ 비구선에 대해 오르막 언덕 비탈에서 볼이 멎는 것.

Up right hill(업 라이트 힐)_ 올라가는 비탈이 급경사인 곳.

Up right lie(업 라이트 라이)_ 클럽 샷이 평면에 대해서 거의 수직에 가까운 상태.

Up right swing(업 라이트 스윙)_ 스윙이 활모양으로 직립되어 있는 스윙.

Up swing(업 스윙)_ 백 스윙과 같다.

Upper blow(어퍼 블로)_ 드라이버로 치는 한 방법. 헤드가 스윙의 맨 밑 지점을 통과한 다음 타면의 각도가 위로 향하는 순간에서 볼을 맞히는 타법.

Upright(업라이트)_ 스윙에서는 수직적인 타법이고, 클럽의 경우는 샤프트의 축이 수직에 가까운 것을 말함.

[V]

Vardon grip(바든 그립)_ 해리 바든에 의해 창안된 그립으로 오버래핑 그립을 말함. V형 그립.

Vardon trophy(바든 트로피)_ 미국 PGA 투어 최우수 평균타수의 선수에게 수여되는 상.

Veil grip(벨 그립)_ 왼쪽 검지를 오른쪽 손 위에 겹치게 하는 방법.

Vertical line(버티칼 라인)_ 아이언 타면에 새겨진 가로의 선이 스코어링이고, 그 양쪽에 있는 두 줄의 세로선이 버티칼 라인이다.

Visitor(비지터)_ 회원제로 운영되는 컨트리 클럽에서 회원이 아닌 비회원 골퍼.

[W]

Waggle(와글)_ 클럽에 탄력을 붙이는 동작. 백 스윙을 시작하기 전에 손목만으로 가볍게 클럽을 흔들어 굳어 있는 부분을 부드럽게 하는 것.

Water hazard(워터 해저드)_ 코스 내에 있는 호수, 연못, 습지, 강 따위의 물에 관계 있는 장애물을 말함.

Wedge(웨지)_ 바닥이 넓고 평탄하게 되어 있는 아이언 클럽. 피칭웨지, 샌드웨지 등이 있다.

Week grip(위크 그립)_ 왼손으로 쥐는 모양이 얕고 오른손이 반대로 너무 깊어지게 쥐는 모양. 슬라이스 그립이라고도 함.

Weekday member(위크데이 멤버)_ 평일회원 또는 주간회원.

Weight shift(웨이트 쉬프트)_ 스윙 동작에 있어 체중의 이동상태를 말함.

Well out(웰 아웃)_ 트러블에서 요령 있게 탈출하는 것.

Whift(위프트)_ 클럽으로 볼을 가격하기 못하고 헛손질에 그치는 동작.

Whipping(위핑)_ 목재 샤프트 클럽을 호젤에 부착시키기 위해 칭칭 감을 때 사용하는 밧줄이나 끈을 말함

Whippy(위피)_ 클럽 샤프트의 잘 휘는 정도.

Wind cheater(윈드 치터)_ 바람의 영향을 줄이기 위해 평소보다 낮게 날리는 볼.

Wind up(윈드 업)_ 백 스윙과 함께 몸을 비트는 것.

Wing bunker(윙 벙커)_ 날개를 편 것처럼 페어웨이 양쪽으로 펼쳐있는 벙커.

Winning shot(위닝 샷)_ 승리를 결정하는 타구.

Winter rules(윈터 룰)_ 플레이가 곤란한 겨울철 경기에서 볼의 원만한 스윙을 위하여 원래 라이의 6인치 이내의 거리까지 볼을 옮길 수 있게 허락된 로컬 룰. 단 이때 홀 근처에서는 허용되지 않는다.

Wooden club(우든 클럽)_ 클럽 헤드가 나무로 만들어진 클럽의 총칭. 일명 우드라고 함.

Wrist(리스트)_ 손목. 스윙하는 동안 손목이 제대로 사용되지 못하면 볼의 방향이 안정되지 않는다.

Wrist turn(리스트 턴)_ 손목을 돌리는 일. 임팩트 후에 손목의 움직임이지만 너무 의식하면 미스 샷의 원인이 된다.

[X]

X extra stiff(엑스 엑스트러 스티프)_ 샤프트의 경도를 나타내는 기호. X는 비교적 높은 경도, XX는 대단한 경도, XXX는 그보다 더 높은 경도.

[Y]

Yard(야드)_ 코스에서는 거리를 모두 야드로 표시한다. 1야드는 약 91cm.

Yardage(야디지)_ 홀이나 코스의 거리를 야드로 표시한 숫자.

Yardage post(야디지 포스트)_ 홀 번호. 홀까지의 거리. 1홀의 파 등을 써서 티잉 그라운드에 세워 놓은 표시판.

Yardage rating(야디지 레이팅)_ 각 홀의 비율. 각 홀의 난이도. 흔히 코스 레이팅이라고 함.

Yips(입스)_ 쇼트 퍼팅 시 손이나 손목의 근육에 영향을 크게 미치는 불안정한 컨티션을 말한다. 이런 경우 채 몇 피트도 되지 않는 짧은 퍼팅마저 놓치기 쉽다.

판권
본사
소유

탄탄한 기초를 위한 골프 입문서

2021년 11월 25일 1판 5쇄 발행

엮은이 : (前)서울스포츠대학원대학교 스포츠레저연구소
펴낸이 : 김중영
펴낸곳 : 오성출판사
주소 : 서울시 영등포구 영등포 6가 147-7
전화 : (02)2635-5667~8
팩스 : (02)835-5550
출판등록 : 1973년 3월 2일 제 13-27호

ISBN : 978-89-7336-748-1

※ 파본은 교환해 드립니다.
※ 독창적인 내용의 무단전재, 복제를 절대 금합니다.